금융투기의 역사

DEVIL TAKE THE HINDMOST

DEVIL TAKE THE HINDMOST
– A History Of Financial Speculation

금융투기의 역사

계층 사다리를 잇는 부를 향한 로드맵

에드워드 챈슬러 지음 | 강남규 옮김

국일증권경제연구소

금융투기의 역사

개정1판 1쇄 발행 · 2021년 10월 25일
개정1판 4쇄 발행 · 2024년 10월 30일

지은이 · 에드워드 챈슬러
옮긴이 · 강남규
펴낸이 · 이종문(李從聞)
펴낸곳 · 국일증권경제연구소

등 록 · 제406-2005-000029호
주   소 · 경기도 파주시 광인사길 121 파주출판문화정보산업단지(문발동)
사무소 · 서울시 중구 장충단로8가길 2(장충동1가, 2층)

영업부 · Tel 02)2237-4523 | Fax 02)2237-4524
편집부 · Tel 02)2253-5291 | Fax 02)2253-5297
평생전화번호 · 0502-237-9101~3

홈페이지 · www.ekugil.com
블 로 그 · blog.naver.com/kugilmedia
페이스북 · www.facebook.com/kugilmedia
E - m a i l · kugil@ekugil.com

ISBN 978·89·5782·184·8(03320)

이 책은 영국의 기자가 쓴 세계 금융투기에 관한 사례연구를 한
국의 기자가 번역한 것이다. 투기는 투자와 도박의 경계영역에 위치
하면서 두 가지 요소를 모두 갖추고 있다. 투자와 구분하기 어렵기에
쉽사리 자기합리화가 가능하여 뛰어들기 쉽고, 도박의 마력을 가졌
기에 한번 몰입되면 빠져나오기 어렵다.

그래서 투기는 유행이나 전염병처럼 걷잡을 수 없이 확산되는 것
이 상례이고, 종국에는 경제적인 충격과 상처를 깊이 남긴다. 이 책
의 저자나 역자 모두 기자인데, 아마도 그 때문에 이 주제를 놓고 열
병을 앓을 수밖에 없었을 것이다.

이 책의 서문에도 잘 나와 있듯이 투자와 투기는 구분이 모호한
개념이다. 필자*도 한때 이 문제를 놓고 씨름을 한 적이 있었는데, 그
때 누군가가 한 말이 한 줄기 빛이 되었다. "내가 하면 투자고 남이
하면 투기." 그렇다, 이 두 단어는 로맨스와 스캔들만큼이나 구분되
기 어려운 개념이다.

---

* 최범수는 서울대 경제학과를 졸업하고, 예일대학교에서 경제학 박사학위를 받았다. 귀
  국 후 줄곧 KDI 연구위원으로 있으며, 1997년에는 금융개혁위원회 전문 위원으로 활
  동하였고, 외환위기 발발 이후 금융감독위원회가 출범하면서 위원장 자문관으로 파견
  되어 3년 가까이 금융구조조정의 기획업무에 종사하였다. 그리고 2001년부터 국민 ·
  주택합병위원회의 간사위원을 역임하고 있다. KDI 연구위원이기도 하다.

로미오와 줄리엣, 이몽룡과 성춘향, 당 현종과 양귀비, 시저와 클레오파트라, 이들 사이의 연정이 로맨스인가 스캔들인가는 시대에 따라, 관점에 따라, 특히 처한 입장에 따라 결론이 다를 것이다. 하지만 한 가지 점은 분명하다. 그 당사자들은 천하와도 바꾸지 않을 만큼 진지하였다는 것이다. 동서고금을 막론하고 투기의 광풍이 몰아칠 때, 그때의 당사자들 역시 진지하였다.

　우리나라에서도 코스닥 주가가 하늘 높은 줄 모르고 치솟았다가 나락으로 떨어졌는데, 지나고 나서는 무모한 투기였음을 알게 되었지만, 당시에는 다들 끝없이 주가가 올라갈 줄 알았다. 그래서 처음에는 반신반의했던 사람들도 주식시장으로 뛰어들었던 것이다.

　사태의 종말을 올바르게 예측해서 주가가 적정수준 이상으로 올랐다고 생각하고 빠져나왔던 사람도 많았지만, 이후 이들까지 다시 매수세에 가담하였기에 주가가 그렇게 급등할 수 있었던 것이 아닐까? 그럼에도 그들은 스스로를 불나방이라고 생각하지는 않았을 것이다. 심사숙고하였고 현명하게 행동하고자 최선을 다해 노력하였을 것이다. 하지만 허무한 결과를 맞고 말았다.

　지금 생각하면 어떻게 그럴 수 있었는가 싶겠지만 적어도 그 당시에는 냉정을 유지하기 어려웠던 것이 사실이다. 한 가지 우리에게 친숙한 예를 들어보자. 대우의 '세계경영'이 투기였을까 투자였을까? 지금은 대답이 분명해졌지만 당시에는 쉽게 판단하기 어려웠다. 그래서 한국의 은행은 물론 세계에서 내로라 하는 은행들도 대우에 거액을 서슴없이 빌려주었던 것이다. 그리고 대우는 세계 역사상 최대 규모의 워크아웃에 들어갔다.

　이 책을 읽으면 두 가지 사실을 깨닫게 된다. 먼저, 어처구니없는 집단적 착각으로 인해 발생한 금융위기가 초래된 것은 우리만의 강한 투기적 성향 때문이 아니라 모든 인류의 유전자 속에 일반적으로 존재하는 매우 인간적인 속성에서 비롯되었다는 사실이다.

그리고 투기와 그에 따른 실패와 좌절의 역사가 한없이 반복된다는 사실에 다시 한 번 놀라게 된다. 독자 가운데 누구도 이 책을 읽으면서, '나 같으면 이렇게 터무니없는 사건에 바보같이 말려드는 일은 결코 없을 것'이라고 장담할 수는 없을 것이다. 우리 모두 마치 집단최면에 걸렸던 것처럼 위기에 이르는 병에 감염된 경험을 이미 가지고 있지 않은가.

세계적인 석학들도 예외가 아니었다. 이 책의 7장에는 어빙 피셔(Irving Fisher) 예일대 교수의 이야기가 나오는데, 그는 당대 최고의 경제학자였다. 노벨상 수상자인 제임스 토빈(James Tobin) 교수가 예일대에 처음 부임했을 때의 일이다. 당시 촉망받는 소장학자 토빈을 식사에 초대한 예일대 총장이 그에게 물었다.

"자네가 가장 존경하는 경제학자는 누구인가?"

"피셔 교수입니다." 총장은 귀를 의심하면서 되물었다.

"자네가 말하는 사람이 우리 대학교의 피셔인가?"

피셔의 학술논문에 한없이 매료되어 있던 젊은 경제학도 토빈은 미처 모르고 있었지만, 당시 피셔는 이 책의 7장에 나오는 사건으로 인해 본인은 물론 동료교수와 대학교의 재산까지 날리고 빈털터리가 돼 대학교에서 마련해준 거처에서 기거하고 있었던 것이다.

20세기 최고의 경제학자 존 M. 케인즈도 예외는 아니었다. 케인즈가 주식에 투자했다가 실패하는 바람에 그에게 재산의 운용을 맡겼던 킹스 칼리지가 케임브리지 대학교에서 가장 재정자립도가 낮은 칼리지로 전락해버렸던 것이다.

역사에서 교훈을 얻는 민족은 위대하다지만 그 전에 먼저 배워두어야 할 교훈은 '역사에서 교훈을 얻기가 쉽지 않다'는 것이다. 이 책은 바로 그 사실을 반복해서 강조하고 있다. 따라서 이 책은 읽는 것만으로는 충분하지 않으며, 완전히 책 속으로 들어가야 한다. 그때의 환경 속에서 그때의 흥분과 질시를 온몸으로 느끼면서 차가운 이성을 단련시키는 훈련을 쌓아야 하는 것이다. 그 훈련은 한두 번만으로는 크게 부족하기 때문에, 저자는 수많은 사례를 되풀이해서 제시하고 있는 것이다.

불장난의 유혹은 감기와 같아서 한번 걸렸다가 나았다고 해서 면역이 생기는 것이 아니다. 그래서 한번 IMF의 구제금융을 받은 나라가 다시 IMF의 문을 두드리는 재수·삼수를 거듭하는 것이다. 영국만이 단 한 번으로 면역을 얻었을 뿐이다.

필자는 강남규 기자를 구조조정이 한창 진행되고 있던 1998년, 금감위 사무실에서 만났다. 어쩌다가 우리나라가 이렇게 되었는지 마주앉아 자주 한탄을 하곤 하였다. 그러다가 강 기자가 한동안 안 보인다 했는데, 어느 날 두꺼운 원고뭉치를 들고 나타난 것이다. 하루하루가 바쁜 기자이기 때문에 탈고와 교정이 늦어져 이제야 빛을 보게 되었지만, 결코 늦은 것은 아니라고 생각한다. 우리가 역사로부터 배울 교훈은 아직 많이 남아 있기 때문이다.

이 책을 읽는 독자의 현명한 판단과 특히 이 책을 번역한 강 기자의 정곡을 찌르는 기사를 두고두고 기대해 마지않는다.

최범수

내가 어렸을 때 사람들은 나를 도박꾼이라고 불렀고,
판돈이 커지자 투기꾼이라고 했다.
그리고 지금은 나를 은행가라고 부른다.
하지만 그때나 지금이나 나는 같은 일을 하고 있다.

   – **어니스트 카셀**(에드워드 7세의 은행가)

    요즘처럼 금융투기가 세인의 관심을 끌었던 적은 없었다. 외환위기나 주식시장의 버블·공황, 파생상품 투기실패, 정보통신혁명 등을 다룬 경제뉴스 이면에는 투기꾼들이 활동하고 있다. 미국에서는 수백만 명이 매일 주식거래를 하고 있다. 1990년대 미국 경제의 호황은 증권시장으로 밀려들어온 투기자금 때문이다. 증시의 호황 덕에 신생기업들은 주식을 발행해 자금을 조달할 수 있었고, 한물간 회사들은 다른 회사에 합병될 수 있었다. 또 기업들의 투자가 활발해졌고, 개인들은 증시에서 벌어들인 돈으로 소비를 늘렸다. 주식 등 자산의 가치가 거품처럼 불어났으며, 버블화된 자산가치가 미래에도 계속 유지될 것인지가 초미의 관심사가 되고 있다.

    투기는 수많은 논란을 불러일으킨다. 정치인–주로 아시아 국가들의 정치인—들은 투기꾼들이 세계경제를 볼모로 잡고 있다고 목청을 높이고 있다. 이들의 눈에 비친 투기꾼은 탐욕과 두려움에 사로잡혀 있고, 기생충처럼 금융위기의 기회가 오면 극성을 부린다. 이들은 이기주의자이며 욕망의 노예이다. 정치인들의 이런 시각은 '들짐승'(투기꾼)을 우리 안에 가두어야 국가의 부를 유지·발전시킬 수 있다고 믿는 대중들의 생각을 그대로 반영한 것이다.

반면 다른 사람들—주로 서구의 경제학자들—은 정치인들과는 정반대의 주장을 하고 있다. 그들은 투기란 사악한 것이 아니라 자본주의 체제가 원활하게 작동하기 위한 기본적인 조건이라고 주장한다. 투기꾼들은 새로운 정보를 신속하게 가격에 반영하는 파이프 기능을 하고 있다는 것이다. 최신 물가상승률이나, 커피 작황 등의 정보를 빨리 파악해 가격에 반영시키기 때문이다.

투기꾼들이 없다면 시장은 병목현상을 일으킬 것이고, 경제위기가 빈번하게 발생할 것이라는 게 그들의 주장이다. 게다가 인터넷과 같은 신기술의 수용은 주식시장 투기꾼들의 활동에 크게 의존한다고 말한다. 따라서 투기꾼들에게 재갈을 물리는 것은 자본주의에서 활력을 제거하는 것과 같다고 주장한다.

● 투기란 무엇인가 ●

끝없는 논쟁에도 불구하고 투기의 의미는 여전히 불분명하다. 투기라는 말이 경제학적인 의미를 갖게 된 것은 18세기 후반이다. 물론 이 당시에도 투기라는 개념이 분명하지 않았다.

호레이스 월폴이 1774년 5월 1일에 쓴 편지에는 당시 섬유염료를 투기하다 파산한 영국의회 의원이면서 은행가였던 조지 콜브르크(Jeorge Colebrooke) 경을 '투기의 희생자'라고 묘사한 내용이 있다.[1]

2년 뒤인 1776년 애덤 스미스는 『국부론』에서 "일확천금은 '투기 거래'를 통해 이루어진다"고 말했다. 그가 말한 '투기꾼'은 단순한 '주식투기꾼'을 의미하는 것은 아니다. 그는 투기꾼을 다음과 같이 묘사했다. "그들은 평범하고 잘 알려진 사업을 꾸준히 하지 않는 기업가이다. 올해엔 옥수수를, 다음해엔 차(茶)를 거래한다. 그리고 지금 하고 있는 거래보다 더 큰돈을 벌 수 있는 기회라고 생각하면 어떤 거래는 과감하게 시작하고, 또 초과이윤이 사라지면 언제든지 기존 사업을 정리해버린다."

애덤 스미스는 투기꾼을 '이익을 얻을 수 있는 기회를 재빠르게 포착할 준비가 되어 있는 사람'이라고 정의했다. 그들의 활동은 정상적인 경제관행이 정착되지 않은 곳에서 활발하게 이루어진다. 정상적인 기업활동을 "자산의 미래수익률을 평생 동안 예측하는 활동"이라고 말했던 존 M. 케인즈도 "투기란 시장의 심리변화를 예측하는 것"이라며 애덤 스미스와 같은 입장을 취했다.

투기는 시장가격이 급변하는 틈을 이용해 이익을 얻으려고 하는 행위라고 정의할 수 있다. 따라서 비정상적인 자본이득을 위해 정상적인 수익을 포기하는 것은 투기라고 볼 수 있다. 또 투자는 수동적이지만 투기는 능동적이라고 할 수 있다.

---

1   L. Stuart Sutherland, "Sir George Colebrooke's World Corner in Alum, 1771~73, *Economic History* 3(London, 1936).

오스트리아 경제학자 슘페터에 따르면, 투기와 투자는 요동치는 주가를 이용해 이익을 얻으려는 의도가 있느냐 없느냐에 따라 구분된다.[2] 투기와 투자는 백지 한 장 차이이기 때문에, 투기는 실패한 투자를 의미하고 투자는 성공한 투기라고 구분하기도 한다.

유명한 미국 월스트리트 풍자가였던 프레드 슈드는 투기와 투자를 구분하는 것은 사랑에 들뜬 10대 소년에게 사랑과 욕망은 다른 것이라고 설명해주는 것만큼 어려운 일이라고 했다. 물론 그 소년이 사랑과 욕망의 차이를 어렴풋이 이해할 수도 있다. 하지만 "자신이 사랑에 빠진 것인지 욕망을 품고 있는 것인지를 구분할 수는 없다"고 그는 말했다. 또한 투기란 본질적으로 자신의 부를 터무니없이 부풀리려는 것이고, 투자는 원금을 보존하면서 수익을 올리려는 행위이다. 즉 투기는 실패로 끝나지만 적은 돈으로 큰돈을 벌려는 행위이고, 투자는 많은 돈을 투자해 적은 돈을 벌려는 행동이라며, 따라서 투자는 반드시 성공해야 하는 것이라고 설명했다.[3]

투기와 도박은 어떻게 구분할 수 있을까? 나쁜 투자가 투기이듯이, 나쁜 투기는 도박으로 볼 수 있다. 미국의 금융인 버너드 바루크는 JP모건사의 창립자인 피어폰트 모건(Pierpont Morgan)의 면전에서 "위험하지 않은 투자는 없고, 도박 같지 않은 투자도 없다"고 말 한 것이 화근이 되어, 결국 회사를 떠나야 했다.[4]

---

2   Joseph A. Schumpeter, *Business Cycles: A Theoretical, Historical and Statistical Analysis of the Capitalist Process* (New York, 1939), p.679.

3   Fred Schwed, *Where Are the Customers' Yachts? or a Good Hard Look at Wall Street* [1st ed., 1940](New York, 1995), p. 172.

4   Bernard M. Baruch, *My Own Story* (London, 1958), p.208.

투기와 도박의 심리적 차이를 구분하는 것은 거의 불가능하다. 두 가지 모두 돈을 거머쥐려는 욕망이나 돈에 취한 듯한 행동, 또는 감정을 억누르는 중독성 습관이기도 하다. 투기는 탐욕과 공포를 수반한다. 금융시장의 '신'이라 불리는 조지 소로스조차 자신의 놀라운 수익률은 자신의 내부에 있는 뿌리깊은 열등의식 때문이라고 털어놓을 정도다. 도박중독증 환자였던 표도르 도스토예프스키도 "룰렛에서 이기기 위해서는 아주 멍청하고 단순해야 하며, 어떤 순간에도 흥분하지 않고 자신을 통제해야 한다"고 말했다.

사람마다 투기의 의미를 다르게 해석한다. 그래서 투기라는 개념 속에는 경험적으로는 증명할 수 없는 철학적 사유나 형이상학적인 논리와 같은 요소가 있다. 17세기 사람들은 투기꾼을 초자연적인 현상에 대해 관찰하거나 연구하는 사람이라고 보았다. 실제로 요즘 주식투기꾼들은 종이를 금으로 변화시키는 것과 같은 터무니없는 이론을 연구하는 연금술사와 비슷하다. 심지어 고수익을 위해 별자리나 영매와 같은 비과학적인 것들에 의존하기도 한다. 현재 뉴욕 월 스트리트에는 '은하수와 같은 엄청난 수익'을 약속하는 점성술사 펀드가 실제로 존재한다.

사람들은 불확실성에 봉착하면 점성술 등과 같은 신비로운 힘에 의존하려는 경향을 갖고 있다. 경제학자들은 이 불확실성을 '위험'이라고 부른다. 그들은 도박이 유희를 위해 새로운 위험을 끊임없이 만들어내는 것이고, 투기는 돈을 벌기 위해 불가피한 위험들을 감수하는 것이라고 말한다. 도박꾼은 경마에서 위험한 말에 베팅을 하지만, 투기꾼은 현존하는 위험을 분산시키는 사람이라고 할 수 있다.

일반적으로 투기는 투자보다 위험하다. 투자분석가 벤저민 그레이엄(Benjamin Graham)은 "투자는 예측할 수 없는 상황에서도 원금을 지켜낼 수 있는 '최소한의 안전'을 필요로 한다"고 말했다. 그는 "정보가 불충분한 상태에서, 또는 즉흥적으로 결정한 투자는 미래의 수익을 꼼꼼하게 따져보는 투자보다 투기적이다"고 단언했다. 이어 빌린 돈으로 주식투자를 하는 것은 투기와 같다고 덧붙였다. 자본가들은 신중한 투자나 조심성 없는 도박을 벌이는 과정에서 수많은 위험에 노출된다. 한마디로 투자와 도박 사이 어느 지점에 투기가 자리잡고 있는 셈이다.

시장은 합리적이고 주가는 내재가치를 반영하며, 투기꾼은 자신의 부를 최적화하는 합리적인 시장참여자라고 주장하는 현대 경제학자들에게 투기의 역사는 아주 지루한 테마일 수 있다. 효율적인 시장에서는 동물적인 본능, 군중심리, 탐욕이나 두려움, 기술적 매매(trend following, 기업의 장기전망을 근거로 투자하는 게 아니라, 주가의 순간적인 변동에 따라 매매를 결정하는 것—역자주)를 일삼는 투기꾼과 비합리적인 버블 등은 존재할 수 없다. 하지만 시간이 흐를수록 투기꾼들의 행태는 경제학자들의 주장보다 더 극성스러워지고, 투기동기는 다양해지고 있으며, 투기결과는 너무나 터무니없어지고 있다.

투기에 대한 필자의 접근방법은 「대중들의 비정상적인 환상과 광기」(Extraordinary Popular Delusion and the Madness of Crowds, 1841)의 저자인 찰스 매케이(Charls Mackay)의 접근방법과 비슷하다. 그는 최초로 튤립과 미시시피, 사우스 시 버블을 다루었으며, 투기란 한 사회가 얼마나 쉽게 환상과 집단적 광기에 빠질 수 있는가를 극명하게 보여주는 사건이라고 말했다. 또 그는 "사람은 흔히 자신이 속한 집단의 생각에 쉽게 동조해버린다. 하지만 이런 집단적인 미몽에서 아주 느리게, 그리고 순차적으로 깨어난다"고 주장했다.

매케이의 책은 누구나 쉽게 읽을 수 있는 유일한 투기 역사서이다. 이제 매케이가 다루었던 사건들을 새롭게 해석해볼 수 있는 때가 되었다고 생각한다. 하지만 투기에 관한 통사를 쓰려는 것은 아니다. 전시대를 아우르는 통사는 내용이 되풀이되고, 방대한 학술서가 되기 쉽다. 대신 필자는 당대 세계경제를 이끌었던 국가들에서 발생한 투기들을 집중적으로 다루려 한다. 17세기 네덜란드의 튤립 투기에서 21세기 현재 전세계를 휩쓸고 있는 인터넷 버블까지 살펴볼 계획이다.

필자는 사회적 맥락을 통해서만 투기를 정확하게 이해할 수 있다고 믿는다. 투기의 역사는 단순한 경제적 사실의 나열이 아니라, 사회사의 한 부분이어야 하기 때문이다. 투기가 벌어지는 동안 정치인들의 행동과 태도는 중요한 관심사항이다. 시장을 지배하는 법과 규정들을 만들어 집행하는 존재이기 때문이다. 앞으로 자신의 이익을 위해 투기를 부추기는 수많은 정치인들을 만나게 될 것이다.

필자는 또한 매케이의 열정을 이 책에 담아보려고 한다. 그리고 이 책을 다 읽은 독자들이 "투기는 소설만큼이나 흥미로운 것이다. 전 사회구성원이 이성의 고삐를 풀어제치고 황금을 뒤쫓아 마구 달려갈 뿐만 아니라, 도깨비불에 홀려 곤경에 빠질 때까지 실체를 깨닫지 못하는 사건들이 어찌 재미없고, 지적이지 못하다는 말인가?"라고 반문한 매케이의 말에 공감할 수 있기를 희망한다.

1장

거품으로 만들어진 세계[1]

금융버블의 기원

---

1 "마음보다 가벼운 것은 무엇인가? 사상! 그러면 사상보다 가벼운 것은? 거품으로 만
   들어진 세계(the Bubble World)!" Francis Quarles, *Emblems*, i, iv, 1635.

꿈이 잠에 취해 있는 우리의 눈을 속인다. 삽으로 파헤친 흙속에서 금이 모습을 드러낼 때 탐욕스런 손가락은 그 보물을 거머쥐고, 땀방울은 뺨을 타고 흘러내린다. 행여 누가 품속에 숨겨놓은 보물을 빼앗지 않을까 하는 깊은 두려움이 마음을 사로잡는다. 머릿속에 가득 찼던 기쁨이 사라지고, 사물의 참모습이 보이기 시작할 때 우리의 마음은 잃어버린 것에 대해 안달하게 된다. 그리고 과거의 그림자를 쫓아가기 위해 안간힘을 쓴다.

– 페트로니우스 아르비터의 『사트리콘』(AD 50년)에서[2]

무엇이든 교환하려는 인간의 성향은 거의 본능에 가깝다. 미래를 점치려는 경향도 인간 본성 깊숙이 자리잡은 특성이다. 이것이 투기의 원인을 이해하는 데 실마리가 된다. 19세기 미국의 유명한 상인 케네(R. Kene)는 "인생은 투기이고, 투기는 인간과 함께 탄생했다"라고 단언하였다.

인류 역사상 최초의 투기는 기원전 2세기 로마시대까지 거슬러 올라간다. 당시 로마에는 현대 자본주의 금융 시스템과 비슷한 여러 제도들이 도입되어 있었다. 로마법이 자유로운 자산이전을 보장하고 있었기 때문에 시장은 번성하였고, 돈은 이자를 받고 자유롭게 대출되고 있었다. 외환거래가 등장하였고 은행이 발행한 환어음을 통해

---

2   Petronius Arbiter, *Satyricon* (trans. Michael Heseltine, London, 1913).

로마 국경 너머까지 자금결제가 이루어지고 있었다. 자본주의가 태동한 이후 네덜란드 암스테르담, 영국 런던, 미국 뉴욕이 세계 자본의 중심지였던 것처럼 로마는 당시 금융의 중심지였다. 모든 자본이 로마에 집중된 것이다.[3] 신용이라는 개념이 이미 출현하였고, 선박 등 재산의 안전을 위해 원시적이지만 보험이라는 개념도 등장하였다. 로마의 시민들은 부를 향한 욕망을 숨김없이 드러낼 수 있었고, 소비를 통해 자신의 부를 과시할 수 있었다. 도박 역시 일상화되었다.

라틴어로 투기꾼(speculator)의 어원인 '스페큘라'(speculare)는 사고로 이어질 수 있는 요인을 '찾아내는' 초병을 의미한다. 반면 고대 로마시대에 금융투기꾼은 뭔가를 쫓는 사람을 뜻하는 퀘스터(questor)였다. 로마 사람들은 '그라시'(Graeci) 또는 '그리크'(Greek)라는 말로 투기꾼을 표현하기도 하였다. 이는 아마도 당시 투기꾼들의 상당수가 그리스 출신이었기 때문인 성싶다. 로마에서 어떤 사람에 대해 그리크라고 말하면 상당한 실례이면서 상대방을 모욕하는 것이었다. 또한 '작은 그리스인'이라는 의미를 갖고 있는 그라큘러스(Graeculus) 역시 모욕적인 어감을 담고 있다.

당시 투기꾼들의 집결지는 캐스터(The Caster) 신전 바로 옆 포룸이었다. 군중들은 이곳에서 조세징수업자들의 주식과 채권을 사고 팔았으며, 현금이나 신용으로 각종 재화를 교환하였다. 심지어 이탈리아 반도나 해외 식민지에 있는 영지나 농장, 노예, 말 등이 거래될 정도였다.[4]

---

3   Jérôme Carcopino, *Daily Life in Ancient Rome* (London, 1950), p.74.

4   Mikhail Rostovtzeff, *The Social and Economic History of the Roman Empire*, (Oxford,1957), p.31.

로마의 희극작가 플라우투스는 부자와 대부업자, 상인들로 가득 차 있는 포룸을 상세하게 기록해 전하면서, 별로 달갑지 않은 두 부류의 인간들을 대비시켰다. 첫째는 플라우투스가 가장 많은 장을 할애해 묘사한 부류로, 당사자들을 치켜세우면서 어떻게든 거래를 알선하려는 경매인이고, 두 번째는 상대방에 대해 악의에 찬 험담을 늘어놓는 신중하지 못한 군상들이다.[5] 이는 이후 증권시장의 호황과 침체시기에 투기꾼들이 보여주는 전형적인 모습이라고 할 수 있다.

로마는 국가기능 가운데 조세징수에서 신전건립까지 상당부분을 퍼블리카니(Publicani)라는 조직에 아웃소싱하였다. 퍼블리카니는 현재의 주식회사처럼 파르테스(partes, 주식)를 통해 소유권이 다수에게 분산된 법인체였다. 집행임원들이 이 조직의 업무를 수행하였고, 재무제표도 공시하였으며 주주총회도 정기적으로 개최하였다. 수많은 사람들이 이 퍼블리카니와 이해관계를 맺고 있었고 많은 노예들이 고용되어 있었다. 주식은 두 가지가 있었는데, 당대의 부자들로 구성된 집행임원들의 몫(socii)과 일반인들로 구성된 소액주주의 몫(particulae)으로 나뉘어 있었고, 소액주주들의 주식은 요즘의 장외시장과 같은 곳에서 비공식적으로 거래되었다.[6] 점조직 형태인 퍼블리카니는 로마제국 곳곳에 조직원을 두고 정보를 수집하였으며, 이 정보를 바탕으로 집행임원들은 농작물 등의 경매에서 어느 정도의 가격을 부를 것인지를 결정하였고 흥정중인 주가의 실제가치를 가늠할 수 있었다.

당시 주가수준이나 주식시장의 모습을 알 수 있는 자료는 거의

---

5 *Curculio*, Act IV, Sc. II.

6 E.Badian, *Publicans and Sinners*(Oxford, 1972), p. 104.

남아 있지 않지만, 주가변동이 있었다는 사실을 보여주는 기록은 남아 있다. 집정관 바티니우스가 부정부패 혐의로 재판에 회부되었을 때, "당신은 당시 비싼 주식을 억지로 빼앗지 않았는가"라는 질문을 받은 기록이 남아 있다.[7] 또 키케로는 자신의 기록에 '고가주'라는 단어를 쓰면서 "부실한 퍼블리카니의 주식을 사는 것은 보수적인 사람이면 피하는 도박과 같다"고 말했다.[8]

당시 주식은 정치인들이나 부자들만의 관심대상은 아니었다. 그리스의 역사학자 폴리비우스는 대중들에게 널리 퍼진 주식열풍을 기록으로 남겼다. 그는 "이탈리아 전역에서 공공건물의 신축과 보수를 위해 헤아릴 수조차 없는 계약들이 체결되고 있고, 로마와 인접한 장원과 광산, 배로 연결되는 식민지 등을 제외한 곳에서 징세 청부업자들은 세금을 거둬들여 로마 정부의 감독 아래 전매했다"고 전하였다.

거의 모든 로마인들이 이윤추구에 혈안이 돼 있었다.[9] 페트로니우스 아르비터의 로마 공화정 최후를 묘사한 기록에는 투기의 부작용이 생생하게 그려져 있다. 그는 "강곽한 고리대금업과 돈놀이는 일반 대중들을 두 가지 소용돌이에 휘말리게 해 그들의 영혼을 파괴했다. 광기는 그들의 가랑이 사이를 통해 전국으로 퍼져나갔고, 빈털터리가 되었을 때 느끼는 고통은 몸뚱이를 갉아먹는 전염병처럼 그들

7   앞의 책, p.102.

8   Cicero, *Ad. Familias* XII, 10.2 (재인용: Tenney Frank, *Economic History of Rome*, London, 1927, p.282).

9   Polybius, *Rise of the Roman Empire*, Book IV, 17(trans. Ian Scott-Kilvert, London, 1979), p.316.

을 비참하게 만들었다"고 기록하였다.[10] 현재까지 전해지는 자료가 너무 취약해 증명할 수는 없지만, 아마도 이는 투기적 광기에 대한 최초의 역사기록일 것이다.

로마의 퍼블리카니는 공화정이 제정으로 바뀐 이후 쇠퇴하였지만, 자산과 상품·화폐에 대한 투기는 계속되었다. 정부가 발권력을 동원해 일정한 가치가 있다고 선언하고 유통을 강제하는 신용화폐제도가 기원후 3세기에 도입되었다. 이후 통화위기는 일반적인 현상이 되었다.

터키의 옛도시 밀라사의 시정부는 양질의 화폐에 대한 투기적 축장 때문에 물가가 앙등하자 투기꾼들을 공격하였다. "한줌밖에 안 되는 나쁜 사람들 때문에 시의 안전이 위협받고 있다. 이런 악당들 때문에 우리 시가 생필품과 물자를 공급받을 수 없게 되어, 수많은 시민들뿐만 아니라 시 전체가 빈곤에 시달리는 것이다"고 비난한 것이다.[11] 현대에 사는 우리에게 너무나 익숙한 탄식이다.

● **근대 초기의 금융투기** ●

중세 유럽문화는 이데올로기적인 면에서나 실질적인 면에서나 금융투기와는 어울리지 않았다. 봉건제 아래에서는 로마시대와 같은

---

10 *Satyricon*, p.257.

11 Mikhail Rostovtzeff, *The Social and Economic History of the Roman Empire* (Oxford, 1957), p.472.

금융 시스템이 전혀 필요없었다. 로마에서 번성했던 화폐를 통한 거래가 물물교환으로 바뀌었기 때문이다. "내재가치보다 싼값에 사서 비싼 값에 파는 것은 정당치 않을 뿐만 아니라 불법적인 것"이라고 말한 토마스 아퀴나스의 가르침에 따라, 중세 신학자들은 아리스토텔레스의 '공정가격'이라는 개념을 부활시켰고, 고리대금업을 금기시하였다. 이윤추구는 도덕적으로 부패한 것이고 공동체에 해를 끼치는 것이라고 여겼다.

아퀴나스는 이윤을 향한 끝없는 탐욕을 권력과 섹스에 대한 탐욕과 함께 '3대 중죄'라고 선언했다. 그가 말한 '신국(City of God)'은 투기가 존재할 수 없는 곳이었다. 기근이 사회구성원들을 위협하면 중세 봉건국가는 식료품을 직접 공급했고, 화폐에 대한 투기적 축장은 불법화하였다. 이윤추구와 투기에 대한 엄격한 규제는 전 중세 역사를 거쳐 지속되었다. 중세 정치가들이 투기꾼들의 해악을 비난하면 할수록 물질추구에 대한 대중들의 스콜라적 편견은 강화되었다.

하지만 중세 말기 스콜라적 전통은 붕괴했다. 이탈리아 도시국가들이 채권을 발행해 유통하기 시작했기 때문이다. 베니스에서는 13세기 중반부터 도시국가의 채권이 매매되었다. 마침내 투기가 부활했고, 지극히 정상적인 것으로 인식되기 시작했다. 1351년 베니스에서는 정부의 채권값을 떨어트릴 수 있는 루머를 단속하는 법이 만들어지기도 하였다. 또 1390년과 1404년, 1410년에는 채권의 선물거래를 금지하는 법이 제정되었다. 심지어 총독과 의회는 '내부자 거래'를 금지하려고 시도한 적도 있었다. 도시국가 채권의 매매는 14세기 이후 베니스뿐만 아니라 플로렌스와 피사, 베로나, 제노바까지 확산되었다. 도시국가들은 주식(loughi)을 발행해 조달한 자본으로 세워진 회사(monti)들에 징세업무를 위탁하였는데, 이 초기 주식 회사는 로마의 퍼블리카니와 너무나 비슷했다.

북부 유럽의 정기시장에서는 중세 봉건왕조가 금기시하였던 상거래와 금융이 거의 무제한적으로 이루어졌다. 이때 이루어진 상거래와 금융은 이후 주식회사의 자본조달 모델이 되었다. 15세기 독일 라이프치히 정기시장에서는 이미 광산의 주식이 거래되었을 정도였다. 사순절 이후에 열린 프랑스 생제르맹 정기시장에서도 도시국가의 채권과 상인들이 발행한 환어음, 각종 복권 등이 활발하게 매매되었다. 봄과 가을에는 다른 계절보다 길게 시장이 열렸고, 안트베 르펜 정기시장은 1년 내내 열려 있어 '상설시장'이라고 불렸다.[12] 16세기 중반 프랑스 정부는 자유도시 인근 호텔에서 채권 등 각종 증을 매매할 수 있도록 허용하였는데, 이는 유럽 대륙 최초로 정식 인가된 거래소이다.

16세기 중반 이후 정기시장에서 투기가 이루어졌다는 사실을 말해주는 수많은 자료들이 있다. 당시 시장참여자들은 지급불능 가능성이 높을수록 채권값이 떨어지는 메커니즘을 발전시켰다. 1530년대에는 시장조작이 나타났는데, 플로렌틴 가스파르 두치(Florentine Gaspar Ducci)가 신디케이트 펀드로 매집한 채권을 리옹 시장에서 대량으로 팔아치웠던 것이다.[13] 1550년대 중반 안트베르펜과 리옹에서는 왕실채권에 대한 투기 바람이 갑자기 불어닥쳤다.

루비스는 『리옹의 역사』(Histoire de Lyons)에서 앙리 2세가 1555

---

12 Richard Ehrenberg, *Capital and Finance in the age of the Renaissance* (trans. H. M. Lucas, London, 1928), p.309.

13 앞의 책, p.245

년 리옹의 이스터 정기시장에서 매각한 프랑스 채권에 대한 일반인들의 매수열풍에 대해 다음과 같이 묘사했다. "모든 사람들이 프랑스 채권에 투기하기 위해 달려들었다. 하인들은 저축해 놓은 돈을 모두 찾아 쏟아부었고 여인들은 갖은 장식품을 팔아치웠다. 과부들조차 자신들의 연금을 일시불로 받아 프랑스 채권에 투기했다. 간단히 말해서 모든 프랑스인들이 마치 불을 향해 뛰어드는 불나방처럼 프랑스 채권에 달려들었다."

프랑스 채권은 연 16%의 이자를 지급했다. 또 채권값 하락을 보전해주기 위해 분기별로 1%의 이자를 추가로 지급하였다. 스위스와 독일, 심지어는 터키 사람들도 이 채권으로 한몫잡기 위해 투기대열에 끼어들었다. 시간이 흐른 뒤 프랑스 채권값은 액면가의 85%가 할인되어 거래될 정도로 폭락했다. 16세기 유럽왕정의 수준 낮은 신용 시스템을 감안하더라도 이 프랑스 채권파동은 최초의 '정크본드 파동'이라고 할 수 있다. 물론 이 투기열풍은 프랑스 왕 앙리 2세가 1557년 채무지급을 거부하는 바람에 순식간에 공황으로 바뀌었다.[14]

기록에 이름이 남아 있는 상인 가운데 대표적인 사람으로는 안트 베르펜 상설시장에서 활동했던 크리스토프 쿠르츠(Christoph Kurz)를 들 수 있다. 주기적으로 발생한 유동성 부족이나 공급과잉 때문에 애를 먹은 그는, 미래의 가격은 성스럽게 정해지기 때문에 별자리를 살펴봄으로써 알 수 있다고 믿었던 인물이다. 또 천상의 성스러운 힘이 사랑과 욕망이라는 무기로 이성을 마비시키기 때문에 사람들이 물가가 최고점에 있을 때 매수에 나선다고 확신하였다. 아침

---

14 Ehrenberg, *Capital and Finance*, p.303.

일찍부터 차트를 분석하는 현대의 애널리스트들처럼 그도 아침 일찍 일어나 '바닷물에 빠진 것처럼 일에 빠져' 지냈다. 그는 "점성술사들의 설법 대신 맞든 틀리는 나만의 독특한 법칙을 발견하고자 한다"고 말했다.[15] 이후 그는 장사를 그만두고 당시 최고의 권력자였던 교황의 서거시점을 예측하는 등 정치적 점성술사로 명성을 얻었다.

프랑스와 플랑드르의 자본시장은 종교전쟁과 네덜란드의 민중봉기, 이에 따른 기업들의 부도사태 때문에 더 이상 발전하지 못했다. 1557년 이후 리옹도 10년 동안의 번영기를 끝으로 쇠퇴했고, 1585년 스페인 군대의 봉쇄로 그동안 번성했던 안트베르펜 증권시장도 폐쇄되었다. 이 봉쇄를 피해 수많은 프로테스탄트와 유대인들이 자본과 선진 금융기법을 갖고 네덜란드의 암스테르담으로 이주해, 이 곳이 일약 유럽의 금융중심지로 부상하게 된 것이다. 역사가들은 이들의 피난 덕에 네덜란드가 1590년대의 경제적 기적을 이루어냈다고 말한다.

17세기 초반 네덜란드 경제는 유럽에서 가장 왕성했고 선진적이었다. 네덜란드 상인들은 전세계를 아울러, 노르웨이에서 목재를, 서인도제도에서 설탕을, 미국 메릴랜드에서 담배를 수입할 정도였다. 또 영국 웨일스의 제철소나 스웨덴의 영지에 투자했고 제정 러시아 황제 차르의 농산물 수출 독점권을 갖게 되었으며, 스페인이 소유하고 있던 아메리카 대륙에 노예를 공급하였다.[16]

네덜란드 상인들은 기존의 은행이나 복식부기·환어음·주식회사

---

15 Richard Ehrenberg, *Capital and Finance in the age of the Renaissance*, p.241

16 Violet Barbour, *Capitalism in Amsterdam in the Seventeenth Century* (Baltimore, 1950), pp.95~122.

등과 같은 금융자본주의를 구성하는 중요 시스템들을 상업경제의 튼튼한 기반 위에 올려놓았다.[17] 최초로 정부인가를 받은 주식회사인 유나이티드 동인도회사(United East India Company)가 1602년에 설립되었고, 이로부터 19년이 흐른 뒤인 1621년에는 서인도회사(West India Company)가 아메리카 대륙과의 교역을 위해 설립되었다.

1609년에는 유럽 최초의 중앙은행인 네덜란드의 비셀방크(Wisselbank)가 16세기 이탈리아 제노바의 카사 산 죠르지오(Casa San Giorgio) 은행을 모방해 설립되었다. 비셀방크는 무이자 예금을 수취했으며, 보유한 금 한도 내에서만 은행권을 발행하였다. 대출업무는 하지 않았지만, 네덜란드 상인들은 이 은행을 통해 세계무대에서 통일된 결제수단으로 자금결제를 할 수 있었다.[18] 네덜란드 정부도 채권과 복권을 발행하여 대중들의 엄청난 관심을 불러일으켰다.

17세기 초반까지 유럽대륙의 대규모 자본이 네덜란드로 흘러들어와 연금에서부터 환어음·대출채권, 도시국가의 채권까지 다양한 금융자산에 투자되었다. 암스테르담은 단순히 금융중심지가 아니라 그 자체가 유럽의 금융자본이었던 것이다.

1610년에는 암스테르담의 새 증권거래소가 설립되었는데, 이곳에서는 온갖 형태의 금융상품 매매가 이루어졌다. "상품과 외환거래, 주식, 해상보험… 암스테르담은 하나의 자금시장이었고 금융시장이었으며 증권시장이었다."[19] 금융거래는 자연스럽게 투기로 이어졌다.

---

17 앞의 책, p.142.

18 앞의 책, p.44.

19 Fernand Braudel, *The Wheels of Commerce* (New York, 1982), p.100.

미래시점에 확정된 가격에 상품을 인도하기로 하는 선도거래가 일반
화되었고, 16세기 이후에는 선도거래 대상이 곡물뿐만 아니라 고래
기름·설탕·구리, 이탈리아산 비단 등으로 다양해졌다.

17세기 초에는 동인도회사의 주식이 거래되었는데, 투기꾼들은 이
회사 주식을 맡기고 시장가격의 5분의 4까지 대출받을 수 있었고, 이
를 '마진 론'(margin loan)이라고 불렀다. 이때 주식을 미래시점에 정해
진 가격에 사거나 팔 수 있는 권리를 매매하는 옵션거래도 시작되었
다. 17세기 후반에는 액면분할주가 탄생했는데, 동인도회사의 주식이
분할되어 보통주의 10분의 1 가치에 거래되었고, 이로써 일반인들도
주식투기 대열에 합류하기에 이르렀다.[20] 당시의 선물과 옵션, 액면분
할주 등이 현대 파생상품의 원조인 셈이다. 또 그들은 유가증권을 담
보로 대출해 주식에 투자하는 차입투자의 개념도 터득해, 엄청난 수익
을 올릴 수 있었다. 물론 주가가 떨어질 때는 엄청난 손실을 입었다.

● 베가의 『혼돈』 ●

서유럽의 증시에 대한 최초 기록은 요셉 펜소 드 라 베가(Joseph
Penso De La Vega, 마라노 유대인)의 『혼돈』(Confusion de Confusiones)
이다. 이 책은 1688년 네덜란드 암스테르담에서 처음 출판된 것으
로, 상인과 주주가 주고받는 말을 대화록 형태로 기록하고 있다. 베

---

20 Joseph de la Vega, *Confusion de Confusiones*, 1688(in *Portions Descriptive of the
Amsterdam Stock Exchange*, ed. H. Kellenbenz, Boston, 1957, p.27).

가는 이 책에서 증권시장을 정신병원으로 묘사하며 투기꾼들의 심리를 생생하게 보여주고 있다. 주식시장은 이상한 미신으로 가득 차 있고 참여자들은 비정상적인 행동을 한다. 이를테면 강박관념과 같은 이끌림에 그들의 행동이 좌우된다는 것이다. 그리고 "투기라는 게임은 바보들이나 하는 짓이다"고 그는 선언한다.

> 증권거래는 한 사람이 주식을 내놓으면 다른 사람이 이를 정해진 값에 사들이는 방식으로 이루어진다. 이런 방법으로 수많은 거래가 이루어지고 엄청난 양의 주식이 매매된다. 매매가 체결되면 또 다른 매물이 나오고, 거래는 이어진다. 주먹이 오가기도 한다. 매매는 아우성으로 이어지고, 아우성은 욕지거리로, 욕지거리는 다시 조급증이나 이보다 더한 주먹다짐으로 이어진다. 거래가 끝날 때까지 이런 광경은 계속된다. 존경스러운 사람조차 주먹다짐과 같은 상스런 거래를 하는 것을 나는 부끄럽게 생각한다.

1674년 런던에서 출간된 시인 찰스 커튼(Charles Cotton)의 저작으로 추정되는 『용감한 도박꾼』(Compleat Gamester)에는 다음과 같은 기록이 있다. "주식거래는 게으름과 부도덕성 사이에서 이루어지는 신들린 마술과 같다. 한 사람이 낄낄대며 즐거워하는 동안 다른 한 사람은 마치 독거미에 물린 것처럼 머리를 마구 쥐어뜯고 있다. 주식거래를 하는 사람은 술주정뱅이처럼 제정신을 차리지 못한다. 기를 쓰고 자신의 팔꿈치를 부여잡으려 하지만 너무 흔들리는 바람에 잡지 못한다. 산만해져 신중한 결정을 내릴 수 없고, 이미 내린 결정에 대해서도 확신을 갖지 못한다. 돈을 벌었을 땐 미친 듯이 좋아하고, 돈을 잃었을 때에는 낙담한다. 항상 극단적인 심리증세를 보이고 심리적 광풍에 휘말린다. 이런 조울증은 감각과 이성이 완전히 마비되는 단계까지 진전된다."[21] 이는 암스테르담 거래소에서도 볼 수 있었다.

베가는 떼돈을 번 투기꾼의 강박관념에 빠진 행동에 대해서 이렇게 묘사하였다. "어떻게 돈을 벌 것인지를 두고 흔들리는 사람들은 초조한 마음에 손톱을 물어뜯고 손가락을 잡아당기기도 한다. 눈을 감기도 하고 수없이 중얼거리고, 마치 치통을 앓고 있는 것처럼 손으로 볼을 감싸기도 한다. 또 뭔가 깊이 생각하는 듯한 표정을 짓거나 눈을 문지르고, 이런 비정상적인 행동을 할 때마다 마른기침을 한다. 억지로 행운의 손길을 요구하는 듯한 모습이다."[22] 당시 몇몇 투기꾼들은 신경증을 앓고 있는 것으로 알려졌다. 그들은 침착하게 행동하지 못했다고 한다. "심지어 죽음을 맞이하며 누워 있는 침상에서도 자신들이 보유한 주식을 걱정한다." 대다수의 투기꾼들은 분열된 자아를 지니고 있다. "투기꾼들은 이중적인 자아를 갖고 있으며, 자신들을 상대로 싸운다는 사실을 알고 나면 놀란다"는 것이다.[23]

이후 증권시장과 마찬가지로 17세기 네덜란드 암스테르담 거래

---

21 Cited in *The Psychology of Gambling* (eds. Jon Halliday and Peter Fuller, London, 1974), p.126.

22 Vega, *Confusion*, p.11.

23 앞의 책, p.22.

소도 불황(bear)과 호황(bull)이라는 굴레에서 벗어나지 못했다.[24] 베가는 호황과 불황을 대비시켜 당시 상황을 그림처럼 묘사하였다. "호황의 순간에는 흥청망청하고, 불황의 순간에는 두려움과 전율·신경질이 뒤범벅된 모습을 보여준다. 돈을 잃으면 주가를 떨어트리기 위해 작전단을 결성하기도 한다." 베가가 살던 시대에도 주가를 떨어트리기 위한 작전은 아주 흔한 일이었던 듯하다.

1609년 플랑드르 출신 상인인 이삭 르메르는 동인도회사의 주가를 폭락시키기 위해 조직적으로 투매했다. 동인도 설립 멤버였던 그는 24명이나 되는 자식들을 먹여 살리기 위해 투기에 뛰어들었음이 틀림없다. 그는 주가조작(인위적 폭락)을 위해 동인도회사의 재무담당자로부터 내부정보를 얻었는데, 아마도 이는 최초의 내부자거래 사례일 것이다. 1621년에도 르메르는 주식선물과 매도에 관한 규정을 위반하면서까지 투기하려 했다. 비록 그의 시세조종은 실패로 끝났지만, 투매로 주가가 폭락했을 때 싼값으로 다시 사들여 이득을 보려했던 그의 투매작전은 역사적인 사건으로 기록되어 있다. 이후 반투기법들이 제정되었지만, 투기꾼들은 이를 무시하였다.

베가 시대의 증시에서는 가격이 합리적으로 형성되지 않았다. 그는 "투기꾼들은 불안과 불건전성, 자만심, 어리석음 등으로 가득 차

---

24 곰을 의미하는 영어 단어 'bear'는 약세장을 예상하고 공매도를 하는 '투기꾼'이라는 뜻이다. 이 말은 '곰을 잡기도 전에 곰 가죽을 판다(To sell bear's skin before one has caught the bear)'는 속담에서 유래하였다. 1719년에 처음 출판된 『증시의 해부』(Anatomy of Exchange Alley)에서 디포가 '곰 가죽 매수자'라는 용어를 사용했다. 이와 함께 'bull'(황소)이라는 말은 '강세'를 의미하는 독일어 'büllen'에서 유래했다. 이는 'bear' 보다 뒤늦게 나타나 증시판에서 사용되기 시작했다. 아마도 'bear'에 영향받아 쓰기 시작한 성싶다. 'bull'의 초기 의미는 '투기적 매수나 다른 방법으로 주가를 끌어올리려고 노력하는 사람들'이었다.

있는 군상들이고, 뚜렷한 이유도 없이 주식을 팔아치우거나 사들인다"고 기록하였다. 인위적으로 주가를 움직였다는 말이다. 그리고 "주식시장에서는 사건의 파장이 증폭되는 경향이 있다"고 기록하고 있다.[25] 또 "냉정한 마음으로 증시에서 벌어지는 일들을 살펴보는 현명한 관찰자만이―꼭 그런 것만은 아니지만―사건의 참모습을 발견할 수 있다"고 하였다. 이런 결점에도 불구하고 베가는 당시 증시에 큰 관심을 쏟았다. 그의 책에는 이런 내용이 있다. "아주 순조롭게 진행되는 시장에 참여한 사람도 끊임없이 불안에 시달려야 한다. 마치 감옥에 갇혀 있는 것과 같다. 열쇠가 대양 속에 버려져 감옥문은 영원히 열리지 않는다….''[26]

투기꾼들의 광적이고 억압적인 경험과 폭력적이고 통제할 수 없는 심리는 늘 변화무쌍했다. 광기가 힘을 발휘하는 시기에는 투기꾼들이 아주 정열적이고 허풍스러우며 탐욕스럽다. 심지어 섹스에 탐닉하기도 하고 산만할 뿐만 아니라 다른 사람들을 설득해 투기에 끌어들이려고 덤빈다. 무엇보다도 매사에 낙관적이며 수익에 대한 기대치는 하늘에 닿을 듯 높아진다. 하지만 광기는 부주의에 이르게 되고 마침내 파국을 야기하게 된다. 투기꾼들의 심리는 일정한 주기를 갖고 있는데, 돈을 잃어 침체의 늪에 빠져 있을 때에는 이해할 수 없을 정도로 멍청해 보이고 산만하며 지쳐 보인다. 또 아주 소심해지고 우유부단하며 매사에 자신없어한다. 시장의 대세를 놓치고 사소한 것

---

25 앞의 책, p.10, 12.

26 앞의 책, p.18.

에 매달리게 되는 것이다.

홉스의 '리바이어던'(Leviathan)처럼 주식시장 자체는 고립된 투기꾼들로 구성되어 있다. 시장의 특징은 호황과 불황기에 나타난 대중 심리를 통해 파악할 수 있는데, 시장이 호황을 보이거나 광적인 열기에 휩싸이면, 시장의 분위기는 열기가 가득하고 참여자들의 기대치는 비현실적으로 높아진다. 반면 시장이 침체되면 거래량이 줄어 들고 온갖 지표가 힘을 잃어버린다. 비관론이 낙관론을 밀어내는 것이다. 『현명한 투자자』(The Intelligent Investor)를 쓴 벤저민 그레이엄은 "미스터 마켓은 자신의 열정이나 두려움을 널리 퍼트리는 역할을 한다"고 말했다. 그레이엄의 제자인 워렌 버펫은 심혈을 기울여 시장의 불안정을 분석하였다. 그리고 다음과 같이 갈파했다. "시장이라는 존재가 안락감을 느낄 때는 호재만을 보게 된다. … 반대로 의기소침해 있을 때는 오직 악재만을 보게 된다."[27] 극단적인 반전을 일으키는 시장의 특성은 투자 목적을 위해서는 무시될 수 있다고 그레이엄과 버펫은 충고했다.

하지만 시장의 변덕은 투기의 토대이기도 하다. 실제로 19세기 유명한 경제학자 데이비드 리카도는 이렇게 지적하고 있다. "사람들이 눈앞에 벌어지는 사건들에 휘둘리고 있을 때 이를 역이용해 돈을 벌었듯이, 한발 앞서 주식을 사면 엄청난 돈을 벌 수 있다. 또 참여자들이 경악하고 패닉에 빠져들 것이라고 예상하면, 이보다 앞서 주식을 팔아 돈을 벌 수 있다."[28]

---

27 Benjamin Graham, *The Intelligent Investor*, 4th ed. (New York, 1973), p.108; Warren Buffett, *Berkshire Hathaway Annual Report*, 1987.

28 *Autobiographical Recollections of Sir John Bowring* (London, 1877), pp.110~113.

● 튤립투기 ●

1630년대 네덜란드의 경제적 상황은 투기적 안락감이 퍼질 수 있는 아주 좋은 조건이었다. 스페인으로부터의 군사적 위협이 사라졌고, 30년 전쟁으로 강력한 경쟁자였던 동유럽의 직물산업이 붕괴되어 네델란드 직물산업이 호황을 맞고 있었다. 1631년 암스테르담 거래소는 산뜻하게 지은 새 건물로 이사를 했다. 바타비아(Batavia, 자카르타의 옛 이름) 지역을 차지한 동인도회사의 주가는 17세기 최고 상승세를 타고 있었다.[29] 당시 유럽국가 가운데 1인당 국민소득이 가장 높았던 네델란드인들은 앞다투어 교외에 대저택을 짓는 등 호황을 만끽했고, 이에 따라 부동산가격도 급상승했다. 늘어난 부에 취한 네델란드 사람들의 머리에선 칼뱅주의적 검약정신이 사라진 지 오래였고, 그들은 소비지향적인 국민이 되었다. 풍요와 오만에 젖은 네델란드인들은 과시욕을 드러냈고 더 큰 부를 안겨줄 대상을 찾기 시작했는데, 그 대상이 바로 튤립이었다.

꽃에 대한 네델란드인들의 강한 애착은 지리적인 요인으로도 설명될 수 있다. 그들은 국토가 좁은 탓에 대형 공원을 가꿀 수 없었다. 대신 앙증맞은 공원을 만들어 한가운데에 가장 아름다운 꽃을 심었다. 그리고 꽃들은 당시 네델란드의 칙칙한 농촌 분위기를 털어내기도 했다. 이 꽃 가운데 가장 값진 것이 튤립이었다. 특히 좁지만 기름진 땅은 튤립이 뿌리를 잘 내릴 수 있는 환상적인 조건이었다.

16세기 중엽 터키 술레이만에 파견된 네델란드 대사 오기에르

---

29 Jonathan Israel, *The Dutch Republic* (Oxford, 1995), p.533.

부스베크가 튤립뿌리를 처음으로 유럽으로 전했다. 튤립이란 이름은 터키인들이 즐겨 쓰는 터번을 의미하는 튤리판(tulipan)에서 유래된 것이다. 1573년 부스베크는 당시 네덜란드 최고의 식물학자였던 카롤루스 크루시우스(Carolus Clusius)에게 튤립 한 뿌리를 선물한다. 그는 이를 번식해 다시 여러 사람에게 배분했고, 자신이 집필한 『식물도감』(Rariorum plantarum historia)에 등재했다. 초기 튤립은 귀족과 부유층의 전유물이었다. 튤립이 처음 유럽에서 꽃을 피운 곳도 고상한 꽃재배 취미를 갖고 있던 당시 유럽 최고의 은행가인 푸거의 아우구스부르크 공원이었다.

당시 네덜란드인들은 꽃의 색깔에 따라 튤립을 다양하게 분류했다. 또 위계서열에 따라 군계급과 같은 이름을 붙였다. 최상급 꽃은 잎에 황실을 상징하는 붉은 줄무늬가 있어 '황제'라고 불렸고, 이어 '총독'과 '제독', '장군' 순으로 이름이 붙여졌다. 1624년 황제튤립은 당시 암스테르담 시내의 집 한 채 값과 맞먹는 1,200플로린(florin, 당시 유통된 금화-역자주)에 거래되었다.

이보다 10년 앞서 로머 비쉬어(Roemer Visscher)는 앞날을 예견한 듯 "바보와 돈은 함께 할 수 없다"는 격언과 함께 튤립 두 송이를 새긴 책[30]을 펴냈는데, 그의 예견대로 마침내 튤립이 투기의 대상이 된 것이다. 꽃이 만개할 때까지 무늬와 색깔을 아무도 예상할 수 없다는 점이 튤립투기의 우연성을 극대화해주었다. 튤립뿌리가 어떤 바이러스(다음해 봄에 필 튤립의 색깔과 무늬를 결정한다-역자주)에 감염되었는지를 아무도 알 수 없었기 때문이다. 하나의 뿌리가 황제튤립을 터

---

30 Paul Taylor, *Dutch Flower Painting 1600~1720* (New Haven, 1995), p.10.

트릴 수도 있었고, 평범한 꽃잎을 터트릴 수도 있었던 것이다.

뿌리는 상대적으로 쉽게 경작할 수 있었다. 땅 한 뙈기만 있으면 족했다. 그리고 거래를 막을 길드도 없었다. 당시 고가주였던 동인도회사의 주식에 투자할 돈이 없었던 가난한 서민들은 '꿩 대신 닭'이라는 말 그대로 튤립 한 뿌리에 모든 것을 걸었다. 당시 튤립시장 뿌리가 채취되는 여름에 열렸다. 하지만 튤립의 인기가 올라가자 1년 내내 거래할 수 있는 매매방법이 고안되었다. 재배농가는 뿌리를 심은 두렁에 표시를 하고, 각 뿌리마다 무게와 어떤 변종인지를 알 수 있는 번호표를 붙였다. 또 거래일지를 만들어 뿌리마다 그 동안 체결된 거래를 상세하게 기록했다. 값비싼 뿌리는 쪼개어 아스(aas, 20분의 1그램) 단위로 거래되었고, 평범한 뿌리들은 두렁 단위로 거래되었다. 튤립뿌리는 표준화되었고, 네덜란드 중앙은행인 비셀방크의 은행권이나 동인도회사의 주식과 같이 취급되었다.

네덜란드에서 튤립값이 하늘 높은 줄 모르고 치솟자 프랑스인들도 한몫 챙기기 위해 1634년 파리 근교와 프랑스 북부에 튤립시장을 열었다. 튤립투기가 국제화된 것이다.[31] 일확천금에 눈이 멀어 뒤늦게 시장에 뛰어든 사람들은 네덜란드인들이 '신출내기'라고 무시했던 직공과 방적공, 구두장수, 빵가게 주인, 채소장수, 농사꾼 등이었다. 대부분의 네덜란드 사람들이 튤립광기에 취해 있을 때 시장을 안정적으로 이끌 수 있었던 두 부류의 사람들은 이 광기에서 한 발 떨어져 있었다. 그 첫 번째는 부유한 꽃 수집가들이었다. 그들은 희귀

---

31 N. W. Posthumus, "The Tulip Mania in Holland in the Years 1636 and 1637," *Journal of Economic and Business History*, I(1928~1929), p.462.

한 변종튤립을 사기 위해 어떤 값이라도 치를 마음이 있는 사람들이었다. 하지만 튤립값이 치솟자 그들은 시장을 빠져나왔다. 두 번째는 암스테르담 거상들이었다. 그들은 증권거래소에서 동인도회사의 주식이나 환어음 등에만 투자하고 있었다. 이들에게 튤립은 단순히 자신의 부를 과시할 수단이었을 뿐 돈을 벌기 위한 수단은 아니었다.

튤립시장은 교통이 발달하면서 성격이 변하기 시작했다. 개인들이 모여 흥정하던 관행은 여관 등에서 형식에 구애받지 않고 무리를 지어 집단적으로 거래하는 방식으로 바뀌었다. 중개인들과 투기꾼들은 화기애애한 분위기 속에서 값을 흥정하고 거래를 했다고 한다. 심지어는 한 투기꾼과 그의 '순진한 친구'가 주고받는 대화형식으로 튤립 거래방법을 소개하는 팸플릿 〈대화록〉이 발행되기도 했다.

(튤립거래를 하려면) 자네는 여관을 찾아가야 해. 그곳에 모인 사람들은 대부분 모르는 사람들이지. 그곳에서는 동지나 친구를 기대할 수 없어. 그곳에 도착하면 화초장수가 있는지를 물어봐야 한다네. 그리고 방에 도착하면 신출내기인 자네를 보고 사람들이 오리처럼 꽥꽥거릴걸세. "갈보집에 새 창녀가 왔구먼!"과 같은 험한 말을 할 것이지만, 아무런 대꾸도 하지 않는다면 아무 일도 생기지 않아. 이어 자네 이름이 조그만 판에 새겨지고, 모인 사람들에게 그 판이 돌려질걸세. 그 자리에 참석한 사람들은 판에 이름을 올려야 하고, 제일 위에 이름이 적힌 사람부터 주문을 낸다네. 물건을 경매에 붙이지 않아도 되지. 그저 오고가는 대화 속에 힌트를 주면 누군가 관심을 표현할 것이야. 그러면 자네는 그와 거래를 할 수 있다네.

거래방법은 두 가지로, 1대1 거래와 경매방식이 있었다. 1대1 거래는 팸플릿에 나오는 것처럼 '판'(plate)을 이용해 거래하는 것이다. 살 사람과 팔 사람은 거래모임이 제공하는 나무판에다 각자 희망가격을 써넣어 가격이 일치하면 거래가 성립된다.

경매는 팔 사람이 원이 그려진 나무판에 써넣은 최소가격을 보고 살 사람들이 그 가격 이상으로 값을 불러 최고값을 부른 사람이 사게 되는 방식이다. 원하는 물건을 산 사람은 '포도주값'이라는 명목으로 최고 3길더까지 경매에 참석한 동료들을 위해 내놓아야 했다. 이 돈은 모인 사람들을 위해 담배나 술, 또는 등잔용 기름이나 난방비로 사용되었다. 팸플릿에 등장하는 한 투기꾼은 다음과 같이 말했다. "여관에 올 때 지니고 온 돈보다 집에 가져가는 돈이 많을 때까지 긴 여행을 한다. 이 여행 동안 포도주와 맥주, 담배, 과자, 구운 생선, 소고기, 닭고기 심지어는 토끼고기까지 즐겼다. 아침부터 새벽 2~3시까지 거래를 한 적도 있다. … 물론 많은 돈을 벌었다."[32] 한몫 잡았거나 거래가 성사되어 받을 돈이 있는 투기꾼들은 새 마차와 말을 사들여 자신의 부를 과시했다.

1636~1637년, 겨울에는 튤립뿌리들이 아늑한 땅 속에 묻혀 있어 거래가 성사되어도 투기꾼들은 뿌리를 인도할 수 없었다. 그래서 '바람거래'로 불린 튤립 선물거래가 나타났다. 파는 사람은 미래의 일정시점에 정해진 종류의 튤립뿌리를 전달하기로 약속하고 사는 사람은 받을 권리를 갖으며, 결제시점이 되면 시가와 거래가 차이를 현금으로 결제하는 것이다. 대부분의 거래는 어음결제로 이루어졌고, 이

---

32 앞의 책, p.451

어음의 만기는 대부분 튤립뿌리를 캐는 다음해 봄이었다. 투기꾼 가운데 6만 길더를 벌었다고 자랑하는 사람도 있었다. 하지만 그가 쥐고 있는 것은 현금이 아니라 '다른 사람의 어음' 뿐이었다. 투기열풍이 끝나갈 무렵에는 '눈에 보이지 않는' 튤립뿌리는 돌고 돌아 실체가 없는 거래가 되어 버렸다. 대부분의 투기꾼들은 만기에도 튤립뿌리를 갖고 있지 않았기 때문에 현물을 인도할 수 없었고, 돈조차 없어 결제할 수 없는 지경에 이르게 된 것이다.

당시 네덜란드의 노동자들이 1년 동안 벌어들인 돈은 200~400길더 수준이었다. 한 가정의 1년 생활비는 보통 300길더 정도였고, 최고 수준의 꽃그림 한 폭이 1,000길더쯤에 거래되었다. 이와 비교하면 튤립 한 뿌리 값이 얼마나 터무니없이 비쌌는지를 알 수 있다. 앞서 인용한 〈대화록〉에 따르면 최고의 4잎 가우더 튤립 한 뿌리가 20길더에서 225길더로 10배 이상 올랐고, 10잎짜리 장군튤립은 95길더에서 900길더로 치솟았다. 노란색 평범한 튤립뿌리 1파운드는 20길더에서 단 일주일 만에 1,200길더로 치솟기도 했다. 정확하게 당시 노동자 한 달 봉급 수준에서 5년치 연봉에 상응하는 값으로 치솟은 것이다. "뿌리째 뽑혀 바구니째로 두엄더미에 버려졌을 것이 너무 비싼 값에 거래되었다. … 2년 전 2,000길더였던 황제튤립 뿌리는 6,000길더에 거래되었다"고 〈대화록〉의 저자는 기록했다.[33] 이는 3,000길더에 거래된 총독튤립의 두 배에 달하는 값이었다. 당시 튤립가격 정보지들은 튤립 한 뿌리를 위해 지불한 2,500 길더로 27톤의 밀과 50톤의 호밀, 살찐 황소 4마리, 돼지 8마리, 양 12마리, 포

---

33 앞의 책, p.458.

도주 2드럼, 맥주 2큰통, 버터 10톤, 치즈 3톤, 린넨 2필, 장롱 하나에 가득 찬 옷가지, 은컵 1개 등을 살 수 있었다고 전하고 있다.

튤립의 적정가격이 얼마인지를 밝히려는 시도는 거의 없었다. 투기꾼들은 일확천금을 노리고 튤립을 전매하는 데 열을 올렸을 뿐이다. 〈대화록〉의 투기꾼이 자신의 친구에게 "올여름까지 돈을 지불할 수 없으면 갖고 있는 모든 것을 팔아라"라고 권하고 있다.[34] 이런 광기가 언제까지 계속될 것인지를 친구가 묻자 그 투기꾼은 "앞으로 2년이나 3년 동안 지속된다면 내겐 충분하다"고 답했다. 하지만 이름이 전해지지 않은 가격정보지 발행자는 "사는 사람보다 파는 사람이 많아진다면 이 투기열풍은 순식간에 사라져버릴 것이다"라며 파국이 예상보다 빨리 올 것임을 암시했다.[35]

마침내 1637년 2월 3일 튤립시장이 붕괴했다. 현물을 인도하거나 결제해야 하는 봄이 다가오고 있다는 사실 외에는 갑작스런 시장 붕괴의 원인은 발견할 수 없다. 하지만 튤립거래의 중심지였던 하를렘에는 더 이상 살 사람이 없다는 소문이 나돌았다. 실제로 다음날 저가에 내놓은 튤립조차 전혀 팔리지 않는 상황이 벌어진다. 매매는 이뤄지지 않았고 부도가 줄지어 발생했다. 전문적인 꽃상인들은 채권 투기꾼들에게 보유어음을 넘겨 일부나마 회수하려고 발버둥쳤지만 아무런 소용이 없었다.

하지만 튤립투기의 갑작스런 종말이 네덜란드 경제를 위기에 몰아넣지는 않았다. 역사학자인 N. W. 포스트휴머스는 이에 대해 '네덜

---

34 앞의 책, p.451.

35 Taylor, *Dutch Flower Painting*, p.13.

란드 서부지역의 소요'[36]라고 완곡하게 표현했다. 이 나라 경제를 좌지우지했던 거상들은 튤립공황에 거의 영향을 받지 않았기 때문이다. 하지만 많은 서민들은 그렇게 운이 좋지는 않았다. 집을 저당 잡히고 가재도구들을 팔아 일확천금을 노렸던 그들은 다시는 회복할 수 없는 손실을 입었다. 기록으로 전해지는 비극의 주인공 가운데 유명한 풍경화가 얀 반 호이엔(Jan van Goyen, 1596~1656년, 17세기 네덜란드 바다 풍경을 주로 그린 화가-역자주)도 들어 있다. 그는 파국 하루전에 900길더와 자신의 그림 한 폭을 주고 튤립 한 뿌리를 구입했다가 값이 폭락하는 바람에 이후 19년 동안 비참한 가난에 시달리다 숨을 거둬야 했다.[37]

튤립시장의 불안은 1년 뒤인 1638년 5월까지 지속되었다. 당시 네덜란드 정부는 매매가격의 3.5%만을 지급하는 것으로 모든 채권·채무를 정리하도록 명령하는 극단적인 조치를 취했다. 1,000길더를 받기로 하고 튤립을 팔았던 사람은 35길더만을 받을 수 있었다.[38] 특단의 조치가 취해지자 튤립뿌리 수집가들이 다시 시장으로 모여들기 시작했고, 아주 헐값에 튤립뿌리를 사들였다. 그리고 2~3년이 지나자 황제튤립의 값은 투기발생 이전 수준을 회복했다. 하지만 가난한 서민들이 한몫보기 위해 투기를 벌였던 낮은 등급 튤립값은 이후에도 회복되지 않았다.

---

36 Posthumus, "Tulip Mania," p.436.

37 Taylor, *Dutch Flower Painting*, p.13.

38 Posthumus, "Tulip Mania," p.447.

● 투기의 에피소드 ●

공황을 거치면서 튤립투기는 극단적인 튤립혐오로 바뀌었다. 이
는 1929년 대공황 이후 주식에 대한 미국인들의 혐오와 같은 것이었
다. 라이든 대학에서 식물학을 강의했던 에브라드 포스티우스는 지
팡이로 눈에 띄는 튤립은 모두 후려칠 정도였다고 한다.[39] 일확천금
바람이 한 차례 네덜란드를 휩쓸자 노동을 성스럽게 여긴 칼뱅주의
적 전통도 무너져내렸다. 〈대화록〉에는 당시 네덜란드 사람들이 튤립
투기로 앓게 되는 허무감이 잘 드러나 있다.

> 왜 장사꾼이 거친 바다를 건너는 위험을 무릅써야 하고 어린아이가
> 상거래를 배워야 하며, 농사꾼이 힘들게 밭을 갈고 씨를 뿌려야 한단
> 말인가? 그리고 선장이 거친 바다를 항해해야 하고, 병사들이 목숨
> 을 걸고 싸워야 하는가? 도대체 무슨 영화를 보기 위해 이런 일을 해
> 야 한다는 말인가?[40]

한 쪽이 돈을 벌어 부자가 되었다면 다른 쪽은 빈털터리가 되었
다. 투기가 계층 사이의 위화감을 악화시킨 것이다. 〈대화록〉의 저
자는 '투기꾼들은 다른 사람보다 뛰어난 사람'이라고 주장했다. 튤립

---

39 Wilfrid Blunt, *Tulipomania* (London, 1950), p.15.

40 Posthumus, "Tulip Mania," p.452.

이 투기의 대상이 되자, 네덜란드 삽화가들은 튤립을 해골, 모래 시계, 사치와 사악함, 흥청거림을 표현하는 소재로 활용했다. 또 튤립은 바보들을 표현하는 상징이 되었고, 사람을 경솔하게 만드는 유혹으로 이해되었다.[41] 그리고 튤립의 또 다른 이미지는 덧없는 인간을 상징하는 '버블'이었다. 이는 로마의 도덕주의자 바로가 '인간은 거품이다'(Homo bulla est)라고 선언한 데서 유래된 것이다.

버블은 빠르게 부풀어올라 빛을 영롱하게 반사해 바라보는 사람을 황홀하게 하지만, 한순간에 사라지고 만다. 바람이나 공기에 의해 짧은 시간 동안 유지될 뿐이다. '바람'이라는 말은 선물거래를 의미하는 네덜란드 말 'windhandel'(바람거래)에서 상징적으로 쓰였다. 이후에는 주가조작을 일삼는 악덕 주식거래꾼을 우화적으로 표현하는 말로 쓰이기도 한다. 하지만 버블이 투기를 의미하게 된 것은 1720년대 사우스 시 투기 이후부터이다. 튤립은 갑자기 화려한 꽃을 터트리고 이내 꽃잎들을 흩뿌린 뒤 줄기가 고사하는 자연의 순환을 의미하기도 했다.

튤립투기에 대한 수많은 에피소드가 탄생했다. 알렉상드르 뒤마(Alexandre Dumas)는 이 에피소드를 소설 『검은 튤립』(The Black Tulip)에서 적절하게 활용했다.

하를렘의 화훼조합은 헤이그의 한 구두장수가 검은 튤립을 재배하는

---

41 Taylor, *Dutch Flower paintings*, p.47.

데 성공했다는 소문을 들었다. 그들은 이 구두장수를 찾아가 가격을 두고 한참 동안 흥정을 벌인 뒤에 1,500플로린을 주기로 하고 검은 튤립뿌리를 건네받았다. 그들은 그 뿌리를 받자마자 돈을 건네지도 않고 땅바닥에 던지더니 발로 뭉개버렸다. 이를 보고 놀란 구두장수가 대들며 말리자, 꽃장수 가운데 한 명이 소리친다. "멍청한 놈! 우리도 검은 튤립을 갖고 있다. 너 같은 바보에게는 다시는 기회가 오지 않을 것이다. 당신이 돈을 먼저 요구했더라면 1,500플로린을 손에 쥘 수 있었다." 불쌍한 구두장수는 엄청난 돈을 잃어버렸다는 말에 더 실망해 자리에 드러눕게 되었고, 다시는 일어나지 못했다.[42]

뒤마의 소설에 나오는 검은 튤립은 존재하지 않았다. 진한 갈색 튤립을 당시 사람들이 검은 튤립이라고 불렀을 뿐이다. 검은 튤립 우화 이후 전해져오는 수많은 에피소드들은 투기역사 가운데 아주 재미있는 부분이다.

미시시피 버블에서는 한 시종이 미시시피 주식으로 일확천금을 거머쥐자 새 마차를 샀다. 하지만 마차에 오를 때 주인이라는 사실을 잊고 마부의 자리에 올랐다고 한다. 또 한 의사가 여성환자의 맥박을 진찰하던 중 미시시피 주가가 폭락했다는 소식을 듣고 "오 하느님! 너무 떨어졌어, 너무 떨어졌어"라고 중얼거리자, 환자는 자신의 맥박수가 떨어진 것으로 알아듣고 충격을 받아 숨졌다는 에피소드

---

42 Blunt, *Tulipomania*, p.17.

도 있다. 유사한 일화는 1830년대 시카고에서 발생했던 땅투기에서
도 발견된다. 당시 일리노이와 시카고 사이에 건설중인 운하 주변 땅
을 중심으로 투기가 극성을 부렸다. 땅투기에 혈안이 된 한 내과 의
사가 여성환자로부터 왕진을 요청받았다. 하지만 환자를 돌보는 일보
다 땅투기에 더 정신이 팔린 그는 환자를 보지도 않은 채 서둘러 처
방전을 만들어주고 떠나려고 했다. 처방전을 받은 환자가 "의사 선생
님, 왜 약을 어떻게 먹어야 하는지는 처방해주지 않죠?"라고 묻자, 그
의사는 "아차! 운하계획에 따라 드세요. 1년이나 2년, 3년에 하나씩
드시면 됩니다"라고 엉뚱한 대답을 했다고 한다.[43] 뿐만 아니라 영국
의 사우스 시 버블과 1929년 대공황 때에도 스스로 목숨을 끊은 투
기꾼들의 이야기가 과장되어 전해지고 있다.[44]

중세의 교훈적 전설처럼 투기시대에 발생한 에피소드는 무엇이든
쉽게 믿는 인간의 어리석음과 함께 '7대악'(교만, 분노, 시기, 색욕, 지나친
식욕, 탐욕, 게으름)에 대한 교훈들을 담고 있다. 에피소드는 도덕성을 무
너트리는 투기에 대한 불신을 반영한 것이기도 하다. 금융 버블은 사
회의 기존질서를 무너트리고(시종이 호화마차를 구입하는 것처럼), 노동의
욕을 꺾어버린다(의사의 직무유기처럼). 또 인간에게 파멸을 가져다준다.
전설은 투기의 유혹을 경계하라는 등의 교훈을 전하기도 한다. 영국
언론인 크리스토퍼 필드(Christopher Fildes)는 〈스펙테이터〉(Spectator)
1996년 7월 19일자에서 다음과 같이 썼다. "1980년대 영국 부동산

---

43 John Philip Wood, *The Life of John Law of Lauritson* (Edinburgh, 1824), p.51; A. M.
    Sakolski, *The Great American Land Bubble* (New York, 1932), p.249.

44 Applebee's Journal, 14 January 1721, and J. K. Galbraith, The Great Crash (London,
    1975), pp.148~150.

거품이 극에 달했을 때 비싼 값에 집을 산 사람들은 부동산투기가 얼마나 위험한지를 배우는 데 값비싼 대가를 치렀지만 곧 잊어버렸다. 실제 시장에서 한번 폭등했다 폭락한 부동산은(오늘날에는 더 이상 네덜란드에서 검은 튤립에 대한 수요가 없는 것처럼-저자주) 다시 예전 가격을 회복하지 못했다." 역사를 초월해 투기전설들이 투기꾼들에게 전하려는 메시지는 분명하다. '검은 튤립을 기억하라!'는 것이다.

● 바보들의 파티? ●

몇몇 사람들은 토머스 매콜리의 『영국의 역사』와 찰스 매케이의 『대중들의 비정상적인 환상과 광기』, 월터 베이지헛의 『롬바르드 스트리트』 등이 전하는 튤립투기의 에피소드들을 의심한다. 미국의 경제학자 피터 가버는 "튤립투기의 에피소드들이 사실과 다른 것으로 드러났다"며, 따라서 투기가 실재했는지조차 의문이라고 주장했다.[45] 또 앞서 소개한 〈대화록〉 등의 당시 자료들에 대해서도 "네덜란드 정부가 투기의 위험을 국민들에게 인식시키기 위하여 과장해 날조한 선전용 팸플릿이기 때문에 의심의 눈길을 던져봐야 한다"고 말했다.

그는 튤립투기를 비판하기보다는 투자자들의 합리적인 행동으로 봐야 한다고 말했다. 희귀한 튤립뿌리가 아주 비싼 값에 팔린 것은 이 뿌리에서 자라난 자손들의 가격이 하락할 가능성에 대한 보상이라는 점에서 정당하다는 것이다. 또 튤립값의 변화 패턴은 다른 희귀

---

45 Peter Garber, "Tulipomania," *Journal for Political Economy*, 97, No 3(June 1989).

재화들의 가격변화와 일치한다고 했다. 새로운 변종 튤립뿌리는 프리미엄이 덧붙어 고가에 팔리지만 이 꽃들이 널리 보급되거나 경쟁적인 새로운 변종이 출현하면서 값은 급속히 떨어졌다는 것이다. 18세기 네덜란드에선 히아신스가 짧은 기간 동안 선풍적인 인기를 끌어 값이 치솟았다. 가버의 논리에 따르면 투기는 가격변동이 심한 유행상품에 대해 짧은 기간 동안 발생하는 돌풍적인 인기라고 볼 수 있다.

하지만 역사적 사실을 새롭게 해석하려는 피터 가버의 시도는 사실에서 너무나 벗어난 결론으로 이어졌다. 가버의 의견은 효율적 시장론자들의 주장과 같다. 이들은 튤립이든 주식이든 시장가격은 내재적 가치를 반영하기 때문에 버블이나 투기가 있을 수 없다고 주장한다. 하지만 〈대화록〉은 1630년대 네덜란드 튤립시장에 대한 균형적이고 분석적인 설명을 담고 있다. 투기꾼과 그의 친구라는 서로 다른 성격을 지닌 인물이 나눈 대화체는 당시 벌어지고 있는 일을 기록하는 데 아주 편한 방법이었다. 또 비록 투기를 반대하는 도덕적인 내용을 주로 담고 있는 것은 사실이지만, 찰스 매케이 등의 책에서 볼 수 있는 흥밋거리와는 다른 튤립투기가 낳은 실제사건들을 담고 있다. 또 〈대화록〉이 당시 네덜란드 정부의 시각이 담긴 선전 팸플릿이라는 점을 인정하더라도 투기가 발생했기 때문에 투기를 비판하는 팸플릿이 발행된 것이지, 발생하지도 않은 사건을 비판하는 팸플릿이 발행되었다고 볼 수는 없다.

더욱이 다양한 색상의 튤립을 피게 하는 원인이 뿌리에 감염된 바이러스 때문이라는 사실이 20세기에 들어서야 밝혀졌기 때문에, 17세기 튤립의 높은 가격은 투자자들의 합리적 기대를 반영한 것이라고 볼 수 없다. 황제튤립의 자손들은 대를 이어 황제튤립을 피울 수도 있지만 수년 동안 자손들을 잇지 못할 수도 있다. 단순히 평범한 뿌리에 바이러스가 감염된 것이기 때문이다. 튤립은 또한 주식의 배당금과 같은 현금소득을 매년 발생시키지 못한다. 당시에는 튤립 가운데 몇 송이만을 꺾어 거래할 수 없었기 때문이다. 게다가 가버가 주장했던 다른 꽃값의 급등과 급락은 튤립 버블이 존재하지 않았다는 것을 증명하는 근거가 되지 못한다. 오히려 다른 꽃값의 급변동은 네덜란드 꽃시장이 투기열풍에 큰 영향을 받았음을 증명해주는 근거가 될 뿐이다.

물론 피터 가버 역시 튤립투기가 끝나갈 무렵에 평범한 튤립뿌리 조차 20배 이상 치솟은 것은 '설명할 수 없는 이상현상'이라고 인정했다. 그는 이 '이상 현상'에 대해 세기말적인 정신이상과 발작적인 투기를 불러일으키는 선페스트 때문에 시장의 기본흐름에서 가격이 일탈했다고 설명한다. 하지만 1636년 겨울로 돌아가 변종이든 정상적인 것이든 튤립 한 뿌리를 사는 동기는 짧은 기간 안에 '나보다 더 바보'에게 팔아넘겨 큰 시세차익을 볼 수 있다는 '기대감' 때문이었다. 결국 투기열풍만이 1630년대 네덜란드 튤립시장의 상황을 가장 정확하게 설명해준다는 것이다.

당시 튤립투기는 주식투기의 대안이었다. 여러 면에서 튤립시장과 주식시장은 서로 닮았다. 튤립의 다양한 변종은 이후 주식시장에서 볼 수 있는 다양한 형태의 주식을 떠올리게 한다. 엄청난 고가에 매매되었던 황제튤립의 뿌리는 블루칩(1970년대 뉴욕 증시의 nifty fifty 와 같은)을 연상시킨다. 평범한 튤립은 돈이 별로 없는 개미투자자들이 선호하는 중·소형주인 셈이다. 튤립 선물거래는 암스테르담 거래소에서 이뤄졌던 선물거래와 같았다. 물론 매케이가 암스테르담 거래소에서 튤립매매가 이뤄졌다고 한 것은 틀린 것이다. 하지만 투기꾼들이 일단의 무리를 지어 튤립을 거래했던 모습은 19세기 뉴욕 증시에서 이뤄졌던 주식경매를 연상하게 한다.

튤립 투기열풍은 이후에 발생한 일련의 주식시장 투기현상과 비슷한 과정을 거친다. 황제튤립 값의 상승이 시세차익을 노린 새로운 참여자들을 시장에 불러들여 투기현상을 촉발시킨 것처럼, 주식시장에서도 몇 종목의 주가가 치솟아 투기가 시작되었다. 투기를 유발했던 종목들은 1840년에는 철도회사, 1920년대에는 자동차회사의 주식이었다. 이들 종목의 주가앙등은 새로운 투자자들을 시장으로 끌어들여 투기꾼으로 만들었다. 호황을 맞은 증시의 공통적인 모습은 투기열풍이 계속되면서 투기를 촉발했던 주식의 질이 떨어진다는 것이다. 마치 치솟는 파도가 모든 종류의 배를 솟구치게 하듯이, 투기열풍은 모든 종목의 주가를 치솟게 한다. 튤립투기 역시 이와 같았다. 투기가 온갖 종류의 튤립뿌리 값을 치솟게 한 것이다.

튤립투기의 다른 모습도 이후 주식시장 투기의 잡다한 특성과 비슷하다. 루머가 투기불꽃에 기름을 붓고 선물 등으로 인해 레버리지 효과가 커지며, 원인이 분명하지 않은 공황이 발생했다. 또 투기발생 초기에 수수방관하던 정부가 갑자기 대응에 나서 시장상황을 더 악화시키는 처방을 내놓기도 했다.

오스트리아 출신 경제학자 슘페터는 새로운 산업이나 기술이 도입되고 이 산업과 기술이 낳을 장래수익에 대해 낙관적 기대가 퍼지며 과도한 자본이 집중될 때, 투기가 주로 발생한다고 말했다. 그에 따르면 튤립의 아름다움에 취해 투기를 벌였던 1630년대 네덜란드 사람들은 화훼산업의 발전가능성을 예견한 것이다. 실제로 네덜란드

화훼산업은 지금 세계 최고의 경쟁력을 자랑하고 있다. 그의 주장이 사실이라면 튤립투기꾼들과 이후 주식투기꾼들은 돈으로 보상을 받아야만 하는 것이 아닌가? 이에 대해 제임스 뷰캔은 투기꾼들의 예지력은 기만적인 시간개념 때문에 의미가 반감한다고 비판했다. "투기꾼들은 주식시장의 극단적인 호황이 미래수익을 단 며칠 동안에 집중시키고 긴 역사의 흐름을 현재가치로 할인해, 미래의 모든 수익을 오늘 하루에 거머쥐려 한다"는 것이다.[46] 하지만 미래는 투기꾼들이 기대하는 것만큼 장밋빛은 아니다.

튤립투기와 가장 비슷한 경우는 1980년대 초반 쿠웨이트에서 발생했던 사우크 알마나크 버블이다. 이 버블은 과도한 어음을 통한 거래 때문에 비극으로 끝난다. 사람들은 걸프 사(Gulf Co., 자산운용에서 가축업까지 벌였다)의 주식에 투기하면서 지급기일이 실제 날짜 보다 늦게 지정된 어음으로 자금을 조달했다. 어음을 발행해 마련한 돈으로 주식을 사들인 뒤 어음만기일 전에 이를 팔아 차익을 남긴 것이다. 마치 튤립투기를 위해 네덜란드인들이 어음으로 튤립을 사들인 뒤 만기 전에 이를 팔아 차익을 남긴 방식과 비슷하다.

1982년 1~8월 사이에 액면총액이 2억 달러였던 걸프 사의 35억 주는 엄청난 손바꿈을 거친 결과 65억 달러까지 상승했다. 반면 미 결제어음의 총액은 900억 달러를 상회했고 이자율은 연 300%를 넘었다. 튤립투기 당시 결제가 다음해 봄까지 미뤄진 것처럼 이 어음들은 1982년 말까지 미뤄졌다.

그해 봄까지 이 회사의 주가는 이미 두 배가 올랐기 때문에 그해

---

46 James Bucham, *Frozen Desire* (New York, 1997), p.110.

말로 예정된 현금결제가 어렵지 않은 것으로 여겨졌다. 하지만 1983년 8월 한 여성투기꾼이 보유하고 있는 어음의 결제를 요구하고 나서자, 나선형처럼 연결되어 있던 신용고리가 끊어지기 시작해 패닉이 발생했다. 쿠웨이트 정부는 수십 억 달러를 투입해 질서를 회복해야만 했다. 투기열풍 시기에 체결된 모든 계약은 무효가 됐고, 시장은 폐쇄되었다.

● 투기와 카니발 ●

네덜란드 예술가 피에터 놀페(Pieter Nolpe)가 튤립투기 직후 발표한 조각품 〈바보의 고깔모자〉(Flora's Cap of Fools)는 커다란 고깔모자 속에서 가격을 흥정하고 있는 투기꾼을 묘사한 것이다. 미국 증시가 강세를 보이고 있는 1990년대 가장 유명한 온라인 투자포럼인 머틀리 풀(Motley Fool)의 젊은 설립자도 고깔모자를 쓰고 대중들 앞에 나서 자기 홈페이지가 '월스트리트의 지혜를 담은 곳간'이라고 자랑했다. 투기를 묘사하는 데 이처럼 바보 이미지를 이용한 것은 우연이 아니다. 투기는 군중심리와 르네상스 시대 카니발 분위기를 타고 성장했다. 17세기에 들어 카니발은 사양길에 접어들었고 축제는 거래소에 의해 대체되었지만, 카니발 심리는 이후 증시에서 오래도록 살아남는다.

카니발이나 축제기간에는 도박이 널리 행해졌다. 사람들은 지극히 속물적으로 변했고, 중세의 엄격한 위계서열을 무시하는 행동을 서슴지 않았다. 일확천금 앞에서 신분구별은 의미가 없었던 것이다.

그 순간만큼은 모든 사람이 평등해질 수 있었다. 러시아 문학비평가 미하일 바흐친(Mikhail Bakhtin)이 '기괴한 리얼리즘'이라고 부른 현상이 발생한 것이다. 이는 중세를 지배했던 정신적인 모든 것들이 철저히 물질적인 수준으로 변하는 것을 의미한다.

이와 같은 '도박꾼들의 성찬'은 풍자적인 내용을 담고 있는 자료들에서 흔히 발견된다. 카니발 기간 동안 사람들이 주고받는 대화는 불경스럽고 음탕하기 짝이 없다. 앞서 소개한 베가의 『혼돈』에는 "어떤 유머감각이 있는 사람이 주식시장에서 투기꾼들이 내뱉는 거친 말 등을 관찰한 뒤 '주식판의 도박은 모든 사람들이 비로소 평등해지는 죽음과 같다'고 말했다"는 대목이 있다.[47]

카니발 심리가 주식시장을 통해 계속 이어지고 있다면, 투기적 광기는 카니발 자체를 계승한 것이라고 할 수 있다. 카니발과 마찬가지로 투기 역시 세상을 한바탕 뒤집어놓기 때문이다. 전통적인 신분 질서가 뒤집히고 한 마을의 바보가 왕 노릇을 하는 카니발은, 중세 시대의 엄격함과 종교적 억압으로부터의 해방을 의미한다. 현대 자본주의 시장은 중세의 시장보다 더 자유롭지만 인간들에게 새로운 긴장을 강요하고 있다. 직업적 소명의식이나 정직과 같은 자본주의의 윤리의식이 긴장요인이 되는 것이다.

카니발이 교회의 권위를 무너트렸다면, 투기적 광기는 직업적 소명의식과 정직, 검약 등과 같은 자본주의 윤리를 뒤엎어버렸다. 하지만 투기는 카니발과 마찬가지로 일시적인 탈출만을 제공한다. 카니발이 막을 내리고 투기가 파국에 이르렀을 때, 붕괴했던 기존의 가치는

---

47 Vega, *Confusion*, p.18.

한층 강화되어 다시 태어나기 때문이다.

중세 카니발은 특정한 기간에만 주기적으로 열렸던 현실도피적 이벤트였다. 그래서 프랑스 역사가 엠마뉴엘 라두리(Emmanuel L. Ladudry)는 카니발을 '오르가슴 같은 간주곡'이라고 불렀다.[48] 투기적 광기도 주기적으로 몰아쳤다. 투기꾼들은 '꿈처럼 비현실적이었다'고 그 순간을 회고한다. 미하일 바흐친에게 카니발은 붕괴의 순간이면서 자연과 사회, 인간의 질서가 깨지는 것으로 보였다. 삶과 재생, 변화, 회복의 순간은 '세상을 축제적인 시각으로 보는 것'과 늘 연결되어 있다.[49] 이런 시각은 '투기가 경제 호황기에 발생한다'는 슘페터의 주장과 맥을 같이한다. 카니발의 디오니소스적 속성은 과시적 소비와 투기꾼들의 흥청거림 속에 면면히 살아 있다.

카니발과 투기의 종말 역시 비슷하다. 왕을 상징하는 허수아비를 태우는 것으로 카니발이 끝나고 질서가 회복된 것처럼, 투기도 1720년대 미시시피 버블의 존 로나 1990년 정크본드의 왕인 마이클 밀켄 같은 대표적 투기꾼들이 비난의 뭇매를 맞거나 빈털터리가 되고, 마침내는 감옥에 갇히는 것으로 막을 내린다. 카니발의 왕처럼 이들 투기꾼들이 한 사회의 속죄양이 되어 희생당함으로써 한 사회의 질서가 회복된다.

투기는 무정부적이고 불경스러우며 기존 신분질서를 파괴하는 속성을 가지고 있다. 또 자유를 사랑하고 위선적인 말투와 규제를 혐

---

48 E. LeRoy Ladurie, *Carnival: A People's Uprising at Romans 1579~1580* (London, 1980).

49 Mikhail Bakhtin, *Rabelais and His World* (trans. Helen Iswolsky, Bloomington, Indiana, 1984), p.9.

오한다. 17세기 튤립투기꾼에서 20세기 후반 인터넷 투자동호회에 이르기까지 이들은 투기가 경제현상에서 일상적인 모습이라는 사실을 잘 보여주고 있다. 누구나 다 알고 있는 말이지만 투기는 단순한 탐욕과는 거리가 있다. 투기의 본성은 자유와 평등을 향한 유토피아적 염원이다. 이 염원은 부의 불평등을 필연적으로 초래할 수밖에 없는 자본주의 시대의 '인정머리 없는 합리주의'와는 정반대의 것이다. 투기적 광기는 다양한 얼굴을 하고 자본주의의 카니발로, '바보들의 잔치'로 오늘날까지 살아 있다.

2장

1690년대 주식회사 설립 붐

월스트리트처럼 모든 사람이 명성을 얻기 위해 혈안이 된 곳은 드물다. 버블과 공황에 대한 사료를 살펴보면, 주식거래 방법과 투기꾼들의 행태는 오늘날과 거의 다를 바가 없다는 사실에 놀랄 것이다. 인간의 본성이 바뀌지 않는 것처럼 투기라는 게임도 변하지 않는다.

― 에드윈 레페브르(Edwin Lefévre)의 『주식거래꾼의 회고』
(Reminiscences of a Stock Operator, 1923)에서

오늘날의 월스트리트 투자은행가 한 명을 골라, 가발을 씌우고 프록코트와 승마바지를 입히고 무릎까지 올라오는 스타킹에 버클이 달린 구두를 신게 한 뒤, 타임머신을 태워 1690년대 영국 런던의 익스체인지 앨리(월스트리트가 미국의 금융가를 의미한다면, 익스체인지 앨리는 영국의 금융가를 의미한다―역자주)에 옮겨놓는다. 이 골목은 런던의 콘힐과 롬바르드 거리 사이에 있는 구불구불한 길이다. 푸줏간과 어물전주인뿐만 아니라 과일과 채소장사꾼들이 귀찮을 정도로 길을 막고 호객행위를 하는 곳이다. 이들의 손수레는 우리의 시간여행자 앞을 가로막기 일쑤다. 썩은 채소의 악취를 피해 그는 이발소와 선술집 사이에 있는 커피하우스로 황급히 몸을 피한다. 그리고 커피를 주문한 뒤 주위를 둘러본다. 그의 눈에는 분실한 다이아몬드와 환어음을 돌려주면 후사하겠다는 포스터가 들어온다. 또 황금 일릭세르(쇠를 황금

으로 바꾸는 약-역자주)와 아름다워지는 물 등과 같은 신비로운 약광
고가 눈에 띈다. 한쪽 구석에서는 포도주 '촛불경매'(촛불이 꺼지는 순
간에 끝나는 경매)가 한창 벌어지고 있고, 다른 구석에서는 남자손님들
이 플랑드르 봉쇄의 결과를 두고 떠들썩하게 내기를 하고 있다. 낯선
풍경에 우리의 시간여행자가 어리둥절해하고 혼란스러워하는 순간
말쑥하게 차려입은 신사가 그곳에 들어선다.

"주가는 어떻게 됐나?"

그는 한 유태인에게 묻는다. 그 유태인은 신교도의 옷을 입고 있
는 무리에서 빠져나와 그 신사에게 다가가 인사를 한다.

"어떤 주식을 보유하고 있습니까요?"

"로프팅이나 블루페이퍼 주가는? 동인도 주식은 얼마나 나왔나?"

그 신사는 연거푸 질문을 던진다. 이들의 대화를 듣고 있던 우리
의 시간여행자는 기분이 한결 가벼워지기 시작한다. 그의 귓전을 때
리는 '이자율', '할인', '자금이체', '계정', '사채', '주식' 등이 너무나 익
숙한 용어들이기 때문이다. 그는 몇 가지 물어보기 위해 주식꾼을
손짓해 옆으로 부른다. 주식꾼은 우리의 시간여행자에게 최신기술
을 보유한 회사의 주식이 시장에 나올 예정이라는 것과 최근 주가흐
름, 주식회전율, 시장에 퍼져있는 루머, 주가급변, 주식투자에 열올리
는 순진한 투자자들에 대한 흥미로운 이야기들을 마구 쏟아내놓는
다. 그리고 자신이 올려줄 수 있는 수익률을 넌지시 이야기한다. 우리
의 시간여행자는 알았다는 듯이 빙긋이 웃음 짓고 곧 편안함을 느낀
다. 과거가 전혀 낯설지 않다는 사실을 알아챈 것이다.

1690년대 호황을 보였던 영국 런던의 주식시장 모습은 현재 금
융시장 참여자들도 쉽게 상상해볼 수 있다. 물론 당시는 런던 주식시

장이 생긴 지 10년밖에 안 되었고, 익스체인지 앨리의 커피하우스나 왕립 증권거래소의 주변 길에서 브로커들이 투자자들에게 잡상인처럼 주식을 사고 팔 만큼 증권거래는 원시적이었다.

브로커라는 말이 단순히 뚜쟁이나 포주의 의미에서 주식중개업자로 의미가 바뀐 것도 불과 몇 년 전이었다. 이때까지 청약, 인수, 매도, 매수 등의 말은 쓰이지도 않았다. 이런 용어들은 어느 날 갑자기 금융용어로 사람들의 입에 오르내리게 된 것이다. 주식시장은 태동과 학습기, 성숙기 등을 거치며 점진적이고 체계적으로 발전하지 않았다. 어떤 순간에 완전한 형태를 갖춘 채 탄생한 것이다. 그리고 탄생 순간 울음소리 대신 광풍 같은 투기를 몰고 왔다.

● 신용은 돈이다 ●

영국 증권시장의 등장은 17세기 후반에 발생한 금융혁명 가운데 하나였다. 금융혁명은 윌리엄 오렌지 공이 카톨릭 왕인 제임스 2세의 왕관을 차지하게 된 명예혁명이 발생한 1688년부터 시작되었다. 이 시기 금융혁명은 주식시장 출현뿐만 아니라 '국가채무'에 대한 의회의 지불보장(1693년)과 발권력을 보유한 영란은행의 설립(1694년), 재무성 채권 발행(1696년), 약속어음에 관한 법 제정(1704년, 이 법의 제정으로 모든 채무의 양도와 이전이 가능해졌다) 등 일련의 사건들을 의미한다. 이 혁명은 당시 영국인들이 '네덜란드 금융'이라고 불렸던 네덜란드 금융관행의 영향을 받았고, 프랑스 루이 14세와의 전쟁자금을 마련하는 과정에서 급속하게 진행되었다.

찰스 1세와 의회 사이에 벌어진 전쟁(1642~1651년) 기간에는 금세공업자들이 은행기능을 수행했다. 그들은 여신업무를 수행했을 뿐만 아니라 상인들의 환어음 교환시장을 개척했다. 1690년대 환어음 유통량은 당시 영국의 통화량을 능가한 것으로 알려져 있다.[1] 많은 학자들은 이 새로운 신용제도(환어음)가 금보다 더 다양한 기능을 수행했다고 말한다. 금과는 달리 환어음은 신용창출과 폐기가 가능했고 담보가 필요없었다.

신용(credit)이라는 말이 '믿는다'라는 뜻을 가진 라틴어 크레디툼(creditum)에서 유래되었듯이 신용제도는 거래당사자의 '믿음'에 의존했다. 이 믿음은 유동적인 것이어서 쉽게 사라지기도 하고, 통제가 불가능하기도 하다. 당시 사람들은 신용을 변덕스러운 젊은 처녀에 비유하기도 했다. 이 시기에 경제학자 찰스 대버넌트(Charls Davenant)는 신용에 대해 이렇게 쓰고 있다. "신용은 힘으로 강제할 수 없고, 사람들의 의견과 희망, 두려움이라는 심리에 의지한다. 상당기간 동안 갈구하지 않아도 되고, 이유 없이 값이 오르기도 한다. 하지만 한번 무너지면 회복이 불가능하다."[2] 신용은 투기의 쌍둥이 형제였다. 그들은 같은 시기에 탄생했고 동일한 속성을 갖고 있다. 또서로 밀접하게 연관되어 있어 완전히 분리할 수 없다.

1690년대는 '자본가'(moneyed man)라고 불린 원칙 없고 이기적

---

1 17세기 말 찰스 대버넌트는 당시 유통중인 각종 신용수단의 가치가 1,500만 파운드에 달한다고 계산했다. 이는 당시 유통중인 화폐보다 25% 많은 것이다. K. G. Davies, *Economic History Review*, 1952, No.3, p.287.

2 From "Discourses on the Public Revenues," 1698. 재인용: J. G. A. Pocock, *The Machiavellian Moment* (Princeton, 1975), p.439.

인 사람들이 출현한 시대였다. 이들은 금융혁명을 개인의 이익을 위해 최대한 이용했다. 대표적인 인물로는 은행가이고 동인도회사의 주주이면서 '인간은 이윤을 쫓는 존재'라고 선언했던 조사이아 차일드를 꼽을 수 있다. 다음으로 제임스 브리지스, 찬도스 백작(이후 찬도스 공작)을 들 수 있다. 찬도스 백작은 군대 회계장교라는 자리를 이용해 부를 축적한 인물이다. 이들보다는 유명도가 떨어지지만 이기주의자라는 측면에서 비슷했던 군상들이 바로 익스체인지 앨리의 딜러들이었다. 문방구 주인에서 일약 부자로 떠오른 토머스 가이를 비롯해 '독수리'로 불린 장사꾼 존 홉킨스(John Hopkins) 등이 이 부류에 속했다. 두 사람의 교활함은 가히 전설적이다. 또 개인의 이익이 봉건시대의 귀족적 의무감보다 우선하고, 한때 죄악시했던 탐욕과 소비가 경제적 미덕이라는 자유주의의 살아 있는 상징들이 되었다.[3] 이런 변화는 주식시장에서 더욱 두드러졌다. 주식꾼과 투자자들은 무엇보다도 개인의 이익을 최우선으로 했기 때문이다.

찰스 대버넌트의 『현대 휘그의 진실』(The True Picture of a Modern Whig, 1701)은 새롭게 출현한 자본가들을 신랄하게 풍자한 책이다. 그에 따르면, 주식거래가 이뤄졌던 뒷골목 가운데 하나인 게러웨이에서 활동했던 톰 더블은 자신의 이익을 추구하는 데 도덕적

3　경제역사학자 조이스 애플비에 따르면 17세기 졸부들은 새로운 시장의 역동적인 요소 가운데 하나로서, 경쟁과 허영, 야망 등을 옹호하는 경제발전 이론을 도입했던 사람들이다. 그녀는 당시 언론인이면서 장사꾼이었던 존 휴턴을 예로 들고 있다. 휴턴은 당시 교회가 저주했던 낭비와 자만·허영·사치 등 소비의 미덕들이 나라를 부강케 하는 원천이라고 주장했다. 이런 측면에서 볼 때 휴턴은 버너드 맨드빌이 『꿀벌의 우화』(Fable of the Bees, 1714)에서 "사치를 위한 소비가 경제활동을 자극한다"고 한 주장보다 훨씬 앞서 그런 주장을 한 셈이다. Joyce Appleby, *Economic Thought and Ideology in 17th Century England* (Princeton, 1980).

인 의무감을 전혀 고려하지 않은 사람이었다. 그는 '수단과 방법을 가리지 않고 차지할 수 있는 것을 차지하는 게 현대 휘그들의 원칙'이라고 선언하기도 했다. 빈털터리에서 갑부로 성장한 톰 더블은 선천적인 능력이나 가문의 후광을 무시하는 사람이었다. 그리고 그런 그의 생각은 허풍스러운 그의 말에 잘 나타나 있다. "내 주머니에는 엄청난 돈뭉치가 있다. 칭송과 아첨을 받을 만한 가문에서 태어난 사람의 인생이 '그런 가문 출생'이라는 이유로 더 이상 앞서나가지 못하게 하자. 내 자신의 노력으로 나는 5만 파운드의 돈을 갖고 있다. 하지만 14년 전에는 내 발가락 하나를 감출 만한 신발 하나 살 돈도 없었다. … 나는 가난한 집안에서 태어나 혁명 이후 엄청난 돈을 거머쥔 50명의 친구 이름을 댈 수 있다."

교양 없는 졸부들과 마찬가지로 그는 자신의 부를 자랑했다. "나는 교외에 근사한 별장을 갖고 있고, 그곳에 여왕처럼 잘생긴 계집을 데려다 놨지. … 또 프랑스 요리사를 거느리고 있고, 에르미타쥐(최상급 백포도주 종류-역자주)나 샴페인, 부르고뉴(적포도주 종류-역자주)만을 마신다. 싸구려 포도주는 내 곁에 놓지도 못하게 한다. 내 하인마저도 클라레 정도의 싸구려 포도주는 마시지 않지"라고 거들먹거렸다. 한마디로 그는 당시의 여피족이었다. 그리고 톰 울프(Tom Wolfe)가 1980년대에 『허영의 모닥불』(Bonfire of the Vanities)에서 '우주의 지배자'로 묘사한 채권거래업자 셔먼 매코이 같은 인물이었다. '금과 은이 비처럼 쏟아졌던' 1980년대와 1690년대에는 이처럼 비슷한 점이 상당히 많았다.

● 주식회사 버블 ●

영국에서 주식회사의 출현은 1500년대로 거슬러올라간다. 하지만 1690년대까지 이들의 주식을 거래할 만한 체계적인 시장은 존재하지 않았다. 동인도회사의 주식은 회사의 창고 등에서 경매되었다. 유동성과 양도의 투명성 등 '완전 시장'이 존재하기 위해 필요한 조건들이 갖춰지지 않았기 때문이다. 외국인들의 주식보유는 금지되어 있었고, 해당 기업의 특별위원회가 동의해야 양도할 수 있었다. 이 위원회는 외부인이 주식을 무단 보유할 경우 벌금을 물릴 수 있는 권한을 갖고 있었다. 동인도회사나 로열 아프리칸, 허드슨 베이 등 의회인가 회사의 주식은 소수의 부자들만이 소유하고 있었다. 또 주식매매는 간헐적으로 이뤄졌기 때문에 일정한 주가흐름이 형성될 수 없었다. 1690년대 이전의 투기는 주로 왕립거래소의 몇몇 종목에 국한되었기 때문에 대중들의 관심을 끌지 못했다.

"국가(영국)는 부유했고, 상업활동은 왕성했으며, 각종 신용결제 수단들은 고가에 거래되었다. 엄청난 돈을 거머쥐고 있었던 롬바르드 거리의 금세공업자들은…" 다니엘 디포는 1680년대를 이렇게 묘사했다.[4] 인류역사의 혁명 가운데 명예혁명은 유일하게 풍요의 시기에 발생했다. 풍작과 무역흑자, 신금융기법과 자본을 보유한 네덜란드인들과 위그노들의 이민 등으로 이 시대는 번영을 구가하고 있었다. 동인도회사 등 의회인가 회사들은 1682~1692년 사이에 액면가

---

4   Defoe, *Essay upon Loans* [1710](from *A Collection of Scarce and Valuable Tracts* [Lord Sommer's], London, 1815, XIII, p.36).

보다 4배가 넘는 배당을 했다. 1660년에 이 회사의 주식에 투자했던 사람들은 1688년 보유주식을 처분해 당시 이자율과는 비교할 수 없는 1,200%가 넘는 수익을 올렸다.[5] 그리고 1680년대 말 이들 회사의 주식은 순자산가치보다 훨씬 높은 프리미엄이 붙어 거래되었다.

이런 상황에서 익스체인지 앨리에 증권거래소가 설립되자 주식거래는 급증했다. 조사이아 차일드 경이 "대략 2년에 한 번씩 (동인도회사) 주주가 바뀔 정도로 아주 자연스럽고 지속적인 손바뀜이 발생했다"고 말할 정도였다.[6]

17세기 통계학자 그레고리 킹(Gregory King)에 따르면 1688년까지 25년 동안 경제잉여는 두 배가 늘었다. 이는 당시 주식회사 발기인이나 설립자들이 용이하게 자본을 조달할 수 있는 바탕이 되었다. 1688년 명예혁명 발생 이전에도 몇몇 상공인들은 주식회사를 설립하려고 시도했다. 1684년 가로등 생산업체인 컨벡스 라이트 사가 대표적인 예다. 하지만 디포가 '코미디 같은 회사설립 붐'이라고 묘사한 주식회사 설립 붐은 1687년까지는 일어나지 않았다.

이해 뉴잉글랜드 호의 선장 윌리엄 핍스가 히스파니올라 섬 부근에 침몰한 스페인 해적선에서 건져올린 은 32톤과 상당한 양의 보석들을 싣고 잉글랜드로 돌아왔다. 왕과 선장, 선원들은 자신들의 몫을 챙긴 뒤 남은 19만 파운드를 1만 %의 배당금 형태로 항해를 지원했던 파트너들에게 배분했다. 존 이블린(John Evelyn)은 이를 '뜻밖

5   W. R. Scott, *The Constitution and Finance of English, Scottish and Irish Joint-Stock Companies to 1720* (Cambridge, 1912), I, p.323.

6   P. G. M. Dickson, *The Financial Revolution in England* (Oxford, 1967), p.465.

의 돈벼락'이라고 자신의 일기장에 기록했다.[7]

그들의 성공적인 귀환은 영국 전역에 엄청난 파문을 불러일으켰다. 양치기 소년이었던 핍스 선장은 돌아온 지 3주 만엔 기사작위와 기념메달을 받았다. 사정이 이쯤 되자 너나할 것 없이 핍스 선장을 모방해 해저유물 인양에 뛰어들었다. 하지만 이들은 핍스 선장처럼 단순히 파트너를 모집한 것이 아니라 주식회사를 설립했다. 이로써 엘리자베스 여왕이 신대륙 탐험선에 개인적인 후원금을 내는 것으로 시작된 지리상 발견시대는 하루아침에 투기의 시대로 바뀌게 된 것이다.

이때 두 종류의 해저탐험 회사가 설립되었다. 먼저 정부의 후원과 인가를 받아 특정 해역의 침몰선에서 귀중품을 건져올릴 수 있는 독점권을 갖는 회사가 있었다. 당시 화폐제조의 책임자이면서 주식회사 발기인이었던 토머스 닐은 자메이카와 버뮤다, 포르투칼 인근 바다에서 보물을 인양할 수 있는 독점권을 가진 3개 회사에 참여했다. 또 토바코 사 소속 존 포인츠는 '서인도제도 부근 난파선에서 진주와 향수의 원료를 얻을 수 있는 사업'에 투자했다.[8]

두 번째 형태의 회사는 당시 최신 선박기술에 대한 특허권을 보유한 사람들이 설립한 것이다. "배는 배를 낳고 회사설립 계획은 설립계획을 낳는다"는 말처럼 10개 이상의 해저탐험용 선박회사들이 설립되었다. 왕립연구소 천체학자인 에드먼드 핼리(Edmund Halley)의 특허기술을 바탕으로 설립된 잉글랜드 해저인양 선박회사가 대표적

---

7   Scott, *Joint-Stock Companies*, II. pp.285~286.

8   앞의 책, p.417.

인 예이다.[9] 이 때문에 증권거래소 상장 초기에 이 회사의 이름은 한 때 '다이빙 핼리'였다. 다니엘 디포도 조지프 윌리엄스라는 사람이 세운 잠수기회사의 회계담당자로 활동했다.

보물 인양회사들의 주식은 대중들의 관심을 끌기 시작했다. "바다 밑에서 인양된 부(富)는 자랑스럽게 공개되었고, 인양선들은 템스 강에서 대중들에게 전시됐다. 그리고 이들 회사들은 주식을 공모했고 보물인양에 성공하면 명성이 뒤따랐다. 그리고 인양하는 과정에서 불굴의 의지를 보인 사람들의 이름이 투자자들을 유혹하기 위해 널리 선양되었다. 친구 등을 이끌고 인양선 전시회에 온 사람들은 특별한 대접과 돈을 받았다."[10] 또 포인츠 선장은 투자자들에게 100%의 수익을 약속해, 주가는 발행가를 넘어 엄청나게 치솟았다.

디포는 "인양회사나 후원회사, 선박회사, 보물인수회사들의 주가가 허풍과 과장에 의해 터무니없이 올랐다"고 비판했고, 실제로 한 인양회사의 주가는 액면가의 5배가 넘었다. 하지만 이들 업체의 주식에 대한 투기 붐은 곧 가라앉았다. 이들이 건져올린 보물이란 게 "몇 문의 대포와 배의 굴뚝, 돛 조정용 장치들뿐이었기 때문이다. 한때 5배까지 뛰어올랐던 인양회사의 주가는 슬슬 빠지기 시작해, 결국에는 매수하는 사람이 하나도 없을 정도가 되었다."[11] 윌리엄 인양회사에 투자했다가 200파운드를 날린 디포는 몇 년 뒤 "특허 사기꾼에 속아넘어간 아둔한 인간(자신)에 대해 털어놓을 수 있을 것"이라고

---

9 *Correspondence and Papers of Edmund Halley* (Oxford, 1932), pp.150~156.

10 Anon., *Angliae Tutamen* (London, 1695), p.21.

11 Defoe, *Essay upon Projects* (London, 1697, reprinted Scolar Press, 1969), p.13.

자조했다.[12]

1689년 윌리엄 오렌지 공을 왕위에서 축출하기 위해 프랑스 루이 14세가 전쟁을 일으켰다. 하지만 이 전쟁은 영국의 무역을 위기에 몰아넣었다기보다는 태동한 지 얼마 안 된 영국 증시가 본격화되는 계기가 되었다. 프랑스 속담 "대포소리가 들릴 때 사서 승리의 나팔이 울릴 때 팔아라!"는 당시 증시호황을 묘사한 것이다.

의회가 프랑스 상품수입을 금지하는 바람에 무역이 위축되자, 영국 상인들은 자본을 불리기 위한 다른 돌파구를 찾아야 했다. 앞다투어 증시에 돈을 쏟아붓기 시작한 것이다. 프랑스 상품을 대체생산할 수 있는 회사들에 대규모 자본이 투자되었다. 한마디로 수입대체 종목이 테마주로 떠오른 것이다. 대표적인 예가 로열 러스트링 사이다. 이 회사는 1692년에 아라모드라는 프랑스 의류를 자체 생산하겠다며 주식을 팔아 6만 2,000파운드의 자금을 모았다.[13]

보물인양회사들처럼 이 회사들도 초기 자본조달에 크게 성공할 수 있었다. 화이트페이퍼 사(White Paper Co.)도 1690년 50파운드에 주식을 발행했다. 이 주가는 이후 3년 만에 3배 이상 뛰어올랐다. 니콜라스 듀핀 린넨 사(Nicholas Dupin's Linen Co.)의 주식도 1690년 10파운드에 발행되어 3년 뒤에는 45파운드까지 치솟았다. 듀핀은

---

12 1680년대 디포는 스페인에서 상인으로 활동했다. 1692년 그는 향수제조를 위해 70마리의 사향고양이를 사들였다. 그리고 이해에 800파운드를 아프리카 주식회사에 투자하기도 했다. 이러저러한 투기로 입은 그의 손실은 너무나 컸기 때문에 1694년에는 1만 7,000파운드의 빚을 갚지 못해 파산을 선언해야만 했다. 1694년 이후 그는 글쓰기에 전념해 원고료로 생계를 이어갔다. J. R. Moore, *Daniel Defoe*, (Chicago, 1958), p.284.

13 Scott, *Joint-Stock Companies*, Ⅲ, p.78.

1691년 6월 잉글랜드 남해의 해저 난파선에서 보물을 인양할 수 있는 독점권을 신청하면서 당시 유행했던 사업다각화를 시도했다. "그래서 듀핀 사는 초창기 자금부족을 겪지 않았다."[14] 다른 주식회사 발기인들도 이처럼 사업을 다각화해 위험을 분산시켰다. 예를 들어 토머스 닐은 보물인양회사뿐만 아니라 제지회사, 철강회사, 탄광회사 등 39개의 회사에 관여하고 있었다. 이외에도 '러시아산 가죽 제품을 모방하는' 회사를 설립했던 존 타이잭과 파트너십을 유지하고 있었다. 니콜라스 듀핀도 잉글랜드와 스코틀랜드, 아일랜드에 있는 3개의 제지회사를 갖고 있었으며, 스코틀랜드 탄광회사를 소유하고 있었다.

이런 종류의 회사들은 각종 특허권을 근거로 주식을 발행해 자금을 조달했다. 1691년 6월~1693년 10월 사이에 영국에서는 61종의 특허가 공식 인정되었는데, 이 가운데 11개가 보물인양을 위한 선박과 관련된 것이었다. 대표적인 예가 존 로프팅이 개발한 서킹웜 엔진(Sucking-Worm Engine)이다. '엔진이 영국에선 볼 수 없는 새로운 방식으로 작동하기 때문에' 특허가 수여되었다고 한다. 또 나이트 엔진 사는 '집안이나 편리한 장소에 설치할 수 있고, 도둑이 들었을 때 경보가 울리는' 엔진을 개발해 특허를 받았다.[15] 물론 이런 회사들은 설립 순간부터 좋은 평가를 받지 못했다. 당시 기록에 따르면, 이런 종류의 회사들은 '날림이었고 발기인들이 선전꾼들을 고용해 회사의 가치와 개발한 최신장비들을 자랑하지만, 세상에 거의 쓸모가 없거나 이익이 되지 않는 회사들'이라는 것이다. 또한 외국으로부터 사들

---

14 앞의 책, III, p.95.

15 앞의 책, III, p.483.

이거나 빌린 뒤 자신들이 생산한 제품이라고 자랑해 순진한 대중들로부터 돈을 울거내기도 했다고 한다. 이는 20세기 고속도로 강도보다 더 악랄한 것이었다.[16]

영국 계관시인 토머스 셰드웰은 희곡 〈주식거래꾼〉(The Volunteers: or The Stock-Jobbers)에서 주식시장에 상장된 특허보유 회사들을 신랄하게 비꼬았다. 이 작품에 등장하는 한 주식꾼은 다음과 같이 큰 소리 친다. "이 쥐덫은 새끼쥐뿐만 아니라 모든 시궁쥐들을 유혹해 잡을 수 있으며, 정식 특허를 받기 전에 주식은 15파운드이지만 특허를 받으면 60파운드에도 살 수 없을 것이다. 또 영국의 모든 가정이 하나씩 구입할 것이다." 또 부자 투기꾼이 보물인양회사에 관심을 보이는 자신의 부인을 타이르며 이렇게 말한다. "사랑하는 여보! 우리끼리 하는 말인데 그 회사가 보물을 인양할 것인지는 중요하지 않아요. 그렇게 과장 선전하는 것은 주식거래를 통해 순진한 사람들로부터 1페니의 돈까지 울거내려는 것일 뿐이라오."[17]

놀랍게도 이 시대는 아이작 뉴턴과 영국학술원이 활동했던 '과학의 시대'였다. 하지만 당시 특허보유를 근거로 주식을 발행해 돈을 긁어모았던 회사들은 과학적 진보를 상업적으로 활용한 회사들이 아니었다. 당시 특허는 지금과 달리 기술의 타당성을 조사하지 않고 단순히 등록만 하면 받을 수 있는 것이었고, 정식 법인설립을 위해 들여야 할 시간과 돈을 절약하고 주식시장에 회사를 상장시키는

---

16 앞의 책, III, p.33.

17 Thomas Shadwell, *Works* (London, 1720), IV, p.435.

도구일 뿐이었다.[18]

주식회사의 등장

　'주식'(shares)이라는 개념에 자본주의 정신을 불어넣은 것은 영국인들이었다. 이는 튜더왕조 시대인 16세기 원격지 무역과 지리상의 발견 시대까지 거슬러 올라간다. 당시 영국왕들은 원격지 무역을 독점하고 있었다. 왕들은 개인적인 자금을 투자했고, 모험적인 항해가 성공하면 이익의 대부분은 왕에게 돌아갔다. 반면 영국의 상공인들은 이 위험천만한 '벤처무역'에 돈을 대려 하지 않았다.

　투자를 꺼리는 상공인들의 돈을 유치하기 위해 세바스치안 캐봇이 1553년 최초로 '컴퍼니'(company)를 만들었다. 캐봇은 한 주당 25파운드짜리인 '증서'를 런던 상공인들에게 팔아 6,000파운드를 조달했다. 이는 '투자한 만큼만 책임진다'는 아이디어를 활용한 것이다. 이것이 주식회사의 시작이었다.

● **초기 주식시장의 도박** ●

　약방주인 출신 커피 무역업자였던 존 휴턴은 1692년부터 〈주가정보지〉를 일주일에 두 차례 유료로 발행해 주가의 흐름을 규칙적으로 전했다. 증시호황이 지속되자 휴턴이 제공하는 주식정보는 10개

――――

18　Christine Macleod, "The 1690s Patents Boom—Invention or Stock—Jobbing", *Economic History Review*, 2nd Ser., XXXIX, No.4 (1989).

종목에서 57개 종목(1694년 5월)으로 늘어났다. 이 종목들은 '나이트'나 '로프팅', '다이빙 W' 등과 같은 당시 투자자들 사이에 익숙한 닉네임으로 표시되었다.

이 무렵 주식매매를 활성화하기 위해 표준계약이 도입되었고, 선물(당시 '시간거래'로 불렸다)과 옵션 등과 같은 한결 세련된 투기방법들이 네덜란드 암스테르담에서 수입되었다.[19] 휴턴이 동인도회사의 현물가와 선물가를 분리해 보도할 정도였다. 그는 투자자들이 주가하락에 대비한 헤지나 보험수단으로 풋옵션(일정가격에 주식을 팔 수 있는 옵션)을 어떻게 이용할 것인지를 구체적으로 설명하기도 했다. 또한 "옵션거래가 많은 투자자들을 끌어들였지만 성공여부는 불투명하다"[20]라고 말한 점에 비춰볼 때, 옵션거래가 곧바로 투기로 이어질 수 있음을 알고 있었던 것으로 보인다.

주식브로커가 각광받는 직업이 되자, 휴턴은 주식매매 미스터리를 대중들에게 알리려 노력하며, 다음과 같이 전했다. "그들(투기꾼)의 매매방법은 이렇다. 먼저 돈을 갖고 있는 사람이 브로커에게 접근한다. 브로커들은 주로 거래소에서 활동하지만, 조너던 커피하우스나 개러웨이 등에서 활동하기도 한다. 돈을 갖고 있는 사람은 브로커에게 관심종목의 주가가 얼마인지, 다른 주식의 가격이 얼마인지를 묻는다. 그리고 주식을 브로커에게 팔거나 사서 시세차익을 남겨먹는다. … 소규모 회사들의 주가는 주식을 대량으로 보유하고 있는 작전

---

19 Scott, *Joint-Stock Companies*, I, p.345.

20 John Houghton, *A Collection for the Improvement of Husbandry and Trade*, June 1694, Issue 101.

세력들에 의해 쉽게 조종되었다."[21] 그는 또 큰손들의 시세조종이나 선물·옵션 등과 같은 투기기법의 활용 등 당시로선 놀랄 만한 투기 기법들을 소개했다.

증시가 흥청거리며 버블 양상을 보이자, 윌리엄 오렌지 공 치하 의 영국정부는 프랑스와의 전쟁 자금을 조달하기 위해 당시 주식투 기 붐을 이용하기 시작했다. 과거 네덜란드인들의 선례를 따라 1694 년 오지랖이 넓은 토머스 닐이 영국역사상 최초로 정부 복권사업을 추진한 것이다. 그가 한껏 사행심을 부추기기 위해 '백만장자가 되기 위한 모험'이라는 이름을 붙인 10파운드짜리 복권을 사는 사람은 1 등에 당첨되면 16년 동안 매년 1,000파운드를 받을 수 있었다. 당첨 되지 않은 사람도 같은 기간 동안 매년 1파운드의 돈을 받을 수 있 었다. 수백만 장의 복권이 순식간에 팔려나갔다.

복권열풍이 불자 너도나도 복권사업에 뛰어들었고, 당시 신문들 은 복권광고로 도배되었다. 토머스 닐도 정부의 복권사업 외에 '부자 가 되기 위한 고수익 모험'이라는 개인적인 복권사업을 벌였을 정도 였다. 또 서민들을 위한 '1페니짜리 복권'이 출현했고, 브로커들은 복 권열풍을 주식매매에 이용하는 민첩함을 보였다. 주식과 10파운드짜 리 복권 한 장을 가난한 사람들에게 끼워팔아, 당첨되면 주식 보유 량에 따라 당첨금을 나눠받게 하는 방법을 고안해낸 것이다. 심지어 1690년대 중반에는 복권이 화폐처럼 유통되기도 했다.[22]

---

21 앞의 책, Issue 99.

22 일본에서는 지금도 복권이 유가증권으로 취급받고 있어, 주식이나 채권과 다름없이 은행에서 취급한다. Grant, *Trouble with Prosperity*, p.220 n.

주식회사 발기인들도 재빠르게 복권열풍을 이용하기 시작했다. 마인 어드벤처(Mine Adventures)의 사례는 당시 복권도박과 주식시장의 투기열풍을 잘 보여준다. 이 회사는 1693년 웨일스 은광을 개발하기 위해 설립되었고, 1년 뒤인 1694년 사술에 능한 험프리 맥워스(Humphrey Mackworth) 경에게 인수되었다. 그는 곧바로 20파운드짜리 보통주를 채권으로 전환시키기로 결정한다. 대신 채권을 복권으로 이용할 수 있는 권리를 인센티브로 제공했다. '채권 10장에 한 장 꼴로 상금이 걸려 있다'며 1등에 당첨되면 2,000파운드를 매년 지급한다는 것이다. 700명의 주주들이 주식을 채권으로 전환했다. 채권으로 전환된 주식수는 전체의 5분의 4에 달했다. 매콜리도 이와 유사한 복권사업을 추진했다.

이 복권사업의 주간사였던 로열 아카데미는 지식과 기술의 각 분야에서 최고 인재들이 자신들의 복권사업과 제휴를 맺고 있다며, "20실링짜리 2만 장의 복권을 발행해 당첨될 경우, 라틴어와 그리스어·히브리어·프랑스어·스페인어 등의 외국어를 포함해, 삼각함수 등 각종 기하학·문장학·칠기술·축성술·부기 등을 회사비용으로 교육시켜준다"고 허풍을 떨었다.

한 금융사학자는 "17세기 후반의 주식과 복권 열풍은 당시 금융발전과는 아주 모순되는 현상"이라고 주장한다.[23] 물론 막스 베버처럼 자본주의 발전을 현대적인 합리주의의 확산으로 보는 입장에서 분석하면 당시 현상은 모순으로 보인다. 베버는 『프로테스탄티즘과 자본주의 정신』에서 "자본주의 정신발전은 합리주의 발전의 하나로

---

23 Dickson, *Financial Revolution*, p.45.

이해할 수 있고, 삶의 기본문제에 대한 합리주의적 전제에서 유래한 것"이라고 주장했다. 그에게는 자본주의 발전이 합리주의 운동일 뿐만 아니라, 칼뱅이 주장한 소명의식을 바탕으로 근검절약 정신과 결합한 청교도주의 운동으로 보였다. 또 자본주의는 이윤에 대한 무절제한 탐욕과는 거리가 먼 것으로 비쳤다. 따라서 그는 "자본주의는 비합리적인 충동에 대한 합리적인 억제와 절제 등과 동일시될 수 있다"고 단언할 수 있었다.

실제로 17세기 후반, 위험을 합리적으로 계량화하는 데 상당한 진보가 이뤄졌다. 에드먼드 핼리는 잠수구를 개발했을 뿐만 아니라 1693년 프러시아의 브레슬라우(Breslau)시가 제공한 인구통계를 활용해 생명표를 개발해냈다. 이 생명표는 사망가능성을 측정할 수 있게 했을 뿐만 아니라, 보험계리학 발전의 기초가 되었다. 당시 거세게 불었던 복권 등의 도박열풍은 확률이론의 발전을 가져왔다. 1693년 새뮤얼 페피(Samuel Peppys)와 뉴턴은 주사위던지기와 확률, 각종 내기를 주제로 오랜 기간 동안 서신을 교환했다. 미시시피 버블의 주범이었던 존 로는 1690년대에는 도박꾼으로 활동하고 있었다. 그는 고도의 확률이론을 적용해, 주사위 도박의 일종인 해저드로 엄청난 돈을 벌었다. 존 로처럼 도박꾼에서 투기꾼으로의 변신은 당시 돈 많은 사람들에게선 흔히 볼 수 있는 현상이었다. 대버넌트가 자신의 작품 속에 묘사한 톰 더블 역시 익스체인지 앨리로 옮겨가기까지 카드 도박판에서 천박한 경력을 쌓았다.

정부나 개인이 발행한 복권에 베팅하는 것은 당시 익스체인지 앨리 주변 커피하우스에서 흔히 볼 수 있는 풍경이었다. 디포에 따르면 1690년대 영국에서는 단순 도박이 사라지고, 대신 확신이 수반된 도박거래가 활성화되었고 보험도 발전했다.[24] 로이드 보험사의 설립자인 에드워드 로이드(Edward Lloyd)가 1691년 롬바르드 거리의 커피하우스에 들렀을 때, 브로커들은 노상강도를 당할 확률에서 강도를 당한 여성이 순결을 보존할 수 있는 가능성까지 다양한 위험들을 할인해 거래하고 있었다.[25] 또한 영업상 위험을 헤지하기 위해 전쟁발발 가능성과 윌리엄 오렌지 공의 사망확률, 도시의 봉쇄 가능성 등 다양한 위험들에도 내기를 걸었다.

위험이 수익을 낳는다는 개념은 주식시장에서도 널리 퍼졌다. 당시 사람들은 핍스의 보물인양 가능성을 확률이론에 근거해 추정하곤 했다. 디포는 해저유물 인양사업은 "10만분의 1의 확률에 의존하는 복권과 같다"고 주장하였다. 반면 에어런 힐(Aaron Hill)은 핍스의 해저유물 인양에 후원하는 것은 100만분의 1의 확률을 믿고 벌이는 도박과 같다고 하면서도, "그들은 어떤 확률에서도 성공했고, 우연히 부자가 되었다"고 기록하고 있다. 도박과 투기의 위험과 확률에 대한 지속적인 연구는 칼뱅주의자들의 절제가 현실화된 것으로 본 베버의 자본주의와는 거리가 있지만, 합리주의의 연장이라고 볼 수 있다. 당시 사람들이 위험가능성을 '합리적'으로 계산했기 때문이다.

확률이론의 발전에 기여한 이런 공로에도 불구하고 당시 도박은 독특한 비합리성을 품고 있었다. 리처드 스틸(Richard Steele)경은 복권 숫자를 선택하는 과정에서 "변덕이 이성의 자리를 차지했고, 근거

---

24 Defoe, *Essay upon Projects*, p.173.

25 Peter Bernstein, *Against the Gods* (New York, 1996), p.90.

없는 상상이 강하게 작용했다"고 말했다.[26] 이후 애덤 스미스는 '위험 때문에 빚어지는 치욕이나 성공에 대한 억측에 가까운 희망'을 극명하게 보여주기 위해 복권구입자들을 예로 이용했다. 심지어 복권투기를 인류의 보편적인 성향이라고 주장했다. 스미스의 논리는 1690년대 특허로 설립된 회사에 투기했던 사람들에게도 적용될 수 있다. 도박심리는 거대한 도박 소용돌이 속에서 주식과 복권에 돈을 쏟아붓고 각종 내기를 벌였던 브로커들이 득실거리는 금융시장의 모든 면들을 드러내주는 말이다.

주식시장은 건전한 칼뱅주의 자본가를 위한 자금조달 창구가 아니었다. 근검절약이라는 신교도 정신에 호소하지도 않았다. 대신 보물 인양사업과 같은 각종 벤처사업이 복권에 당첨된 것처럼 성공을 거두자, 대중들 사이에 발생한 일확천금 심리를 근거로 태동한 것이다. 따라서 마인 벤처처럼 투기와 복권사업의 결합은 아주 자연스러운 결과라고 말할 수 있다. 도박과 금융산업의 혁신은 찰떡궁합같이 잘 어울리는 것이었다. 도박이 주식시장의 본질이기 때문이다. 나아가 디포가 묘사했듯이 "주식거래는 도박이고, 주사위 노름이 오히려 덜 위험한 것이다. 본질적으로 주식거래와 도박은 헤저드와 같다."[27] 베버가 자본주의 정신에 어긋나는 것이라고 말한 탐욕과 비합리적인 도박은 실제로 증권제도를 진화시키는 데 기여한 것이다. 케인즈는 투자라는 도박에 대해 다음과 같이 말했다.

---

26 From *The Spectator* (ed. D. F. Bond, Oxford, 1956), II, p.249.

27 Defoe, *Anatomy of Exchange Alley* [1719] (reprinted in John Francis, *Chronicles and Characters of the Stock Exchange*, 1849), p.379.

> 도박심리가 없는 사람에게는 참을 수 없을 만큼 지루하고 가혹한 것
> 이지만, 도박심리를 갖고 있는 사람은 변덕에 돈을 걸어야만 살아갈
> 수 있다.

이는 17세기뿐만 아니라 20세기 상황에도 맞는 표현이다.[28] 주식
시장과 주식회사가 다른 자본주의 제도와는 달리 성공적으로 정착할
수 있었던 것은 도박심리를 적절하게 이용했기 때문이다. 대신 합리주
의는 금융자본주의가 발전하는 데 부수적인 역할만을 했을 뿐이다.

● 머리장식 높이와 치마길이 ●

연금배당과 복권당첨금을 계산하는 데는 미래의 현금흐름을 현
재가치로 할인하는 과정이 포함되어 있다.[29] 둘은 일정한 기간 동안
배당금을 주지만, 원본을 돌려주지 않는다는 공통점을 갖고 있다. 존
로의 발언을 살펴볼 때 현대 경제상황에서 중요한 개념인 '돈의 시간
가치'는 이미 17~18세기 사람들도 인식하고 있었던 것으로 볼 수 있

---

28 J. M. Keynes, *The General Theory of Employment, Interest and Money* [1936] (London, 1973), p.157.

29 '할인'이라는 개념은 '내 손안에 있는 새 한 마리는 풀 속에 있는 두 마리와 같다'라는 말에 근거하고 있다. 보통 시중이자율을 적용해 미래의 수익을 상각시켜 현재가치를 계산해낸다.

다. 그는 이렇게 말했다. "미래의 예상은 늘 할인된다. 현재의 1,000파운드는 100년 동안 매년 10파운드씩 지불하는 총계인 1,000파운드보다 더 가치 있다."

사기성이 농후한 사업설명서와 주가조작, 증시의 버블이 주식의 내재가치나 근본가치를 계산하기 어렵게 했지만, 당시 주식시장 참여자들도 그 개념을 파악하고 있었다. 1690년대 주식시장 버블 이후 디포는 "많은 종목의 주가가 내재가치보다 부풀려졌다"고 말했다. 그리고 동인도회사의 주식이 내재가치면에서 차이가 없는데도 액면가의 서너 배를 넘어 거래되었다고 분석했다.[30]

당시 금본위 화폐를 대신해 토지를 근거로 화폐를 발행하는 토지은행을 설립하려 했던 사람들은 내재가치 개념에 모순이 있다는 것을 깨달았다. 내재라는 말은 내부의 질을 의미하지만 가치는 항상 외부적인 성격을 갖고 있기 때문이다. 니콜라스 바본(Nicholas Barbon)은 이렇게 주장했다. "모든 물건 안에는 어떤 가치도 없다. 그것들을 활용하고 가치를 부여하는 것은 사람들의 의견과 패션이다."[31] 토지은행의 설립추진자 가운데 한 명이었던 존 로는 여기서 한 걸음 더 나아가, 가격은 단순히 수요와 공급의 상호작용에서 발생한다고 말했다. 이를 주식시장에 적용하면 주가는 내재가치보다는 유동성에 의해 결정된다. 토지은행 설립추진자들은 "가치는 사람들의 생각과 시대의 흐름에 따라 변하는 외재적 것이고, 이는 특히 주

---

30 Defoe, *The Villainy of Stock-Jobbers Detected* (London, 1701), p.4.

31 From *A Discourse Concerning the Coining of the New Money Lighter* [1696], quoted by Buchan, *Frozen Desire*, p.105.

식시장에 잘 적용될 수 있다"고 주장했다. 따라서 17세기 투자자들이 20세기 투자자보다 정교하지 못했다고 말하기는 힘들다.

1690년대 초반 주식시장의 버블은 당시 여성들의 머리장식 높이와 궤를 같이했다. 당시 과시적인 여성들은 머리장식을 서서히 높였는데, 주가가 최고점에 도달한 뒤 다시 무너지기 시작한 1695년에는 머리장식 높이가 2미터에 달했다. "주가는 여성들의 머리장식 높이에 따라 오르기도 하고 내리기도 했다"는 리처드 스틸 경의 말은 당시 상황을 거울처럼 보여준다.

현대 한 경제학자가 리처드 스틸 경의 말에서 힌트를 얻어 1920년대 주가흐름과 여성들의 치마길이를 비교 연구해 '치마-주가 이론'을 내놓기도 했다. 콜럼비아 비즈니스스쿨의 폴 니스트롬(Paul H. Nystrom) 교수인 그는 『패션 경제학』(The Economics of Fashion)에서 다음과 같이 말했다. "1919년 미국 여성들의 평균 치마높이(땅 기준)는 키의 10% 수준이었으나, 미국 경제가 1차 세계대전 이후 강한 회복세를 보인 1920년에는 20%까지 높아졌다. … 미국 경제가 침체를 보인 1921년에는 치마높이가 다시 10% 수준까지 낮아졌고, 미국 증시가 호황에 접어든 1924~1927년 사이에는 25%까지 높아졌다." 여기에서 여성 신장의 25% 수준이라는 것은 거의 무릎까지 올라오는 정도이다. 무릎까지 올라오는 치마높이는 1929년 후반기까지 유지되다가, 대공황이 발생한 뒤에는 거의 바닥을 쓸다시피 하는 수준까지 내려왔다.[32]

---

32 *The Spectator*, IV, p.18, Frederick Lewis Allen, *Only Yesterday* (New York, 1957), pp.103~104, Burton Malkiel, *A Random Walk Down Wall Street* (New York, 1990), pp.143~145.

스틸 경의 주장에 대한 다양한 해석들이 있다. 대담하고 과시적인 유행은 주식거래에서 얻은 수익이 과시적 소비를 위해 쓰인 것으로 풀이할 수 있다. 또 투기로 일확천금을 거머쥔 사람들에 대한 에피소드의 주제가 되었던 과시적 소비를 이해하는 출발점이기도 하다. 다른 한편으론 일확천금을 벌어들인 투기꾼들의 부인들이 머리장식에서 투기가 만연한 시대의 도덕적 해이를 읽을 수 있다. 투기의 시대에는 사치와 극단적인 이기주의가 판을 치고 건전한 정신이 자취를 감추기 때문이다.

하지만 스틸 경의 주장의 진의는 덧없이 폭락하거나 엄청나게 치솟는 주가가 여성 옷차림만큼이나 시대의 유행을 따라간다는 것이다. 투기열풍과 같은 유행은 대중들의 일치된 심리에 영향을 받을 뿐만 아니라 쇠퇴하기 직전까지 일정한 경향성을 띤다. 따라서 대중들의 기호를 선도하는 패션 디자이너들의 활동을 시장참여자들의 심리변동을 예측하는 투기꾼들의 활동과 비교하기도 한다. 패션과 주가의 흐름에 관한 최근 연구에는 로버트 실러(Robert Shiller)의 〈금융시장에서의 패션과 유행 그리고 거품〉(Fashion, Fads, and Bubbles in Financial Markets)이 있다. 한편 스틸 경은 역발상 투자이론의 초기형태를 주창하기도 했다. 이는 투자자들이 갖고 있는 통념과 반대방향으로 투자를 결정하는 것이다.

주식시장 역사를 공부하는 것보다 시간을 더 잘 활용할 방법이 있을까? 그리고 어느 봄날 하루아침에 발생한 주가 급등락의 비밀을 아는 것보다 보람찬 일이 있을까? 익스체인지 앨리에서 고수익을 올린 사람의 투자요령보다 부를 획득하는 데 도움이 되는 것이 있을까? 전혀 없다. 자신의 희망과 두려움이 이끄는 대로 따라가는 게 가장 좋은 투자방법이다. 다른 사람들이 흥분해서 날뛸 때 소심하게 머뭇거리고, 다른 사람들이 팔아치울 때 남몰래 사는 기쁨을 즐기는 것이 옳다는 말이다.[33]

케인즈는 "주식시장에선 미래가 불확실하기 때문에 주가는 투자자 자신들의 믿음과 다수의 순진한 인간들의 집단심리에 의해 절대적으로 결정된다"고 주장했다.[34] 스틸 경은 지난 두 세기 이상 시장의 기복과 유동성 유입을 검토한 결과를 토대로 '공중누각이론'을 내놓았다. 그는 『스펙테이터』에서 한 방문객이 허영으로 가득 찬 궁전에 들어서는 장면을 자세히 묘사하고 있다.

이 궁전은 거품과 너무 비슷하다. 그곳 가운데는 허망함이 자리 잡고 있고, 곁에는 겉치레와 자기 기만, 아첨과 유행이 몰려 있다. 무너진 신용은 투기적 비합리성을 상징하는 어리석음과 함께 앉아 있다. 궁전 속에는 섬뜩한 놀라움이 팽배해 있다. 방문객은 이 궁전이 아무런 바탕도 없이 허공에 매달려 있다는 사실을 금방 알아차린다. 하지만

---

33 *The Spectator*, IV, p.5.

34 Keynes, *General Theory*, p.154.

이곳 사람들이 궁전이 가라앉고 있다고 생각하면, 실제로 궁전은 적당한 지점까지 떨어질 뿐만 아니라 땅까지 가라앉는다.

금융혁명에 의해 구축된 새 경제 시스템에는 구체적인 경제현실은 존재하지 않았다. 가치는 변덕스런 대중심리의 결과이고, 거래는 언제든지 변할 수 있는 믿음에 의존해 이뤄졌다. 기업들은 대중들의 투기적 광기를 이용해 주식을 발행하고 자금을 조달했다.

공중누각이론에 따르면 주식은 내재가치를 갖고 있지 않기 때문에 주가는 투자자들의 심리를 반영한 것일 뿐이다. 공중누각이론의 흔적은 1720년대 사우스 시가 붕괴한 뒤 스위프트(Swift)가 쓴 〈거품〉(The Bubble)이라는 시에도 등장한다. 이 시에서 스위프트는 사우스 시의 사기꾼 임원들과 이들에게 쉽게 속아넘어간 순진한 투자자들을 조롱하고 있다.

허공에다 성을 쌓고 있는 동안
임원들은 바닷물 위에다 성을 쌓네
주식청약자들은 바닷물 위의 성을 버젓이 바라보고 있네
현명한 자건 바보이건 바다 위 성을 보면서 속아넘어가네

● 스캔들과 부패 ●

1690년대 영국 주식시장에서는 건전한 이기주의와 악명 높은 사기가 날줄과 씨줄처럼 얽혀 있었다. 발기인들은 제 주머니만 불리기 위해 급조한 주식회사들을 마구 상장시켰고, 주가는 조작되었으며 허위 정보들이 마구 돌아다녔다. 이 때문에 토머스 셰드웰은 희곡 〈주식거래꾼〉에서 주식시장을 사기꾼과 협잡꾼으로 가득 차 있는 곳으로 묘사했다. 그곳에서 사람들은 자신들의 이익을 위해 서로 속고 속인다.

찰스 대버넌트도 당시 주식투기로 돈을 번 사람들을 '사기와 협잡, 강탈, 뇌물수수, 부패로 오염된 사람'들로 그렸다. '주식거래'(stockjobbing, 투기적 주식거래와 동의어)라는 말은 주식의 가치를 실제가치보다 부풀리고, 동시에 회사의 실제 전망을 흐리게 하는 행위를 묘사하는 말로 쓰였다. 어음과 복권이 현금처럼 유통된 그 당시에는 주식이 부패의 유통수단이었다. 주식은 투자자를 유혹하고, 그들의 반발을 무마하기 위한 수단으로 쓰였기 때문이다. 〈주식거래꾼〉에 나오는 인물인 핵웰 대령은 "(그들은) 내가 행여 고발하거나 소송 걸까 두려워 돈 한푼 안 받고 내게 주식을 줬다"고 거들먹거리며 자랑한다.

또 주식은 정경유착의 고리로 활용되었다. 당시 런던을 떠들썩하게 했던 동인도회사의 뇌물스캔들은 이미 타락한 정치가 새로 등장한 주식투기와 만날 경우 어떤 모습이 되는지를 생생하게 보여준다. 이 뇌물스캔들은 1693년 동인도회사가 주식가치에 부과되는 특별세를 내지 못해 인가가 취소된 데서 시작된다. 인가취소 시점은 우연히도 경쟁사가 동방무역 독점권을 빼앗으려는 시도를 하고 있을 때와 맞아떨어졌다. 두 회사는 독점무역권을 따내기 위해 의회와 법원을 상대로 맹렬하게 로비를 펼치며 뇌물공세를 벌였다.

결과는 20만 파운드의 뇌물을 관계요로에 뿌린 동인도회사의 승리였다. 그들은 당시로선 최신수법인 옵션과 주식을 결합시킨 뇌물수수를 활용했다. 상원의원 바질 파이어브라스 경은 6만 파운드 주식을 동인도회사가 독점권을 획득한 뒤 형성되는 주식가에 50%의 프리미엄을 받고 팔 수 있는 옵션을 선물로 받았다. 그는 이 덕에 3만 파운드의 이익을 챙길 수 있었다. 다른 상원의원들은 확정가격에 동인도회사 주를 살 수 있는 콜옵션을 뇌물로 챙겼다. 독점권을 부여해 동인도회사의 주가가 오르면 확정가격으로 주식을 사들인 뒤 시가로 팔아 차익을 챙기는 수법이다.

1695년 스캔들이 터지고 의회조사단이 보고서를 제출하자, 하원은 쑤셔놓은 벌집으로 돌변했다. 독점권 심사위원회 위원장이 탄핵되고, 동인도회사의 대표는 구속되었다. 이 스캔들은 "기업은 몸만 있고 영혼과 양심은 없다"는 존 폴렉스펜(John Pollexfen)의 유명한 격언의 토대가 되었고, 이 사건을 계기로 사람들은 주식으로 졸부가 된 사람들이 얼마나 강한 전염성을 갖고 있는지를 알게 되었다. 또 주식시장이 주식꾼들보다 덜 이기적인 정치인들에게 얼마나 위험한 덫인가를 극명하게 보여주었다.

그리고 이 사건은 이후 투기시대마다 반복되는 정치인들의 조직적인 부패의 시초이기도 하다. 이로부터 20년이 흐린 뒤 사우스 시 음모가 폭로되기 하루 전날 디포는 "정치인이 주식꾼으로 둔갑하면 온 나라가 주식판으로 변한다"고 경고한다.

● 망령의 부활과 파국의 시작 ●

1694년 6월 21일 영란은행이 의회인가를 받고 정식 출범했다. 이는 금융혁명에 일대 획을 긋는 사건이었다. 영란은행은 120만 파운드를 정부에 빌려준다는 조건 아래 영국 최초의 인가은행이 되었으며, 은행권을 독점적으로 발행할 수 있었다. 하지만 당시 영란은행이 영국정부에 꿔준 돈은 실질적인 가치가 없는 증서화폐(paper money)였다. 금태환이 되지 않는 은행권인 것이다. 영란은행은 은행권을 꿔준 대가로 정부로부터 매년 10만 파운드의 이자를 받았다. 금융자본주의의 출발을 의미하는 이 은행권 또한 영국역사상 처음으로 정부인증을 받은 것이었다.

영란은행 주식의 공모는 청약개시 2~3일 만에 마감될 정도로 대성공을 거두었다. 청약자 명단에는 윌리엄 오렌지 공의 총신인 포틀랜드 백작을 비롯해 약방주인과 등짐꾼, 옷수선공, 자수공, 농사꾼, 선원, 부두노동자 등 온갖 종류의 군상들이 들어 있었다.[35] 배정 받은 영란은행 주식은 20%의 프리미엄을 받고 팔려나갔다. 그리고 주식시장은 버블의 마지막 단계에 접어들었다. 수많은 토지은행 설립이 추진되었지만 어느 것 하나도 구체적으로 추진된 것은 없었다.[36] 심지어 런던의 고아들을 위한 후원기금에서 얻은 수익금으로 고아은행을 세우자는 제안까지 나왔다. 익명의 런던 시민은 벽보를 통해 "이 자선사업의 이면에는 이기주의와 사적 이익을 추구하는 사악한 욕심

---

35 Dickson, *Financial Revolution*, p.258.

36 Scott, *Joint-Stock Companies*, III, p.247.

이 숨겨져 있다"고 성토했다.[37]

이 시기 최후의 그리고 최대의 회사설립과 주식 유동화는 익스체인지 앨리에서 아주 먼 곳에서 추진되었다. 영란은행 설립자 가운데 한 명인 스코틀랜드 출신 윌리엄 패터슨(William Patterson)이 파나마의 이스무스 시를 물류의 집산지로 만들 계획을 세우고 대리언 사(Darien Co.)를 설립한 것이다. 스코틀랜드 투자자들은 대리언의 설립을 이웃인 잉글랜드 색슨족과 대적할 수 있는 스코틀랜드 왕국의 기초를 놓는 것으로 이해했다. 민족주의 감정에 휩싸인 스코틀랜드 사람들은 1695년 주식청약에 참여해 30만 파운드를 몰아주었다. 스코틀랜드 지방행정을 담당하고 있었던 존 달림플은 당시 상황을 이렇게 전한다. "스코틀랜드 독립을 위한 열정도 대리언의 주식청약에 몰려든 열기만은 못했다. 젊은 여성들은 그 회사의 주식을 잡기 위해 몇 푼 안 되는 재산을 털었고, 과부는 과부연금을 해약했다."[38]

이 회사의 설립은 다른 회사들의 설립과는 다른 독특한 특징을 보여준다. 주식의 절반은 스코틀랜드에 배정되었고, 나머지는 런던을 시작으로 네덜란드, 독일 함부르크에서 청약을 받았다. 20만 파운드를 해외에서 조달한 것이다. 이는 자본주의 역사상 최초의 국제적 주식 유동화로 기록되었다. 그런데 수상쩍은 일은 이 회사가 주식을 담보로 주주들에게 대출을 해주기 위해 은행권을 발행했다는 것이다. 패터슨이 도입한 이 방법은 스코틀랜드 동족인 존 로에게 많은 영감을 준다. 결국 존 로는 이를 벤치마킹해 이로부터 20년 뒤 미시시피

---

37 *Angliae Tutamen*, p.16.

38 재인용: Scott, *Joint-Stock Companies*, II, p.216.

주식을 담보로 수백 만 장의 은행권을 발행한다.

대리언이 스코틀랜드인들의 열화와 같은 성원(이는 나중에 엄청난 분노로 돌변하지만) 속에서 출범하는 동안, 금융공황은 서서히 영국 남부 해안으로 접근해오고 있었다. 이 공황은 이후 다른 공황들과 마찬가지로 투기열풍에 대한 반동과 자금경색이 뒤따랐다. '네덜란드 금융기법'의 눈부신 혁신에도 불구하고 프랑스와의 전쟁에 든 비용은 영국정부의 재정수입을 초과했다. 정부는 마침내 과거의 망령을 깨웠다. 통화품질을 떨어트린 것이다(과거 영국왕들은 재정적 어려움에 직면하면 금화의 금 함량을 줄이는 방법으로 통화품질을 저하시켰다-역자주). 통화의 품질이 하락하자, 영국인들은 집에 양화를 축장하기 시작했고 품질이 떨어진 악화만이 시중에 유통되었다(그레샴 법칙). 1696년 여름 존 이블린은 일기에 "시장에서 생필품도 사지 못할 만큼 돈이 부족했다"고 기록했다.[39]

잉글랜드 북부에서 마침내 폭동이 일어났다. 금융의 핵심인 신용도 붕괴되었다. 정부의 단기채권은 폭락해 할인율이 40%까지 치솟았다. 140만 파운드를 조달하기 위해 발행된 복권부 채권은 1만 8,000파운드어치만이 팔려나갔다. 마침내 주가가 폭락하기 시작했고, '우량주'였던 동인도회사의 주가도 1692년 200파운드에서 1697년에 37파운드로 폭락했다. 같은 기간 동안 허드슨 베이와 린넨의 주가는 각각 70%와 90%가 추락했다. 주식회사 설립 붐을 타고 우후죽순처럼 생겨났던 신생 주식회사(해저보물 인양회사, 특허회사) 주식은 종이쪽지로 변해버렸다. 1693년 잉글랜드와 스코틀랜드에 있던 140여 개의 주식회사 가운데 1697년까지 살아남은 것은 단지 40개에

---

39 John Evelyn, *Diary*, ed. E. S. de Beer (Oxford, 1955), V, p.246.

지나지 않았다. 70%의 주식회사가 허공으로 사라져버린 것이다.

다니엘 디포는 이때 공황이 주식꾼들의 투기 때문이라고 주장했다.

> 독점무역권을 두고 벌어진 경쟁과 갈등이 일상적인 영향을 넘어서는 파장을 낳을 것이라곤 누구도 생각지 못했을 것이다. 또 내재가치 이상으로 치솟는 모든 주가가 치명적인 문제가 되고, 주식 투기에 참여한 무리들에 의해 주가가 폭락할 것이라곤 아무도 예상치 못했다.[40]

이 공황은 투기와 연결되어 발생한 최초의 경제공황이다. 1696년 팸플릿 〈영국의 수호자〉의 발행인은 "교활한 사기와 악명 높은 부정이 백일하에 드러났다는 것만이 영국 대중들이 얻은 소득"이라고 하면서, 공황의 책임이 기회주의적인 주식회사 발기인들에게 있다고 주장했다. 1696년에 공황의 원인을 조사했던 공식 조사단의 조사결과도 이와 일치했다. 조사단은 "주식회사 발기인들은 과장광고와 조작된 명성에 이끌려 참여하게 된 일반투자자들에게 자사의 장래수익성을 과장해 주식을 팔아먹었다"고 비난했다. 조사단은 또한 작전단을 만들어 주가조작을 벌인 주식꾼들을 비난했다.

1697년 영국의회는 브로커들과 주식거래업자들을 제한하는 법을 통과시켰다. 이 법은 브로커들과 주식거래업자들의 수를 런던 주장관의 면허를 받은 100명으로 제한했다. 1708년 이 법은 한 차례

---

40 Defoe, *Villainy*, p.4.

수정되어 브로커들은 매년 보고서를 내야 했고, 유태계 브로커들의 수는 최대 12명으로 제한되었다. 또 주식거래업자들이 자신들의 명의로 주식을 거래하는 게 금지되었고, 커미션이 거래대금의 1%를 넘지 못하게 되었다.[41] 하지만 투기를 제한하려고 했던 네덜란드 정부의 시도가 실패했던 것처럼 이 법은 이후 별다른 효과를 거두지 못한다. 또 대부분의 브로커들은 법적 인가 없이 영업을 계속했다.

● 투기분석 모델 ●

찰스 킨들버거는 『투기적 광기와 공황』(Manias, Panics and Crashes)에서 '투기적 광기'는 '변화'(displacement)에 의해 시작된다고 말한다. 이 변화는 완전히 새로운 산업이 태동하거나, 기존 산업의 수익률이 증가하는 것을 의미한다. 변화는 주가를 상승시켜 신출내기 투자자들을 주식시장으로 끌어들이는 선순환(positive feedback)을 발생시키고, 이에 따라 시장에 대세상승 분위기가 팽배해진다. 대세상승 분위기는 투자자들이 합리성을 잃어가고 있다는 징조이다. 투기는 일련의 과정을 통해 다른 자산가치의 상승도 불러일으킨다. 투기열풍을 타고 한몫 챙기려는 새로운 회사들이 설립되고 주식이 유동화 된다. 투자자들도 일확천금을 위해 파생상품이나 주식담보대출 등 직접적인 주식거래와는 다른 방법을 동원하기 시작한

---

41 Charles Kindleberger, *Manias, Panics, and Crashes*, 2nd ed. (New York, 1989), p.24.

다. 또 주식에 투자하기 위해 차입금을 조달하는 바람에 한 사회의 부채 규모가 증가하고, 사기와 협잡이 자리잡기 시작한다. 이런 과정을 거쳐 달아오를 대로 달아오른 경제가 어느 순간에 이르면 '금융긴장'에 휩싸인다. 이 긴장은 공황을 알리는 전주곡이다.

킨들버거에 따르면 투기는 시대마다 구체적인 모습은 다를지라도 동일한 발전양상을 보인다. "구체적인 모습은 다양하다. 하지만 구조는 단일하다"는 것이다.[42] 킨들버거가 밝힌 투기의 발전구조는 19세기 존 스튜어트 밀이 쓴 『경제의 제 원칙』에서도 찾아볼 수 있다.

> 가격이 오를 것이라는 기대를 불러일으키는 한 사건이… 투기꾼들을 움직이게 한다. … 대중들의 투기심리가 어떤 단계에 이르면 일확천금을 벌었다는 이야기가 인구에 회자되고, 수많은 사람들이 이를 모방하기 시작한다. 투기는 애초 기대치보다 더 높게 가격을 끌어올린다. 그리고 마침내 가격은 아무런 근거가 없는 지경까지 치솟게 된다. 투기열풍이 불기 시작하는 순간 다른 자산들의 가격까지 치솟는다. 이런 과정에서 대규모의 신용조달이 발생한다.[43]

17세기 후반 영국 사회는 귀족체제였고 농업이 산업의 대부분을

---

42 John Carswell, *The South Sea Bubble* (London, 1998), p.14; Dickson, *Finacial Revolution*, p.518.

43 J. S. Mill, *Principles of Political Economy* [1848] (Toronto, 1965), p.542.

차지하고 있었지만, 1690년대 주식투기는 킨들버거의 투기분석 모델에 정확하게 들어맞는다. 주식회사 설립 붐의 시대는 킨들버거가 투기의 출발점이라고 한 다양한 '변화'가 발생한 시기였다. 핍스 선장의 해저보물 인양 성공으로 발생한 해저보물 인양회사 설립 붐과 동인도회사와 1680년대 여타 대형 무역회사들의 높은 수익률, 금융혁명, 주식시장으로의 엄청난 규모의 자금유입, 이 모든 것들을 촉발시켰던 프랑스와의 전쟁 등도 킨들버거가 말한 '변화'라고 할 수 있다. 시인 에어런 힐에 따르면 핍스 선장이 해저보물과 함께 영국에 돌아오자, 영국인들의 성공을 판단하는 기준에 큰 변화가 발생했다. 이후 발생한 주가상승은 영국 사회의 모든 계층에 속한 사람들을 주식투자에 끌어들였다. 팸플릿 〈영국의 수호자〉의 발행자는 다음과 같이 주장했다.

지위고하를 막론하고 모든 사람들이 투기의 늪에 빠져들었다. 현명한 사람이든 우둔한 사람이든 투기열풍에 휩싸였다. 그리고 주식투기로 일확천금을 벌 수 있다는 망상에 젖었다.[44]

주식회사 발기인들은 당시 영국인들 사이에 퍼져 있던 대세상승 분위기를 이용하기 위해 앞다투어 주식을 유동화했다. 하지만 실상은 사기나 협잡과 다를 게 없었다. 순전히 주식회사 발기인이나 주식거래업자들의 주머니만을 불려주는 것이었다. 신생회사들은 자신들

---

44 *Angliae Tutamen*, p.21.

의 값어치를 부풀리기 위해 유명인사들을 영입하거나 이름을 빌리는 대가로 그들에게 주식을 지급했다. 또 주가조작을 위해서나 주식회사 인가를 받기 위해 의회의원들에게 주식뇌물을 제공했다. 금융사기와 투기는 너무나 밀접하게 얽혀 있기 때문에 둘 사이의 차이를 구분할 수 없을 지경이었다.

1990년대 증시활황 이후 사례들과 마찬가지로, 1690년대 주식시장 활황은 보물인양회사로 시작해 은행설립 붐으로 이어지는 일련의 미니 버블 형태를 띠고 있다. 투기꾼들이 선물과 옵션, 차입을 통한 투기자금 조달 등으로 주가를 끌어올리는 바람에 주가는 내재가치가보다 터무니없이 높은 단계까지 치솟았다. 수익률 전망이 비관적으로 변하자, 투기는 힘을 잃고 한계선상의 기업들이 도산하기 시작했다. 주가폭락은 비참한 경제공황으로 이어졌다.

킨들버거는 투기를 단지 경제적 관점에서 분석했을 뿐이다. 하지만 사회적이고 정치적인 현상도 투기발전 과정을 규명하는 데 중요한 역할을 한다. 금융저널리스트인 알렉산더 노이에스(Alexander Noyes)의 "20세기 초반 미국 증시활황은 금융사건일 뿐만 아니라 사회·정치적인 사건이다"[45]라는 주장은 다른 시대의 투기열풍에도 적용될 수 있다. 다시 말해 사회적이고 정치적인 변수를 통해 킨들버거의 투기분석 모델을 보완할 수 있다. 한 사회 구성원들이 이기주의 외에 다른 목표를 추구할 때는 투기발생 가능성이 매우 낮다. 따라서 이기주의는 첫 번째로 검토되어야 할 변수이다. '이윤추구'는 1690년대 주식회사 발기인들과 자본가들에게 가로등과 같은 것이었다. 앞서 소

---

45 Alexander Dana Noyes, *The Market Place* (Boston, 1938), p.193.

개한 팸플릿 〈영국의 수호자〉에는 투기의 발생이 영국인들의 국민성에 기인한 것이라는 내용이 있다.

> 각종 금융혁신에 이어 퍼진 광기와 변덕, 주식회사 설립 붐 등의 불행한 사건들은 내가 사랑하는 영국인들의 기질 때문에 발생한 것이다. 그들은 폭력적이면서, 자신들의 계획을 열정적으로 추진했으나 성공하지 못할 경우 모든 희망과 미덕을 포기해버린다….[46]

이런 투기적 기질은 네덜란드에서도 발견할 수 있고, 인수합병에 관심을 보이고 투기를 위해서라면 극단적인 위험까지도 감수하는 미국인들한테서도 찾아볼 수 있다.

두 번째는 정치적 변수이다. 1690년대는 자유시장 이데올로기가 팽배했던 시기였다. 당시 정치인들은 정부가 투기를 제어할 수 없다고 주장했다. 이런 주장은 이후 애덤 스미스에게 큰 영향을 끼친다. 윌리엄 오렌지 공은 이런 자유주의 이데올로기를 신봉하는 사람은 아니었지만, 이를 주장하는 자본가들로부터 자유로울 수 없는 존재였다. 더욱이 프랑스와의 전쟁은 당시 영국정부가 경제조정자로서 전통적인 기능을 할 수 없게 만들었다. 실제로 경제사학자들은 당시 영국정부가 무분별한 자유방임정책을 펴고 있었다고 지적하고 있다.[47]

---

46 *Angliae Tutamen*, p.16.

47 Appleby, *Economic Thought*, p.257.

정부가 새로 개설된 주식시장을 관리 감독하는 데 실패한 것과 복권 열풍을 앞장서 일으킨 것이 1690년대 버블의 결정적인 요인이었다. 또 돈으로 쉽게 매수할 수 있었던 당시 의회의원들도 버블을 부추겼다. 그들은 과도하게 거품이 일고 있었던 주식시장을 억제하기보다는 이를 이용해 돈을 버는 데 혈안이 되어 있었던 것이다.

자유방임주의와 부패정치는 이후 투기에서도 쉽게 발견할 수 있는 변수들인데, 1980년대 일본의 '버블경제'가 그 대표적인 사례이다. 버블이 끝나고 경제가 공황에 이르게 되면 정치도 큰 변화를 겪게 된다. 미래를 보는 눈이 없는 주식꾼들과 주식회사 발기인들의 이기주의 폐악이 드러나기 때문에 자유방임주의는 '주식시장과 무역에 일정한 규제를 해야 한다'는 쪽으로 변한다. 다른 투기사례에서도 '탐욕'에 대한 대중들의 혐오가 발생한다. 1696년 경제공황 이후 주식꾼들은 탐욕의 상징으로 지탄받았다. 마치 1930년대 미국 루스벨트 대통령이 주식꾼들을 '돈놀이꾼'이라고 부르며 비난했던 것처럼.

자본주의 초창기에 '투기가 어떻게 그런 완전한 형태를 띠고 발생할 수 있었을까'를 설명하기보다 1690년대 투기의 특징을 살펴보는 게 쉽다. 킨들버거는 투기의 '영속적'인 특성을 규명하기 위해 투기분석 모델을 개발했지만, 왜 투기가 초기부터 현재까지 큰 변화 없이 일정한 패턴을 보이는지는 설명하지 못했다. 20세기 후반 개발된 각종 최첨단 금융기법들도 완전히 새로운 기법은 아니다. 이미 옛날부터 존재했던 금융기법들이 세련된 형태로 발전했을 뿐이다. 17세기에 암스테르담과 런던에서도 각종 파생상품이 헤지와 투기수단으로 활용되었다. 또 가치에 대한 최신개념들이 고안되었다. 미래의 현금흐름에 대한 할인과 현재가치 등의 개념이 대표적인 예다. 또 내기와 확률이론에다 몇 가지 조건을 덧붙여 위험-보상 비율을 계산해낼 수 있었다. 리처드 스틸 경이 대중들의 기대와 두려움을 역으로 이용한 역발상 투자이론을 개발하는 동안, 디포는 내재가치보다 터무니없이 높은 가격에 주식을 사는 것이 위험하다고 경고했다. 이는 20세기 주식분석의 아버지인 벤저민 그레이엄의 '가치투자론'을 떠올리게 한다.

투자자들의 인식과 행태가 지난 3세기 동안 크게 바뀌지 않았다면 투기의 성격과 발전패턴도 변하지 않았다고 말할 수 있다. 1690년대 투자자들이 보물 인양회사 등과 같은 기업들에 광적인 관심을 보였듯이, 현대 투자자들도 새로운 기술을 보유한 회사의 주식에 대한 투기열풍에 쉽게 휩싸일 수 있다. 금융저널리스트이면서 역사가였던 제임스 그랜트는 "과학과 기술은 크게 진보했지만, 금융은 반복 된다"고 말했다.[48]

흔히 인간본성이 변하지 않는 한 투기의 성격도 변하지 않는다고 한다. "탐욕과 수익에 대한 욕망은 보편적인 인간 성향이다. 이는 시간과 공간을 떠나 모든 사람들 속에 자리잡고 있는 것이다"라고 데이비드 흄은 18세기에 이미 갈파했다. 필자는 여기에 대중들이 갖고 있는 손실에 대한 두려움과 모방심리, 건망증, 도박심리 등을 추가해야 한다고 생각한다. 이후 주식시장과 마찬가지로 초기 주식시장도 참여자들의 희망과 두려움에 의해 움직였다. 이런 심리는 투기적 광기가 팽배해질 경우 억제할 수 없게 되며, 이후 저항이나 시대적 상황에 구애받지 않고 다른 광기들과 어울려 하나의 현상으로 실현된다. 이것이 인류역사상 대부분의 투기들이 왜 반복되고, 1690년대 투기가 왜 현대의 투기와 유사한지를 설명해준다.

---

48 James Grant, Minding Mr. Market (New York, 1993), p.7.

3장

사우스 시 음모

인간본성에는 엄청난 어리석음이 내재되어 있는 게 분명하다. 그렇지 않다면 어떻게 같은 덫에 천 번 이상 걸려들겠는가? 인간은 과거 불행의 상처가 채 아물기도 전에 불행을 초래하는 일을 또 하려고 한다.

— 카토(Cato)의 1721년 1월 서신에서

"유럽이 영국의 힘과 권고에 영향받는 시대가 되었습니다. 의회도 짐의 의견에 만장일치로 동의할 것입니다. 이는 모든 유럽국가들이 반석과 같은 기반 위에 평화와 영광, 무역의 이익을 우리 왕국과 공유한다는 것을 의미합니다. 짐은 우리의 노력이 결실을 맺고 있다는 사실을 여러분들이 알고 있다고 믿습니다. 짐이 여기에 모인 의원들에게 요구하는 것은 위대하고 번성한 국민이 되는 데 동의해달라는 것입니다."

1719년 11월 23일 영국왕 조지 1세가 의회 개회식에서 행한 연설은 이렇게 시작된다. 희망에 가득 찬 이 연설은 당시 영국의 국력을 감안할 때 허풍이 아니었다. 제임스 2세의 아들이 일으킨 반란은 하일랜드의 글렌실 전투를 끝으로 진압되었고, 극우보수 토리당 관련자들은 파리로 도망을 가야만 했다. 이로써 조지 1세와 휘그당원들은 권력유지에 자신감을 갖게 되었다. 또 1714년 하노버 왕조가 영국 왕위를 계승한 직후에 이루어진 프랑스와의 평화관계 구축은 자본가들을 만족시켰다. 대륙과의 무역이 활발하게 이뤄지고 있었기 때문이다. 게다가 이자율도 낮게 형성되고 있었다. 따라서 '영국 국민들이 위대하고 번성해질 것'이라는 왕의 연설은 허무맹랑한 자랑은 아니었다.

하지만 1719년 출판된 『로빈슨 크루소』의 저자 디포만이 당시의 활력을 공유하지 못했다. 그는 『익스체인지 앨리의 해부』(Anatomy of Exchange Alley)에서 "모든 질병이 전염병처럼 널리 퍼지고, 환상 속에서 작은 고통들을 느끼지 못하는 사태가 우리 눈앞에 와 있다"고, 최후의 심판을 암시하는 말을 했다.[1]

그리고 1년 만에 디포의 경고는 현실이 되어 나타나, 성경에서나 볼 수 있는 재앙이 왕국을 뿌리째 흔들어놓았다. 최근 밝혀진 일이지만 당시 영국의 경제는 파탄에 이르렀다. 수많은 사람들이 파산했고 스스로 목숨을 끊었으며, 관료들은 혼란에 빠졌고 의회는 어찌할 바를 몰랐다. 폭도로 변한 군중들이 웨스트민스터 사원에 난입하고 사제들을 공격해 사원을 피로 물들였다. 새로 들어선 왕정도 위태로웠다. 몇몇 의원들은 "제임스 2세 일당이 다시 침략전쟁을 일으켜 웨스트민스터를 유린할 수 있다"며 위기의식을 조장해 사태를 진정시켜 보려 했다. 이 시기 정치·경제적 혼란은 내전과 약탈로 얼룩진 영국 역사에서도 예를 찾아보기 힘든 것이었다. 이 엄청난 혼란의 원인은 당시 사람들도 알고 있는 것이었다. 그것은 모든 사람들의 입에

---

1   Defoe, *Anatomy of Exchange Alley*, p.378.

오르내리는 두 단어, '사우스 시'(South Sea)였다. 이 파도가 이 왕국을 덮친 것이다.

● 비극의 전조 : 미시시피 버블 ●

1690년대 이후 영국에선 금융혁명의 기세가 지속되고 있었다. 1710년 영국 최초의 보험회사였던 선 파이어의 성공적인 설립과 주식 유동화 이후 짧은 기간 동안의 주식투자 붐이 있었다. 한 해 뒤인 1711년 1,000만 파운드의 정부부채를 떠안기 위해 사우스 시 사가 설립되었다. 정부의 채권을 이 회사 주식으로 전환해주겠다는 것이었다. 대신 사우스 시는 정부로부터 받는 매년 일정한 이자와, 라틴 아메리카의 스페인 식민지와의 독점무역권을 보장받았다. 그리고 2~3년 뒤에는 라틴 아메리카에 흑인노예를 독점적으로 공급할 수 있는 권리도 부여받게 된다.

이런 독점권에도 불구하고 이 회사의 무역은 적자를 면치 못했다. 하지만 금융회사로는 대성공을 거두었다. 1719년 초 사우스 시는 다시 정부채권이 170만 파운드어치를 매년 일정이자를 받는 조건으로 인수했다(사우스 시의 채권의 주식전환은 1711년과 1719년, 1720년 세 차례 시행됐다. '사우스 시 음모'는 3차 전환을 의미한다-역자주).

1710년대 말은 1690년대 중반의 공황으로 엄청난 공격을 받아 수면 아래에 잠복해 있던 이기주의가 다시 물 위로 떠오르는 시점이었다. 이때 이기주의의 부활에 앞장선 사람이 바로 버너드 맨드빌(Bernard Mandeville)이다. 그는『꿀벌의 우화』에서 "탐욕과 낭비, 자만,

사치와 같은 개인적인 악덕은 사회에 이롭다"고 과감하게 주장했다.

물론 이윤추구의 욕망은 당시 익스체인지 앨리 주변 커피하우스에서 사라지지 않고 맹위를 떨치고 있었다. 왕실 요리사의 부인인 수산나 켄틀리브는 1718년에 쓴 희곡 〈아내를 위한 투자정보〉(Bold Stroke for a Wife)에 이 시기의 익스체인지 앨리를 '황소가 곰과 싸우는 곳이고, 브로커들이 고객을 속이며 허위 정보들이 활발하게 유통되는 곳'이라고 묘사했다. 실제로 1714년 1월 익스체인지 앨리에서는 '앤 여왕이 서거했다'는 헛소문이 갑자기 나돌아 주가가 하락세를 보였다. 실제로 몇 달 뒤 앤 여왕이 숨을 거뒀지만 그 순간만큼은 분명한 허위정보였다.

어쨌든 1719년은 번영과 확신에 찬 해였다. 프랑스에서는 스코틀랜드 출신 존 로(아마도 당대 최고의 금융인일 것이다)가 자신이 구축하고 있던 시스템(존 로가 문어발식으로 구축한 금융과 기업그룹에 대한 별칭–역자주)에 마지막 손질을 하던 해이기도 하다. 그 시스템의 정점에 있는 미시시피 사는 프랑스가 보유한 미국 식민지 루이지애나(당시 미국 남부의 절반에 이르는 지역)에 대한 관할권을 갖고 있었다. 당시 프랑스 동인도회사와 차이나컴퍼니, 화폐주조업, 조세징수대리업, 중앙은행까지도 미시시피의 지배 아래 있었다. 미시시피 사는 1719년 8월 15억 리브르에 달하는 프랑스 정부의 부채를 모두 인수했다. 금태환 업무까지 포괄한 존 로의 사업은 러시아 혁명 전에 추진된 경제실험 가운데 가장 거대하고 광범위한 것이었다.

에든버러의 금세공업자 아들로 태어난 존 로는 돈을 내재가치를 저장하는 수단으로서가 아니라 교환수단으로 인식했다. 돈에 대한 그의 폭넓은, 심지어 혁명적인 개념 속에는 화폐뿐만 아니라 채권, 어음, 수표, 그리고 '주식'까지 포함되어 있었다. 고향인 스코틀랜드의 선배가 1690년에 세운 대리언의 방식대로, 존 로는 자신의 은행을 통해 엄청난 양의 은행권을 발행해 미시시피의 주식을 사려는 사람들에게 무더기 대출을 시행했다. 물론 투자자들은 주식을 대출의 담보로 잡혔다. 이에 따라 유통주식수는 감소했으며 따라서 미시시피의 주가는 치솟았고 더 많은 은행권이 인쇄되었다. 그리고 인플레이션이 촉발되었고, 이는 다시 미시시피의 주가상승으로 이어져 500리브르이던 주가가 1719년 2만 리브르까지 치솟았다.

그의 사업은 프랑스 역사상 유례가 없는 투기로 이어졌다. 이 여파로 수많은 졸부들이 태어났고, 이들을 표현하기 위해 '백만장자'라는 말이 만들어질 정도였다. 유럽 각지로부터 일확천금을 노린 투자자들이 파리의 켕캉푸아 거리로 몰려들었다. 이 거리는 미국의 월스트리트나 영국의 익스체인지 앨리처럼 프랑스 주식거래소가 있는 곳이다. 투기열풍은 전 유럽으로 확산되어갔다. 미시시피 주식으로 한몫 챙긴 사람들 때문에 스위스 제네바의 집값이 오를 정도였다. 독일 함부르크에선 투기심리를 활용해 주식을 유동화시켜 자금을 조달하기 위한 보험회사가 설립되고, 오스트리아에서는 동방무역회사의 설립이 추진되었다. 유럽이 사상 처음으로 국제적인 버블에 휩싸이게 된 것이다.

1719년 가을 프랑스에서 발생한 투기열풍이 마침내 런던을 강타한다. 런던에서도 새로운 회사들의 주식이 증권거래소에서 거래되기 시작했다. 투기자본이 런던에서 프랑스로 몰려들었다. 당시 영국의 휘그당 정부는 존 로의 성공에 안절부절못하고 있었다. 그의 성공으로 프랑스가 대륙에서 강대국으로 부상하고, 자신들과의 전쟁에서 우월적 지위를 차지할 수 있었기 때문이다. 뭔가 대책이 필요했다. 영국인들은 신대륙 미국의 강 이름을 따 붙인 프랑스 미시시피에 대응할 만한 것을 찾기 시작했고, 그들의 눈에 띈 것이 바로 자신들이 강자로 군림하고 있는 바다 이름을 딴 회사 '사우스 시'였다. 결국 사우스 시가 '영국의 미시시피'로서 대접을 받게 된 것이다.

미시시피 버블이 불러온 해프닝

미시시피 버블은 스코틀랜드의 화폐개혁론자 존 로에 의해 발생했다. 그는 금으로 교환할 수 없는 화폐(불환화폐)를 사용하면 경제성장을 촉진시킬 수 있다고 믿었다. 그는 유럽의 왕들을 찾아다니며 자신의 논리를 설파했으나 동의를 얻어내지는 못했다. 하지만 1717년 봄 프랑스의 오를레앙 공을 설득하는 데 성공한다. 이후 그는 단 2년 만에 '방크 제너럴'이라는 은행을 설립했다. 그리고 대형 합병회사를 창설하는데, 그 회사가 미시시피였다. 프랑스 정부의 뒷받침을 받은 미시시피는 나중에 프랑스 동인도회사로 개칭된다. 이를 이후 20세기 공격적인 자본가들이 외형성장을 위해 벤치마킹하기도 한다.

존 로의 거침없는 외형확장은 또 다른 자금조달 방법을 필요로 했다. 자금조달의 필요성 때문에 불환화폐가 발행되고, 무제한의 화폐발행은 프랑스 경제를 엄청난 인플레이션 소용돌이로 몰아넣었다. 그리고 마침내 프랑스는 역사적인 버블에 휘말리게 된다.

1719년 12월은 존 로의 전성기였다. 하지만 이는 찰나와 같은 순간이었다. 존 로가 오늘날 중앙은행의 총재처럼 행동하기 시작하자 거품이 서서히 가라앉기 시작한 것이다. 방아쇠는 콩티 왕자가 보유하고 있는 지분을 팔아 금과 은으로 바꿨다는 소문이었다. 1720년 1월 초 이 소문이 퍼지자, 두려움이 삽시간에 파리를 뒤덮기 시작했다. 주식을 현금으로 전환하려는 열풍이 불고, 프랑스 중앙은행의 금고가 순식간에 바닥을 드러내기 시작했다. 자금유출을 막기 위한 비상조치가 필요했다. 1720년 5월 주가와 은행권의 가치를 2분의 1까지 점진적으로 떨어트리는 조치가 취해졌다. 50%의 평가절하를 단행한 것이다. 그리고 공황이 엄습했다. 일주일 뒤 존 로의 방크 제너럴은 예금지급을 거절했다. 그리고 존 로는 해임되었고 그의 거창한 시스템은 철저히 무너졌다.

미시시피 버블로 프랑스에서는 온갖 해프닝이 벌어졌다. 오를레앙 공의 어머니인 오를레앙 공작부인이 1719년 당시 상황을 이렇게 쓰고 있다. "지금 프랑스의 부가 얼마나 되는지를 도저히 알 수 없다. 모든 사람의 입에서 '억!', '억!' 소리가 난다. 나는 도저히 이해할 수 없다. 분명한 것은 프랑스가 엄청난 배금주의 소용돌이에 휘말려들었다는 점이다." 어림잡아 3만 명 이상의 사람들이 미시시피에 투자하기 위해 프랑스 파리로 몰려들었다. 이들 가운데는 경제학자 출신 영국 의원인 허치슨과 사우스 시의 대표이사인 램버트, 아이슬레이 백작 등 유명한 영국인들까지 포함되어 있었다. 그들은 접수창구 앞에 장사진을 치고 있는 대중들을 제치고, 청약자 명부에 이름을 올릴 수 있는 특혜를 받았다.

안토인 머피(Antoin Murphy)에 따르면, 당시 프랑스에 파견된 영국사절의 대표인 토머스 크로포드가 본국에 보낸 보고서에는 다음과 같은 기록이 있다고 한다. "미시시피 주가 폭등의 이유는 토요일 저녁에 한 걸음에 달려온 프랑스 지방사람들 때문이다. 기적이 일어나고 있다."

프랑스 파리의 카페와 레스토랑 주인들은 미시시피의 주식거래인으로 자처하며 즉석에서 주식거래판을 벌이기도 했다. 사무실이 따로 없었던 브로커들 앞에는 아침 8시부터 해거름까지 일확천금을 노리는 사람들로 장사진을 이루었다. 대장간의 숙련공들은 자신들의 마구간이나 의자들을 브로커들에게 빌려주어 본업보다 더 많은 수입을 올렸다. 공원용 의자를 하루 동안 빌려주고 받은 돈이 200리브르, 마구간 대여료는 300리브르에 달했다. 호텔 주변의 골목 상점과 헛간 등의 한 달 대여료는 40리브르에서 800리브르로 뛰어올랐다.

하룻밤 사이에 부자가 되었다는 이야기는 일확천금을 노리는 대중들의 기대와 뒤섞여 프랑스 전역을 휩쓸었다. 4,000만 리브르를 벌었다는 굴뚝 청소부에서 단 6주 만에 3,000만 리브르를 모았다는 웨이터까지…. 심지어는 미시시피 주식 한 주를 8,000리브르에 팔아오라는 주인의 지시를 받은 종이 1만 리브르에 사겠다는 사람을 만나 순식간에 2,000리브르를 챙기기도 했다. 그는 이 차액으로 미시시피 주식을 매매해 며칠 만에 백만장자가 되었다고 한다. 어떤 사람은 점심을 먹기 위해 레스토랑에 들어가서 앞서 빚을 갚을 돈으로 미시시피 주식을 산 뒤, 식사를 마치고 레스토랑 문을 나설 때 주식 값이 11% 뛰어오르는 바람에 4만 리브르를 벌기도 했다.

미시시피 주식투기가 맹위를 떨치자 주인만큼은 아닐지라도 하루 아침에 부자가 되었다는 시종들의 이야기는 평범한 일상이 되어버렸다. 이 가운데 관심을 끄는 것은 주인의 회사주식으로 부자가 된 존 로의 마부 이야기이다. 그는 어느 날 마부 2명을 데리고 존 로의 저택을 방문했다. 비굴한 마부일을 그만두기 위해서였다. 존 로는 그가 두 명의 마부를 데리고 온 데 놀라 "나는 한 명만 필요하네"라고 말하자, 마부는 "주인님, 다른 한 명은 제가 데리고 다닐 마부입니다"라고 말했다는 것이다.

미시시피 버블이 공황으로 바뀌기 직전에 보유주식을 팔아 재산을 고스란히 지켜낸 일화도 전해진다. 1717년 마담 쇼몽이라는 가난한 미망인이 빚을 받기 위해 시골에서 파리로 올라왔다. 그런데 그녀의 채무자들은 현금대신 액면가로 대폭 할인된 정부채권을 내놓았다. 당황한 그녀는 그것을 즉시 미시시피 주식으로 바꾸었다. 3년 뒤 그녀는 주식을 내다팔아 1억 리브르를 벌었고, 일확천금을 얻은 그녀는 평생을 호화롭게 살 수 있었다.

● 사우스 시 음모 ●

애초 사우스 시의 음모는 프랑스 미시시피 계획보다는 온건한 것이었다. 이 회사의 경영진은 만기가 다양하고, 매년 이자를 지급해야 하는 영국정부의 채권을 자기 회사 주식으로 전환해주는 것을 공식적으로 제안했다. 대신 정부가 일정한 이자를 해마다 지급할 것을 조건으로 내세웠다. 채권의 주식전환은 이전에도 몇 차례 시행되었다. 다만 차이점은 규모가 달랐다는 점이다. 1720년 영국정부 채권의 발행규모는 3,000만 파운드에 이를 만큼 거대했다.

사우스 시는 채권의 주식전환을 강제할 수 없었기 때문에 채권투자자들에게 미끼를 던져야 했다. 이 회사 임원들은 당시 소폭의 프리미엄이 붙어 거래되던 자신들의 주가를 올릴 수만 있다면 채권보유자들에게 충분한 보상이 된다고 생각했다.

일단 사우스 시는 유상증자를 실시해 3,150만 달러를 조달할 수 있도록 정부인가를 받는 데 성공한다. 물론 아직 채권의 전환 계획이 의회인가를 받지 못했기 때문에 이때 발행된 신주는 전량 시장에서 매각되었다. 이렇게 해서 조달된 자금 가운데 750만 파운드는 사우스 시가 채권의 주식전환권의 대가로 정부에 지급했고, 나머지 돈과 이후부터 조달되는 자금은 사우스 시가 차지할 수 있었다.[2] 이 음모의 성공여부는 전환작업이 시작되기 앞서 주가를 얼마나 띄우느냐에 달려 있었다. 그래야만 최소한의 주식으로 채권을 전환할 수 있었기 때문이다.

당시 사람들뿐만 아니라 요즘 사람들조차 사우스 시 음모는 이해하기 힘들다. 이해를 돕기 위해 사우스 시의 다양한 주가수준에서 어떻게 전환이 이뤄졌는지 예를 들어보자. 주가가 액면가인 100파운드이고 모든 채권보유자들이 전환에 참가한다면, 3,150만 파운드어치의 신주 31만 5,000주는 채권보유자들에게 전량 배분되어야 한다. 따라서 주가가 액면가 수준에서 전환이 이뤄진다면 사우스 시에는 전혀 이득이 되지 않는다. 이미 정부에 750만 파운드를 지급했고, 남은 주식이 한 주도 없기 때문이다.

주가가 액면가의 두 배인 200파운드이고 모든 채권보유자들이 전환에 참가한다고 가정하면, 신주 31만 5,000주 가운데 절반만 채권보유자들에게 배분하고 나머지는 사우스 시가 매각해 수익을 올릴 수 있다. 이를 시장에 유통시켜 1,525만 파운드의 돈을 조달할 수 있는 것이다. 그리고 이 1,525만 파운드에서 정부에 지급한 750만 파

---

2 현대 회계규정에 따르면 액면가 이상으로 주식을 발행할 경우 초과금은 '자본준비금' 항목에 귀속되며, 주주들에게 배당할 수 없다. 하지만 18세기 회계규정은 지금과는 달랐다. 주식발행 초과금은 회사의 수익으로 잡혔고, 따라서 주주들에게 배당할 수 있었다. 이 점이 미시시피와 사우스 시 버블을 일으킨 원인이기도 하다.

운드를 제외한 나머지는 회사의 금고에 넣는다. 그러면 사우스 시의 기존 주주들에게 엄청난 이익이 돌아가는 것이다. 사우스 시 음모의 핵심은 간단하다. 주가가 오르면 오를수록 회사의 순이익은 커지는 것이었다.

실제 사우스 시의 채권의 주식전환 작업은 주가를 끌어올리면서 진행되었다. 따라서 ⓐ 사우스 시는 주가가 오르면 오를수록 더 적은 주식으로 정부의 채권을 인수할 수 있고, 이렇게 해서 얻어진 이익은 회사와 정부가 나눠갖게 되는 것이다. ⓑ 또 주가가 오르면 오를수록 채권보유자들이 전환에 참가해 받은 주가가치는 더 커진다. 결국 전환에 관련된 회사와 정부, 채권보유자들이 모두 주가를 끌어올리는 데 의기투합할 수 있는 고리가 만들어진 것이다.

사우스 시 주가는 1720년 1월 21일 재무장관이었던 존 에이슬레이비가 의회에 사우스 시 계획을 보고하자마자 오르기 시작했다. 128파운드였던 주가는 2월 중순 187파운드까지 59파운드가 치솟았다. 다니엘 디포는 〈미스트 저널〉(Mist's Journal)에서 이 순간을 다음과 같이 기록했다. "익스체인지 앨리에는 한몫보기 위해 영국 전역에서 몰려든 사람들로 우글거리고 있고, 또 사우스 시가 영국의 '미시시피'가 되고 있다. … 채권을 사들이기 위해 발행한 주식이, 내재가치의 2배 이상의 가격에 팔려나간 주식이 더 이상 값이 오르지 않게 될 때 어디까지 폭락할 것인가? 200파운드에 산 주식을 언제 액면가에 팔아야 할까?"[3] 그는 사우스 시 음모의 앞날을 정확하게 예상한 것이다. 이처럼 사우스 시 주식에 대한 대중들의 '사자' 열풍은 의회의 전

---

3 *The Weekly Journal of Saturday's Post* (known as *Mist's Journal*), 13 February 1720.

환인가와 회사의 전환비율 발표 이전부터 불기 시작한 것이다.

사우스 시 투기꾼들의 특징인 무모함은 시인 알렉산더 포프가 1720년 2월 21일에 자신의 주식 브로커인 제임스 에커셀에게 보낸 편지에 잘 드러나 있다.

저는 채권의 주식전환에 관한 이야기를 매일 듣고 있습니다. 우리가 부자가 될 수 있다는 열망에 전 지금 너무나 들떠 있습니다. 그리고 제가 6두마차를 타는 것보다 에커셀 씨의 부인이 화려한 마차를 타는 게 더 기쁩니다. 진지하게 말씀드리건대, 귀하께서 보유하고 있는 복권은 이미 처분하셨기를 바랍니다. 준비된 돈이 부족하다는 것은 그 순간에는 불행한 일이지만, 주식매수에는 아무런 문제가 되지 않습니다. 저는 사우스 시가 주가가 떨어졌다고 들었습니다. 기뻐해야 할 일입니다. 또 이 회사의 신주를 청약하면 많은 주식을 배정 받을 수 있다고 들었습니다. 기도하건대, 우리 두 사람이 이 일로 좋은 결과를 맺게 되기를 바랍니다. 그리고 그것은 전적으로 당신 결정에 달려 있습니다. 행운이 늘 우리 주위에 머물러 있게 합시다. 세상은 우리 둘의 신중함을 상찬할 것입니다. 우리가 실패한다면 사소한 불행으로 끝나게 합시다. 희망이 가득한 지금 모험을 떠나지 않는다는 것은 어리석은 일입니다.

한 달 뒤 사우스 시 주가가 300파운드를 넘어서고, 하원에서는 전환조건 등에 대한 토론이 벌어지기 시작했다. 로버트 월폴 경과 리처드 스틸, 아키볼드 허치슨 등 많은 의원들은 채권의 주식전환 비율을 먼저 정해야 한다고 주장했다. 하지만 사우스 시가 제출한 계획을 지지하고 있던 재무장관 에이슬레이비는 '객관적으로 가치를 정할 방법이 없다'는 이유로 반대했다.

그와 체신부장관 제임스 크레그스, 왕의 재무비서관 찰스 스탠호프, 왕의 애인들과 법원의 인사들은 사우스 시의 주식을 비밀리에 배정 받아 놓은 상태였다. 그들은 시가보다는 약간 비싼 값이었지만 일정 시점에 확정가격으로 매수할 수 있는 권리를 상납 받은 것이다. 요즘 유행하는 스톡옵션과 비슷한 것이었다. 주가가 오르면 이들은 주식을 받아 처분해 차익을 남길 수 있었다. 주식뇌물에 눈이 먼 그들은 국가가 입을 손해보다는 주가상승에 아주 첨예한 관심을 보였다.

탐욕스런 재무장관 에이슬레이비는 한술 더 떠 뇌물로 받은 주식에 만족하지 못하고 시장에서 사우스 시 주식을 더 매입해 보유하고 있어, 전환비율을 미리 정해야 한다는 월폴 등의 주장에 극력 반대했던 것이다. 1720년 3월 23일 마침내 영국정부는 반대를 물리치고 전환비율을 확정하지 않은 채 사우스 시 계획을 승인했다. 결국 의회논쟁을 통해 누가 사우스 시 음모로 이익을 볼 것인지 명확하게 드러났을 뿐이었다.

사우스 시 음모의 주동자들이 조장했던 활발한 손바뀜은 주가의 내재가치를 합리적으로 계산하기 어렵게 만들었다. 심지어 일부는 주가가 오를수록 실제로 가치가 더 커진다고 주장하기도 했다. 〈플라잉 포스트〉(Flying Post)의 한 통신원은 4월 9일자에서 "사우스 시 주가가 오를수록 주식을 사들인 사람들이 얻는 이익은 커진다. 주가가 300파운드이면 내재가치는 448파운드가 되고, 주가가 600파운드이면 880파운드가 된다"고 주장했다. 그의 주장은 오늘날 시각에서는 터무니없는 것이지만, 당시로선 엄청난 호소력을 가진 논리였다.

당시 이 해괴망측한 논리에 분통을 터트린 사람은 해박한 금융지식을 갖고 있는 허치슨 의원뿐이었다. 그는 사우스 시 음모에 반대하기 위해 발행한 첫 번째 팸플릿에서 "프리미엄을 주고 사우스 시 주식을 산 투자자는 상식과 이해력이 없는 사람이다. 그들의 돈은 기존 주주들과 채권보유자의 주머니만을 불려줄 것이기 때문이다"고 강하게 반박했다. 이어 "도대체 창세기 이후 1720년 4월 9일까지 인류역사에서 다수가 이처럼 집단환상에 빠진 경우와, 그로 인해 전 영국인이 모든 부담을 짊어져야 하는 경우가 또 있었던가?"라고 목소리를 높였다. 또 "(《플라잉 포스트》지 통신원의) 계산법에 따르면 턱없이 높은 값에 주식을 산 사람도 주가에 비례해 높은 이익을 얻기 때문에 손해보지 않을 것"이라고 논박했다.

또 허치슨은 사우스 시 계획이 낮은 전환비율로 주식을 전환 받은 순진한 채권보유자나 주가가 비쌀 때 산 무지한 투자자들의 희생을 전제하고 있다는 사실을 간파했다. 그는 의회가 단지 5%의 이자 지급만을 약속했다는 사실과 사우스 시의 무역부문의 전망이 좋지 않다는 사실을 상기시키면서 "최후의 손실이 눈앞에 다가와 있는 게 확실하다"고 결론 내렸다.[4]

스틸 경도 자신이 발행하는 정기간행물 〈시에터〉(The Theatre)에서 "이 계획이 기본적인 거래원칙과 투명한 이윤추구에 기반하지 않

---

4 Archebald Hutcheson, *Some Seasonable Consideration*…… 14 April (London, 1720).

는다면, 최악의 상황을 고려해볼 때 엄청난 손실이 발생할 수밖에 없고 거대한 유령이 출현해 맹위를 떨칠 것"이라고 경고했다.

● 사우스 시의 역사 ●

사우스 시 내부에는 허치슨 의원이나 리처드 스틸 경 같은 사람은 한 사람도 없었다. 사우스 시는 존 블런트(John Blunt)와 잔재주에 능한 재무담당 로버트 나이트(Robert Knight) 등과 같은 무리들에 의해 운영되고 있었다. 블런트는 이 회사의 창립 멤버였고, 채권의 주식 전환 음모의 배후주동자였다. 그는 구두수선공의 아들이었으며 침례교 신자였고, 한때 무역업무를 담당하는 법무사이기도 했다. 그는 최근 발행된 사우스 시 역사에, "거구였고, 강압적이었으며, 달변가였다. 또 머리가 기민하게 돌아가는 인물이었으며, 뭔가를 쟁취하려는 사람이었다"고 묘사되어 있듯이 매력적인 인물은 아니었다.[5] 1720년 내부정보를 바탕으로 익명의 저자가 펴낸 『사우스 시 음모의 진실』(The Secret History of the South Sea Scheme)에 따르면 블런트는 오직 한 가지 목적만을 추구하는 인물이었다.

'수단과 방법을 가리지 않고 주가를 끌어올리는 게 회사의 이익을 위해 좋은 일'이라는 말은 그가 세뇌하듯이 반복했던 경영방침이었다.

---

5   Carswell, *South Sea Bubble*, p.16.

그는 목적달성을 위해 갖은 편법과 협잡을 동원했다. 애초 계획은 전환이 이뤄진 이후에 잔여주식을 매각해 차익을 남기는 것이었다. 하지만 돈에 눈먼 블런트는 계획을 바꿔 먼저 이익을 챙기기로 했다. 이에 따라 사우스 시는 의회가 1720년 4월 7일 전환계획을 승인하자마자 채권전환에 앞서 주식청약에 들어갔다. 이 청약은 이해에 이루어진 네 차례 주식청약 가운데 첫 번째였다. 4월 14일 이 회사는 액면가의 세 배인 주당 300파운드에 200만 주의 주식을 팔았다. 공모는 선풍적인 인기를 끌었고 청약은 한 시간 만에 마감되었다. 채권의 주식전환이 이뤄지기 전에 주식공모를 실시하는 바람에 주식의 내재가치를 따져보려 했던 투자자들 사이에는 엄청난 혼란이 발생했다. 어느 누구도 전환으로 이익을 얼마나 올릴 수 있을지를 장담할 수 없었기 때문이다. 이런 혼란은 의도적인 것이었다. 『사우스 시음모의 진실』에는 당시 블런트 일당의 의도가 잘 드러나 있다.

혼란이 가중될수록 더 좋다. 사람들이 자신이 벌인 일이 무엇인지를 모르도록 해야 한다. 이렇게 하면 사람들이 우리의 일에 더 빠져들게 할 수 있다. 채권의 주식전환은 우리가 해야 할 일이다. 모든 유럽인들의 눈이 우리를 지켜볼 것이다.[6]

음모에서 모방은 필수이다. 블런트는 프랑스 미시시피 존 로의 수

---

6 *Secret History*, p.429.

법을 모방해 청약시 필요한 증거금(공모에서 신청한 전체 주식대금 가운데 일정 금액을 미리 선납하는 것-역자주) 비율을 낮춰 투자자들이 청약대금의 20%만을 예치하면 주식을 받을 수 있도록 했다. 나머지는 16개월 동안에 8번에 걸쳐 나눠내면 되었다. 여기서 블런트는 존 로의 수법 가운데 하나를 더 모방한다. 사우스 시 주식을 담보로 돈을 꿔주는 것이었다. 대출자금은 주식매각으로 조달한 자금과 정부가 사우스 시에 꿔준 100만 파운드에서 전용한 것이었다. 결국 투자자들은 사우스 시로부터 돈을 빌려 주식을 청약하고, 주식은 배정 받자마자 담보로 사우스 시에 잡히게 된 것이다. 이 수법은 적은 돈으로 많은 주식을 살 수 있게 해 서민들까지 청약대열에 끌어들여 주식수요를 폭증시켰고, 주식은 담보로 제공되었기 때문에 시중에 유통되는 주식 수는 줄었다. 따라서 자연스럽게 주가가 치솟게 된 것이다.

블런트는 한술 더 떠 전환에 참가한 채권보유자들에게 주식배분을 차일피일 미루는 수법으로 시장의 수급불균형을 가중시켰다. 사우스 시는 4월 30일 주당 300파운드에서 한 차례 더 주식청약을 실시한 뒤 10% 배당계획을 발표했다. 협잡에 능한 블런트는 배당계획 발표에 앞서 배당 기준일에 맞춰 주식을 살 수 있는 콜옵션을 확보해 사욕을 채우기도 했다.

사우스 시는 1720년 4월 28일 원금상환의무가 없는 채권의 주식전환 청약을 받기 시작했다. 전환비율이 공개되지도 않았는데 채권 보유자들은 청약을 하기 위해 구름처럼 몰려들었다.[7] 이어 사우스 시는 이해 7월 원금상환의무가 있는 채권보유자들을 상대로 전환

---

7   Dickson, *Financial Revolution*, p.131.

청약을 받기 시작했다. 물론 이때도 전환비율은 공시되지 않았다. 이로써 상환의무가 없는 채권의 80%와 상환의무가 있는 채권의 85%가 주식으로 전환되었다. 채권의 주식전환에 맹목적으로 몰려든 사람들 가운데는 당시 똑똑하기로 소문난 영란은행과 밀리언뱅크(현대 투자회사처럼 고객의 돈을 위임받아 당시 채권이나 주식에 투자해 운용했다)의 금융전문가들도 상당수 끼어 있었다.

이로써 3,100만 파운드의 정부채권 가운데 2,600만 파운드의 채권이 액면총액 850만 파운드의 사우스 시 주식으로 전환되었다.[8] 그리고 사우스 시는 전환하고 남은 17만 5,000주를 시장에 유통시켜 이익을 챙겼다.

● 극단적 이기주의 ●

모든 사람들이 사우스 시의 주가상승을 믿은 것은 아니었다. 해군 수병들이 월급 대신 받은 어음 값을 고리로 할인해주며 돈을 긁어모았던 자린고비 문방구 토머스 가이는, 사우스 시가 주식담보 대출을 밝힌 다음 날인 1720년 4월 22일 보유하고 있던 사우스 시 주식을 팔아치우기 시작했다. 그는 6주에 걸쳐 액면총액이 5만 4,000

---

8   사우스 시는 20년 만기보다 32년 만기를 선호했다. 채권보유자들에게 절반 이상은 주식으로 지급했고, 나머지는 현금이나 채권으로 지급했다. 채권의 주식전환에 참가한 사람들은 주가가 146.5파운드 수준 이상에서 머물러야 이익을 얻을 수 있었다. 하지만 단기채권 보유자들은 주가가 237.5파운드 이상이 되어야 수익을 기대할 수 있었기 때문에, 그들에게는 사우스 시 제안이 매력적이지 못했다. 앞의 책, p.136. Scott, *Joint-Stock Companies*, Vol.2, p.10.

파운드밖에 안 되는 주식을 23만 4,000파운드를 받고 팔아넘겼다. 하지만 그는 이후 탐욕에 절은 자신의 삶을 참회하며, 일부 재산을 병원설립에 기부하기도 한다. 화폐주조의 아버지였던 아이작 뉴턴 경도 같은 시기에 7,000파운드어치의 사우스 시 주식을 매각했다. 당시 그는 주식시장 전망을 묻는 한 투기꾼에게 "나는 천체의 무게를 측정할 수는 있어도 미친 사람들의 마음은 알 수 없다"고 말한 것으로 전해지고 있다.[9]

　　은행가였고 경제전문가였던 리처드 캔틸런도 버블이 무한정 진행되지 않을 것이라는 사실을 간파하고 있었다. 이해 4월 29일 고객인 메리 허버트 양에게 보낸 편지에서 그는 "얼마 동안은, 아마도 몇 년 동안은… 시장에 머문 사람들에게 비참한 날이 될 것"이라고 말했다.[10] 더블린 대주교였던 윌리엄 킹도 이해 5월, "많은 투자자들이 주가상승이 오래가지 않을 것이라는 사실을 잘 알고 있었고, 자신만은 주가폭락 직전에 팔 수 있다고 믿고 투기에 뛰어들었다"고 결론을 내렸다.[11] 한 익명의 팸플릿 저자는 당시 상황을 극명하게 설명해준다.

실질가치 이상으로 상승한 주가는 단지 상상의 선물이다. 초보적인 산수로도 1+1이 3.5의 가치가 되지 않는다는 사실을 누구나 잘 알고 있다. 결국 누군가는 손해를 감수해야 한다. 따라서 이를 막는 방법은

9　Carswell, *South Sea Bubble*, p.108, 165.

10　Antoin E. Murphy, *Richard Cantillon* (Oxford, 1986), p.165.

11　Scott, *Joint-Stock Companies*, I, p.424.

> 하루빨리 주식을 팔아치우는 것이다. 그래서 뒤늦게 매수에 뛰어든
> 사람들이 아귀다툼을 벌이도록 하는 것이다.[12]

그 순간은 합리적 기대와 최선의 전략에 따라 투자하는 시기는
아니었다. 에드워드 워드(Edward Ward)는 〈사우스 시 발라드〉에서
다음과 같이 묘사했다.

> 이성의 법칙을 따라 투자해 부자가 된 사람은 없었다.
> 촐싹거리는 젊은 놈이나 아무런 생각 없는 바보들만이
> 그것으로 부자가 되었다.

그러나 사우스 시 버블만이 당시 투자자들의 비합리성을 보여주
는 최악의 사례는 아니었다. 수많은 주식회사들이 사우스 시와 같은
음모를 꾸몄다. '버블기업'으로 알려진 많은 회사들이 그해 여름에 설
립된 것이었다. 버블기업들의 주식유동화 수법은 간단했다. 회사의 설
립과 주식매각을 알리는 광고를 신문에 내고, 런던 시내 여러 커피하
우스 가운데 한 곳에서 주식청약을 받는 것이다.
 사우스 시의 전직 회계직원이었던 애덤 앤더슨이 기록으로 남긴

---

12 Carswell, *South Sea Bubble*, p.99.

다양한 업종의 80개 버블기업은, '사우스 시 등의 주식매매가 주업종'인 매튜 웨스트의 회사에서, '해외 무역과 오스트레일리아 테라에 노예들을 공급하는' 웰베 선장의 런던어드벤처까지 다양했다. 웰베 선장이라는 인물은 쿡 선장이 오스트레일리아를 발견하기 반세기 전에 미지의 대륙을 팔아 주식을 팔아먹은 봉이 김선달 같은 인물이었다. 또 상당수의 발기인들은 보유특허를 내세워 주식회사를 설립한 뒤 주식을 팔아먹었다. 리처드 스틸 경은 원양에서 활어를 런던까지 실어올 수 있는 배를 만드는 특허를 근거로 주식회사를 차려 주식공모를 실시했다.

버블기업들은 당시 익스체인지 앨리의 테마였다. 버블기업 투기 열풍에 힘입어 대표적인 보험회사였던 로열 익스체인지와 런던보험은 각각 액면가의 25배와 64배의 가격으로 주식을 팔아먹었다. 스틸 경의 회사주가는 청약 이전부터 160파운드의 프리미엄이 붙었고, 한 범포(범선이 돛에 쓰는 천) 제조회사의 주식청약권인 글로브 퍼밋(Globe Permits)은 70파운드에 매매될 정도였다.[13] 물론 버블기업 열풍 이전에 설립된 회사의 주가도 버블을 맞아 치솟았다. 동인도의 주가는 100파운드에서 445파운드로 뛰었고, 로열 아프리카는 23파운드에서 200파운드로, 밀리언뱅크는 100파운드에서 440파운드로 상승했다. 버블이 피크에 이른 1720년 여름에는 런던 주식시장의 시가총액이 5억 파운드를 넘어섰다. 이는 직전 버블시기였던 1695년 시가총액의 100배가 넘는 것이다.[14]

---

13 Adam Anderson, *The Origin of Commerce*, III, pp.103~107.

14 Scott, *Joint-Stock Companies*, I, p.420.

〈위클리 패킷〉(Weekly Packet)은 1720년 5월 7일자에서 다음과 같이 전하고 있다. "(버블)기업들이 내세우는 사업계획은 너무나 터무니없고 비현실적이다. 따라서 발기인들의 경솔함이나 투자자들의 어리석음은 놀랄 일이 아니다. 한쪽 눈을 감고도 사기여부를 구분할 수 있는데도 여전히 많은 순진한 투자자들이 덫에 걸려들고 있다."

이 버블기업 가운데는 도저히 이해할 수 없는 사업목적을 가진 경우도 있었다. 한 회사는 영국 내 모든 실험실에서 초석을 수집하는 것을 사업목적으로 밝혔고, 또 다른 회사는 '모든 영국인들에게 장례식을 치러주겠다'면서 주식을 팔기도 했다. 이 같은 조잡한 기술과 터무니없는 사업계획은 투기시대의 에피소드로 역사를 장식하고 있다. 당시 유행했던 금융 연금술과 투자자들의 비합리성을 조롱한 희곡 〈투기꾼의 거울〉(The Bubbler's Mirror)에는 납에서 은을 뽑아내고, 사람머리에 공기를 주입해 정신병을 치료하는 등의 황당무계한 사업목적을 가진 '실제회사'들이 등장한다. 이 밖에도 '성병을 더 잘 치료할 수 있는', '사람 머리카락 거래전문', '자체 무게 힘으로 영구적으로 돌아가는 바퀴를 생산하는' 등등의 공상과학만화에서나 나올 법한 사업목적을 밝힌 회사들도 있었다. 이 가운데 가장 희극적인 것은 '엄청난 이익을 올릴 수 있지만 사람들이 이것이 무엇인지를 모르는' 사업을 벌이겠다는 회사였다.

사우스 시 버블을 다룬 최근 연구서 가운데는 "버블기업들이 당대에는 실현성이 없는 기술적 진보를 추구했다"고 해석하는 책도 있다.[15] 어쨌든 오스트레일리아는 발견되었고, 스틸 경이 밝혔던 활어

---

15 Carwsell, *South Sea Bubble*, p.243.

수송선 등 당시 버블기업이 내걸었던 몇몇 사업목적은 실현되기도 했다. 그러나 대부분의 버블기업들은 당시 퍼진 투기심리를 이용해 돈을 벌려고 했던 것들이다. 더욱이 그들 발기인들은 합법적인 회사를 만들 의도도 갖고 있지 않았다. 1720년에 세워진 190개의 버블기업 가운데 로열 익스체인지와 런던보험 등 4개 기업만이 살아남았다는 사실이 이를 증명한다. 대다수의 버블기업 설립자들은 이후 투자자들의 분노와 조롱의 대상이 되었다.

투기꾼들 역시 장기적인 투자목적으로 이들 회사의 주식을 사지 않았다. 단지 자신보다 우둔한 투자자에게 주가폭락 직전에 주식을 떠넘기는 방법으로 돈을 벌려고 했을 뿐이다. 하지만 그들은 시장에는 자신들보다 더 멍청한 투자자가 없다는 사실을 곧 깨닫게 된다.

● 궤도이탈 ●

1720년 6월 15일 사우스 시는 발행주식수에 대한 제한이 전혀 없는 3차 주식청약을 실시했다. 이에 앞서 12일 재무비서관 찰스 스탠호프는 뇌물로 받은 주식을 사우스 시에 되팔아 24만 9,000파운드를 챙겼다. 사우스 시는 기존 주주들에게 사기행각을 벌인 셈이다. 스탠호프가 뇌물주식을 상납 받은 날 재무장관 에이슬레이비는 조지 1세에게 주식매각을 설득했지만, 왕은 그의 충고를 따르지 않았다. 단지 청약자금을 마련하기 위해 몇 주를 팔았을 뿐이었다.

그리고 왕이 이끄는 대로 영국 전체가 움직였다. 공모가가 당시 시가인 750파운드보다 250파운드나 비싼 1,000파운드였는데도, 사우스 시가 새로 발행한 5,000만 파운드어치의 주식이 단 2~3시간 만에 동이 났다. 블런트 일당은 이번에도 청약금액의 10%는 1년이 지난 뒤에 납입하고, 나머지는 4년 내 납입하면 되는 당근을 내걸었다. 납입된 주식대금은 주식담보대출 자금으로 전용되어 단 하루 만에 300만 파운드가 대출될 정도였다. 제4차 주식청약이 실시된 8월 24일까지 사우스 시의 주식청약 규모는 7,500만 파운드에 달했고 1,200만 파운드가 주식담보로 대출되었다.

사우스 시의 주식청약은 블런트 일당이 얼마나 무모했는지를 극명하게 보여준다. 재무장관 에이슬레이비는 이후 "사건이 회사와 정부의 손을 떠나 걷잡을 수 없게 됐다"며 다음과 같이 회고했다.

> 통제가 불가능했다. 수문을 연 이 신사들조차도 발생한 홍수에 기뻐한 만큼 겁에 질렸다. 전세계를 집어삼킨 물길을 잡는다는 것은 한 인간이나 국가 행정조직의 능력을 넘어서는 것이다.

그러나 블런트 일당은 필사적으로 수문을 열어젖혔고, 투기열풍을 진정시키려는 어떤 시도도 하지 않았다. 다른 시대 버블주역들과 마찬가지로 그들도 자신들의 성공과 주위에서 쏟아지는 찬사에 취해 있었을 뿐이었다. 『사우스 시 음모의 진실』에 따르면 아첨꾼들에게 둘러싸인 블런트는 범접할 수 없는 인물이 되어버린 것이다.

그는 한마디 한마디에 힘을 주고 떨리는 음성으로 연설을 하는 등 눈에 띄게 예언자처럼 행동했다. 그리고 전지전능한 인물처럼 보이려 했다. 자신이 한 말에 대해 조금이라도 의심을 품는 사람을 마구 공격했고, 자신의 말이 어떤 영감에 의한 것처럼 보이기 위해 몇 번이고 되풀이해 강조했다. "신사 여러분! 두려워하거나 걱정하지 마십시오. 확고하고 결연하게, 용기를 갖고 행동하십시오. 나는 여러분 앞에 놓여있는 것이 범상한 물건이 아님을 확언합니다. 세상에서 가장 위대한 것이 당신 앞에 놓여 있습니다. 유럽의 모든 돈들이 당신에게 집중될 것이며, 세상의 모든 나라가 당신에게 축하를 보내올 것입니다."[16]

『사우스 시 음모의 진실』의 저자는 "그는 마치 자신에겐 거칠 게 없다는 식이었으며, 자신이 세상을 쥐락펴락한다고 생각했다"고 기록하고 있다. 블런트의 과장된 메시아적 행동과 거침없는 권위의식은 미시시피 존 로나 나중에 등장하는 철도왕 조지 허드슨처럼 투기시대 주역들의 공통적인 결점이기도 하다.[17]

거물금융인의 계획은 종종 투기적 광기를 촉발시키는 촉매역할을 했다. 하지만 그들조차 이 투기광풍으로부터 자유로울 수는 없다. 그들의 야망은 끝이 없고, 대중들에게 비치는 모습이나 주위의 찬사

---

16 *The Secret History of the South Sea Scheme*, in *A Collection of Several Pieces of Mr. Toland* (London, 1726), p.443.

17 앞의 책, pp.427~431.

와 그들이 직무수행과정에서 서슴지 않는 협잡 사이에는 엄청난 간극이 있는 것이다.

『우리가 사는 방법』(The Way We Live Now)에서 1840년대 철도왕 조지 허드슨을 모델로 부패금융인 어거스트 멜모트를 등장시킨 소설가 앤터니 트롤로프(Anthony Trollope)는, 블런트의 내면세계에 대해 농밀하게 묘사했다.

블런트가 도박판의 판돈을 무한정 키울 생각을 갖고 있었다고는 단정할 수 없다. 그는 단지 도박판을 개설했을 뿐이고, 판돈은 도박판 자체 힘에 의해 커졌던 것이다. 이처럼 사람은 자신이 벌인 일을 의도대로 통제할 수 있는 것은 아니다. 애초 설정했던 범위 안에서 자신을 자제하는 것도 아니다. 종종 결과가 애초 품었던 야망에 미치지 못하기도 하지만, 상상했던 것보다 더 큰일을 저지르는 경우도 있다. … 벌어진 일을 방관하기도 하지만, 때론 자신의 통제수준을 넘어서 버려 어찌할 바를 모르는 것이다.

물론 블런트는 사익을 위해 사우스 시 음모를 꾸몄다. 배당률 인상계획을 미리 알고 배당시점에 맞춰 콜옵션을 매수했고, 주식청약과정에서도 자신과 친구들의 몫을 늘렸다. 또 주가를 끌어올리기 위해 모든 수단을 동원했으며 주가가 정점에 올랐을 때 보유주식을 매각하고, 그 돈으로 부동산을 사들였다. 심지어 보유하고 있지도 않은 주식을 팔아 이익을 챙기기도 했다. 요즘 유행하는 공매도 수법을 활용한 셈이다. 또 마지막인 4차 주식청약 때에는 도박판이 끝나가고 있다는 것을 직감하고는, 자신은 500파운드어치만을 청약하면서도 동료 이사들에게는 3,000파운드어치의 주식을 청약하도록 조언할 정도로 파렴치한 행동을 서슴지 않았다.

블런트가 전환비율을 확정하고 채권의 주식전환을 건전하게 실행했었더라면, 주당가격을 1,000파운드까지 끌어올리지 않고 150파운드에서 개인적인 욕심을 자제했더라면, 영국의 영웅으로 칭송받을 때 몸을 낮췄더라면, 사우스 시 계획은 음모로 변질되지 않고 모든 사람들에게 이익이 되었을 것이다. 하지만 블런트의 끝없는 욕심이 사우스 시 계획의 모든 성공 가능성을 철저히 짓밟아버렸다. 그는 오직 투기꾼의 눈으로 판단하고 행동했다. 따라서 탐욕스러웠지만 얻은 게 하나도 없었다. 아이작 뉴턴의 말처럼 연금술과 같은 그의 책략은 쇠를 금으로 바꾸지는 못하고, 연금술사인 자신의 정신만을 황폐하게 만들어버린 것이다.

● 당대의 투기꾼들 ●

1720년 여름 알렉산더 포프의 마음속에는 개인적인 부를 향한 욕망과 당시 영국을 뒤덮고 있던 비도덕적인 돈열풍에 대한 혐오가 혼재되어 있어, 그는 사우스 시 투기열풍에 상반된 태도를 보였다. 6월 24일 친구 윌리엄 포테스큐에게 보낸 편지에서 "나는 주식에 호기심을 갖고 있고, 이 때문에 요즘 모든 대인관계를 중단하고 있다. 그래서 내 명예가 손상될까 걱정이다"고 썼으며, 일주일 뒤인 7월 1

일에 쓴 편지에도 "주식투자로 벌어들인 돈으로 시인이자 친구인 존 게이와 함께 데번셔에 있는 영지를 사들이고, 지역대표로 의회에 참가하는 것을 생각하면 즐겁다"는 내용이 들어 있다. 하지만 다른 친구인 로버트 딕비에게 보낸 답장에서는 "돈에 혈안이 된 세상에 관심을 두지 말고 책과 정원, 결혼에 관심을 둘 것"을 권하고 있다.[18] 또 8월 22일 메리 워틀리 몽테구에게 보낸 편지에선 다정한 문체로 주식을 더 사들일 것을 권했다.[19]

포프의 편지를 통해 그 시대를 살았던 사람들이 사우스 시 버블에 얼마나 깊게 빠져 있었는지를 알 수 있다. 딕비는 "내가 런던을 떠나 있던 기간은 3~4개월이 넘지 않는다. 그러나 변해버린 런던은 급변한 자연이 철학자에게 준 충격보다 더 큰 충격을 주었다"라고 썼다. 네덜란드 헤이그에서 발행되었던 한 신문은 이해 7월 런던의 모습을 다음과 같이 전했다.

사우스 시는 계속해서 세상 사람들을 놀라게 하고 있다. 잉글랜드 사람들은 수많은 벼락부자를 만들어낸 그 회사 주식만을 이야기했다. 주식열풍으로 상거래는 침체되었고, 100척 이상의 배들이 템스 강변에 정박된 채 팔려나가기를 기다리고 있었다. 자본가들은 자신들의 일상적인 사업보다는 주식투기를 더 좋아했다.[20]

---

18 Alexander Pope, *Correspondence* (ed. G. Sherburn, Oxford, 1956), II, pp.48~51.

19 앞의 책, p.52.

20 Murphy, *Richard Cantillon*, p.171.

토리당 출신 장관이면서, 1711년 사우스 시를 설립한 로버트 할리의 형인 에드워드 할리는 당시 상황을 이렇게 묘사했다. "이곳(런던)에서는 망령과 같은 주식거래만 이뤄지고 있다. 그리고 그것이 휘그당과 토리당, 자코뱅당을 불문하고 모든 당파의 말과 행동, 생각을 휘어잡고 있다. 이와 같은 소동은 그 어디에도 없을 것이다. 어느 누구도 현재의 수익률에 만족하지 못하고, 더 높은 수익률에 목말라하고 있다. 허망한 신용에 의해 이 모든 것들이 이뤄지고 있다."[21]

또 존 게이에게 주식을 위탁했던 조너던 스위프트의 편지에는 다음과 같은 내용이 있다. "런던에서 온 사람들에게 '그곳 사람들이 믿는 종교가 무엇입니까?'라고 묻자, 그들은 '사우스 시 주식'이라고 말했다. '영국정부의 정책은 무엇이죠?'라고 묻자 그들은 이번에도 '사우스 시 주식'이라고 대답했다. '영국이 주로 무역하는 품목은 무엇이고, 주산업은 무엇이죠?'라고 묻자 그들은 여전히 '사우스 시 주식'이라는 대답만 되풀이했다."[22]

영국 사회의 모든 계층이 사우스 시 투기에 뛰어들었고, 그 정점에는 채권의 주식전환이 실시되기 전에 주식뇌물을 챙겼다는 의혹을 받고 있던 조지 1세가 자리잡고 있었다. 조지 1세의 장남 웨일스 왕자도 이 회사의 주식을 보유하고 있었는데, 그는 이후 '웨일스 왕자 버블'로 잘 알려진 '웰시코퍼 사'의 대표직함도 갖고 있었다. 또 100명이 넘는 귀족들과 300명이 넘는 의회의원들이 3차 청약에 참가해 주식을 배정 받았고, 시골의 신사들과 부유한 농사꾼들이 런던으로

---

21 앞의 책, p.168.

22 Quoted by Colin Nicholson, *Writing and the Rise of Finance* (Cambridge, 1994), p.16.

가는 길을 가득 메웠다.

런던의 금융인들과 네덜란드 출신 자본가들은 초기 주식청약에 깊숙이 개입되어 있었지만, 4차 주식청약이 실시되자 그 도박판이 오래가지 못할 것임을 직감했다. 이미 투기를 경험했던 네덜란드 투기꾼들은 일찌감치 보유주식을 팔아 자본을 다시 호황을 보이고 있던 암스테르담 주식시장으로 철수시켰다. 런던의 은행가들도 마지막 주식청약에 참가하지 않았다.

이처럼 노련한 투기꾼들이 버블 정점의 언저리에서 보유 주식을 팔아치우는 현상은 투기의 보편적인 모습이다. 블런트는 이를 누구보다도 잘 알고 있었다. 그래서 도박심리에 취해 다른 도시에서 런던으로 몰려든 순진한 신사·숙녀 투기꾼들에게 더 좋은 대출혜택을 주겠다고 선언한다. 그리고 그의 선언은 순진한 투자자들에게 주가가 더 오를 것이라는 기대를 품게 했다.[23]

● 여성투기꾼들 ●

투기의 역사에서 여성의 역할은 남성만큼 중요했다. '과부와 고아'라는 말은 투기의 위험에서 순진한 투자자들을 보호하려는 사람들이 즐겨 사용하는 인용구이다('코 묻은 어린아이 돈까지 우려낸다'는 표현처럼 '과부와 고아'라는 표현으로 투기꾼들을 비난했다-역자주). 킨들버거에 따르면 이런 표현은 기원전 3,000년 전 메소포타미아에서도 쓰였

---

23 *Secret History*, p.446.

다고 한다.[24] 과부 투자자들은 금융지식에 무지하고 보호가 필요한 존재들이었다. '과부 투자자'에 반하는 말은 18세기 초반 프랑스와 영국에서 처음 출현한 '여성투기꾼'이다.

프랑스에서 존 로는 미시시피 주식을 받으려고 혈안이 된 여성투기꾼들의 각별한 관심대상이었다. 귀족 출신 여성투기꾼 가운데 가장 유명한 사람은 프랑스 총리대신이었던 아베 두브와의 미망인이면서 수녀였으며, 존 로의 애인으로 알려져 있는 알렉상드린 드 탕생이다. 그리고 또 다른 여성투기꾼은 자신과 거래하던 은행가 리처드 캔틸런의 충고를 따르지 않고 막판에 사우스 시 주식을 매수해 큰 손해를 봤던 카나번 백작의 딸, 메리 허버트였다. 그녀는 프랑스인들이 '미시시피앙'으로 부를 정도로 미시시피의 큰손이었다.

선덜랜드 경의 사우스 시 2차 주식청약자 리스트에 오른 99명 가운데 35명이 여성이었다.[25] 이 가운데에는 영국에 천연두 백신을 소개했던 저명한 여류여행가 메리 워틀리 몽테구도 들어 있다. 그녀는 한때 음탕한 편지를 교환하다 이를 무기로 돈을 뜯어내는 레몽드라는 프랑스 건달에게 줄 돈을 마련하기 위해 1720년 미시시피 주식에 투자했다.

또 사우스 시 여성투기꾼 가운데 가장 유명한 인물은 웨일스 공주와 루틀랜드 공작부인, 말보로 공작부인 등이었다. 물론 하층민 출신 여성투기꾼들도 악명이 높았다. 런던의 어시장인 빌링게이트의 한

---

24 C. P. Kindleberger, *Financial History of Western Europe* (2nd ed., London, 1989), p.182.

25 Dickson, *Financial Revolution*, p.126.

여성은 집에서 컵을 씻는 동안에도 사우스 시 주식의 매매주문을 냈다고 한다.[26]

런던의 웨스트엔드(부유층이 많이 사는 런던의 서부지역-역자주) 출신 여성들은 런던 중심가에 한 사무실을 임대해 이곳에서 차를 마시며 주식거래를 했고, "그들이 거래하는 주식 브로커가 해외여행을 떠나 주식매매를 하지 못하는 날에는 도자기 내기 도박을 벌였다"고 한다.[27] 1720년 4월 20일 〈데일리포스트〉 지는 여성투기꾼 등이 추천한 기업이 설립되어 주식을 팔고 있다는 뉴스를 전하고 있다. 그 여성들은 '영국제 옥양목에 무늬를 새겨 넣을 수 있고, 염색할 수 있을 뿐만 아니라 네덜란드제만큼 산뜻한 영국제 아마포를 만들 수 있는 회사'라며 매수를 추천했다. 그 여성들은 이 회사 주식에 남자들보다 먼저 주식청약을 할 만큼 대담했다고 한다. 이 회사의 청약접수는 생마르틴 거리에 있는 도자기상점에서 받았다. 에드워드 워드는 자신의 노래 〈사우스 시 발라드〉에서 증권거래소를 찾는 여성들을 다음과 같이 묘사했다.

우리의 위대한 숙녀분이 여기 들어오신다.
날마다 요란스럽게 화려한 마차를 타고,
보석을 저당잡힌다.
주식거래소에서 모험스런 투기를 위해.

---

26 E. Shemajah, *A Letter to the Patriots of Exchange Alley* (London, 1720), pp.8~9.

27 Carswell, *South Sea Bubble*, p.116.

창녀들도 여기 납시신다.

듀리 레인 극장에서

마차를 타고 거래소로 다가온다.

음탕한 난봉꾼이 갖다바친 돈을

주식투자로 헛되이 쓰기 위해.

당시 여성들이 투기에 뛰어든 데는 여러 이유가 있었다. 18세기 영국에서 토지는 대부분 남성들의 전유물이었고 여성들은 마땅한 일 자리를 구할 수 없었다. 하지만 주식은 남녀 누구나 보유할 수 있었 고 주식판에서는 인종과 성별, 신분이 전혀 문제되지 않았다. 그래 서 여성들이 주식시장에서의 '평등'에 매료된 것이다. 윌리엄 파울러 는 『월스트리트에서의 10년』에서 "환상에 의해 유발되고 흥분으로 한층 강화되며 인내심과 확고함을 요구하는 투기는 여성들에 적합한 것이다"고 주장했다.[28]

투기가 여성들의 성격에 적합한 것이라 해도 여성투기꾼들이 남 성보다 수익률이 높다고 말할 근거는 없다. 특별한 경우에 속하는 말 보로 공작부인은 1720년 5월 보유하고 있던 사우스 시 주식을 매각 해 거의 10만 파운드에 이르는 수익을 올렸다. 허버트나 메리 워틀리 등 다른 여성투기꾼들은 말보로 공작부인처럼 절묘한 매도 타이밍을 잡지 못했다. 하지만 일부이지만 여성투기꾼들의 성공은 남녀불평등

---

28 William Fowler, *Ten Years on Wall Street* (New York, 1870), p.450.

을 해소하는 데 일조한 셈이다.

● 기존 질서의 붕괴 ●

비정상적인 사건들이 발생하고 런던의 여성들이 주식판에 뛰어들자, 호텔 벨보이와 하인뿐만 아니라 짐꾼과 상인, 소매치기까지도 주식투기를 벌였다. 마부들은 마음씨 좋은 주인이 사용하지 않는 시간에 마차를 끌고 나와 주식을 사고 팔았다. 프로 도박꾼들도 한몫 잡기 위해 코벤트 가든(로열 오페라하우스가 있는 런던의 중심부-역자주)의 도박판을 떠나 조너던 커피하우스로 몰려들었다. 심지어 시인들조차 주식거래업을 시작했다. '익스체인지 앨리'가 '어릿광대 극장'으로 통할 때였다.[29]

투기는 사회적 신분이라는 장벽을 관통했다. 스위프트가 "이 나라 돈의 대부분이 신분과 교육정도, 자질 등에서 하인보다 나을 게 없다고 생각하는 사람들의 수중에 들어갔다"고 한탄할 정도였다. 스틸 경이 '하찮은 시민'이라고 부른 졸부들은 자신의 돈을 자랑하고 다니며 고급 저택과 마차, 화려한 코트를 사들였으며, 부인이나 정부를 위해 금장시계를 구입하기도 했다. 또 이들이 앞다투어 부동산을 사들이는 바람에 당시 런던의 건물 임대료가 50배까지 치솟기도 했다.

〈애플비 저널〉은 1720년 8월에 당시 상황을 다음과 같이 전했다. "런던 시내에는 '사우스 시 마차'(사우스 시 주식투기로 번 돈을 통해

---

29 *Exchange-Alley: or the Stock-Jobber turn'd Gentleman*, 1720.

사들인 호화마차-역자주)가 매일 늘어나고 있다. 이 도시의 숙녀들은 '사우스 시 보석'을 사들였고 '사우스 시 하인'을 고용했으며, 교외에 '사우스 시 저택'을 마련하는가 하면, 신사들은 사우스 시 마차를 새로 단장했으며 '사우스 시 부동산'을 사들였다…"[30]

과시적 소비와 함께 흥청거림이 이어졌다. 1720년 5월 세인트 제임스 성당 앞에서 열린 조지 1세의 생일파티에서는 수백 통의 붉은 포도주로 왕의 생일을 축하했고, 켄들 공작부인은 5,000파운드짜리 보석으로 수놓은 드레스를 입고 등장해 사람들의 탄성을 자아냈다.[31] 또 6월 말에는 귀족들과 신사들이 햄스테드에 몰려들어 밤새워 도박과 가면 무도회를 즐겼다.[32] 주식거래소 주변 커피하우스와 선술집을 가득 메운 투기꾼들은 매일 술에 절어 지냈다.

월요일인 8월 22일, 4차 주식청약 접수가 시작되자 거대한 규모의 군중이 사우스 시 본사 앞으로 몰려들었고, 주당 1,000파운드에 1만 주가 순식간에 팔려나갔다. 역사가 존 카스웰은 당시 런던의 분위기를 다음과 같이 전했다. "시 전체가 바돌로매 장(런던에서 매년 8월 24일에 서는 장-역자주)의 카니발 분위기에 휩싸인 것처럼 느껴졌다. 모든 사람들이 주식시장에 뛰어들기 위해 생업을 내팽개쳤다. 도시는 검객, 딴따라, 돌팔이들로 가득 찼고, 일주일이 지나자 거리는 밤낮을 가리지 않고 괴성을 지르는 건달과 술주정뱅이, 도박꾼들의 차지

---

30 *Applebee's Original Weekly Journal*, 5 August 1720.

31 Carswell, *South Sea Bubble*, p.127.

32 *Mist's Journal*, 30 July 1720.

가 되었다."[33]

수요일인 8월 24일에 열린 유태인 거부의 결혼식에는 웨일스 왕자 부부를 비롯해 '세상에 알려진 귀족들이 모두 모여들어' 자리를 빛냈다.[34] 이들을 대접하기 위해 200개의 접시가 동원되었고, 군중들의 축제는 사흘 동안 계속되었다. 신분 고하를 막론하고 전 사회가 주식시장의 비트에 맞춰 광적인 춤을 춘 것이다.

● 환멸 ●

1720년 여름 사우스 시 임원들은 버블기업들을 공격하기 시작했다. 매일 거래소에 상장되는 이 버블기업들 때문에 사우스 시 주가가 떨어질 수 있었기 때문이다. 투기열풍을 독점하기 위해 블런트는 관계에 있는 친구들에게 로비를 벌여 '반버블법'을 제정토록 했다. 이 법은 의회의 인가 없이는 회사를 설립할 수 없고, 기존 기업들도 정관에 명시되지 않은 사업은 펼칠 수 없도록 제한하는 것을 주내용으로 하고 있었다. 블런트가 작위를 받은 6월 9일 왕은 반버블법을 재가했다. 하지만 이 법도 버블기업의 주식 투기열풍을 가라앉히는 데 아무런 효과가 없었다. 사우스 시 임원들은 여기서 멈추지 않고, 정관에 없는 사업을 벌인 3개의 버블기업들의 임원들을 체포하기 위해 영장을 발부하도록 법무부 장관에게 요구했다. 사흘 뒤 사우스 시는

---

33 Carswell, *South Sea Bubble*, p.144.

34 *Applebee's*, 27 August 1720.

그해 배당률이 액면가(100파운드)의 30%라고 발표했다. 그리고 앞으로 2년 동안 50%의 배당을 약속했다. 블런트 일당은 반버블법에 의한 단속과 고율의 배당 등 2가지 호재를 발표해, 6월 하순의 주당 1,050파운드(6개월 사이 8배 상승)를 고점으로 8월에는 850파운드까지 떨어지고 있는 주가를 끌어올리려 했다.

그런데 사우스 시 임원들을 전율시키는 역풍이 몰려왔다. 버블기업주를 단속하는 영장이 발부되자, 기대와는 달리 주식시장에서 패닉현상이 발생한 것이다. 영장이 발부된 지 일주일 만에 정관에도 없는 다양한 사업을 벌였던 요크 빌딩스 사의 주가가 305파운드에서 30파운드로 폭락해버린 것이다. 또 선두 보험사인 런던보험 등 로열 익스체인지의 주가도 75% 폭락했다. 그러자 빚을 내 버블기업의 주식을 매수했던 투기꾼들은 손해를 벌충하고 빌린 돈을 갚기 위해 사우스 시 주식을 팔아치우기 시작했다. 사우스 시가 내놓은 후한 배당도 자본이득을 목적으로 투자했던 투자자들을 유혹하는 데 효과가 없었다. 게다가 사우스 시가 50%의 배당금을 지급할 수 있다고 믿는 사람은 아무도 없었다.

사우스 시 주가하락에는 다른 요인도 작용했다. 6~7월 외국인들이 네덜란드 암스테르담과 독일 함부르크에서 한창 일어나고 있는 버블기업들에 투자하기 위해 사우스 시 주식을 매각하기 시작했던 것이다. 사우스 시 주식을 팔아치운 대표적인 외국인은 스위스 베른 출신 투기꾼 캔톤이었다. 또 투기는 영국 내 이자율 상승을 초래했고 그해 여름 연 20%까지 이자율이 치솟아 런던 시중의 자금이 말라버리자, 사우스 시와 금융회사들도 사우스 시 주식을 담보로 꿔줄 돈이 없게 되었다. 물론 이들이 버블폭발의 결정적인 요인은 아니었다.

사실 버블이 터지는 데는 도화선이 필요없었다. 여름이 끝나갈 무렵이 되자 사우스 시는 더 이상 주가부양을 위해 동원할 수단이 없게 되었다. 내재가치가 형편없는 회사의 주가는 인위적인 부양조치가 없으면 필연적으로 추락할 수밖에 없다.

9월이 되자마자 사우스 시 주가는 800파운드로 하락했다. 그리고 같은 달 둘째 주에는 지지선인 600파운드 아래로 곤두박질쳤다. 600파운드 선은 많은 은행들이 주식담보대출을 해줬던 주가수준이었기 때문에, 마침내 은행들의 자금순환에도 문제가 발생하기 시작했다. 9월 중순이 되자 블런트 일당은 주가부양을 포기할 수밖에 없었다. 그리고 저가에 매수할 속셈으로 담보로 잡은 주식을 내다 팔기 시작했다. 사우스 시의 자사주 매각으로, 주거래은행이면서 엄청난 주식담보대출을 일으켰던 스워드 블레이드 은행이 마침내 도산했고, 은행도산 충격에 사우스 시 주가하락은 더욱더 가속되어 9월 말에는 200파운드 선까지 주저앉았다. 마침내 주주들이 아우성치기 시작했다. 사우스 시 간담회에 참석한 그들은 "파멸이 코앞까지 다가왔고, 주가가 너무나 폭락했기 때문에 파산조차 일어나지 않을 지경"이라고 한탄했다.[35] 10월 1일자 〈애플비 저널〉은 "뚜렷한 이유도 없이 주가가 떨어지는 것은 놀랄 일"이라고 쓰고 있다. 그리고 전했다. "투기꾼들이 벌떼같이 거래소로 몰려들었고, 한 투기꾼의 투매에 놀란 다른 투기꾼이 덩달아 주식을 내던지는 양상이 벌어졌으며, 투매는 보유주식이 바닥날 때까지 연쇄작용처럼 번져나갔다. 광적인 두려

---

35 Scott, *Joint-Stock Companies*, III, p.328.

움이 시장에 퍼졌고, 엄청난 혼란이 야기되었다…"[36] 한마디로 버블을 야기했던 광기가 이번에는 공황을 일으킨 것이다.

급격한 주가붕괴는 모든 사람들을 경악케 했다. 제임스 밀너(James Milner) 의원은 이렇게 말했다. "그들(투기꾼)이 너무 오래 사기행각을 지속한 것 같다. … 파멸이 올 것이라고는 생각했지만, 이렇게 빨리 올 줄은 몰랐다. 내 예상보다 두 달은 빨리 왔다."[37] 9월 23일 애터베리 대주교에게 편지를 쓰면서 알렉산더 포프는 자신이 어떻게 처신해야 될지를 재빨리 결정했다. 활달한 새 시대 투기꾼의 모습을 지우고 도덕군자연하며 투기시대의 악덕을 근엄한 목소리로 질타하기 시작한 것이다.

버블의 파국은 제 예상보다 빨리, 그리고 대규모로 발생했습니다. 여러분들이 제게 한 경고가 사실로 드러난 것입니다. 많은 사람들은 파국이 올 것이라고 생각했지만 아무도 이에 대비하지는 못했습니다. 어느 누구도 파국이 한밤의 도둑처럼 찾아올 것이라고는 예상치 못했기 때문입니다. 오히려 죽음이 찾아오는 것처럼 갑자기 파국이 다가왔다고 해야 할 성싶습니다. 신이 죄인을 벌하는 것처럼 악덕한 그들의 탐욕을 벌하는 것 같습니다. 이익을 쫓는 탐욕이 그들의 죄목입니다. 탐욕이 계속되는 한 그들은 벌을 받고 파멸에 이르게 될 것입니다. … 그들은 거부가 되는 소망을 꿈꿨지만, 잠에서 깨어났을 때

---

36 *Applebee's*, 1 October 1720.

37 Virginia Cowles, *The Great Swindle* (London, 1960), p.143.

는 손에 아무것도 남아 있지 않았습니다. 과거 홍수와는 달리 사우스 시 투기가 몰고 온 홍수는 마땅히 벌을 받아야 할 소수보다는 선량한 다수를 삼켜버렸습니다. 제가 엄청난 부를 고스란히 지켜내고 그 돈 으로 세상을 지배할 수 있다고 해도, 제가 그 소수 안에 들지 않았다 는 게 너무 기쁩니다.[38]

투기를 하룻밤 졸부의 꿈에 비유한 포프의 수사는 특별한 게 아 니다. 영국 역사가 기번도 사우스 시 버블을 '황금 같은 꿈'에 비유했 고, 유사한 수사는 미시시피 버블과 1845년 철도투기, 1980년 정크 본드투기, 1982년 사우크 알마나크 버블 때에도 흔히 발견된다.[39] 일 확천금을 꿈꾸는 투기꾼은 자신의 이성과 재산을 도깨비 같은 행운 을 위해 희생시켰다고 볼 수 있다. 그들은 꿈에서 깨어나 자신의 손 실을 자각했을 때 자신의 어리석음과 탐욕에 분노한다. "악마가 준

38 Pope, *Correspondence*, II, pp.53~54.

39 사우스 시가 붕괴한 지 2~3년이 흐른 뒤 〈크래프츠맨〉(The Craftsman)은 "사람들이 황 금을 쫓는 꿈에서 깨어났다"고 보도했다. 괴테는 『파우스트』에서 존 로의 꿈같은 계획 을 묘사했고, 제임스 스튜어트도 미시시피 버블을 "프랑스 전체와 유럽의 일부가 506 일 동안 빠져들었던 황금을 쫓는 꿈"이라고 묘사했다. 미시시피 버블에 대해 책을 썼 던 워싱턴 어빙도 "마치 꿈에서 깨어난 것처럼 그들은 본래 가난뱅이 신세로 돌아왔 다. 그리고 허무하게 무너진 부에 대해 한탄하기도 하고 비참해하기도 했다"고 기록했 다. 존 프란시스는 철도 버블이 공황으로 번진 뒤 "사람들이 꿈에서 깨어나 몸서리를 치고 있다"고 했다. 1982년 쿠웨이트 사우크 알마나크 사태가 발생하자, 한 종교자는 "사우크 알마나크는 악몽이었거나 아라비안나이트의 꿈과 같았다. 아침이 된 뒤 사람 들은 잠에서 깨어나 마치 꿈과 같은 거대한 환상의 실체를 깨닫기 시작했다"고 보도 했다. Fida Darwiche, *The Gulf Stock Exchange Crash: The Rise and Fall of the Souq Al-Manakh*, (London, 1986), p.100.

금덩이는 악마가 떠난 뒤 배설물로 바뀐다"는 정신분석학자 프로이트의 말은 꿈에서 깨어났을 때 투기꾼들이 느끼는 분노와 허망함이 어떤 것인지를 짐작케 한다.[40]

투기꾼들은 자신들의 탐욕과 어리석음에 대해 분노와 함께 자책했다. '지금 겪고 있는 고통은 배금주의에 대한 처벌'이라고 스스로를 자책한 것이다. 이에 대해 〈애플비 저널〉은 다음과 같이 반문한다. "고통은 신이 내리는 메시지다. 사우스 시 투기는 하늘의 평가를 받았다. 신이 벌한 사람들에 대해 연민을 느낄 필요가 있을까?"

이해 8월 프랑스 마르세유에서 흑사병까지 발생해 서서히 프랑스 전역으로 퍼지면서 도버해협 건너편에 있는 영국을 위협할 지경에 다다랐다. 영국정부는 국민들에게 참회의 날에 전지전능한 신에게 흑사병으로부터 왕국을 지켜주도록 기도하게 했다.[41] 어떤 죄목을 사죄해야 하는지에 대해서 굳이 설명할 필요는 없었다. 몇몇 사람은 흑사병이 이미 상륙한 것처럼 공포를 느꼈고, 디포는 사우스 시 건물 앞에 모인 군중들과 당시 상황을 다음과 같이 묘사했다. "흑사병에 감염된 유령이 걸어다니는 것이다. 그렇게 흉물스런 인간들은 일찍이 볼 수 없었다. 내가 죽는 날까지 흉측한 사우스 시가 얼굴에 새겨진 인간들은 잊을 수 없을 것이다."

엄청난 손실로 사람들이 미쳐버린 듯했다. 이는 그해 초 영국인들 사이에 불었던 투기적 광기와 같은 것이었다. 그 당시 엄청난 손실을 입은 투기꾼들의 자살소식이 다소 과장되어 전해지고 있다. 비

---

40 Quoted in Halliday and Fuller, *Psychology of Gambling*, p.281.

41 *Applebee's*, 15 November 1720.

극의 원흉 존 블런트의 조카인 찰스 블런트가 9월 초 스스로 목숨을 끊었다. 하지만 자살보다 더 비참한 것은 기업에 대한 신뢰가 붕괴했다는 점이다. 각종 경제적 교환이 신용에 기반한다는 사실을 잘 알고 있었던 디포는 1720년 12월 17일자 〈애플비 저널〉에 호소문을 기고했다. 호소문의 내용은 '우리가 진정으로 두려워해야 하는 것은 두려움 그 자체'라고 했던 1933년 미국의 루스벨트 대통령의 취임연설과 너무나 비슷하다.

> 환자의 피가 병균에 감염되고 신체의 구조가 얼크러졌을 뿐만 아니라 합리적인 사고가 불가능하고 어떤 약을 먹어도 효과가 없을 때 그 환자의 생과 사는 자연의 신비로운 힘에 맡겨둬야 한다.
> 이 순간 사우스 시 고통에 시달리는 사람들의 몸은 그런 위기에 처해 있는 것으로 보인다. 그들은 자신들을 짓누르는 고통에 신음하고 있다. 그들에게 합리성과 타인의 생각을 주입하려 해봤자 아무런 효과가 없다. 환자는 자연에 맡겨둬야 한다. 그리고 넋나간 정신이 정상으로 회복될 때까지 내버려둬야 한다. … 시간이 모든 상처를 치유해줄 것이기 때문이다.[42]

---

42 1929년 대공황이 발생한 뒤 미국 재무성 장관 앤드루 멜런은 디포와 비슷한 표현을 동원해, "공황은 경제시스템에서 썩은 부분을 제거하는 기능을 한다. 과소비가 사라질 것이고 사람들은 더욱 열심히 일하게 될 것이며, 좀더 높은 도덕적인 삶을 살아갈 것이다. (치솟았던) 물가는 조정을 받을 것이고, 경쟁력 있는 사람들은 경쟁력 없는 사람들이 경영하다 망친 회사들을 사들여 경쟁력 있는 회사로 바꿔놓을 것이다"고 주장했다(7장 참고).

사우스 시 음모에 대한 대중의 분노는 영국역사상 유례가 없는 것이었다. 그들의 분노는 1차적으로 사우스 시 임원들에게 향했고, 이어 음모를 승인하고 뇌물을 받아챙긴 정치인들에게 쏟아졌다. 폭도로 변한 군중은 웨스트민스터 사원 앞으로 모여들어 관련자들의 처벌과 배상을 요구했다.

분노한 대중들에 놀란 하원은 사우스 시와 정치인들의 커넥션을 조사하기 위해 비밀리에 위원회를 조직했다. 그리고 놀랄 만한 장면이 하원에서 벌어졌다. 아일랜드 출신 몰스워드 경이 "예외적인 범죄는 예외적인 처벌을 해야 한다. 로마의 입법자들은 존속살해를 예상치 못했지만, 첫 번째 괴물이 나타나자 그자를 보쌈해 강물에 처넣었다. 따라서 우리도 현재 우리가 겪고 있는 고통을 야기한 인물들을 로마인들처럼 처벌해야 한다"고 목청을 높이자,[43] 블런트 뇌물수수자의 아들인 내무장관 제임스 크레그스가 발언대에 올라 자신에게 던지는 돌을 받겠다고 선언한 것이다. 4명의 의원들이 의회에서 추방되었고 재무장관 에이슬레이비는 사우스 시 임원들과 함께 런던탑에 수감되었다.

곧이어 사우스 시 임원들이 1720년에 축적한 부를 모두 몰수하기 위한 법이 제정되었다. 몰수 규모는 200만 파운드에 달했다. 여기에는 역사학자 기번의 할아버지인 에드워드 기번한테서 몰수한 9만 6,000파운드도 포함되어 있다. 그는 법을 소급적용한 것에 대해 '최악의 자유침해'라고 투덜거렸고,[44] 법의 논리로 볼 때 에드워드 기번

---

43 Edward Gibbon, *Memoirs of My Life* (London, 1984), p.49.

44 앞의 책, p.49.

의 말은 옳았다. 하지만 분노한 대중들은 카니발의 허수아비가 아니라 실제 희생양을 원했다. 영국의회는 투기 희생자들을 위한 구제법 뿐만 아니라 투기를 예방하기 위한 다양한 법을 제정했다. 심지어 12월에는 '굳건한 신용사회를 세운다'는 이유로 악명 높은 주식거래금지법까지 제안되었다. 이 법은 제정되지 않았지만, 대신 불법적인 공매도와 선물, 옵션거래를 금지하는 법이 제안되어, 이로부터 14년 뒤인 1734년 의회가 제안자인 존 버너드 경의 이름을 딴 버너드법을 통과시킴으로써 실현되었다. 그리고 이 법은 19세기 중반까지 폐기되지 않았다.

● 합리적인 버블? ●

몇몇 투기꾼들은 엄청난 손실을 입었다. 영란은행 임원인 저스터스 벡 경은 34만 7,000파운드의 손실을 입고 파산했으며, 찬도스 공작은 70만 파운드어치의 주식이 휴지조각으로 변하는 것을 지켜봐야만 했다. 또 물리학자인 뉴턴은 너무 일찍 주식을 팔고 버블의 정점에 주식을 되사들이는 바람에 2만 파운드의 손해를 입었다. 이 때문에 그는 사우스 시의 'S'자만 들어도 안색이 변했다고 한다. 앞서 소개한 편지의 주인공들도 엄청난 손해를 입었다.

에디슨의 조카이고 '부자가 되는 방법'이라는 글을 〈스펙테이터〉에 기고했던 유스테이스 버젤도 엄청난 손실을 입고 스스로 목숨을 끊었다. 또 알렉산더 포프의 충고에 따라 투기를 벌였던 메리 워틀리 몽테구도 폭락직전 주식처분 기회를 놓쳐 프랑스 건달 레이몽의 협박

편지에 계속 시달려야 했다. 투기 때문에 시인으로서 명성을 잃고 자신의 외도를 한탄하는 시를 써야 했던 존 게이에 대해서도 많은 이야기가 전해져오고 있다.

> 왜 익스체인지 앨리 주변에서 천금 같은 시간을 낭비했는가?
> 황금을 뒤쫓는 어리석은 자였던가?
> 그곳에서 시인들을 발견한다 해도 이상할 게 없지.
> 누가 환상과 이슬만을 먹고 살 수 있겠는가?
> 그들이 사우스 시 음모에 휘말렸다는 게 이상한 일은 아니지.
> 현실에서는 1기니조차 마음대로 쓸 수 없는 사람들이
> 꿈속에서나마…

손해를 본 사람들의 탄식이 길게 이어졌지만, 버블에 이은 경기침체는 지속되지 않았고 상처도 입지 않았다. 영국 경제를 장악하고 있던 런던 주요상인들은 4차 주식청약에 참여하지 않았고 보유하고 있던 주식도 붕괴직전에 처분했기 때문이다. 사우스 시 주가가 85% 폭락하고 영란은행과 동인도회사의 주가가 3분의 2 수준까지 떨어져도, 1721년 영국의 부도건수는 전년도보다 크게 늘지 않았다. 그리고 경기회복도 빨랐다.

이 때문에 애덤 스미스는 『법학 강론』에서 사우스 시 공황이 영국 경제에 '별 영향을 주지 않았다'며 별다른 의미를 부여하지 않았다. 그리고 '결국 단순 사기로 드러난' 미시시피 버블의 모방범죄로 정

의했다.[45] 하지만 애덤 스미스의 판단은 적절한 것이 아니다. 사우스 시 음모는 미시시피를 단순하게 모방한 것이 아니었기 때문이다. 미시시피와 사우스 시는 도버해협을 사이에 두고 서로 수법을 모방했다. 프랑스 정부의 부채를 미시시피의 주식으로 전환하는 존 로의 방안은 1720년 이전의 사우스 시와 다른 기업들이 모방한 것이었다. 그리고 존 로가 성공을 거두자 블런트 일당은 과거 다른 회사들보다 더 과감한 음모를 꾸민 것이다. 하지만 모방보다도 더 중요한 사실은 버블과 투기가 한 나라에서 다른 나라로 전염되었다는 점이다. 투기열풍이 프랑스에서 영국으로 전염되었고, 이어 네덜란드 암스테르담에 이어 독일의 함부르크, 심지어 스페인의 리스본까지 퍼져나갔다.[46]

사우스 시 파동은 애덤 스미스가 평가했던 것보다 엄청난 결과를 낳았다. 그가 『국부론』을 쓴 1776년에도 여전히 반버블법과 버너드법이 유지되고 있어 18세기 영국 금융자본주의의 발전은 상당히 지체되었다. 또 주식회사는 영국의 산업혁명에 상대적으로 적은 기여를 했다. 주식회사 설립이 억제되자, 상호회사(mutual company)가 번창했다. 물론 애덤 스미스의 조작 곳곳에는 주식회사와 투기에 대한 그의 반감이 스며들어 있다. 그는 주식회사가 '소유와 경영의 분리'에서 파생되는 약점-현대 경제학에서 말하는 대리인 문제-때문에, 주식회사 체제 안에서는 낭비와 직무유기가 빈번하게 발생할 것이라고 예상했다. 어쨌든 투기의 의미를 과소평가했던 애덤 스미스는 투기이

---

45 Adam Smith, *Lectures on Jurisprudence* (ed. R. L. Meek, D. D. Raphael, and P. G. Stein, Oxford, 1978), p.519.

46 Dickson, *Financial Revolution*, p.153; C. P. Kindleberger, *Manias, Panics, and Crashes*, pp.134~135.

론을 발전시키지 못했다.

사우스 시 버블 형성과정에서 정부의 역할을 간과한 시각도 타당하다고 볼 수 없다. 사우스 시는 의회와 법원의 인사들을 조직적으로 매수했다. 채권의 주식전환 계획을 인가받기 위해 합법을 가장해 정부에 납입한 750만 파운드는 드러난 뇌물이었고, 의원들과 장관들에게 건넨 주식과 옵션은 은폐된 뇌물이었다.[47] 블런트는 의원들에게 주식청약시 우선배정 특혜를 제공했다. 뇌물을 받아 챙긴 그들은 2배 이상의 시세차익을 위해 드러내놓고 채권의 주식전환 비율을 사전에 확정하는 데 극력 반대했다. 재무장관 에이슬레이비는 사우스 시가 자체 전환비율에 따라 전환하도록 하자고 의회를 설득했다. 사우스 시가 채권보유자들을 희생시키면서, 모든 수단을 동원해 주가를 끌어올리려 할 것이라는 사실을 에이슬레이브 등이 몰랐다고 보는 것도 타당하지 않다. 상원의원인 허치슨이 채권의 주식전환 논쟁 순간 "가장 신중해야 하고, 수많은 가정을 파멸로부터 보호하는 것은 영국 상원의 의무"라며 블런트 일당의 음모를 공격했지만 아무도 귀기울이지 않았다.

---

47 블런트가 정치인과 관료들을 상대로 주식뇌물을 뿌린 것은 1990년대 미국 기업들의 뇌물공여를 떠올리게 한다. 이들 기업은 결혼식에서 색종이를 뿌리듯이 스톡옵션을 정치인들과 관료들을 상대로 뿌려댔다. 스톡옵션의 남발이 투기적 버블의 인플레이션을 야기한다고 보는 것은 타당하다. 스톡옵션 뇌물은 기업의 손실계정 어느 곳에도 올라가지 않는다. 대신 자사주 매입을 위한 부채로 둔갑시켜 계상한 뒤 적절하게 분식해버린다. 자사주 매입은 사기와 비슷한 양상을 띠기도 한다. 예를 들면, 컴퓨터 제조회사인 게이트웨이2000은 1997년 6월 주당 35달러에 자사주 매입에 나서겠다고 발표했다. 매입대상 주식은 이보다 20개월 전에 주당 14.5달러에 발행했던 것이었다. 또 1997년 순익을 부풀려 공시했던 가구 생산업체인 선빔과 마케팅 회사인 세던트가 자사 임원들에게 엄청난 스톡옵션을 부여했다. 이런 의미에서 존 블런트는 시대를 앞서가는 인물이었다. 만약 그가 지금 살아 있다면, '주주가치'를 숭상하는 인물로 칭송받았을 것이다.

1720년 영국정부가 기존 채권자들을 보호하는 책임을 저버리고 블런트 일당의 음모를 승인한 것은 '사우스 시 주식을 사라'는 메시지를 국민들에게 보낸 것과 마찬가지였다. 조지 1세가 주가가 1,000파운드에 달했는데도 3차 주식청약에 참여했다는 사실은 그가 국민들에게 자신을 따라하라고 지시하는 것과 같은 효과를 냈다. 이처럼 정부가 고평가된 특정 기업의 주가하락을 막아줄 것이라는 믿음을 조장한 사례는 이후 투기역사에서도 찾아볼 수 있다. 1980년대 일본 도쿄 증시 주변에서는 대장성 장관이 주가하락을 막아줄 것이라는 믿음이 팽배해 있었다.

아무튼 영국정부가 투기억제에 실패했다는 사실은 사우스 시 버블이 남긴 가장 중요한 교훈이다. 애덤 앤더슨은 "1720년이, 모든 권한을 독점한 정치인들과 관료들에게 모든 것을 맡김으로써, 백성들이 온갖 고통을 짊어져야 하고 정당한 기업활동마저 혐오하는 사태가 재발하지 않도록 해야 한다는 교훈을 남긴 해로 기억되길" 희망했다.[48]

1690~1720년 사이에 이루어진 금융혁명의 연장선상에서 사우스 시 버블을 분석한 슘페터는 다음과 같이 말했다. "1719~1720년에 발생한 투기는 기존 경제구조와 질서를 뒤엎는 혁신에 의해서 유발되었다. 이는 이후 발생한 다른 투기에도 적용된다."[49] 슘페터의 시각은 최근 미국의 경제학자 래리 닐(Larry Neal)이 받아들여 한 단계 더 발전시켰다. 닐은 "인간의 어리석음보다는 금융시장이 일련의 혁

---

48 Anderson, *Origin of Commerce*, III, pp.91~92.

49 Schumpeter, *Business Cycles*, I, p.250.

신에 적응하는 과정에서 나타나는 난맥 때문에 버블이 발생한다"고 설명하고,[50] 이어 유동성이 낮은 정부의 채권을 유동성이 높은 주식으로 전환하는 것은 버블을 유발하는 '변화의 과정'이라고 했다. "투기적 광기나 집단적인 사기도 부분적인 원인이지만, 정부의 전쟁 채무를 유동성이 높고 비용이 적게 드는 주식으로 전환하는 기술적 문제가 더 큰 원인"이라는 것이다.[51] 닐은 사우스 시 음모가 세 단계를 거쳐 버블화되었다고 주장했다. 1단계는 1720년 5월 중순까지이며, 사우스 시 주가는 회사의 개선된 수익구조 때문에 상승했다는 것이다. 2단계는 이해 5월 중순에서 6월 22일까지이며, 채권의 주식전환을 위해 주주명부가 폐쇄되고 투기꾼들이 이 회사 주식에 투자하는 것이 대박이라는 사실을 깨닫게 되는 시기이다. 3단계는 6월 하순에서 8월 하순까지 기간이며, 주식전환 명부가 폐쇄되고 모든 주식거래는 선도거래로 전환되는 시기이다. 닐에 따르면 선도거래 주가의 상승은 자금시장의 경색을 의미한다는 것이다.

그는 또한 초기 사우스 시 주가상승에 대해 유동성이 떨어지는 채권을 유동성이 높은 주식으로 전환하기 위해 투자자들이 프리미

---

50 Neal in *Stock Market Crashes and Speculative Manias* (ed. E. N. White,· Brookfield, Vt., 1996), p.155.

51 합리적 버블이라는 개념은 올리버 블런차드(Oliver J. Blanchard)와 마크 왓슨(Mark W. Watson)이 처음 정립했다. 그들은, 단기적인 자본이득이 예상될 때 투자자들은 합리적으로 내재가치 이상의 가격을 지불하고 주식을 매수하는 쪽으로 움직인다고 주장했다. 그들은 '합리적 버블'이라는 개념에 매혹되었는데, 단지 방법론적인 관점에서 이 개념은 다루기 쉬웠기 때문이다. 실제로 그들은 "합리적 버블은 비합리적 버블보다 다루기 쉬웠기 때문"이라고 시인했다. "Bubbles, Rational Expectations, and Financial Markets," in *Crises in the Economic and Financial Structure* (ed. P. Wachtel, Toronto, 1982) p.196.

엄을 제공할 의사가 있었음을 보여주는 것이라고 주장했다. 그리고 1720년 5월 블런트 일당이 주가부양에 나설 것이라는 사실을 안 투기꾼들이 선취매에 나서는 바람에 '합리적인 버블'이 발생하기 시작했고, 사태가 너무 빨리 진행되고 주가부양 수단이 없어지자 버블이 파국에 이르게 되었다는 것이다.[52]

　필자가 슘페터와 닐의 논리를 받아들이지 않는 데에는 여러 가지 이유가 있다. 전환 프리미엄은 당시 그렇게 크지 않아도 되었고, 당시 채권을 주식으로 전환하고 싶은 사람들은 사우스 시보다 훨씬 우량한 영란은행이나 동인도회사 등의 주식으로 전환할 수 있었다. 또한 채권의 주식전환은 1720년 사우스 시가 처음은 아니었다. 1679년 영란은행이 전환을 실시했고, 사우스 시도 1711년과 1719년에 이미 주식전환을 실시한 적이 있다. 하지만 앞서 두 차례의 주식전환은 주가를 액면가 아래로 떨어트리는 역효과를 낳았다.

　거창한 회사명과는 달리 사우스 시는 라틴 아메리카와의 무역에서 순이익 전망이 불투명한 회사였다. 그리고 이 회사의 주가는 순전히 정부와의 거래에서 나온 매출액에 근거한 것이기 때문에 적정 주가를 아주 정확하게 산정할 수 있었다. 1720년 봄 허치슨 의원과 리처드 스틸 경은 이 회사가 정부와의 거래에서 얻는 수익을 바탕으로 적정주가를 주당 150파운드로 계산했다. 그들은 주가가 150파운드 이상으로 상승할 경우 채권보유자나 투자자 모두에게 큰 손실을 안길 것이라고 결론 내렸다. 실제로 주가는 이해 가을 적정주가 수준까지 폭락했다. 투자자들이 허치슨 의원과 스틸 경의 경고를 무시하고

---

52 Carswell, *South Sea Bubble*, p.133.

주가상승 추세가 무한정 계속될 것이라고 본 것은 단기 고수익을 쫓는 자신들의 비합리성 때문이었다. 당시 작성된 많은 기록에는 투자자들의 비합리성을 증명해주는 다양한 사실들이 포함되어 전해오고 있다. 대표적인 예가 익스체인지 앨리에 "정신병원에서 뛰쳐나온 미치광이들이 운집해 있는 듯했다"고 한 네덜란드 출신 은행가 크렐리우스의 기록이다.

래리 닐의 설명은 튤립투기에 대한 가버의 설명과 마찬가지로 시장의 효율성과 투자자의 합리성을 주장하는 현대 경제이론을 옹호하기 위한 것이다. 가장 극단적인 현대 경제이론은 투기적 버블의 비합리성을 부정하면서, 주가상승을 기대하고 적정가격 이상에서 주식을 매수하는 투자자들이 합리적이라고 주장한다. 하지만 합리적인 투자자란 위험과 수익을 상쇄시키고 공개된 모든 정보를 이용하는 사람을 의미한다. 사우스 시 주식을 주장 1,000파운드에 산 1720년 투자자들이 합리적이라고 볼 수 있겠는가? 대답은 '천만에'이다. 첫째 주가가 극단적으로 고평가되었다는 사실을 알려주는 정보가 당시에는 충분하지 않았고, 둘째 버블이 상당히 진행된 시장에 참여한 투자자는 상대적으로 고위험에 노출되어 있어 낮은 수익과 고위험을 부담해야 했고, 결국 엄청난 손실을 입었다. 셋째 1720년 사우스 시의 수익구조를 살펴볼 때 주가가 급등할 아무런 이유가 없었다.

'합리적 버블' 논리는 '더 한심한 투자자들에게 모든 위험을 떠넘기는 투자행태'를 좀더 정교하게 다듬은 것일 뿐이다. 투기꾼은 '더 한심한' 투자자들이 모든 손실을 뒤집어쓸 것이라고 기대하고, 적정가격 이상의 가격에 주식을 사들인다. '합리적 버블' 옹호자들은 더 한심한 투자자들을 이용한 투자행위가 성공하기 위해서는 주식시장에 사려는 사람과 팔려는 사람이 늘 존재해야 한다는 점과, 투기꾼들의 주식처분을 위해 필수적인 광적인 매수자들이 한순간에 자취를 감출 수 있다는 사실을 간과하고 있다. '더 한심한 투자자'를 이용한 투자행태는 1990년대 활황을 보이고 있는 미국 주식시장에서도 널리 활용되고 있다. 단지 '모멘텀 투자'라는 말로 그럴 듯하게 포장되었을 뿐이다. 모멘텀 투자를 벌이는 투기꾼들은 지수상승보다 빠르게 치솟는 종목을 우선 사들여 상승세가 꺾이기 전에 잽싸게 팔아치워 수익을 챙긴다.[53]

1720년대 런던의 은행가 존 마틴의 파멸이 모멘텀 투자의 위험성을 극적으로 보여준다. 이해 여름까지 그는 다음과 같이 주장했다. "나를 포함한 몇몇을 뺀 세상의 모든 사람들이 미쳐 돌아가고 있다. 하지만 우리는 어느 순간까지는 그들을 따라가야 한다." 하지만 그는 버블의 정점 직전의 매도기회를 놓쳐 엄청난 손실을 입어야 했다. 그리고 애처롭게 "다른 사람들의 충고에 맹목적으로 따르다 빈털터리가 되었다"고 자책해야만 했다.

---

53 모멘텀 투자자들은 컴퓨터 네트워크 회사인 어센드(Ascend) 커뮤니케이션스의 주가를 1995년 발행가인 1.4달러에서 1년 뒤인 1996년 80달러까지 끌어올리는 데 일조했다. 트레이드들 사이에서 'Ass-end'라는 별명으로 통했던 이 회사 주가는 상승만큼이나 빨리 폭락했다. 이 회사의 매출액 증가율이 둔화되기 시작한 1997년 초 모멘텀 투자자들이 갑자기 투매세력으로 돌변했고, 이어 2,000만 주의 거래가 터지면서 하루 사이에 주가가 40달러로 폭락한 것이다.

4장

1820년대 이머징마켓 투기

"… 그녀의 남편이 자기 가슴을 찢다니, 어떻게 자신의 가슴을 찢을 수 있을까?" 미스 톡스가 "페루 광산에서 물을 퍼내는데…"라며 대답하려 하자, 치크 부인은 이번에도 "물론 그녀 남편이 펌프는 아니지"라고 엉뚱한 말을 했다. 언니의 엉뚱한 말에 톡스는 "그녀의 남편이 투기하다 실패해 빈털터리가 됐다는 거야"라고 투명스럽게 말했다.

– 찰스 디킨스의 『돔비와 아들』(Dombey and Son, 1846)에서

지금의 니카라과 변방의 작은 마을인 포이에스의 추장 하이니스 그레거(Highness Gregor)가 토지소유권과 귀족 작위를 영국 신민들에게 팔기 위해 1821년 말 런던에 나타났다. '너무나 살기 좋은' 자신의 왕국에 영국이민을 유치하는 것도 중요한 방문 목적이었다. 그런데 런던에 도착해 영국인들이 해외투자에 적극적이라는 사실을 알게 된 그레거는 예정에도 없던 채권발행에 나선다. 그는 전직 런던시장 존 퍼링의 사무실을 빌려 연 6%의 이자를 조건으로 채권을 팔아 60만 파운드를 조달하는 데 성공했다. 그레거의 채권은 시장에서 프리미엄이 붙어 거래되었고, 심지어 채권가격을 누군가 조작했다는 루머마저 돌았다. 그레거는 채권발행에만 성공한 것이 아니었다.

1823년 초 은행관리인과 보석상, 가구상, 졸부들의 하인들 등 수많은 사람들이 바로크시대의 귀족 같은 부자가 될 수 있다는 그레거

의 말만 믿고 포이에스로 이민을 떠났다. 하지만 그들이 도착해서 목도한 것은 그들로서는 도저히 살 수 없는 초가집과 식인종만큼 공격적인 원주민들이었다. 비참한 생활과 원주민의 약탈을 견디지 못한 상당수 이주민들은 인접해 있는 벨리즈로 탈출을 시도한다. 하지만 탈출과정에서 무더위와 굶주림, 열병에 시달리다 많은 사람이 목숨을 잃거나 스스로 목숨을 끊었다. 이처럼 탈출과정에서 죽고 자살하는 바람에 애초 이주했던 200명 가운데 50명만이 살아서 영국으로 귀환했다고 한다. 반면 무수한 사람들을 죽음으로 유혹한 추장 하이네스 그레거는 영국에서 조달한 60만 파운드를 가지고 가족들과 함께 프랑스로 줄행랑을 쳤다.

그의 본명은 그레거 맥그레거(Gregor Macgregor) 경이다. 그는 스코틀랜드 모험가였고, 남미 독립투사였던 시몬 볼리바르 군대에서 이교도 장군으로 활동했었다. 하지만 모스키토 인디언 추장을 상대로 사기를 쳐 포이에스에 대한 소유권을 차지했던 협잡꾼이기도 하다. 그가 채권을 팔 당시 런던 증권거래소에서는 포이에스에 투자하면 일확천금을 얻을 수 있다는 소문이 퍼졌다. 이로부터 50년이 지난 뒤에도 런던 '증권쟁이들'의 두툼한 지갑에선 포이에스 채권이 발견될 정도였다. 포이에스 채권은 런던 증권거래소 역사상 유일하게 존재하지도 않은 나라가 발행한 채권으로 기록되어 있다.[1]

---

1   Frank G. Dawson, *The First Latin American Debt Crisis* (New Haven, 1990), pp.41~42, 59~61.

● 채권투기 ●

1720년 사우스 시 파동 이후 영국에서는 '브리티시 콘솔'(British Consols, 영구채. 원금은 상환하지 않고 일정한 이자만을 지급하는 영국채권, 1750년대 영국정부의 채권통합 조치 이후 '콘솔'로 불리기 시작했다 - 역자주)이 주식 대신 투기의 대상으로 부각되었다. 투기와 정부의 규제는 화합할 수 없는 상극이다. 따라서 선물과 옵션거래를 금지하는 버너드법이 1734년 제정되자, 이를 피하기 위한 다양한 방법들이 고안되기 시작했다. 결제를 일정한 기간 동안 미루는 매매수법이 만들어진 것이다. 1730년대에는 분기별 결제가 일상화되었고, 1780년대에는 6주 동안 결제를 지연하는 게 일반화되었다. 따라서 누구나 정부채권에 투자할 돈을 손쉽게 조달할 수 있었다.

또한 증권거래소에서는 옵션거래가 은밀하게 이루어졌다. 물론 이 옵션거래는 결제보장 등에 있어서 법의 보호를 전혀 받을 수 없었다. '내 말이 곧 보증수표'라고 큰소리치는 브로커들만이 결제이행을 보장할 뿐이었다. 그리고 1821년 브로커들이 "옵션거래는 증권거래소 거래량 가운데 가장 큰 부분을 차지한다"며 버너드법의 폐기를 주장했고, 한술 더 떠 "다른 거래소를 세우겠다"고 협박하자, 증권거래위원회는 옵션거래에 대한 단속에서 손을 떼기 시작했다.[2]

프랑스 나폴레옹과의 전쟁을 벌이는 동안 영국정부는 4억 파운드의 채권을 발행했고, 채권투기로 막대한 부를 거머쥔 사람들이 나타났다. 대표적인 인물이 바로 데이비드 리카도였다. 그는 경제학자와

---

2   David Kynaston, *The City of London: A World of Its Own* (London, 1994), I, p.49.

의원으로 제2의 인생을 시작하기 전에 투기꾼으로 활동하면서 채권 투기를 통해 50만 파운드를 벌어들였다. 이때의 경험을 바탕으로 그는 '손실 최소화, 수익 극대화'라는 투기의 황금률을 제창했다.

하지만 나폴레옹이 세인트헬레나 섬에 유폐되고 프랑스와의 사이에 평화가 찾아오자, 영국정부의 채권발행량도 줄기 시작했다. 투기 대상 자체가 사라지자 투기꾼들은 해외로 눈을 돌렸다. 1817년 프랑스가 전쟁배상을 위해 영국에서 발행한 채권을 독일 출신 베어링 형제(1762년 런던에서 은행을 설립해 주로 신생국가의 채권발행 주간사업무를 주업으로 했으며, 미국이 루이지애나 주를 프랑스로부터 매입할 때 발행했던 채권을 인수해 런던에서 유통시키기도 했다-역자주)가 인수해 런던에서 유통시켜, 프랑스 국채에 돈을 걸었던 영국 투자자들이 엄청난 단기수익을 거두게 했다.

그리고 이를 계기로 외국정부 채권에 대한 투기열풍이 몰아치기 시작했다. 한 해 뒤인 1818년 나탄 로스차일드(Nathan Rothchild)가 중개한 500만 파운드 규모의 파운드화 표시 프러시아 채권이 판매되었다. 이것은 파운드화로 발행된 최초의 외국정부 채권이었고, 이를 계기로 유로본드마켓이 형성되어 현재까지 지속되고 있다. 외국정부의 채권발행이 러시를 이루자, 영국 하원 소위원회가 청문회를 열어 로스차일드를 소환했다. 의원들이 "해외 채권에 대한 열풍이 투자인지 아니면 투기인지"를 묻자, 그는 '반반'이라며 즉답을 피했다. 하지만 이후 채권값이 급등하자 채권열풍은 투기로 변질되었다.[3]

외국정부의 채권들 가운데 아주 낭만적인 시대정신을 바탕으로

---

3   앞의 책, I, p.47.

성공을 거둔 사례가 있는데, 바로 라틴아메리카 채권이다. 이것은 시몬 볼리바르의 주도 아래 독립투쟁중인 남미의 중앙과 지방정부들이 런던에서 발행한 것이었다. 이 채권의 성공은 오랜 카톨릭 숙적인 스페인에 대한 영국인들의 뿌리깊은 반감과 독립을 지지하는 근대정신의 영향 때문이었다. 그리고 이 지역에서 스페인 군대가 축출되면 급속한 경제발전이 이뤄질 것이라는 전망도 남미채권 투자 붐이 형성되는 데 일조했다. "우리는 독립을 원하는 남미 공화국들에 매료되어 있는지 모른다. 그들은 끝없는 진보의 과정에 돌입하게 되고… 유럽 국가들이 보유하고 있는 지식과 자유, 문명을 향유하게 될 것"이라는 〈뉴타임스〉의 보도는 당시 분위기를 잘 보여준다.[4] 이런 장밋빛 전망과 영국정부의 채권발행 감소 등이 맞물려, 런던의 개인투자자들은 최초의 '이머징마켓(emerging markets) 투자 붐'이라는 덫에 걸려들기 시작했다.

1822년 3월 볼리바르가 런던에 파견한 투자유치단은 영국의 거상인 헤링과 그레이엄, 폴레스 등의 도움을 받아 200만 파운드의 채권을 발행하는 데 성공한다. 콜롬비아의 풍부한 자원을 자랑하는 투자 설명서가 작성되어 배포되었고, 런던의 최고 인쇄업자가 디자인한 최고급 채권증서가 만들어졌다. 이자율은 당시 영국정부의 채권수익률의 두 배가 넘는 연 7%로 결정되었다. 그러자 다른 남미국가들도 서둘러 볼리바르를 모방하기 시작했고, 두 달 뒤인 5월 칠레 정부는 100파운드의 채권을 10파운드에 살 수 있는 조건으로 채권을 발행했다. 이 채권은 청약을 개시한 순간 마감될 정도로 대성공을 거두

---

4   Dawson, *Debt Crisis*, p.227.

었다. 그리고 채권값도 꾸준히 상승해 10월 중순께는 25파운드까지 치솟았다. 청약참가자들은 150%의 수익을 거둔 셈이다. 칠레에 이어 페루 정부도 채권발행에 나섰는데, 이 채권에 대한 영국인들의 관심이 너무나 폭발적이어서 구름처럼 몰려든 청약자들 때문에 런던 증권거래소 앞에서는 폭동에 가까운 소동이 벌어졌다. 〈뉴타임스〉는 "존경하는 걸리버 씨가 라퓨타(『걸리버 여행기』에 나오는 소인국-역자주)의 채권을 발행하기 위해 그곳에 나타났다면, 구름처럼 몰려든 청약자들에게 눌려 질식했을 것"이라고 당시 상황을 설명했다.

당시 외국정부의 채권에 대한 투기열기는 남미국가의 채권에만 한정된 것이 아니었다. 터키를 상대로 독립투쟁중인 그리스 채권에 대한 대중들의 열기는 더 강렬했다. 연 6%의 이자를 조건으로 1824년 2월에 발행된 그리스 채권의 청약은 순식간에 마감되었고, 수익금은 그리스에 설립된 필헬레네스 위원회로 보내졌다.[5] 그리고 이보다 몇 달 앞서 에게 해에 있는 로도스 섬에서 터키인들을 몰아내기 위해 싸우고 있는 요한 예루살렘 기사단의 자금조달을 위한 사업설명서가 런던에 배포되었다. 하지만 근대 금융기법을 활용한 이 십자군원정 시도는 사람들의 호기심은 불러일으켰지만, 충분히 투자동기를 이끌어내는 데는 실패해 채권발행은 취소되었다.

당시 해외채권은 영국인들을 사로잡고 있던 자유주의에 호소했

---

5   1825년 200만 파운드 규모의 2차 차관이 그리스에 제공되었다. 하지만 이 가운데 25만 7,000파운드만이 그리스로 보내졌을 뿐이다. 나머지는 그리스의 주간사가 차지하거나, 추락하는 그리스 채권값을 부양하기 위해 유용되었다. 또 필헬레네스 위원회 멤버들의 손실을 벌충하는 데 쓰였다. L. H. Jenks, *The Migration of British Capital* (London, 1938), p.51.

을 뿐만 아니라 발행조건 면에서도 아주 매력적인 것이었다. 남미국가들의 채권은 이자율이 높아 연 5% 이상의 이자를 금지하는 당시 영국법 아래에서는 발행할 수 없었다. 그래서 프랑스에서 채권을 발행한 뒤 영국으로 들여오는 수법이 이용되었다. 정부의 각종 규제를 피하기 위해 애용되고 있는 요즘 역외펀드의 초기 사례인 셈이다.

남미 채권값은 엄청난 비율로 할인되어 팔려나갔고, 이로 인해 매수자는 높은 이자수익뿐만 아니라 턱없는 시세차익까지 얻을 수 있었다. 또 소액의 증거금만 있으면 채권청약에 참여할 수 있었고, 나머지 대금은 장기간에 걸쳐 분할납입하면 되었기 때문에 개인투자자들의 선풍적인 관심을 끈 것이다.

하지만 채권발행국인 남미국가들에 돌아간 돈은 악어눈물만큼 적었다. 조달된 자금의 상당 부분은 베어링 형제나 로스차일드 같은 중개금융인들이 보유하고 있다가 투자자들에게 약속한 이자로 지급되었다. 심지어 나중에 발행된 채권으로 조달된 돈은 먼저 발행된 채권의 원금을 상환하는 데 쓰이기도 했다. 원금으로 이자를 지급하는 '폰지 파이낸스'(Ponzi finance)가 당시 남미 신생국가들의 지독한 자금난에도 불구하고 만기상환이 가능할 것이라는 환상을 투자자들 사이에 불러일으켰다.

● 남미 광산 붐 ●

투자자들은 빚으로 빚을 갚는 상태를 용인할 수는 없었지만, 믿는 구석이 있었다. 남미국가들이 독립을 하고 경제발전이 이뤄지면

결국에는 채권상환이 가능할 것으로 기대한 것이다. 더욱이 사업설명서에는 남미의 풍부한 금광이 채권상환을 보장한다고 명시되어 있었다. 하지만 당시 남미 금 생산량은 독립전쟁으로 대폭 줄어든 상태였다. 이에 1822년 초 콜롬비아 채권중개인이었던 J. D. 폴레스는 급감한 금 생산량을 회복시키기 위해 금광개발회사를 설립해 일반인들에게 주식을 매각했는데, 이것이 대성공을 거두었다. 마침내 채권투기 열풍이 남미 광산회사 주식투기 열풍으로 바뀌기 시작한 것이다.

투기꾼들은 영국의 자본과 선진기술이 스페인의 기술보다 더 효율적으로 금을 채굴할 수 있을 것이라고 기대했다. 존 불(John Bull)이 한 투자자로부터 받은 편지에 들어 있는 "기계를 잘 이해하고 있는 영국인이 무식한 스페인 사람들보다 금을 더 잘 생산해낼 수 있지 않겠습니까?"라는 문장은 당시 영국인들이 가지고 있던 우월감을 잘 보여주고 있다.[6] 실제로 영국은 당대 최고의 경제력과 기술력을 자랑하고 있었다.

하지만 남미 금광회사의 사업설명서는 비현실적인 이야기들로 가득 차 있었다. 어떤 사업설명서에는 이렇게 기록되어 있다. "2~20 파운드짜리 금덩이는 전부 버린다. … 우리 회사가 생산하는 금은 전 세계 수요를 충당하고도 남을 만큼 많을 것이다."[7] 또 리오플라타 광산협회는 다음과 같이 허풍을 떨었다. "우리 회사의 광산개발지역 안에는 비가 오면 금조각들이 여기저기서 번쩍거린다. 폭우가 내린 뒤에는 20온스짜리 금덩이를 밟지 않고는 한 걸음도 나갈 수

---

6 Dawson, *Debt Crisis*, p.105.

7 John Francis, *History of the Bank of England* (London, 1848), II, p.27.

없을 정도이고, 이런 경우가 너무 잦기 때문에 짧은 거리를 이동하는데도 한참이 걸린다."[8] 하지만 투자자들은 이곳 금광에서 채굴된 금이 유럽에서 생산되는 금보다 많다는 주장을 진지하게 받아들였다. 따라서 남미에서의 금 유입으로 16세기에 발생했던 인플레이션이 또 발생할 수 있다는 우려의 목소리가 나왔고, 러시아 출신 상인 토머스 투케가 쓴 『가격의 역사』에 따르면, "엄청난 양의 금 채굴로 금과 은의 가치가 하락할 것이라는 전망 때문에 인플레 기대심리가 퍼졌다"고 한다.

1824년에 발생한 남미 금광개발 붐은 당시 영국 경제의 번영과 맞아떨어졌다. 투케는 "이 나라 역사상 무역과 제조업이 1821~1824년만큼 꾸준하고 건실하게 성장하며 만족스런 상태에 있었던 시기는 없었다"고 평가했다.[9] 당시 발행된 연감에 따르면 영국인들의 경제성장에 대한 확신은 너무나 확고했기 때문에, "계층 가운데 까다롭기로 유명한 자본가들도 불평할 게 없을 정도"였다. 일반 상품에 대한 투기도 불꽃처럼 타올랐다. 첫 번째로 면화와 실크 값이 폭등해 새로운 자본가들이 앞다투어 이 시장에 뛰어들기 시작했고, 쪽빛 염색물감과 쌀, 껌, 커피, 후추 값들이 연이어 뛰어올랐다. 1824년 말에는 "몇몇 투기꾼들의 성공담이 전염병처럼 세간에 퍼져나갔다."[10]

실제로 당시 영국 경제는 나폴레옹 전쟁 직후 발생한 1817년의 극심한 불황으로 기업의 재고량이 줄어들고 상거래가 침체되어 일

---

8 Dawson, *Debt Crisis*, p.121.

9 Thomas Tooke, *History of Prices* (London, 1838), II, p.142.

10 앞의 책, p.144.

반상품의 수급불균형이 악화된 시기였다. 따라서 새로운 투자가 필요한 시점이었다. 이런 상황에서 남미지역에 대한 장밋빛 수출전망은 원자재 난이 발생할 수 있다는 두려움을 촉발시켰다. 남미국가 등 이머징마켓 투자 붐은 사우스 시가 설립된 1711년 영국에서 불었던 '바람'—당시 수출확대 전망에 따라 실크 손수건에서 치즈까지 다양한 물건들을 생산하기 위한 투자확대 바람—을 되살렸다.

1820년대 투자확대로 과잉생산된 영국 상품이 남미국가들의 수요와 물류시설이 도저히 감당할 수 없을 만큼 수출되는 바람에, 대부분의 상품이 리우데자네이루 부둣가에 방치되는 사태가 빚어졌다. 해리엇 마티뉴는 "버밍엄에서 선적한 열풍기는 남미의 뜨거운 태양 아래에서 달궈졌고, 셰필드에서 선적한 스케이트는 한 번도 얼음을 구경하지 못한 사람들에게 제공되었다"는 말로 당시 상황을 기록했다.[11] 지금도 이해할 수 없는 것은 남미 리오플라타 지역에 있는 젖소의 착유와 버터제조를 위해 부에노스아이레스에 영국 여성노동자들을 파견했다는 사실이다. 이 '벤처사업'은 원주민들이 기름을 선호하고, 버터는 무더운 기후 때문에 쉽게 산화해 도저히 먹을 수 없다는 사실을 모른 채 시도되어 참담한 실패로 끝났다.[12]

1824년 12월 31일 프랑스가 스페인을 공격했다는 소식이 전해지자, 영국 외무장관 조지 캐닝이 "마침내 신세계가 존재를 인정받게

---

11 Harriet Martineau, *The History of England during the Thirty Years' Peace: 1816~1846* (London, 1849), I, p.357. Thomas Tooke, citing McCulloch's *Principles of Political Economy*. 토마스는 리우데자네이루에 처음 아이스크림이 보내진 해가 1808년이라고 주장하지만 신빙성이 떨어지는 주장이다.

12 F. B. Head, *Rough Notes* (London, 1826), p.304.

되었고, 구대륙의 힘의 균형은 변화를 맞게 되었다"는 유명한 연설로 남미 독립을 공식 인정한다. 남미의 독립이 인정되자 금광시장은 활기를 띠기 시작했다. 애초 액면가의 10% 가격으로 일반 공모되었던 앵글로-멕시칸 주식은 이해 12월 액면가의 33%로 올랐으며, 1825년 1월에는 150%까지 솟구쳤다. 1525년에 개발된 레알 델몽트의 광산회사 주가도 같은 기간 동안 550파운드에서 1,350파운드로 치솟았다. 애초 70파운드에 샀던 상당수 투기꾼들은 약 2,000%의 수익을 올린 셈이다.

증권시장의 호황은 애초 광산회사 주식을 탐탁지 않게 여겼던 벤저민 디즈레일리(Benjamin Disraeli, 1804~1881, 수상을 지낸 정치가이면서 소설가 - 역자주)라는 한 젊은이조차 투기꾼으로 변신시켰다. 유태계 문학비평가의 아들로 태어나(그의 할아버지는 유명한 유태인 출신 브로커였다) 1824년 10대의 청년이었던 그는 거침없는 야망과 젊은이다운 즉흥성을 갖고 있었다.

그는 아버지 후광으로 변호사 사무실의 직원이 되었지만, 곧 법률가라는 직업이 자신에게는 어울리지 않는다는 사실을 깨닫게 된다. 그는 "법률가가 되기 위해서는 내가 위대해지는 것을 포기해야만 하는가?"라며 자신의 장래에 대해 고민하기 시작했다. 바로 그 순간 그의 눈앞에는 남미 광산 투기열풍이 펼쳐졌다. 나중에 그 자신이 회상한 것처럼 그는 '증시 활력에 큰 충격'을 받았고, 증시에서 투기를 벌이는 게 속도감 있고 부와 권력을 향한 지름길이며, 도덕적으로도 덜 지탄받는 길이라고 생각했다. 그리고 "부자가 될 수 있다면 지금

이 기회"라며, 남미쪽 사업에 많은 관심을 두기 시작했다.[13]

이후 디즈레일리는 광산회사 설립자였던 폴레스의 후원을 받아 사우스아메리칸의 사업설명서를 쓰게 된다.[14] 전력투구해 순식간에 작성한 100페이지 이상의 이 사업설명서에서 그는, "남미는 엄청난 경제성장을 이루게 될 것이고, 이 지역 금광에서 채굴한 금은 남미 대륙을 풍요롭게 만들 것"이라는 당시로선 진부한 남미예찬론을 폈다. 또 "이곳에 돈과 기술을 쏟아부은 영국은 이 지역이 풍요롭게 되면 최대의 수혜를 받게 될 것"이라며 영국 경제에 대한 장밋빛 전망도 제시했다.[15]

또 그는 "이 보고서는 내 사적 욕심과 특정 인물들의 영향을 받지 않은 균형잡힌 시각"이라는 사족까지 붙여 넣었으며, 그 자신도 이런 소신에 따라 투자에 뛰어든다. 부유한 주식브로커의 아들인 로버트 메서에게 빌린 2,000파운드를 종잣돈으로 삼아 1824년 11월 남미 금광회사 주식에 투자를 시작한 것이다. 그의 투기는 이듬해까지 계속되었는데, 1825년 만우절인 4월 1일 동료 투기꾼인 존 머레이에게 보낸 편지의 내용 가운데 "금광회사 주가의 지속적인 상승이 예상된다"는 부분은, 그가 얼마나 남미 광산회사의 전망을 확신하고 있었는지 잘 보여준다.[16] 그리고 다른 편지에서는 자신의 역할에 대

---

13 Jane Ridley, *The Young Disraeli* (London, 1995), p.31.

14 폴레스는 디즈레일리가 일했던 법률사무소의 클라이언트였다. 그 법률사무소는 폴레스를 위해 앵글로-멕시칸 광산협회와 광산협회의 정관을 작성해주는 업무를 대행했다.

15 Benjamin Disraeli, *An Inquiry into the Plans, Progress, and Policy of the American Mining Companies*. 1825년 처음 출판한 뒤 곧바로 2~4판이 발행됐다.

16 Kynaston, *City of London*, I, p.63.

해 다소 과장섞인 자랑을 하고 있다.

> 남미에서 전달된 모든 정보는 여기 내 손을 거치게 돼 있다. … 나는
> 회사의 임원들조차 접하지 못하는 수많은 비밀보고서를 읽고 남미
> 금광에 대한 많은 책을 읽었으며, 내가 관심을 갖고 있는 회사의 비밀
> 대리인들과 많은 정보를 주고받고 있기 때문에, 100파운드인 멕시칸
> 광산회사의 주가가 몇 년 안에 1,000파운드까지 치솟을 것이라고 결
> 론을 내리게 되었다.[17]

투기와 사업설명서 작성에 지친 디즈레일리는 야망에 들뜬 심정
으로, "나는 너무나 들떠 있다. 이는 생을 건 사업이다. … 나는 멕시
칸 광산회사에 모든 것을 걸어볼 생각이다"고 친구 메서에게 편지를
쓴다.[18] 그리고 이를 실행에 옮긴다.

● 벤처투기 ●

남미 금광회사의 주식을 놓고 도박을 할 수 없거나 내키지 않은
투기꾼들은 대신 영국 내에서 투자처를 찾았다. 마침 1720년 사우스

---

17 Ridley, *Young Disraeli*, p.33.

18 앞의 책, p.34.

시 버블 이후 침체되어 있던 주식회사 설립 붐이 다시 불고 있어, 이들 기업이 그들의 표적이 되었다. 1824년 나탄 로스차일드가 얼라이언스 화재보험을 설립했는데, 그의 사촌마저 임원자리를 거절할 정도로 이 회사의 장래는 불확실했지만 주식공모는 성공했다. 이는 다른 회사의 발기인들과 투기꾼들에게 큰 영향을 미쳤다. 당시에도 '벤처기업'으로 불린 이 시기 신생기업들은 급속히 진행되고 있는 도시화로 늘어난 런던 시민과 후세의 복지를 위해 사업을 벌이는 척했다.

메트로폴리탄 베스 사가 해변가에서 런던까지 바닷물을 공급해 돈이 없어 바닷가로 피서를 가지 못하는 사람들에게 바닷물을 공급하겠다고 밝히며, 회사설립과 주식공모를 추진했다. 또 다른 벤처기업 엄브렐러 사는 런던 등지에서 몇 푼 안되는 돈으로 우산을 빌려줘, "영국 신사들이 날씨 좋은 날에도 우산을 들고 다니는 불편을 해소하고, 비가 올 때는 준비한 우산 없이도 비를 맞지 않는 편리함을 제공하겠다"고 자랑했다. 또 메트로폴리탄 피시 사는 청어 등의 생선을 싼값에 가난한 사람들에게 제공해줄 수 있다고 광고했고, 런던전당포 주식회사는 가난한 사람들이 주로 이용하는 전당포의 이자율을 내려 저리로 서비스를 할 계획이라고 큰소리쳤다. 심지어 런던 장례업협회는 "자주 발생하는 시체 도둑질을 근절하고 완벽한 장례 서비스를 제공하며, 투자자에게는 높은 수익을 올려주기 위해 회사를 설립한다"고 밝혔다. 그들은 또 자신들의 수익은 장례비와 망자의 관에 넣어주는 보공을 통해 얻어질 것이고, 엄청난 규모가 될 것이라며 허풍을 떨었다.[19]

---

19 Dawson, *Debt Crisis*, pp.98~99.

이 시기 벤처기업들도 황당무계한 사업계획으로 어수룩한 투자자들을 유혹했다. 런던 증권거래소에서 주식공모를 실시한 한 벤처기업은 "이집트인들이 버린 금과 보석을 인양하기 위해 홍해의 물을 퍼낼 것"이라고 했다.[20] 뿐만 아니라 철강제 값이 상승하자 런던의 상인과 은행가들이 모여 고철회사를 설립해 트라팔가 해저 등지에서 영국 해군이 쏜 포탄을 인양해 올리겠다는 이유로 주식을 팔았다고 런던의 한 신문이 전하고 있다. 이 신문에 따르면 당시 영국정부는 "정당한 권한을 갖고 있는 지휘자가 사용한 포탄은 건져올린 사람의 것"이라는 이유로 이 회사의 포탄 소유권을 인정했다.[21]

그리고 이해 영국에서는 최초로 증기기관차가 등장했다. 한 신문은 당시 상황을 이렇게 전했다. "증기기관차의 굉음 외에는 아무것도 들리지 않는다. 모든 신문은 이 증기기관차의 노선으로 도배되었고, 수많은 사업설명서가 대중들에게 뿌려졌다."[22] 의회 교통위원회 위원장인 윌리엄 허스키슨은 런던과 버밍엄 사이의 철도건설을 위한 특별법을 만들어야 한다고 주장하며 철도건설에 앞장섰다. 하지만 그는 이로부터 5년 뒤 이 철도가 개통되는 날 증기기관차 '로켓호'에 치여 숨을 거둠으로써, 첫 번째 열차사고 희생자로 기록된다.

이 시기 벤처기업들도 투기열풍을 이용해 자본이익을 얻는 것 외

---

20 *Des Crises Commerciales et de leur retour périodique en France, en Auglelerre et aux Etats-Unis* (Paris, 1889), p.366. 이 책에 따르면, 경제학자 크레멩 쥬글라조차도 이 허무맹랑한 사업을 액면 그대로 믿는다.

21 Francis, *Bank of England*, II, p.3.

22 William Smart, *Economic Annals of the Nineteenth Century* 1821~1830 (London, 1917), II, p.318.

엔 별다른 목적을 갖고 있지 않았다. "우리가 해야 할 일은 주가를 끌어올려 주식을 사도록 대중들을 유혹하는 것이고, 모든 투자자들을 파멸에 이르게 하는 것"이라고 한 당시 소설 속의 발기인의 말은 그 시대 벤처기업인들의 욕망을 숨김없이 표현한 것이다.[23] 실제로 투자자들을 현혹하기 위해 다양한 방법들이 동원되었는데, 몇 푼 안 되는 돈을 예치하고도 신주를 인수할 수 있도록 해주거나, '누가 몇 배의 수익을 올렸다'는 소문을 퍼트리기도 했다. 심지어는 브로커들을 고용해 주가를 조작하기도 했고, 신문기자들에게 촌지를 안겨 새로 등장하는 회사들에 대해 과장 기사를 쓰게 하기도 했다. 실제로 〈모닝 크로니클〉(Morning Chronicle)의 편집장이 새로 설립된 회사의 주식을 뇌물로 받아챙긴 동료 기자를 고발한 일이 있었다. 하지만 "언론인들은 벤처기업의 협잡을 보도해 대중들을 개명시켜야 할 의무가 없다"고 한 당시 사법부의 판결은 언론과 벤처기업의 유착을 더욱 부채질했다.[24]

● 의회와 투기 ●

벤처기업인들은 자사의 지명도를 높이기 위해 의회 의원이나 귀족들을 '얼굴마담'으로 영입했다. 1825년 2월에 〈더 타임스〉가 발간한 '이사회 인명록'에는 얼굴마담으로 영입된 30명의 의원 명단이 들

---

23 Francis, *Bank of England*, II, p.2.

24 Dawson, *Debt Crisis*, p.163.

어 있다. 특히 사우스아메리칸의 이사회 명단에 들어 있는 의원 수가 급격히 늘어난 것으로 나타나 있다.[25] 두 명의 백작과 한 명의 의원이 태평양에서 굴을 채취하기 위해 설립된 콜롬비아 진주채취업 협회의 이사로 선임되었고,[26] 사석에서 투기를 우려했던 웰링턴 공작도 요크 공작과 함께 아메리칸 콜로니얼 스팀 내비게이션(American Colonial Steam Navigation) 사의 임원으로 올라 있다.[27] 당시 수상이었던 리버풀 경은 각료 3명과 함께, 영국과 아일랜드에서 잠사업을 벌인다는 명목으로 주식을 팔아 100만 파운드를 조달했으나 결국 실패로 끝났던 회사의 임원이었다. 게다가 그는 이 회사의 대표이사까지 지냈다.[28]

벤처기업과 유착된 의원들과 귀족들은 비판의 화살을 피하지 못했다. 〈더 타임스〉는 "정치인들이 '탐욕'이라는 나병에 감염되었다"고 했고,[29] 해리엇 마티뉴는 "의회의 도덕성이 추락하고 있다. 의원들이 벤처기업 관련법을 처리하는 데 의혹을 사는 행위를 서슴지 않으며, 자신과 친구들의 이익을 위해 입법자의 양심을 저버리고 있다"고 신랄하게 공격했다.[30] 당시 의회는 투기억제 장치가 아니라 투기조장

---

25 폴레스는 4명의 의원을 앵글로-멕시칸 광산협회 이사로 끌어들였다. 1825년 3월에 설립된 페루광산-무역협회는 귀족과 해군제독을 한 명씩 이사로 선임했다. 알렉산더 베어링은 하원에서, "회사법이 공정한 상업을 발전시키기보다는 광산회사에 적을 둔 의원들의 이익을 위해 만들어졌다"고 비난했다.

26 Dawson, *Debt Crisis*, p.90.

27 앞의 책, p.100.

28 Smart, *Economic Annals*, II, p.296.

29 B. C. Hunt, *the Development of the Business Corporation in England* 1800~1867 (Cambridge, Mass., 1936), p.35.

30 Martineau, *History of England*, I, p.356.

세력이었던 셈이다.

1720년 이후 105년이 지난 1825년, 당시 사람들은 사우스 시가 남긴 교훈을 잊고 있었다. 전반적인 낙관론과 교만이 당시 지배계급 사이에 만연되어 있어, 1825년 2월 영국의회 개원일에 모인 정치인들도 당시 경제적 번영에 흠뻑 취해 있었다. 대법관이 대독한 개원연설에서 왕이, "지금처럼 모든 일이 잘 풀리고 모든 계층이 안락과 만족을 느끼는 시기는 영국역사상 전례가 없었다"고 말할 정도였다.[31] 또 '풍요의 시대 재무장관'이라는 닉네임이 붙은 프레드릭 로빈슨은 예산안 보고를 통해 "우리는 조화롭고 굳건한 기반 위에서 안전하게 신세계를 열어갈 것"이라며 자신만만해했다.

하지만 몇몇 의원들은 투기에 대한 우려를 표명하기도 했다. 이해 3월 중순 존 바이런(John Byron)의 오랜 여행 동무였던 존 캠 홉하우스는, 벤처기업인들이 주가를 조작할 뿐만 아니라 "마치 눈먼 돈이 무한정 존재하는 것처럼 투기를 벌이고 있다"고 하원에서 비판했다. 은행가 출신인 알렉산더 베어링 역시 "세인트 제임스 성당 거리에서 귀족들이 벌이는 도박과 증권거래소에서 상인들이 벌이는 투기 사이에는 차이가 없다. 단지 거래소 도박이 쓸 만한 회사를 상대로 벌인다는 점에서 다를 뿐"이라고 비꼬았다. 그는 또 하원에 출두해서는 "금광회사 주식에 대한 투기는 조만간 파국으로 끝날 것이고, 무고한 수많은 사람이 피해를 볼 것"이라고 증언하기도 했다. 그의 눈에 비친 금광회사들의 중대한 잘못은 영국의 자본과 앞선 기술, 노동력이 더 많은 금을 생산할 수 있다고 선전한 것이다. 매장량이 한정된 금

---

31 *Parliamentary Debates* (Hansard), *New Series* (London, 1825), XII, p.1.

4장 1820년대 이머징마켓 투기   173

이 선진기술이나 자본에 의해 더 많이 생산될 수 있다는 것은 말이 안 된다는 것이다.[32]

의회개원 직후 이번에는 리버풀 경이 연단에 나서 투기꾼들에게 강력한 경고를 발했다. 그는 "상업국가에서 투기는 피할 수 없는 현상이고, 적절하게 통제할 수 있다면 경제에 일정한 기여를 할 수 있을 것이다"고 전제한 뒤, "하지만 주식회사나 다른 기업들의 임원들이 쓸모없고 위험하기 짝이 없는 투기에 뛰어드는 것은 도저히 용납할 수 없다"고 말했다. 따라서 그들에게 도움을 주는 어떤 법안에도 찬성할 수 없을 뿐만 아니라, 그런 법이 제출되면 앞장서 반대할 것이라고 단언했다. 그리고 "의회는 투기를 조장할 수 있는 법제정에 저항해야 한다"고 강조했다.[33]

몇몇 의원들이 이렇게 목소리를 높이고 있었지만, 당시 영국정부는 만연한 투기에 대해 애매모호한 태도를 취하고 있었다. 이때 내각을 구성하고 있던 인물들은 당시 풍미하고 있던 자유주의에 취해 있었기 때문이다. 그들은 자유주의 이데올로기가 개인의 자유와 영국경제의 발전에 이로운 것이라고 생각했다. 리버풀 경이 말한 대로 투기는 상업화된 현대사회에서는 불가피한 현상이고, 이를 미숙하게 억제할 경우 '보이지 않는 손'의 원활한 작용을 가로막아 시장의 효율성을 떨어트릴 위험이 있다는 것이다. 또한 주식회사가 은행, 보험업, 운하·상하수도 건설 등 대규모 자본이 필요한 사업을 벌이는 데 유용한 시스템이라는 사실을 잘 알고 있는 영국정부가 투기억제에 나

---

32 앞의 책, pp.1048~1073.

33 앞의 책, pp.1194~1195.

설 수도 없었다.

물론 당시 사람들도 투기가 아주 위험하고 사회를 좀먹는다는 사실과, 말뜻 그대로 과열과 지나침을 의미한다는 것을 알고 있었다. 또 투기가 대공황을 야기하고 투기꾼들뿐만 아니라 선량한 사람들에게도 큰 피해를 안긴다는 사실도 알고 있었다. 따라서 영국정부도 일단 투기를 잠재울 새로운 법을 만들겠다고 약속했다. 그리고 잠정적으로 1720년대 제정된 반버블법으로 강력히 대처하겠다고 밝혔다.

정부가 이렇게 나오자 디즈레일리가 정부 대책을 비난하는 공격수로 나섰다. 그는 특유의 경망스럽지만 확신에 찬 문체로, 어리석은 사람들은 법이 보호할 대상이 아니라고 주장했다.[34] 투기억제 논쟁에 휘말린 영국정부는 끝내 디즈레일리와 같은 입장을 취한다. 1825년 3월 중순 허스키슨은 만연한 투기를 잠재울 법안은 마련되지 않았다고 하원에 보고했다. 그는 "투기에 참여한 사람들이 품고 있는 일확천금의 기대는 끝내 물거품이 될 것이고, 나중에는 후회와 탄식만을 하게 될 것이며… 왜 의회가 지금 투기에 간여할 수 없는지를 이해하지 못할 것"이라고 말했다.[35] 그리고 이해, 오랫동안 사문화되었던 1720년의 반버블법마저 폐기되고 만다.

당시 영국정부는 경제적 자유주의와 투기에 대한 규제 사이에서 균형점을 찾는 데 실패했다. 합리적 투기와 지나친 투기 사이에는 무슨 차이가 있고, 합리적 투기가 지나친 투기로 변하는 것을 어떻게 막을 것인가? 알렉산더 베어링은 이 딜레마를 실감나게 묘사했다.

---

34 Disraeli, *Inquiry*, p.95.

35 *Parliamentary Debates* (Hansard), XII, p.1076.

> 투기라는 악마는 그것을 억제할 방안을 마련하기가 힘들지라도 마땅히 억제되어야 할 존재다. 하지만 공동체 발전에 큰 기여를 하는 기업가정신을 저하시키는 투기대책은 투기보다 더 해롭다. 따라서 정당한 기업행위와 투기를 명백히 구분할 수 있는 '현자'의 출현이 기대된다.

하지만 새로운 반투기법이 입법화되지 않았기 때문에 그 악마(투기)는 스스로 치유책을 내놓을 때까지 방치되었다.

● 불신의 역류 ●

1825년 1월, 5개의 철도회사 등 약 70개의 회사가 설립되어 주식을 공모하는 등 상품과 채권, 주식에 대한 투기열기는 새해에도 계속되었다. 하지만 봄이 되자 대세상승 분위기가 한풀 꺾여, 하락하기 시작한 남미국가들의 채권값이 여름 내내 주저앉기만 했다. 8월 말 중미국가들이 한데 모여 소규모 통합채권을 발행했지만 투자자들의 관심을 끄는 데 실패했고,[36] 안정적인 이자지급을 약속한 브라질의 채권청약률도 하락했다. 투자자들이 남미국가들의 '폰지 파이낸싱'에 염증을 느끼기 시작한 것이다. 게다가 사람들이 한여름 무더위에 지쳐 무기력해지자 런던 증시의 거래량과 주가도 떨어지기 시작했으며,

---

36 Dawson, *Debt Crisis*, pp.108~110.

시세차익이 줄자 일부 증거금만으로 주식을 배정 받는 공모에도 투자자들의 관심이 시들해졌다. 이로써 수많은 벤처기업들이 자금난에 봉착해 파산했고, 남미 금광개발산업의 대표종목이던 레알 델몽트의 주가도 1,550파운드에서 200파운드 이하로 급락했다.

마침내 공황이 엄습한 것이다. 투기열풍이 불 때 은행들은 대출을 일삼았고 상인들이 상품 매점매석을 위해 발행한 어음도 마구 할인 해주었다. 또 터무니없이 고평가된 주식과 채권을 담보로 대출하는데 거리낌이 없었다. 8월 말 영란은행이 발행한 은행권의 규모가 1,900만 파운드를 넘어섰지만, 금 보유량은 400만 파운드에도 미치지 못한다는 악재가 시장에 전해졌다. 위기를 의식한 영란은행은 시중은행 베어링스와 로스차일드의 재할인 요구를 거부하는 등 통화 긴축에 나섰다. 그리고 윌리엄 허스키슨의 강력한 주장에 따라 그해 가을 내내 금 보유량을 늘려나갔다.

영란은행의 긴축정책은 당시 영국 금융시스템에 엄청난 충격을 주는 것이었다. 특히 자금운용이 체계적이지 못하고 전문성과 리스크 관리능력이 떨어졌던 지방은행들이 극심한 자금난에 봉착했다. 리버풀 경의 말대로 '지역 상인과 청과물상, 치즈 제조업자, 지역 유지들이 모여 얼렁뚱땅 설립한' 지방은행은, 영국이 1819년 이후 금본위제를 채택하고 있었는데도 1832년까지 정금을 보유하지 않은 채 은행권을 발행할 정도였다. 또 투기광풍이 부는 동안 남발한 은행권으로 투기꾼들에게 장기대출을 일으켜 인플레이션을 유발하기도 했다. 신뢰가 무너지고 신용이 경색되자, 지방은행들의 취약성이 여실히 드러났다. 영국 경제의 공황과 기업파산은 지방은행을 위기로 몰아넣었다. 1825년 10월 초 플리머스 은행의 붕괴에 이어 영국 서부지역에서는 2개의 지방은행이 파산했다.

〈모던 크로니클〉(Modern Chronicle)은 당시 상황을 이렇게 묘사하고 있다. "영란은행은 자신의 유동성 위기와 투기꾼들의 유동성 위기 가운데 선택할 여지가 없다. 현 상황에서 다급한 영란은행이 다른 금융회사들에 구원의 손길을 내민다는 것은 불가능하다."[37] 다시 말하면 영란은행이 마지막 대부자의 기능을 수행할 수 없는 상황에서 공황이 발생했다는 것이다.

1825년 12월 런던은 광란에 휩싸였다. 이달 초에는 폴앤코 런던은행이 도산했고, 요크셔 지역의 주요 은행인 웬트워스가 문을 닫자 광란은 극에 달했다. 12월 14일 폴앤코가 예금지급 불능사태에 빠지자, 이 은행과 거래했던 50개소 군소 은행마저 파산했다. 사정이 이쯤 되자 이날 런던의 주요 상인들이 맨션하우스(런던 시장의 관저-역자주)에 모여들어 대책을 숙의한 뒤, "(우리는) 이 나라 신용을 굳게 믿고 있다"고 선언했다. 그러나 영란은행 한 임원의 사견은 런던 상인들보다 솔직했다. "지금과 같은 사태는 일찍이 없었다. 공황상태가 지속된다면 우리는 누구를 죽이고 누구를 살려야 할지 선택해야 한다. 하지만 누가 이 상황을 견뎌낼 것인가? 신뢰회복을 위한 특단의 대책이 나오지 않는다면 이 불신의 역류를 넘을 수 있는 은행이나 기업은 하나도 없다"고 밝혔다.[38]

주식시장에서도 모든 종목들이 평균 80% 이상 폭락해 주가가 공시되지 않을 정도였고, 영란은행 앞에서는 은행권을 금으로 바꾸

---

37 Thomas Jopin, *Case for Parliamentary Inquiry* (London, 1835), p.13.

38 앞의 책, p.16.

려는 군중들이 폭도로 변해 군대가 출동해야만 했다. 당시 영란은행의 금 보유량은 100만 파운드 수준이었다. 초유의 호황을 구가하던 영국 경제는 한순간에 바닥으로 곤두박질쳤다. 상점에는 상품과 식료품이 넘쳐흘렀지만 신용이 철저히 붕괴되어 오직 금으로만 물건을 살 수 있었다. 남미 금광회사들이 그토록 장담했던 금 풍년은 오지 않았고 오히려 금 품귀현상만 발생했다. 허스키슨은 "세계 최고를 자랑하는 영국 경제가 물물교환을 해야 할 지경에 이르렀다"고 탄식했다. 알렉산더 베어링은 시간이 흐른 뒤 하원에서 당시를 이렇게 증언했다. "모든 신뢰와 신용이 붕괴되었다. 이웃을 믿는 사람은 거의 없었고, 오직 자신만을 위해 보유하고 있는 돈을 써야 할 판이었다. 우리 가운데에는 그런 공황을 경험했던 사람은 아무도 없다"[39]

마침내 영란은행이 모든 위험을 무릅쓰고 재할인을 재개해야 할 긴박한 순간이 다가왔다. 특별 각의가 열렸고, 영란은행이 소액 은행권을 발행할 수 있도록 조치했다. 오래 전부터 5파운드 이하 은행권 발행이 금지되었으나, 다행히 영란은행 금고에는 1파운드짜리 은행권 뭉치가 남아 있어 신속하게 시중에 유통시킬 수 있었다.[40] 화폐 제조창에서는 하루 15만 개의 동전을 찍어내도록 허용되었다. 나탄 로스차일드도 30만 파운드의 금을 프랑스에서 실어와 영란은행에 예탁하는 등 영란은행 구조에 나섰다. 긴급조치로 파산위기를 넘긴 영란은행은 이해 크리스마스 이브에 그나마 신용이 남아 있는 은행과 상

39 *Parliamentary Debates* (Hansard), *New Series* (London, 1826), XIV, p.200.

40 Tooke, *History of Prices*, II, p.162. Kynaston discounts the story (참고: *City of London*, II, p.70).

인들의 어음할인을 재개했다.

이에 따라 증권시장의 공황도 막을 내렸다. 하지만 금융위기를 넘기자 경제위기가 다가왔다. 이 경제위기의 희생자 가운데는 월터 스코트와 스코트의 출판사 매니저 제임스 발렌타인이 있다. 이들은 상품투기를 벌였던 런던은행의 파산으로 빈털터리가 되어 4만 6,000파운드의 빚을 떠안아야 했다. 55세였던 스코트는 당시 심정을 기록으로 남겼다.

> 나는 빚쟁이의 농도가 될 것이다. 나는 꿈속에서도 다이아몬드를 찾기 위해 땅을 팔 것이다. … 이는 부유함을 위해서가 아니라 빚을 갚기 위해서다.[41]

이후 스코트의 다이아몬드 광산은 남미 금광보다 많은 부를 그에게 안겨주었고, 그것으로 그는 모든 빚을 청산할 수 있었다.

한때 멕시코 채권을 인수해 50만 파운드의 이익을 냈던 B. A. 골드미스 은행이 1826년 2월 파산했고, 대주주 L. A. 골드미스는 파산 소식에 충격을 받아 뇌출혈로 숨을 거두었다.[42] 같은 달 런던 상인들은 1793년 금융위기 선례에 따라 자신들의 재고품을 담보로 잡고 재무부에 어음을 발행해줄 것을 요청했다. 하지만 리버풀 경은 이들

---

41 *Dictionary of National Biography*, XVII (Oxford, 1897), p.1035.

42 Kynaston, *City of London*, I, p.73.

의 요청에 응하지 않았다. 대신 투기꾼들에게 '위기에 정부가 구조에 나서면 투기와 공황이 재발할 수 있다'고 한 자신의 과거 의회연설을 상기시키면서, "성급하고 우둔한 인간은 마땅히 대가를 치러야 한다"고 매정하게 잘라 말했다. 도덕적 해이를 들어 런던 상인들의 요청을 묵살해버린 것이다. "정부로부터 피난처를 구할 수 있을 것이라고 기대한다면, 빈민법이 게으름뱅이를 양산해내 산업을 망치게 하는 것과 마찬가지 문제를 야기할 것"이라는 허스킨스의 경고가 현실화될 가능성이 아주 높은 순간이었다.[43] 하지만 투기라는 악마 때문에 겪게 된 고통은 너무나 심각했다. 외무장관 캐닝은 "투기가 야기한 절망감이 너무나 깊기 때문에 투기꾼들이 스스로 처방을 찾기는 어려울 것이며, 정부가 나선다 해도 투기꾼들은 응분의 고통을 느낄 것"이라고 주장했다.[44]

캐닝이 '현존하는 악'이라고 부른 경제공황은 불행하게도 죄지은 투기꾼들만을 희생양으로 삼지 않았다. 1826년 내내 영국은 극심한 공황에 시달렸다. 이해 상반기 부도율은 전년도 같은 기간보다 3배가 늘었으며, 제조업 생산성은 땅에 떨어졌고 해고된 노동자들은 영국 전역을 방랑했다. 또 노리치(잉글랜드 동부에 있는 노퍽 주의 주도)에서 발생한 노동자들의 폭동사태는 상반기 내내 계속되었다. 식민지 장관이 높은 실업률을 해결하기 위해 해외원정을 제안할 정도였다.[45] 그

---

43 재인용 : Boyd Hilton, *Corn, Cash, Commerce* (Oxford, 1977), p.227. 힐튼은 이 정책을 '사드마조히스트적' (sado-masochistic)이라고 평했다.

44 Martineau, *History of England*, I, p.364.

45 앞의 책, p.373.

의 주장은 스코틀랜드 방직공들의 지지를 받았다. 그런데 이 노동자들 가운데 상당수는 이후 호주 등에 강제 수용된다.[46]

● 남미 블루스 ●

1826년이 저물어갈 즈음 〈모닝 크로니클〉은 남미 신생국가들이 발행한 채권에 투자했다 빈털터리가 된 푸줏간 노동자의 자살소식을 전했다.[47] 액면가 2,500만 파운드에 발행된 남미국가들의 채권가격은 이해 초여름 1,200만 파운드 아래로 떨어졌다. 그리고 이자지급을 위해 유보해두었던 자금이 바닥나자 브라질을 뺀 나머지 남미국가들은 디폴트 상태에 빠졌다. 손실을 입은 사람들은 영국 채권 투자자들만이 아니었다.

남미국가들의 국민들도 고통에 휩쓸렸다. 앞서 말한 대로 발행한 채권의 총액 가운데 극히 일부만이 남미국가로 보내졌을 뿐이었고, 남미국가들은 이 돈마저 인접 국가들과의 전쟁이나 내부 봉기를 진압하는 데 탕진해버렸던 것이다.[48] '최초의 남미 외채위기'로 기록된 이 채권부도 사태로 남미국가들이 발행한 채권 가운데 50% 이상이 만기가 연장되었고, 이자가 경감되는 재조정을 받아야만 했다. 그리

---

46 Smart, *Economic Annals*, II, p.334.

47 Dawson, *Debt Crisis*, p.214.

48 금융사학자 젠크스는 "19세기 남미국가들의 폭력과 부패, 불안, 취약한 금융시스템은 적잖이 영국 금융시장의 버블 때문"이라고 주장했다. *Migration*, p.63.

고 이마저 안 될 경우에는 모두 탕감해주어야 했다. 또한 남미 외채 위기는 영국과 남미 간의 무역도 위축시켰다.

"투자자들은 자신의 이름이 주주명부에서 누락된 사실도 몰랐을 뿐만 아니라 주주명부에 자신의 이름을 올리는 것 자체를 꺼릴 정도"(1826년 2월 〈모닝 크로니클〉 칼럼내용)였던 투기열풍을 이용해 주식을 팔아먹은 100여 개의 벤처기업들도 공황으로 대부분 파산했다.[49] 〈월간 리뷰〉는 "순진한 대중들을 사기쳐 먹고 남은 한 무더기의 쓰레기들"이라고 이 회사들을 혹평했다. 호시절에 주당 400파운드까지 치솟았던 레알 델몽트 주가는 115파운드로 폭락했고, 베네수엘라 해방운동가 가족의 영지에서 구리를 채굴하기 위해 설립된 볼리바르 광산회사의 주가는 28파운드에서 1파운드로 곤두박질쳤다.

광산업의 붕괴는 젊은 디즈레일리의 꿈도 산산조각냈다. 수천 파운드의 빚더미에 앉게 된 그는, 이후 25년 동안 고통스러운 시간을 보냈다. 그리고 그후 그는 청춘의 정열을 소설창작에 쏟아부어 자전적 소설 『비비언 그레이』(Vivian Grey)를 발표했다. 하지만 이때 입은 정신적 고통으로 그는 정신병을 앓게 되고, 요양을 위해 고국을 떠나야 했다.[50]

남미 금광회사의 연쇄도산에 방아쇠를 당긴 것은 리오플라타 광

---

49 Dawson, *Debt Crisis*, p.119.

50 남미 등 외국에 대한 투기꾼으로 변신한 디즈레일리는 이후 한 차례 해외 투기에 성공을 거두고 투기꾼으로서 인생을 마감한다. 1875년 그는 영국정부를 대표해 수에즈운하 지분 50%를 사들이는 협상을 벌였다. 당시 400만 파운드를 들여 사들인 수에즈운하 지분가치는 이로부터 50년이 흐른 뒤 4,000만 파운드로 급등한다. 젠크스는 이를 가르켜 "투자로서 수에즈운하는 그 영국인이 거둔 가장 성공적인 사례일 것"이라고 평가했다. *Migration*, p.324.

산협회의 수석기사였던 F. B. 헤드가 1826년 초에 내놓은 폭로보고서였다. 4,500킬로미터 이상 남미대륙을 돌아다녀 '말같이 뛰는 헤드'라는 별명을 얻은 그가 속해 있던 회사는 사업설명서를 통해 "우리 회사가 금광개발권을 갖고 있는 땅에는 너무나 금이 많기 때문에 진흙에서 그저 금을 씻어내기만 하면 된다"고 허풍을 떨었다. 하지만 남미 전역을 이잡듯이 뒤지고 다녔던 헤드가 낸 보고서는 이와 다른 실상을 담고 있었다. 이 회사가 갖고 있는 개발권은 분쟁의 대상이고, 영국 탄광 근로자들이 도저히 흉내조차 낼 수 없는 광산노예들의 참혹한 노동에 의해 금이 채굴되고 있다는 것이었다. 그는 이런 극도로 열악한 상황에서 영국의 '발전된' 채굴기술은 전혀 쓸모가 없었으며, "남미 노동자들은 계약이 무엇인지도 모를 뿐만 아니라 정확성과 시간관념도 없다"고 폭로했다.[51]

헤드는 "금광회사들의 몰락은 영국에 살고 있는 우리 자신의 '무지'라는 단 하나의 이유 때문에 발생했다"고 썼다.[52] 그가 말한 무지는 남미채권 투기의 파국과, 특히 포이에스 채권의 지급불능을 설명하는 데 적절하다. 채권투자자들은 남미국가들이 안고 있는 불안과 극빈, 체계적이지 못한 정부조직 등의 문제점을 전혀 알지 못했다. 금광회사에 대해 무지한 만큼 주가는 치솟았다는 것이다.[53]

1580년 탐험가 드레이크가 지구를 한 바퀴 돈 뒤 남미에서 노획한 귀중품들을 들고 귀환한 이후로, 영국인들의 뇌리에는 남미에 대

---

51 Head, *Rough Notes*, p.279.

52 앞의 책, p.iv.

53 Francis, *Bank of England*, II, p.4.

한 환상이 강하게 자리잡고 있었다. 물론 남미 채권투자자들은 순전히 일확천금만을 노린 것은 아니었다. 영국인들은 스페인의 착취와 무자비, 후진성에 시달리는 남미 사람들의 해방운동을 지원한다는 생각도 갖고 있었다. 남미 금광회사 주식에 대한 투기도 마찬가지였다. 디즈레일리가 말했듯이 "아직 걸음마 단계인 남미의 자유를 후원"하기 위한 것이기도 했다. 다시 말하면 남미투기는 합리적인 계산을 넘어선 그 시대의 환상이 중요한 이유였다는 것이다.

> 영국의 시장이 남미의 평원 팜파스와 안데스 산맥, 극지방의 얼음 바위 너머까지 확대되고 있을 때, (투기가 낳은) 흥분과 대기업에 대한 우호적인 여론, (이 시대 사람들의) 상상과 논리 속에는 우아한 정신이 자리잡고 있었다. 백발의 상인이 화롯가에서 광부의 횃불에 반짝이는 코딜레라 바위틈의 금 이야기와 흥분에 떨리는 목소리로 유창하게 경험담을 이야기하는 것만이 기대했던 대가는 아니다. 그가 기대했던 것은 영국 내 일상적인 생활 속에서는 도저히 얻을 수 없는 인식지평의 확대였다.[54]

1822~1825년 사이에 벌어진 남미 채권과 광산에 대한 투기는 이머징마켓 붐의 시작일 뿐이었다. 19세기 상당기간 동안, 영국 투자자들에게는 미국도 이머징마켓이었다. 영국 투자자들은 미국 채권과

---

54 Martineau, *History of England*, I, p.352.

철도회사에 엄청난 돈을 쏟아부었고, 적잖은 손해를 봤다. 19세기가 저물어갈 즈음 남미는 또 한 차례 격렬한 투기열풍을 일으키는데, 이는 아르헨티나의 공기업 채권을 인수해 큰 손해를 입었던 알렉산더 베어링 가의 은행이 도산하는 것으로 막을 내린다.

1920년대 미국 시장이 초호황을 누리자, 한 세기 전 영국 버블 때처럼 또다시 엄청난 규모의 자본이 남미에 투자되었다. 하지만 이때도 대공황으로 남미 경제가 붕괴하자, 대부분의 투자자들은 단 한 푼도 건지지 못했다. 더욱이 1930년대 초반 미국정부가 해외차관 공여를 줄이자, 남미를 비롯한 세계 경제가 극심한 디플레이션 상태에 빠져들었기 때문이다.

1990년대 미국시장의 호황과 함께 남미와 동아시아, 동구권에 투기적 대출과 투자가 극에 달했다.[55] 배후 동기는 1820년대 영국 투자자들의 남미 채권투자 동기와 비슷한 것이다. 영국인들이 당시 스페인의 '압제의 사슬'에서 갓 독립한 남미국가들을 영국의 상품과 자본, 기술이 현대화시켜줄 것이라고 믿은 것처럼, 1990년대 미국인들도 자신들의 상품과 자본이 화석화된 사회주의국가에서 이제 막 탈출한 동구권을 현대화시킬 수 있다고 믿었다. 이머징마켓 자산가치의 대세상승 기운에 취한 현대 투자자들도 1820년대 영국 투자자들처럼 자신들의 나라와 투자대상국의 정치·문화 사이에는 엄청난 차

---

55 이머징마켓이라는 개념은 1986년 월드뱅크의 산하기관인 국제금융(International Finance Corporation)의 한 직원에 의해 만들어졌다. 이 단어는 '제3세계'나 '미개발국가'라기보다는 매력적인 투자처라는 느낌을 준다. 1991~1995년 사이에 미국연기금과 뮤추얼펀드가 이머징마켓에 투자한 규모는 2,000억 달러에서 5,000억 달러로 급증했다.

이가 있다는 사실을 무시하고 있다.[56]

1990년대 어떤 호황기보다 큰 증권시장 버블이 발생했다. 거품은 칠레에서 방글라데시까지 전지구적인 차원에서 부풀어올랐다. 한 투자전략가가 말한 것처럼, 이머징마켓에 투자할 때는 버블 위에서 스키를 타듯 타이밍을 정확하게 맞춰야 한다. 수익의 극대화를 위해 충분한 시간 동안 거품이 부풀어오르도록 놔둔 다음 터지기 직전에 잽싸게 빠져나와야 한다. 그런데 이런 경우 투기꾼들이 한 나라에서 자금을 한순간에 철수하는 바람에 그 이웃나라 경제도 큰 충격을 받는다. 이 도미노 효과는 1930년대 경쟁적인 통화가치 절하처럼 국제경제의 새로운 불안요인이 되고 있다. 1998년 중반 한국과 러시아 등의 이머징마켓이 붕괴할 때의 자본이탈 역시 불행히도 과거 자본이탈 현상과 유사했다.[57] 자본이탈로 '서머징마켓'(submerging market, 이머징마켓이 떠오르는 시장이라면 이는 가라앉는 시장을 가리킨다)의 증권시장 주가가 1990년 이전의 수준으로 추락한 것이다. 1820년대와 마찬가지로 1990년대 이머징마켓에 대한 투기도 개발도상국과 선진국 관계에 큰 상처를 남길 것이다. 앞문으로 들어온 돈이 유

---

56 1998년 10월 6일 〈파이낸셜 타임스〉는 "이머징마켓은 서구 투자자들에게 적합지 않다"고 보도했다. 상당수의 이머징마켓에는 필수적인 금융기구와 투자자보호 규정, 적절한 파산-청산 절차가 없기 때문이다. 또 금융시스템의 안정성과 예금보험, 회계의 투명성, 관료들의 청렴성, 예측가능한 조세제도, 적절한 금융규정, 마지막 대부자로서 기능을 수행할 수 있는 독립적인 중앙은행 등이 확립되어 있지 않다는 것이다. 이 글을 쓴 이는 "금융에서 무지는 극히 짧은 순간의 행복일 뿐"이라고 말했다.

57 1997년 93달러에 발행된 베네수엘라 채권은 한 해 뒤인 1998년 45달러에 거래되었다. 미국 재무성채권과 이머징마켓 국가채권의 수익률 스프레드는 1998년 7월 4일 약 4%포인트 수준에서 6주 뒤에는 16%포인트까지 급등했다. 즉 미국 재무성 채권과 비교해 이머징마켓에 속하는 국가들의 채권값이 이 기간 동안 75% 폭락했다는 의미이다.

입속도보다 빠르게 뒷문으로 빠져나가는 것을 본 사람들은 자유시장 모델을 불신하게 될 것이기 때문이다.

● 경기순환과 투기 ●

이머징마켓 투기는 국내 채권시장의 수익률 저하로 대규모 자본이 고수익을 쫓아 해외로 몰려갈 때 흔히 발생한다. 1822~1825년 영국버블은 최초의 투기와 경제사이클의 만남으로 평가되었다. 윌리엄 페티(William Petty) 경은 '빈곤과 풍요'라는 개념으로 17세기 이후 경기순환을 처음으로 연구한 학자였다.

본디 경기순환은 투기보다는 흉작과 전쟁, 정부의 재정위기 등으로 발생한 공황과 관련이 있었다. 예를 들면 1745년 12월 6일 자본주의 최초의 '검은 금요일'은 자코뱅주의자들의 침입과 젊은 왕위 요구자(제임스 2세의 손자인 찰스 에드워드를 가리킨다-역자주)가 영국 더비에 상륙했을 때 발생했다. 18세기 후반 영국의 자본주의 경제가 좀더 발전하자, 경기순환의 원인이 농업과 재정의 부침에서 신용의 팽창과 수축으로 바뀌었다.[58] 사무엘 테일러 콜러리지는 1817년에 펴낸 『범인의 설법』(Lay Sermon)에서 다음과 같이 말했다.

---

58 운하와 사설 유료도로에 대한 광범위한 투기, 과도한 환어음 발행 등에 의해 1772년 금융위기는 예고되었고, 결국 에이르 은행의 도산으로 촉발되었다. 동인도회사 주식에 투기를 벌이다 실패했던 양말장수 출신 알렉산더 포다이스가 금융업에 실패하는 바람에 이 은행은 파산했다. 이와 같은 금융위기는 1793년 운하에 대한 투기와 과도한 신용남발로 한 차례 더 발생한다.

12년 또는 13년을 주기로 신용혁명이 발생했다. … 밀랍으로 날개를 달고 태양에 도전했던 이카루스 같은 과도한 신용창출과 비정상적인 대세상승 분위기는 급격한 추락을 맞게 된다. … 경고와 불신은 점차 신중함으로 변한다. 하지만 신중함은 욕망과 일확천금을 원하는 야망으로 조금씩 변질된다. 한쪽에서 성급함과 부주의가 모험을 감행하도록 자극하고, 다른 한편에서는 원칙이 사라지고 잘못된 신용창출 때문에 호황과 불황이 해마다 되풀이된다. 그리고 희망과 절망, 맹목적인 열정과 추진 등의 소용돌이 속에서 경기순환이라는 긴 여행은 끝난다.[59]

콜러리지의 논리는 나폴레옹 전쟁 이후 발생한 극심한 경제불황을 겪으며 정교하게 다듬어진 것이다. 경제불황으로부터 2~3년이 흐른 뒤 신용과 신뢰가 되살아나고, 경기순환은 콜러리지가 예상했던 대로 긴 호황국면에 접어든다. 그리고 이 호황국면은 느닷없이 발생한 투기열풍으로 이어진다. 1822~1825년의 버블은 '손쉬운 신용창출' 때문에 발생했다고 볼 수 있다. 그리고 영국정부의 콘솔채권의 수익률이 극도로 낮아졌기 때문에, 남미국가들이 발행한 채권이 영국투자자들의 눈에 매력적으로 보였다. 그리고 지방은행들이 마구 남발한 은행권은 '투기를 위한 자금조달이 무한대로 가능하다'는 착각을 불러일으켰다. 알렉산더 베어링의 말처럼, 사이비 유동성의 풍요

---

59 S. T. Coleridge, *Lay Sermons* (ed. R. J. White, London, 1972), p.204.

가 투기불꽃에 기름을 부은 것이다.[60] 버블이 한창일 때 무제한적인 신용창출은 자산가치를 치솟게 만들었고, 또 적정가격이상으로 치솟은 자산을 담보로 과도한 신용창출이 발생하는 악순환이 되풀이되었다. 1825년 봄 하늘 높은 줄 모르고 치솟던 자산가격이 떨어지기 시작하고 신뢰가 무너지자, 상황은 급변하기 시작했다. 결국 거침없이 부풀어오른 버블은 신용경색과 경제공황으로 이어졌다.

이해 경제공황이 발생한 뒤 은행가이면서 중금주의자였던 S. J. 로이드는 콜러리지의 견해와 상당히 비슷한 경기순환론을 제기했다.

> 평온상태에 있던 경제가 성장한다. 그리고 경제성장에 대한 확신이 커진다. 이후 경제적 번영이 도래하고 경제참여자들이 흥분하기 시작하면서, 과도한 거래가 발생한다. 하지만 갑작스럽게 경기수축이 발생하고, 압력이 가중되면서 스태그플레이션이 발생한다. 그리고 경기침체가 재연되면서 다시 평온상태로 되돌아온다.[61]

로이드의 설명에 따르면 경기와 신용, 투기의 주기들이 서로 연결되어 있다. 1822~1825년 주식과 채권, 일반상품에 대한 투기는 남미

---

60 Joplin, *Case*, p.12.

61 S. J. Loyd, "Reflections suggested by a perusal of Mr. J. Horsley Palmer's Pamphlet on the Causes and Consequences of the Pressure on the Money Market" [1837], published in *Tracts and Other Publications on Metallic and Paper Currency* (London, 1858), p.30.

지역에 대한 허망한 수출전망과 은행가들의 무분별한 자금공급등과 관련이 있다. 로이드가 심리학적인 개념을 동원해 설명한 경기순환론은 〈이코노미스트〉 지의 편집장이었던 월터 베이지헛이 받아들여 이론적으로 좀더 정교화했다. 그는 해로운 투기는 "경제 번영시기에 발빠른 소수의 투자자들이 초과수익을 올린 투기대상에 일반 투자자들까지 뛰어들어 과도한 자본을 투자한 결과 발생한다"고 설명했다.

> 적당한 투자처를 찾지 못한 예금 보유자들이 특별한 수익을 약속하는 곳에 돈을 쏟아붓는다. 그리고 이 투자로 기대 이상의 수익을 올렸다는 소식이 퍼지면, 더 많은 돈이 몰려든다. 초기 투자자들의 목표는 정기적금 이자율보다 높은 수익이었다. 하지만 투기가 진행되면서 이 목표는 부차적인 것으로 변한다. 일확천금이 새로운 목표가 되고, 자신이 보유하고 있던 자산을 모두 처분한다. 이런 과정이 계속되면 투기열풍은 지속된다. 하지만 중단되면 파국이 시작된다.[62]

베이지헛에 따르면 경기사이클이 상향하고 있는 동안 사람들은 경제번영이 계속될 것이라는 환상을 갖게 되고 상인들이 투기에 뛰어든다. 이와 동시에 점증하는 사기와 협잡은 투자자들을 빈털터리로 만든다. 그들은 공황이 온 뒤에야 자신이 속았다는 사실을 깨닫는다. 그래서 "행복감에 취해 있는 사람은 쉽게 속일 수 있다"고 베

---

62 Bagehot, *Lombard Street* [1873] (London, 1910), p.139.

이지헛은 말했다.

1825년 이후 영국에서는 대략 10년을 주기로 호황과 불황이 발생했다. 19세기 말 프랑스 경제학자 클레멘 쥬글라(Clement Juglar)는 이 경기순환을 이론화하여, 자신의 이름을 딴 '쥬글라 파동'을 발표했다.[63] 주기가 10년인 쥬글라 파동은 19세기 경제가 안고 있는 다양한 요인들 때문에 발생하는데, 그 요인에는 신용의 팽창과 수축, 제조업의 재고량 증가와 감소, 태양흑점의 발생과 소멸 등이 있다.[64] 존 스튜어트 밀에 따르면, 주기적인 경제호황의 씨앗은 직전에 발생한 공황시기에 뿌려진다는 것이다. 신용경색은 자산가치의 폭락을 야기하기 때문에 헐값에 자산을 매수할 수 있는 기회를 제공한다. 이후 자산가치 상승은 투기의 부활로 이어진다.[65] 공황 이후의 금융시장에서는 과거의 바보들과 빈털터리들이 장밋빛 낙관론을 갖게 되고 다시 순진한 투자자로 환생한다. 베이지헛에 따르면 자본은 맹목적으로 변한다. 과거의 쓰라린 경험은 잊어버리고, 투자자들은 다시 과거의 잘못을 그대로 되풀이하는 것이다.

---

63 경제파동에 대한 쥬글라의 분석은 본질적으로 금융사이클에 근거한 것이다. 인플레이션과 신용팽창은 감당할 수 없는 지불준비금의 감소 등이 발생할 경우 은행들이 자금 회수에 나설 때 끝난다.

64 태양흑점 이론은 W. S. 제본스(Jevons)에 의해 처음 제기되었다.

65 J. S. Mill, *Principles of Political Economy*, p.543.

5장

1845년 철도버블

인간은 주식과 도구만 있다면 '시간과 공간을 뛰어넘어 어디든지 찾아갈 수 있다'고 생각하는 경향이 있다. 그러나 증기기관차가 출발할 즈음 한 무리의 인간들이 열차를 향해 뛰고 있다 하더라도, 단지 두서너 명만이 열차에 오를 수 있고 나머지는 열차에 치일 수밖에 없다는 사실을 깨닫게 될 것이다. 그리고 이는 단지 '불행한 사고'라고만 기억될 것이다.

— 헨리 데이비드 소로우의 『월든』(Walden, 1854)에서

슘페터는 "혁신은 자본주의 경제역사에서 가장 눈에 띄는 사건"이라고 말했다.[1] 투기꾼은 자본주의 경제의 전위대다. 하지만 투자자들은 일단 혁신이 성공하고 안정적인 수익이 확보되면 자본이득보다는 투자원본의 안전과 수익의 예측가능성에 더 관심을 갖는다. 투기꾼과는 달리 현재 상태에 더 큰 관심을 갖는다는 것이다. 미래의 수익을 기대하더라도 현재의 상태가 변화 없이 지속되기를 희망한다.

신기술 개발과 희소성은 늘 투기꾼들을 흥분시켰다. 1690년대 잠수구와 내연기관, 유치한 수준의 경보기, 1720년대 기관총과 영구회전바퀴 등은 투기꾼들을 매료시켰던 기술혁신의 대표적 사례들이다. 하지만 산업혁명이 발생하기 전까지 투기꾼들을 들뜨게 했던 신

---

1   J. A. Schumpeter, *Business Cycles*, I, p.86.

기술은 기존 기술의 조잡한 조합이거나, 돈이나 벌어볼 심산으로 벌였던 사기에 지나지 않았다.

그러나 18세기 이후 커뮤니케이션 부문에서 천재적인 발명이 수없이 이루어졌다. 이는 인간 사회에 엄청난 영향을 끼쳤다. 운하의 개발이 커뮤니케이션 혁명의 시작을 알렸고, 다음으로 철도와 자동차, 라디오, 항공기, 컴퓨터가 그 뒤를 이었다. 그리고 최근에는 인터넷 혁명이 발생하고 있다. 각각의 커뮤니케이션 혁명 사례들은 당대의 투기꾼들을 매료시켰고, 투기꾼들도 이 혁명에 큰 영향을 끼쳤다.

● 철도버블의 서막 : 운하투기 ●

1767년 맨체스터 북서부에 위치한 워슬리의 광산에서, 방직공장 단지가 들어선 맨체스터 남서부의 런콘을 잇는 45킬로미터짜리 듀크 브리지워터 운하가 건설되었다. 마침내 영국에서 운하의 시대가 시작된 것이다. 이후 20년 동안 영국에서는 1,500킬로미터가 넘는 운하가 건설되었고, 운하건설회사들의 주가는 하늘을 쳤다. 브리지워터 운하는 투자자들에게 대규모의 자본이득과 배당수익을 안겨주었다.

따라서 운하가 완성되었다는 소식은 당시 사람들을 흥분시킨 빅뉴스가 되었다. 석탄과 공산품, 농산물의 물류비용을 크게 낮추는 등 운하로 인해 얻게 되는 이익이 너무나 커, 당시 사람들은 운하가 기존질서를 해체할 수 있는 힘을 지니고 있다고 생각했다.[2] 그리고 실

---

2   W. T. Jackman, *The Development of Transportation in Modern England* (London, 1962), p.406.

제로 운하의 개통으로 새로운 시장이 열리자 상품값은 하락하고, 운하인근 땅값은 상승했다. 사정이 이쯤 되면 투기가 발생하는 게 당연한 법, 1790년대 초반 마침내 운하투기의 막이 올랐다. 이때 50개의 새 운하를 건설하기 위한 법이 통과되었고, 이는 1740년 이후 50년 동안 건설된 운하의 두 배가 넘는 것이었다. 운하건설회사의 주식청약 접수가 들판과 여관, 심지어 교회에서까지 실시될 정도였다. 지역사회 브로커들과 운하건설회사의 직원, 변호사, 여관주인들로 구성된 일단의 투기꾼들은 1630년대 '튤립투기단'과 유사한 '운항사무실'을 열어 투기를 부추겼다.[3]

1792년 겨울 운하투기는 절정에 달했다. 대부분의 운하건설이 이뤄졌던 미들랜드에서 당시 발행된 신문들의 지면은 주식브로커의 광고와 주주들의 미팅소식, 투기꾼들이 제시한 운하회사의 주가들로 가득 차 있다.[4] 레이스터 운하회사 발기인들은 로마의 서정시인 호라티우스의 시구에서 따온 '행운의 물줄기가 당신을 금으로 덮게 하소서'라는 말을 자사 소유의 여객선에 커다랗게 써 붙이기도 했다.[5] 이는 당시 사람들의 간절한 희망사항이었다. 하지만 모든 투기에는 종말이 있는 법, 1793년 운하투기는 프랑스의 혁명전쟁이 상업공황으로 이어지면서 파국을 맞게 되었다. 운하회사의 주가가 폭락했고 신설 운하의 투자수익도 비참할 정도로 떨어졌다. 세기가 바뀌어 19세

---

3   J. R. Ward, *The Finance of Canal Building in Eighteenth-Century England* (Oxford, 1974), p.107.

4   앞의 책, p.91.

5   앞의 책, p.136.

기에 접어들자 운하회사의 자본수익률은 투기발생 이전 평균수익률
인 50%에서 턱없이 떨어져 5%대까지 주저앉았다.[6] 심지어 25년 뒤
인 1825년에는 배당금을 지급하지 못한 운하회사가 5개 가운데 하
나꼴이 될 정도로 상황이 악화되었다. 그리고 전체 운하회사의 평균
배당률도 정부채권 수익률과 비슷한 수준이 돼버렸다.[7]

새로운 운하건설로 도시와 시골이, 생산자와 시장이 연결되어 지
역경제가 활기를 띠었지만, 운하건설 기술은 새로운 것이 아니었다.
일찍이 로마인들도 운하를 건설했다. 운하는 단순히 수로의 혜택을
받지 못했던 지역까지 수상교통을 연결하는 것이었다.

하지만 철도는 인간생활에 아주 의미심장한 변화를 야기했다.
1820년대 처음 증기기관차가 출현했을 때 당시 사람들은 열광과 전
율을 동시에 보였다. 괴물 같은 증기기관차를 처음 접한 당시 사람들
은 열차가 독성이 가득 찬 연기를 내뿜어 새를 죽게 하고 하얀 양털
을 새까맣게 만들 것이라고 예상했다. 그리고 굉음 때문에 소들이 풀
을 뜯지 못하고 닭들이 달걀을 낳지 못할 것이라고도 생각했다. 또
시속 25킬로미터의 '빛과 같은 속도'는 타고 있는 인간을 가루로 만
들어 버릴 것이라고 믿었다.[8] 따라서 철도건설은 강력한 반대에 봉착
했다. 운하와 역마차업자들뿐만 아니라, 영지의 고요함을 깨 여우사
냥에 장애가 된다는 이유로 지주들도 강하게 반대하고 나선 것이다.
그리고 그레이트 웨스턴 철도회사가 런던과 잉글랜드 서부지역을 연

---

6   Hunt, *Development of the Business Corporation*, p.14.

7   Ward, *Finance of Canal Building*, p.176.

8   Leone Levi, *The History of British Commerce* (London, 1880), pp.191~192.

결하는 철도를 건설하려 하자, 옥스퍼드 대학교와 이튼 칼리지가 처음부터 반대하고 나섰다.

많은 사람이 적대적인 태도를 보였지만, 초창기 철도는 두 차례나 투기열풍을 일으켰다. 첫 번째 '철도열풍'은 미국에서 스톡턴과 달링턴 사이에 철도가 개통된 1825년에 불어닥쳤다. 의회는 재빨리 6개의 철도건설법을 통과시켰다. 하지만 이때 몰아친 투기열풍은 이해 말에 발생한 경제위기 때문에 순식간에 가라앉는다. 6년이 흐른 1831년 리버풀과 맨체스터 사이의 철도개통으로 철도는 마차 등 다른 교통수단을 누르고, 마침내 최고의 교통수단으로 자리매김하기에 이른다. 리버풀과 맨체스터 사이 철도가 개통되자마자 10%의 배당금이 투자자들에게 지급되었고, 이 철도를 건설한 회사의 주가는 순식간에 2배로 뛰었다. 이때의 성공은 1825년 주기적인 경제공황을 거친 뒤 되살아난 영국 경제호황과 맞물려 2차 '철도열풍'을 불러일으켰다. 이때는 이미 스페인 채권과 설립 붐이 분 은행주식에 대한 투기가 한창이었다. 하지만 1837년 경제공황이 철도까지 파급되자, 2차 철도열풍도 파국을 맞게 된다. 1840년 철도회사 주식은 발행가 수준까지 할인해야 겨우 팔릴 정도로 값이 폭락했다. 이때 영국에선 3,000킬로미터에 가까운 철도가 건설되어 대부분의 사람들이 철도건설은 사실상 완료되었다고 믿었기 때문이다.

하지만 대중들은 그제서야 철도가 불러일으킨 인간사회의 변화를 인식하기 시작했다. 1842년 여름 젊은 빅토리아 여왕은 앨버트 왕자의 설득에 따라 생애 첫 번째 철도여행을 떠난다(여왕은 먼지와 더위, 군중들을 피해 슬라우에서 패딩턴까지 짧은 거리를 여행했을 뿐이라고 한다). 그리고 철도주변 땅값이 오른다는 사실이 알려지자 지주들의 반발도 사그라들었다. 언론과 철도회사들은 '철도는 전례가 없는 혁명적인 진보'라고 목소리를 높였다. 그들은 철도가 가져다주는 경제적 이익에만 초점을 맞추지 않았다. 인간문명에 끼친 영향도 선전한 것이다. 철도시간은 인간의 생활리듬을 영원히 변화시킬 것이라는 주장이 등장했고, "사람들이 철도의 속도를 이야기하면서 거리를 시간과 분 단위로 표현하기 시작했다"며 사고방식의 변화를 전하기도 했다.[9] 한 철도회사 대표는 주주들과의 만남에서 "준비된 커뮤니케이션 수단은 종교 다음으로 중요한 것"이라고 설파했다.[10] 그리고 당시 한 신문은 웅변적 어조로 다음과 같이 선언했다.

> (철도 때문에) 우리가 평생 얻게 될 정보는 두 배로 늘어날 것이고, 권력분산이 신속하게 이뤄질 것이다. 전세계가 한 언어를 사용하는 한 가족이 될 것이며, 동일한 법에 의해 지배를 받게 되고 한 가지 신만을 믿게 되는 시대가 올 것이라고 기대하는 것은 정당하다.[11]

철도가 끼친 영향은 이루 헤아릴 수 없을 정도였다. 이 신문에 따르면 당시 사람들은 영국의 지역갈등이 점차 해소되어, '대영제국'

---

9   재인용: John Francis, *History of Railways* (London, 1850), I, p.292.

10 Richard S. Lambert, *The Railway King 1800~1871: A Study of George Hudson and the Business Morals of His Time* (London, 1964), p.62.

11 Francis, *Railways*, II, p.139.

이 건설될 것이라고 믿었다. 심지어는 철도회사 주식은 어떤 공황에도 안전할 것이라고 여겼다.[12]

당시 대중들은 철도유행에 사로잡혔다. 찰스 디킨스는 『돔비와 아들』에서 당시 철도 붐과 함께 발생한 유행을 다음과 같이 풍자했다. "호텔과 사무실, 하숙집, 거리, 건물 이름에 '철도'라는 말이 붙게 되었고, 철도망 지도, 기차 풍경화, 기차 내 포장지, 기차여행용 샌드위치 박스, 운행시간표 등이 만들어져 판매되었다. 또 철도역까지 운행하는 전세마차와 기차가 그려진 모자 판매대가 등장했다."

특히 철도신문이 탄생해 철도열풍을 널리 전파했는데, 1840년대 초반 유력지였던 〈레일웨이 타임스〉가 탄생한 데 이어 3개의 철도신문이 발행되었다. 그리고 철도투기가 극에 달했던 1845년에는 거의 매주 하나꼴로 철도저널이 창간되었다. 이 가운데는 14개의 철도 주간지가 포함되어 있다. 이 주간지들은 철도버블이 정점에 이르렀을 때에는 주 2회 발행했다. 또 일간지도 2개 들어 있었는데, 이 일간지들은 조석간 체제를 채택하기도 했다.

● 철도왕 ●

당시 영국인들이 철도에 폭발적인 관심을 보이자, 이를 자신의 목적 달성을 위해 이용할 줄 아는 한 인물이 등장한다. 그는 바로 조지 허드슨(George Hudson)이었다. 요크-노스미들랜드 철도회사의 대

---

12 앞의 책, p.139.

표였던 그는 아주 비대한 몸에 정력적이고 성격이 거친 인물이었다고 한다. 그는 요크셔에서 농부의 아들로 태어나 리넨 천을 파는 상인으로 사회에 첫발을 내딛은 뒤, 부유한 친척이 물려준 자산을 활용해 요크 시의 시장으로 성장한다. 허드슨이 철도에 관심을 갖게 된 것은 1834년 '철도의 아버지'인 엔지니어 조지 스티븐슨을 만나면서부터였다. 허드슨은 스티븐슨을 설득해 요크를 북서부 철도 노선의 중심으로 삼고 그곳에 철도회사의 지점을 설치하도록 했다고 한다. 그리고 요크셔 지방의 억센 말투로 "내가 모든 철도들이 요크를 거쳐가도록 했다"며 자신의 업적을 지역주민들에게 자랑하곤 했다.[13]

그는 1842년 요크-노스미들랜드 철도회사를 설립하고 노선신축과 지점설치 계획을 세운다. 이 계획에 따라 요크와 에든버러를 연결하는 철도가 놓인다. 그는 또 다른 철도회사들을 인수해 노선을 버밍엄과 브리스틀까지 확장하고, 끝내 런던까지 이르게 했다. 회사를 설립한 지 2년 뒤인 1844년 그가 소유한 철도노선은 1,000킬로미터를 넘었고, 이는 당시 영국에 부설된 전 철도의 3분의 1을 넘는 것이었다. 허드슨이 익살스런 '철도왕'이라는 닉네임을 얻게 된 것도 이해였다. 이 별명은 당대 최고의 풍자가였던 시드니 스미스 목사가 붙여주었다고 한다. 또한 허드슨은 엄청난 식욕과 불룩 튀어나온 배 때문에 '요크셔 뚱보'라고도 불렸다. 하지만 아마도 그를 가장 정확하게 묘사한 닉네임은 '철도계의 나폴레옹'인 듯하다. 나폴레옹의 운명이 혁명의 흥망성쇠에 따라 결정되었듯, 철도의 운명에 따라 그의 운명

---

13 Brian Bailey, *George Hudson: The Rise and Fall of the Railway King* (Stroud, England, 1995), p.13.

도 결정되었기 때문이다.

허드슨은 자신과 철도의 이미지를 결합시키는 데 혈안이 되어 있었고, 필사적으로 대중들의 찬사를 유도해내려 했다. 대중들의 감탄과 흥분을 이끌어내기 위해 개통식을 최대한 화려하게 열었다. 1841년 한 노선 개통식에서 그는 이렇게 선언했다. "철도건설은 아직 유아단계에 있다. 날이 가고, 달이 가고, 해가 갈수록 철도길이는 길어질 것이다." 1845년 8월 선덜랜드 지역구에서 의회의원으로 선출되었을 때, 그는 자신의 당선 사실을 지역구 유권자들에게 재빨리 알릴 수 있는 〈더 타임스〉 수송을 위해 런던에서 선덜랜드까지 특급열차편을 편성하기까지 했다. 그는 신문을 공짜로 지역구민들에게 나눠주면서 "인간지성의 진보를 보라!", "증기기관차의 힘을 보라!"고 외쳤다.[14] 또 며칠 뒤에 열린 당선 축하연에서는 너무 흥분한 나머지 무슨 의미인지 알 수 없는 열변을 늘어놓았다. "신사 여러분! 상상 속에는 특별한 것이 있습니다. 나는 상상 속에 있는 특별한 것이 우리를 지배해야 한다고 말하지 않습니다. 대신 우리의 판단력을 키워 상상력이 힘을 쓰지 못하도록 합시다…."[15]

허드슨은 과시적이고 제멋대로이며 자린고비 같은 성격을 철도경영에서도 그대로 드러냈다. 철도 개통식 때 자르는 테이프도 과거 포목점을 운영할 때 갖고 있던 것을 그대로 사용했으며, 몇 개의 철도회사를 거느리고 있는 회장인데도 늘 비밀스럽게 활동해, 동료나 부하직원들조차 그가 하는 일을 정확하게 알지 못할 정도였다. 또 그는

---

14 앞의 책, p.55.

15 Lambert, *The Railway King*, p.137.

회사의 회계장부를 자신의 비밀금고에 보관했고, 회사의 재정 문제를 논의할 위원회 소집을 고집스레 거부했다고 한다. 그러다가 1842년에는 미들랜드 철도회사의 이사회를 앞두고 회계방식을 갑작스럽게 변경한 뒤, "우리는 앞으로 회계장부를 만들지 않을 것"이라고 일방적으로 이사회에 통고했다. 일설에 따르면 그는 이때 "우리는 경영원칙에 전혀 관심이 없다"고 공공연히 말했다고 한다.[16]

타고난 과시욕과 허영심에도 불구하고 그는 회사가 지출하는 비용을 철저하게 관리했다. 그리고 승객들에게 비싼 철도 사용료를 부과하면서도 1840년 11월 기관사의 임금을 깎기 위해 노쇠해 눈이 나쁜 기관사를 채용하는 바람에, 대형 철도사고가 발생했다. 이후에도 이와 유사한 사고는 빈번하게 발생한다. 일부 영국인들은 이윤을 위해 고객의 안전을 희생시킨다고 그를 비판했지만, 이런 비용절감 덕에 경쟁 철도회사를 인수합병할 때 그는 값을 후하게 쳐줄 수 있었고 투자자들에게는 고율의 배당금을 내놓을 수 있었다.

심지어 철도를 건설하고 있는 동안에도 허드슨의 요크-노스미들랜드 철도회사는 다른 철도회사와 달리 9%의 배당금을 지급해 주주들의 적극적인 지원을 이끌어냈다. 허드슨이 직접 요크-노스미들랜드의 자본금에서 돈을 빼내 배당을 실시한다고 천역덕스럽게 말하는데도 이를 비판하는 주주가 한 명도 없을 정도였다. 심지어 인수할 회사의 주가가 인수사실 공개하기 전에 갑자기 치솟아 내부 거래가 의심되는데도 주주들은 아무런 불만을 표시하지 않았다.

1844년 10월 그는 사업계획에 대해 아무런 설명도 없는 노스미

---

16 앞의 책, p.29.

들랜드 투자자들로부터 250만 파운드를 조달할 수 있었다. 그는 "음, 글쎄, 주주들은 내가 무엇을 하는지 보아왔고 내가 돈까지 갖고 있는데, 구구이 설명할 필요가 있겠어?"라고 거들먹거렸다.[17] 허드슨이 소유한 회사의 주주총회는 늘 들뜬 분위기 속에서 열렸으며 환상적인 기운마저 돌았다. 철도는 그들의 새로운 신앙이었고, 허드슨은 메시아였던 셈이다.

• 1844년 철도법 •

철도투기가 한창이던 1836년 몇몇 사람들은 '정부가 과학적인 조사를 통해 철도노선을 계획해야 한다'고 주장했다. 하지만 당시 팽배해 있던 자유방임주의 때문에 영국정부는 노선의 기획과 투자조정에 나서지 않았고, 철도는 무계획적으로 건설되었다. 또 철도회사의 설립과 철도건설은 누구나 어렵지 않게 할 수 있었다.

철도회사를 설립하기 위해서는 지역유지들이 참여한 위원회를 조직하고 이들 명의로 임시회사를 설립해 등록하면 일반인들을 상대로 주식을 공모할 수 있었다. 임시회사는 엔지니어를 고용해 철로를 부설할 루트를 조사하여 결정하고 특정지역 철도건설 법안을 의회에 청원해 의회가 이를 입법화하면 철도를 건설할 수 있었다. 게다가 철도회사가 가등록된 뒤 실시하는 일반공모에서 투자자들은 주식대금의 10분의 1만을 납입하면 주식을 받아 주식시장에서 처분해 자본

---

17 앞의 책, p.137.

이득을 얻을 수 있었다. 나머지 주식대금은 철도가 건설되기 시작할 때까지 납입하면 되었다. 그리고 이를 감독할 수 있는 권한은 오직 의회만이 갖고 있었다.

철도건설 초창기에는 철도 사용료만 내면 누구나 기차를 달리게 할 수 있었기 때문에 철도회사는 고객확보를 위해 치열하게 경쟁할 것이라고 믿었다.[18] 하지만 예상과는 달리 1840년 철도산업이 과도하게 독점화되는 현상이 발생했다. 정부의 감독과 감시의 사각지대에 있던 철도가 갑자기 확장되고 독점화되자, 철도도 정부의 지도와 감독을 받아야 한다는 주장이 제기되었다. 이런 분위기에 영향을 받아 1844년 무려 66개나 되는 철도관리법안이 의회에 상정되었고, 철도관리법안을 만들기 위한 토론이 의회 무역위원회 위원장인 윌리엄 글래드스톤의 주도 아래 시작되었다.

이해 당사자를 상대로 의견을 수집하는 과정에서 글래드스톤은 심각한 의견충돌에 시달려야 했다. 런던 은행가 출신이며 당시 런던-버밍엄 철도회사 대표였던 조지 카 글린은 "철도건설을 체계화하기 위해 특별한 조치가 이뤄지지 않으면 철도의 자산가치는 폭락할 것"이라며 철도법의 제정을 강력히 주장했다. 반면 허드슨은 의회의 입법 움직임을 '사유재산에 대한 부당한 침해'라고 주장하며 강하게 반발하였고 입법반대 로비를 벌였다. 허드슨의 로비를 받은 당시 수상 로버트 필 경은 "법안을 만든다고 해서 개인들의 투기가 그칠 것 같지 않다"며 글래드스톤에게 압력을 행사해 철도법 초안 가운데 상당

---

18 당시 철도는 온라인으로 연결되지 않아, 다른 철도회사의 철로는 사용할 수 없었을 뿐만 아니라 역이나 급수지에 정차할 수도 없었다. 또 철도요금에 대한 규정이 없었기 때문에 철도회사는 마음대로 요금을 징수할 수 있었다.

부분을 수정토록 했다.[19]

이런 과정을 거쳐 1844년 여름 상당부분 수정된 철도법이 의회를 통과해 철도국이 탄생한다. 이 철도국은 신설노선의 타당성을 조사해 의회에 권고하는 게 주임무였다. 하지만 철도국의 권고는 아무런 구속력이 없었다. 또 산더미처럼 쌓인 철도건설 계획의 타당성을 검토할 인력과 예산도 턱없이 부족했다. 이에 글래드스톤은 이해 가을 철도투기가 조금 가라앉기를 바라면서 철도회사에 납입된 주식대금의 5~10%를 은행에 예치하도록 하는 조치를 내린다. 하지만 이조치로 철도회사를 운영하는 자기 집안 사람들과 갈등이 빚어져 그는 무역위원회 위원장직을 사임했다. 사임 직전 그는 "투기가 되살아날 것"이라며, "현재 벌어지고 있는 경제상황을 살펴볼 때 새로 제정된 철도법은 엄청난 시련을 겪게 될 것"이라고 경고한다.[20]

● 투기의 시작 ●

1844년 후반기의 영국 경제상황은 나쁜 편이 아니었다. 이자율은 지난 100년 동안 가장 낮은 수준에 머물러 있었고, 연이은 풍년으로 곡물값 또한 낮게 형성되고 있었다. 따라서 철도건설 비용이 낮아졌고 철도회사의 당기순익은 빠르게 상승했다. 당시 3대 철도회사는 통상 이자율의 거의 3배에 이르는 10%의 배당을 실시했고, 철도

---

19 Bailey, *George Hudson*, p.44.

20 재인용: Hunt, *Business Corporation*, p.101.

혁명에 대한 대중들의 관심은 나날이 증폭되고 있었다. 1844년 투기 열기가 달아오르고 있다는 사실을 직감한 허드슨은 이해 겨울 개인 재산으로 철도레일을 대량 매점했고, 그의 예상은 적중해 석 달도 지나지 않아 레일 값은 3배 이상 뛰었다.

1845년 1월 16개 노선의 철도건설이 계획되어 자금조달에 들어 갔고, 4월이 되자 철도건설 접수건수가 빠르게 늘었다. 50개의 새로운 철도회사가 등록되었으며 이들 기업의 사업설명서와 주식공모 광고가 신문을 도배했다. 이 광고에는 회사 임시 발기인명단과 건설할 철도의 수익성, 10% 이상의 배당수익을 약속하는 문구들이 꼭 들어가 있었다.

주식공모가 성공하면 발기인들은 자신과 친구들을 위해 따로 주식을 빼돌려 놓고, 소량의 주식만을 시장에 유통시켰다. 이로써 그들은 유동주식수를 줄여 지속적인 주가상승을 유도할 수 있었고, 주가를 떨어트린 뒤 저점에서 주식을 매수하려는 투기꾼들의 장난을 막을 수 있었다. 그리고 신설 철도회사 발기인들은 철도신문 친구들을 동원해 허위과장 기사를 내보내 투자자들을 현혹했다. 심지어 증시 대리인들을 매수해 자사의 주식에 높은 가격을 부르도록 해 주가를 조작하기도 했다. 이렇게 해서 주가가 올라 차익이 예상되면, 자신들이 보유하고 있는 주식을 팔아치워 엄청난 수익을 올렸다. 몇몇 철도회사는 '주식위원회'를 만들어 이 작전을 체계적으로 벌이기도 했다.

철도회사 발기인들은 오직 자신들의 이익에만 관심이 있었다. 발기인 명단에는 같은 이름의 수없이 올라 있기도 했고, 심지어는 경쟁상태에 있는 두 회사의 발기인 명단에 같은 이름이 올라 있을 정도였다. 유명인사 가운데는 주식을 싼값에 살 수 있는 옵션을 받고 이름을 빌려주는 경우도 있었다. 몇몇 발기인은 약력을 날조해 발기인으로 참여한 빈털터리 사칭꾼들이기도 했고, 지역유지들의 이름이 본인도 모르게 철도회사 명단에 올라 있기도 했다.

그리고 법적으로 발기인들은 회사의 채무를 대신 갚아야 할 의무가 있었지만, 상당수가 의도적으로 서류에 서명을 거부하고 책임을 회피했다. 당시 〈더 타임스〉는 사설을 통해 "'검은 양 한 마리가 모든 무리들을 검게 물들인다'는 속담이 사실이라면, 부패하고 비양심적인 발기인들이 포함되지 않은 철도회사는 거의 없다"고 주장했다.[21]

당시 철도신문들은 철도회사들의 음모를 비판하지 않았다. 오히려 열성적으로 옹호했다. 심지어 사설을 통해 사기성이 짙은 철도회사를 추켜세웠고, 대신 이들 회사들로부터는 수천 파운드짜리 사업설명서 광고를 따냈다. 〈더 타임스〉는 "철도회사들의 광고버블이 발생하자, 철도신문과 잡지들은 구독료 수입을 위해서가 아니라 설립 추진중인 철도회사의 발기인 모임을 알리는 광고와 사업설명서를 게재해주고 돈을 받기 위해 우후죽순처럼 창간되었다"고 보도했다.[22] 〈더 타임스〉는 '언론부패'(the Stag of the Press, 당시 철도 붐을 타고 짧은 기간에 높은 판매부수와 광고수익을 올리기 위해 정체가 불분명한 철도회사에 대한 허위 과장기사를 쓰는 등의 행위를 가리킨다—역자주)를 철도투기로 발생한 사건들 가운데 최악의 사건이라고 결론 내렸다.[23]

수많은 사람이 철도투기에 연루되었는데도 당시 영국정부는 팔짱

---

21 *Times*, 22 October 1845.

22 *Times*, 25 October 1845.

23 *Times*, 27 October 1845.

긴 채 뒷전으로 물러나 있었다. 애시버턴 경이 된 알렉산더 베어링은 1845년 4월 상원에서 "요즘 철도투기라는 병적인 도박사태보다도 의회에 관심을 끄는 사건은 없다"며, "다른 경우와 마찬가지로 치유책을 내놓기보다는 문제점을 지적하는 것이 쉽다"고 연설했다. 몇몇 의원들은 정부가 의회의 승인을 받기 전에 주식을 공모하는 것을 불법화해 투기를 제어해야 한다고 주장하기도 했다. 하지만 정부는 이 주장에 귀기울이지 않았다. 오히려 철도회사 설립을 위한 법적 절차를 간소화해버렸다. 이해 8월 첫 번째 회기가 끝날 때까지 의회는 무려 100개 노선, 3,000킬로미터에 달하는 철도건설을 인가해주었다.

당시 곡물법 폐지를 둘러싼 당내 논쟁에 휘말려 있던 로버트 필 수상은, 철도투기 때문에 발생할 수 있는 사태에는 관심을 두지 않고 자유방임 논리를 고수하고 있었다. 하지만 이때 내세운 자유방임 논리와는 달리 그는 한 해 전인 1844년 영란은행이 보유금보다 1,400만 파운드 이상 은행권을 발행할 수 없도록 하는 법안을 통과시키기도 했다. 이 법의 목적은 당시 호황이던 경제가 신용증발 때문에 버블로 이어지는 것을 예방하기 위한 것으로, 이는 경제에 대한 정부의 간섭을 의미한다.[24] 그리고 1845년 여름 필 수상은 "은행법의 제정으로 불필요한 투기를 막았다"고 자화자찬까지 했다.[25] 그런 필 수상이 이해 8월 재무부 장관인 헨리 골번에게 보낸 편지에서는 이런 주장을

---

24 '필법' (Peel's Act)이라고 알려진 당시 은행법에 따르면 영란은행이 보유하고 있던 독점적인 은행권 발행은 보유금보다 1,400만 파운드 많은 한도 내에서 허가되었다. 은행권 발행을 금에 묶어둘 경우 신용창출이 제한되기 때문에 투기가 발생하지 않을 것이라고 중금주의자들은 주장했다. 하지만 이후 가짜 은행권이 남발되는 사태가 벌어진다.

25 *Economist*, 6 September 1845.

했다. "정부가 철도투기에 직접적으로 개입할 수는 없고, 단지 언론이 철도투기에 참여하지 말라고 대중들을 설득할 수밖에 없다."[26]

그는 실제로 철도투기에 대해 비공식적으로 경고를 하는 데 그쳤고, 공황사태로 이어질 수 있는 철도투기를 잡기 위해 이자율을 올리려는 영란은행을 견제하기까지 했다. 당시 〈이코노미스트〉지는 '이자율을 올린다고 투기가 진정되지 않는다'는 논리로 필 수상의 자유방임정책을 적극 옹호하고 나섰다. 또 "성공가능성이 낮은 투기억제를 이유로 일상적인 의무를 저버리는 영란은행의 임원들은 가장 어리석은 집단"이라고 맹공을 퍼붓기도 했다.[27]

당시 영국정부의 유일한 능동적인 정책이라곤 1845년 7월 초에 무기력하고 비효율적인 철도국을 해체한 것이다. 이해 상반기 동안 새로운 철도건설 계획이 철도국의 공식적인 발표가 있기도 전에 시장에 유포되는 일이 빈번했고, 이런 정보에 따라 해당 철도회사의 주가가 치솟아 철도국 직원과 인가신청 기업 간의 부당 내부거래 의혹이 일기도 했다.[28]

철도국의 해체로 새로운 철도건설 심사는 하원의 소위원회로 넘어갔다. 하지만 "상당수의 하원의원들이 철도회사 발기인이나 주주였기 때문에 객관적인 입장에서 철도건설의 타당성을 검토할 수는 없었다"고 샐리스베리 경은 한탄했다. 한 철도회사는 의회에서 수백 표를 움직일 수 있다고 거들먹거렸고, 심지어 몇몇 의원들은 자신들의

26 Robert Peel, *From His Private Papers* (ed. C. S. Parker, London, 1899), III, p.188.

27 *Economist*, 6 September 1845.

28 *Economist*, 15 March 1845.

표를 무기로 철도회사를 돌아다니며 돈을 우려낸다는 구설수에 오르기도 했다.

철도투기 열기는 지방에서 더 강했다. 이는 대도시에서 지방으로 철도망이 확장되었다는 것을 의미한다. 철도가 이미 건설되어 있었기 때문에, 런던은 뒤늦게 불어닥친 철도열기에 휩싸이지 않았다. 시인인 윌리엄 워즈워스는 자신이 발행하는 저널을 통해 철도투기 열기가 북쪽 국경지역까지 확산되는 모습을 생생하게 전했다.

> 에든버러에서 인버네스까지 모든 사람들이 철도에 광분하고 있다. 이 나라는 철도투기에 미친 사람들이 수용된 거대한 정신병원이다. 에버딘(스코틀랜드 북부지역인 그램피언의 주도─역자주)에서 자신들의 '병원'까지 철도가 연결되지 않아 화가 난 인버네스 '환자'들은 퍼스에서 하일랜드까지라도 철도를 깔아야 한다고 고집을 부렸다. 물론 그들은 이 구간에 읍이나 시골마을조차 없어 승객들이 많지 않다는 사실은 인정했다. 하지만 철도가 부설되면 양떼와 같은 수송할 가치가 없는 것들을 그 지역에 보내겠다고 고집을 부렸다.[29]

북부지역 투기는 철도회사 주식담보 대출을 전문으로 하는 은행이 설립되면서 본격화되었다. 글래스고와 에든버러, 브리스틀, 버밍엄 등 수많은 북부 소도시에 철도회사의 주식매매를 위한 거래소가

---

29 P. J. G. Ranson, *The Victorian Railway and How It Evolved* (London, 1990), p.83.

설립되었다. 리즈 지역에는 증권거래소가 3개나 들어서 서로 치열한 경쟁을 벌였고, 이 지역의 하루 거래량은 모두 50만 주에 달했으며, 3,000명의 주식브로커들이 활동할 정도였다.[30] 1845년 7월 말 지역 신문인 〈리즈 머큐리〉(Leeds Mercury)는 철도투기의 열풍을 다음과 같이 전하고 있다.

> 이곳에서 주식거래가 이렇게 왕성했던 적은 없었다. … 3개의 주식거래소가 들어설 만큼 '은총'을 받은 그 거리는 돈벌기에 혈안이 된 브로커들과 투기꾼들이 몰려들어 마치 장이 열리는 아침 풍경과 같았다. 귀중한 시간을 절약해 한 주의 주식이라도 더 팔기 위해 철도회사 발기인들은 증권브로커 주위로 달려들었다.[31]

리즈의 이웃도시인 워크필드에서는 9명의 증권브로커들이 이 지역 주민들의 주식매매를 대행했다. 또 리즈 증권거래소들로부터 최신 주가정보를 전해받기 위해 특급열차가 하루에 두 차례 운행될 정도였다.[32]

---

30 *Times*, 14 August.

31 *Times*, 28 July. 존 프란시스가 철도투기의 카니발적 성격을 묘사하면서 "(주식시장) 주변은 마치 장터 같다"고 표현한 대목을 주목할 필요가 있다. *History of the Railways*, II, p.183.

32 *Times*, 2 July.

● 철도 수사슴들 ●

영국의회는 1845년 철도투기 보고서를 통해 2,000파운드어치 이상 철도주식을 청약한 2만 명에 달하는 투기꾼의 신분을 공개했다. 이 가운데 최고 청약자는 프란시스 밀로, 67만 파운드어치를 청약한 것으로 나타났다. 32만 파운드어치의 주식을 청약한 철도왕 허드슨의 이름은 11번째로 올라 있었다. 이 명단에는 157명의 의회의원들이 들어 있었는데, 그 가운데에는 15만 7,000파운드의 주식을 청약한 의원도 있었다. 또 257명의 성직자들도 청약자로 당당히 올라 있었고, 브라운과 존이라는 성과 이름을 가진 청약자만도 각각 40명과 28명에 이르고, 스미스 성을 가진 청약자 명단도 두 페이지 반에 달했다.[33] 〈더 타임스〉는 다양한 사회계층의 사람들이 철도투기에 혈안이 되어 있다고 전하면서 "(영국은) 너무 많은 자본가가 활동하는 나라"라고 풍자하고 있다.[34]

이쯤 되면 자연히 주식대금을 지불할 능력 이상으로 주식을 청약한 사람이 나오기 마련이다. 3만 7,500파운드어치의 주식을 청약한 형제는 1기니아로 일주일을 버티며 옥상 셋방에서 근근히 살아야 하는 파출부의 아들로 드러났다. 이런 부류의 청약자들은 대금을 납입하고 주식을 인수할 의사가 없는 사람들이었다. 대신 그들은 주식을 배정 받으면 권리금을 받고 청약권을 팔아 푼돈이나마 챙기려는 사람들이었다. 하지만 철도회사가 의회의 인가를 받지 못하면 주식

---

33 Hunt, *Business Corporation*, p.105.

34 *Times*, 13 August; *Times*, 12 July.

을 발행할 수 없기 때문에 이 청약권은 가치가 없어진다. 아무튼 철도 수사슴(railway stags)이라고 불린 이 단기 매매차익을 노린 주식 청약꾼들이 '주식시장 동물원'(호황을 의미하는 황소와 침체를 의미하는 곰, 파산자를 뜻하는 절름발이 오리 등의 용어가 사용되는 주식시장을 비유한 것-역자주)에 들어가면서 기묘한 풍경이 연출된다.

주식시장 동물원에는 황소와 곰, 절름발이 오리(lame duck)들로 가득 차 있다. 그런데 뒤늦게 한 무리의 수사슴이 동물원에 뛰어 들었다. 이 순간 동물원은 공포 분위기에 휩싸인다. 자연 그대로의 수사슴들은 전혀 해롭지 않은 유순한 초식동물이다. 그들은 조금만 먹어도 만족한다. 하지만 철도 수사슴은 끝없는 식욕을 갖고 있는 포식자이다. 그들은 철도투기꾼들의 피와 살로 이뤄진 초과수익을 끊임없이 갈구한다. 그러나 철도 수사슴도 숲속의 사슴이 갖고 있는 특성 하나를 갖고 있다. 남 앞에 모습을 드러내기를 아주 부끄러워한다는 것이다. 게다가 노련한 사냥꾼들도 이 철도 수사슴을 추적하는 데 애를 먹을 정도로, 이들은 여우보다도 교활하다. 철도 수사슴은 단기 시세차익을 노린 철도회사 청약꾼들을 빗대어 표현하는 데 딱 들어맞는 별명인 셈이다.[35]

1845년 상반기에는 대부분의 청약꾼들은 신설되는 철도회사 주

---

35 재인용 : D. M. Evans, *Commercial Crisis 1847~1848* (second edition, London, 1849), p.15 n.

식을 청약해 상당한 시세차익을 올릴 수 있었다. 심지어 의회가 신설 철도회사를 인가해주지 않아도 시세차익은 올릴 수 있었다.[36] 〈이코노미스트〉는 이처럼 비이성적인 당시 상황을 다음과 같이 비판했다.

> 철도회사 공모주의 가치는 이 회사가 의회인가를 받아 철도건설에 나설 수 있느냐에 달려 있는 것이 아니다. 단지 대중들의 투기열기가 얼마나 지속될 것인가에 달려 있다. 같은 노선에 철도를 건설하겠다는 철도회사가 10여 개에 이르고 오직 하나의 회사만이 철도건설에 성공할 수 있다는 것을 잘 알면서도, 모든 주식이 액면가 이상으로 거래되고 있다는 사실 자체가 요즘 비이성적인 투기열풍을 잘 보여주고 있다.[37]

〈더 타임스〉에 실린 한 독자편지에는 당시 투기꾼들이 보여주는 냉소주의가 잘 표현되어 있다. "청약꾼들 가운데는, 조만간 파국이 발생할 수밖에 없으며 지금 당장 주식을 팔고 투기대열에서 이탈해야 한다는 사실을 모르는 투기꾼은 없다. 게다가 행운이 불행으로 반전되고 엄청난 손실이 발생해 모든 사람들이 아귀다툼을 벌일 때, 공황이라는 열차가 자신에게 해를 끼치지 않을 것이라고는 볼 수 없다. 그런데도 투기꾼들은 자신만을 제외한 모든 인간이 죽는다고 믿는 것이

---

36 Francis, *History of the Railways*, II, p.182.

37 *Economist*, 25 October 1845.

다."[38] 또 이 신문은 사설에서 다음과 같이 비판했다. "투기꾼들은 냉소적이기보다는 우둔하다. 철도투기는 마주보고 선 두 어린이가 상대 어린이의 어깨를 짚고 공중으로 먼저 뛰어오르려 하는 것과 같다. 속는 사람은 오직 어리석은 자들뿐이다."[39] 그리고 그 때 활동했던 모든 경제비평가들은 투기꾼들이 철도의 미래에는 전혀 관심을 갖고 있지 않다는 데 의견을 같이했다. 〈더 타임스〉 역시 같은 입장을 취했다. "투기꾼들은 지금 이 순간만을 바라보고 있다. 길게 내다본다 해도 결제일보다 하루 정도 긴 보름쯤의 기간만을 고려할 뿐이다."[40]

1845년 10월 철도투기를 다룬 '철도 모니터'라는 16페이지짜리 별지를 발간한 〈더 타임스〉와 〈이코노미스트〉는 철도회사의 청약광고를 게재했지만, 당시 대중들에게 철도투기의 문제점과 관련 인물들의 부패, 파국의 불가피성을 알리는 데에도 소홀하지 않았다. 이처럼 권위 있는 신문과 잡지들이 다가오고 있는 공황을 심층적으로 분석해 전달한 적은 영국 역사상 전례가 없는 일이었다. 특히 당시 신문들은 아무런 사전검토 없이 마구 계획된 철도노선들이 모두 완공되기 위해 쏟아부어야 하는 돈의 규모에 대중들의 관심을 촉구했다. 1845년 6월 현재 13만 킬로미터의 철도건설 신청을 무역위원회가 심사하고 있었다. 이는 그때까지 건설된 기존 철도길이보다 4배나 더 긴 것이었고, 영국 국토의 남북길이의 20배에 가까운 것이었다. 7월에는 한 주 동안 12개 철도건설 계획이 공표될 정도였다.

---

38 *Times*, 12 July 1845.

39 *Times*, 11 October 1845.

40 *Times*, 1 November 1845.

〈더 타임스〉가 1845년 11월 초에 별지로 발행한 '영국의 철도 문제'에는 당시 투기열풍과 철도건설로 영국 경제가 얼마나 깊게 주름졌는지를 상세하게 전하고 있다. 이보다 앞선 10월 말에는 5억 6,000만 파운드 이상이 필요한 1,200개의 노선이 계획중이며, 겉으로 드러난 철도회사의 채무는 6억 파운드가 넘었다고 보도했다. 이는 당시 5억 5,000만 파운드였던 영국 국민총생산을 초과하는 것이고, 영국 경제가 다른 부문에 대한 투자를 줄이지 않고 1년 동안 정상적으로 투자할 수 있는 한계인 2,000만 파운드의 30배에 달하는 것이었다.[41]

당시 언론은 "도대체 어디서 그 많은 돈을 조달할 수 있겠는가?"라며 자금조달 가능성에 의문을 표했다. 심지어 〈글로브〉는 다음과 같이 비아냥거렸다. "영국 안에 있는 모든 유동자본을 한데 모아 철도건설에 쏟아붓는 것과 같다. … 이는 바닷물을 퍼내기 위해 정해진 시간 안에 동원할 수 있는 모든 돈을 쏟아붓는 것과 같다."[42] 맨체스터에서 발행된 한 팸플릿은, 상인들이 정상적인 상거래를 위해 필요한 돈까지 철도투기에 쏟아붓는 바람에, 철도를 제외한 다른 경제영역이 극심한 돈가뭄으로 공황상태에 접어들고 있다는 주장을 전하기도 했다.[43]

사태가 이 지경에 이르자 과거 공황에서 발생했던 해프닝들이 되

---

41 G. R. Hawke, *Railways and Economic Growth in England and Wales 1840~1870* (Oxford, 1970), p.206.

42 Cited *in Times*, 9 August 1845.

43 Anon., *Ten Minutes' Advice to Speculators in Railway Shares* (Manchester, 1845), p.5.

풀이되었다. 대부분의 사람들이 생업을 포기하고 투기에 달려든 것이다. 〈이코노미스트〉는 "철도투기의 부작용은 곧바로 발생하는 게 아닙니다. 철도가 건설되기 시작해 엄청난 자금이 필요한 순간, 모든 산업자본이 소진해버리는 사태가 빚어질 수 있다"고 경고했다. 또 이 잡지는 8월 중순께, "공황을 거치지 않고 이 투기가 계속된다고 상상할 경우 앞으로 닥칠 공황은 우리의 모든 경험을 초월하는 것이 될 것"이라고 경고했다.[44] 투기에 대한 논란으로 소란했던 1845년 여름 철도왕 허드슨은 자신의 인생 가운데 가장 화려한 시기를 보내고 있었다. 그는 자신이 운영하는 철도회사의 수익률이 하락할까 봐 무분별한 철도신설을 반대했다. 하지만 철도왕이 간여하고 있다는 소문이 퍼진 신설 철도회사 주식은 엄청나게 값이 치솟았다. 실제로 그해 여름 허드슨이 파산상태인 이스턴카운티스 철도회사의 대표이사에 취임하자, 이 회사 주가가 순식간에 솟구칠 만큼 그는 최고의 명성을 유지하고 있었다. 존 프란시스는 『철도의 역사』에 다음과 같이 기록했다. "허드슨은 언론의 각광을 받았던 인물이다. 그의 모습은 곧잘 캐리커처의 대상이 되었다. … 당대 가장 큰 영향력을 행사한 인물이었다. 귀족조차 주식배정을 많이 받기 위해 그에게 아부를 했다."

투기가 계속되는 동안 허드슨은 영국 국민의 영웅이었다. 빈털터리에서 갑부로 성장한 그의 성공담은 당시 영국인들의 마음을 온통 사로잡았다. 그는 이해 8월에 실시된 선덜랜드 선거에서의 당선을 자축하기 위해 데번셔 공작에게 50만 파운드를 지급하고 5만 평방킬로미터의 땅을 사들였다. 또 의정활동을 하는 동안 머물기 위해 런던

---

44 *Economist*, 16 August 1845.

사우스켄싱턴 지역에 있는 5층짜리 대저택을 1만 5,000파운드를 들여 구입하기도 했다. 이 건물은 개인 소유 저택으로선 당시 런던에서 가장 큰 것이었다. 그리고 집을 수리하고 장식하는 데 집값만큼의 돈을 더 들이기도 했다. 심지어 허드슨이 거느린 회사의 주주들은 그의 성공을 기념하기 위해 동상을 건립하자고 제안하기도 했다. 이 제안이 나오자마자 2만 파운드의 돈이 모였고, 기부자 가운데는 1842년에 요크-노스미들랜드 철도회사에 투자했던 브롱테 자매가 끼어 있었다. 그녀들은 상당한 규모의 돈을 허드슨 동상건립에 기부했다.[45]

1845년 늦여름 철도버블은 부풀어오를 때까지 부풀어올랐다. 한 철도회사의 주가수익배율이 5배까지 치솟았고, 철도회사 주식의 담보대출 이자율은 연 80%까지 솟구쳤다. 투기열풍은 소도시를 연결하는 지선망에도 몰아닥쳤고, 해외철도에도 번져 수많은 해외철도 건설 계획이 수립되었다. 남미 가이아나에서 인도 벵골까지 수만 킬로미터의 철도건설이 계획되고 이를 근거로 주식이 매각되었다. 이웃 아일랜드에는 100개가 넘는 철도노선이 계획되어 인가신청을 했으며, 심지어 다양한 계층의 투기꾼들이 모인 '철도클럽'이 조직되어 신설되는 철도에 대한 정보를 교환할 정도였다.[46] 또 이해 9월 한 달 동안 인가를 신청한 철도노선은 450개에 달했고, 설립중인 철도회사의 사업설명서 광고가 〈철도 타임스〉의 8개 면을 차지했다. 10월 1~10일까지 단 열흘 동안 공표된 철도건설 계획은 40건에 이르고, 이를 위해 필요한 자본은 5,000만 파운드를 넘을 정도였다.

---

45 Bailey, *George Hudson*, p.60.

46 *Economist*, 6 September 1845.

철도투기에서도 수많은 공직자의 부패와 철도회사 임원들의 협잡이 발생했다. 당시 한 경제 저널리스트는 "전염병처럼 번진 철도투기 때문에 모든 신분질서와 명예, 우정이 붕괴됨과 동시에 모든 규정과 도덕성이 무너져내렸다"고 전했다.[47] 철도신설의 타당성을 조사하는 공무원 2명이 주식청약 투기를 했다는 이유로 사임한 사건이 발생했고, 1845년 8월 리즈 거래소에서는 합병한 회사의 주식을 내부정보를 활용해 발행가의 10배가 넘는 값에 팔아치운 사실이 들통나, 주식매매가 무효화되는 사태가 빚어졌다. 또한 켄티쉬 코스트 철도회사의 철도건설 계획이 당국에 의해 기각되고 회사가 청산절차를 밟는 중에도 이 회사의 주식이 액면가 이상의 값에 거래되는 웃지 못할 일이 발생하기도 했다.

철도건설이 본격화되자 철도회사들은 납입되지 않은 주식대금을 청구하기 시작하고(의회인가를 받기 전에 철도회사들은 주식대금 일부만을 받고 주식을 매각했다 – 역자주), 1845년 10월 초 주식대금 납입을 위해 투기꾼들이 보유주식을 내다팔기 시작하자 주가는 주저앉기 시작했다. 비극의 징조들이 나타나기 시작한 것이다. 화요일인 10월 14일 〈더 타임스〉에는 엘리어트라는 사람이 런던 하이드파크에서 권총으로 목숨을 끊었다는 기사가 실렸다. 경찰조사에 따르면 그의 몸에서는 수많은 철도회사 이름이 기록된 쪽지가 발견되었다고 한다.[48] 또 이틀 뒤인 16일자에는 금 보유고가 감소하기 시작해 이

---

47 Evans, *Commercial Crisis 1847~1848*, p.167. 이번스가 투기열풍을 역병에 비교한 부분을 주목할 필요가 있다(3장 참고).

48 *Times*, 16 October 1845.

자율을 0.5% 포인트 올려 3%를 유지할 계획이라고 한 영란은행 한 임원의 말이 보도되었다. 비록 소폭이지만 이자율 인상은 철도투기의 조종을 알리는 신호였다. 이자율 인상 뉴스가 전해지자 주식시장에서는 곧바로 반응이 나타났다. 주식청약에 대한 프리미엄이 떨어지기 시작한 것이다. 투자자들도 철도투기의 파국에 신경을 곤두세우기 시작했다.

런던 소식이 철도를 타고 순식간에 전해지자 지방거래소에서는 마비사태가 빚어졌다. 〈뉴캐슬 저널〉은 당시 상황을 이렇게 전했다. "영국역사상 유례가 없을 정도로 치솟았던 거래량이 하루아침에 바닥으로 떨어졌고, 비정상적인 활황을 보이던 투자심리는 의심과 불신으로 돌변했다."[49] 극도의 불신감이 팽배해지자 상당한 순익을 기록하고 배당금을 지급했던 철도회사의 주식거래도 얼어붙었다. 이해 10월 말 그레이트 웨스턴 철도회사의 주가는 최고점을 기록한 8월에 비해 40% 폭락했다. 〈더 타임스〉는 이렇게 보도했다. "버블이 우리 눈앞에서 엄청난 크기로 부풀어올랐다가 터졌다. … 이 버블은 아무런 내실이 없고 통상적인 경제법칙에도 어긋나며, 일상적인 계산법으로는 도저히 잴 수 없을 뿐만 아니라 지금까지의 어떤 버블보다도 큰 것이다."[50] 이 신문의 행간에서는 야릇한 만족감마저 느껴진다.

---

49 *Times*, 7 November 1845.

50 *Times*, 24 October 1845.

● 기차는 떠나고 ●

왕성했던 지방도시의 주식매매가 순식간에 잠잠해졌다. 하지만
이는 시작에 불과했다. 1845년 정점에 도달했던 철도투기가 1847년
금융공황으로 이어졌기 때문이다. 철도투기가 파국을 맞자 철도회사
발기인들과 주식청약자들의 이해가 첨예하게 대립하기 시작했다. 철
도건설 계획이 주식청약 없이 중도에 파기되면 발기인에게는 그동안
의 모든 비용을 부담해야 할 법적 의무가 있었다. 따라서 버블이 터
지자 투기꾼들은 주식청약을 취소하기 시작했지만, 발기인들은 이를
받아들이지 않고 계획대로 주식을 배정했다.

주가가 치솟을 때에는 청약자들이 1만 파운드어치를 청약해도
단 몇 주만을 배정을 받을 수 있었다. 따라서 일반적으로 청약자들
은 자신의 납입능력보다 많은 주식을 청약했다. 그런데 주가가 폭락
하자 사정이 급변했다. 주가가 떨어져 청약한 금액만큼 원치도 않은
주식을 떠안게 된 것이다. 그리고 주식대금 납입을 독촉 받게 되었다.

〈글래스고 내셔널 신문〉은 당시 상황을 이렇게 묘사하고 있다.
"모든 투기꾼들을 지배했던 탐욕이 이제 공포의 잔혹함과 복수의 광
기로 급변하기 시작했다. … 투기의 세계가 소송과 분쟁의 세계로
변화하고 있는 것이다." 소송이 봇물처럼 밀려들어오자 영국정부는
1846년 5월 청산법을 제정해 75%의 주주가 동의할 경우 철도회사
를 해산할 수 있도록 했다. 이보다 한 해 전 12만 주를 배정받기 위
해 150만 명의 청약자들이 몰려들었던 다이렉트 웨스턴 철도회사는
이법에 따라 해산된 최초의 철도회사가 되었다. 그리고 1846년 7월
까지 8개의 회사가 청산을 위한 주주총회 소집을 공고했다. 청산법

이 제정되고 주가가 폭락하는데도 1846년 내내 철도회사의 인수합병과 의회의 철도건설 인가가 줄을 이어, 100여 건의 인수합병이 이루어졌고 인가 건수는 270여 건에 이르렀다. 길이로 따져보면 7,500킬로미터 이상이었고 필요한 자금은 1억 3,000만 파운드에 달했다. 이는 버블이 극에 달했던 1845년의 인가규모보다 2배나 많은 것이었다.

1846년에도 투기열풍은 가라앉지 않았다. 오히려 1845년 10월을 능가하고 있다고 당시 사람들은 말했다. 하지만 이때 의회인가를 받은 철도회사들은 버블이 터지기 전에 인가신청을 냈던 경우가 대부분이었다. 예를 들어 그레이트 노던 철도회사는 1844년에 인가신청을 냈다. 그리고 상당수가 기존 철도회사들이 신청한 지선망 건설이었다. 이들은 경쟁에서 우위를 점하기 위해 철도확장을 꾀했다. 회사청산과 파산 등 소란스러웠던 1846년 5월 철도왕 허드슨은 40개 노선을 신설하기 위해 인가신청을 내고, 이를 위해 1,000만 파운드를 지출하는 데 주주들의 동의를 얻어냈다.[51]

계속된 철도건설에 따른 피할 수 없는 결과는 주식청약자들의 자금부담이 눈덩이처럼 불어난 것이었다. 1846년 한 해 동안 청약자들이 납입해야 할 주식대금은 4,000만 파운드에 이르렀고, 이 돈은 임금지급 등 정상적인 산업활동에 필요한 자금에서 전용되었다. 1846년 7월 의회는 주로 아일랜드 출신인 20만 명의 노동자들이 이후 수년 동안 철도건설에 투입될 것이라고 보고했다(철도건설 노동자들은 '내비스'라고 불렀다. 이는 1세기 전 운하건설 노동자들을 '내비게이터스'라고

---

51 Lambert, *Railway King*, p.189.

부른 데서 유래한 것이다). 이들에게 지급된 임금뿐만 아니라 철도건설에 따른 모든 비용은 투자자들에게 떠넘겨졌다. 결국 투자자들은 자신이 운영하고 있는 기업에서 고용을 줄이거나 개인적인 소비지출을 삭감해야 했고, 이로 인해 철도를 뺀 나머지 부분의 산업활동은 극도로 위축될 수밖에 없었다.[52]

불행은 혼자 오지 않는다는 말처럼, 1846년 여름 흉작까지 겹쳐 영국 경제는 최악의 상황이었다. 철도가 일상화되어 기업들은 과거처럼 재고물량을 쌓아둘 필요가 없게 되자 수요가 줄었고, 이는 경제상황을 더욱 악화시켰다. 〈이코노미스트〉는 "1845년 고삐 풀린 투기 열풍으로 발생한 개인들의 손실이 전체 경제를 위기로 몰아넣고 있다"고 기록했다.[53] 역사학자 토머스 칼라일은 1846년 10월 주식청약으로 배정 받은 주식값이 떨어져 발생한 손실은 6,000만 파운드에 이르고, 엑서터 주민들이 입은 손실만도 800만 파운드가 넘는다고 주장했다.[54] 당시 영국 각급 법원들의 일정은 파산선고 공판으로 꽉 차 있었다.[55] 존 프란시스는 2~3년이 지난 뒤 '파산선고를 받은 사람들 가운데 상당수가 유명인사들'이라고 기록했다.

52 Tooke, *History of Prices*, V, p.369.

53 *Economist*, 22 August 1846.

54 Thomas Carlyle, *Collected Letters* (ed. C. R. Sanders et al. Durham, NC, 1970~), XXI, p.74.

55 Evans, *Commercial Crisis 1847~1848*, p.35.

이처럼 중산층에 심각한 피해를 입힌 공황은 일찍이 없었다. 철도투기는 도시의 모든 곳에 피해를 입혔고 모든 사람들의 가슴에 상처를 남겼다. 한 가족이 완전히 파멸에 이르렀고, 스스로 목숨을 끊는 사건이 발생하지 않은 도시가 거의 없을 정도였다. 집안에서 보살핌을 받았던 딸들은 빵을 구하기 위해 거리로 나가야 했고, 학교에 다니는 이들은 자퇴를 해야만 했다. 수많은 가정에서 가족들이 뿔뿔이 흩어졌다. 집들은 집달관들에 의해 차압되고 사회적 연대감은 끊어졌다. 교도소는 철도회사 발기인들로 가득 찼고, 거리와 공원 벤치는 파산한 투기꾼들로 득실거렸다.[56]

1847년 1월 영란은행은 금 보유량이 계속해서 줄어들자 이자율을 다시 4%로 인상했다. 이해 상반기 동안에도 주식청약은 계속되어 한 달 평균 500만 파운드가 주식대금으로 납입되었다. 또 이해 초가을에는 밀풍작이라는 소식이 전해지자 밀값마저 폭락했다. 이 여파로 영란은행 임원인 W. R. 로빈슨을 포함한 13명의 곡물업자가 파산했고, 40명에 이르는 대표적인 런던 상인들이 빈털터리가 되었다. 디즈레일리는 그 순간을 이렇게 회상했다. "전례가 없는 가혹한 상거래 위축이 발생했고, 개인들의 신용거래도 중단되었다. 땅을 보유하고 있는 지주나 부유층에서 중산층 사람들까지 공황의 비참함을

---

56 Francis, *History of the Railways*, II, p.195.

느끼지 않는 사람은 거의 없었다."[57]

1847년 10월 초 또다시 극심한 금유출이 발생하자 영란은행은 개인들을 상대로 한 지급보증을 중단했고, 월요일인 10월 17일 마침내 '공포의 일주일'이 시작되었다. 영국 재무부 채권값이 폭락하자 모든 사람들이 안전한 금을 사들이는 데 혈안이 되었다. 하루 뒤인 화요일에는 3개의 주식회사 형태의 은행이 파산한 데 이어 메이저 은행인 리버풀 은행마저 무너졌다. 영란은행의 조지 노먼은 "모든 사람들이 이웃을 두려워했다"고 그 순간을 묘사했다. 증권거래소도 공황의 소용돌이에 휘말렸다. 채권거래도 얼어붙어 단기 우량채권 수익률마저도 10%에 이를 정도였다.[58] 공포의 일주일이 끝나갈 무렵 영란은행의 금 보유량은 50만 파운드로 떨어졌고, 외환 보유량도 150만 파운드까지 하락했다. 이런 사태가 조금만 더 계속된다면 영란은행마저 금태환을 중단할 수밖에 없는 상황이었다.

토요일인 23일 런던 시중은행 대표들이 당시 수상이었던 존 러셀과 재무부 장관 찰스 우드 경을 만나기 위해 다우닝 가로 몰려들었다. 은행가들은 이 자리에서 3년 전 투기억제를 위해 의회가 통과시킨 영란은행의 재할인 제한법의 적용을 유예시켜 달라고 요청했다. 이로부터 이틀 뒤인 월요일 영란은행에는 다우닝 가로부터 한 통의 편지가 전달된다. 이 편지 내용은 은행법을 무시하고 무조건 재할인해줄 수 있는 권한을 영란은행에 부여한다는 것이었다. 투기를 진정시키기 위한 은행법이 영국 경제의 붕괴를 막기 위해 집행유예된 것

---

57 Evans, *Commercial Crisis 1847~1848*, p.73.

58 앞의 책, p.86.

이다. 이 조치로 금융공황은 진정국면에 접어들었다.

　이후 공황발생 원인을 두고 벌어진 논쟁에서 모든 사람들은 철도회사 주식투기에 자본이 과도하게 집중되었기 때문이라는 일치된 의견을 내놓았다. 오버스톤 경은 금 유출이 심각한 상황에서 외환보유량을 줄인 영란은행을 비판했지만, 공황의 가장 큰 원인은 "철도주식 투기에 과도한 자본이 투하되었기 때문"이라고 말했다. 애시버턴 경도 비슷한 입장을 취했다. 그는 "영란은행이 통화를 잘못 관리한 것도 이유지만 철도회사 주식이 과도하게 발행되었기 때문"이라고 말했다. 〈이코노미스트〉도 "철도건설에 너무 많은 자본이 집중되는 바람에 이자율이 1845년 연 2.5%에서 1847년 10월 10%까지 치솟았다"고 풀이했다.[59] 고삐 풀린 철도투기가 전 경제에 미친 영향이 현상화되기까지 2년 이상이 걸린 셈이다.

● 철도왕의 퇴위 ●

　철도투기의 종말은 아직 오지 않았다. 혁명의 해인 1848년 철도왕 허드슨은 여전히 철도사업에 대한 장밋빛 전망을 갖고 있었다. 그는 술에 취해 하원에 등원하는 경우도 종종 있었고, 동료 의원들이 금주회에 가입할 것을 권유하자 발끈 화를 내기도 했다.[60] 하지만 1848년 8월 아서 스미스 등 몇 사람은 철도투기를 체계적으로 분석

---

59 *Economist*, 20 November 1847.

60 Bailey, *George Hudson*, p.88.

한 팸플릿 〈그 시대의 버블; 철도투자의 오류〉를 발표했다. 저자들은 철도회사 임원들이 회계장부를 조작하고 자본금에서 돈을 빼내 배당금을 지급했다고 비난했다.[61] 그들은 허드슨이 거느린 두 개의 철도회사인 요크-노스미들랜드와 이스턴카운티스 철도회사를 불법행위를 벌인 대표적인 철도회사로 꼽았다. 또한 허드슨이 유행시킨, 납입자본금 50%를 배당금으로 주는 조건으로 철도노선을 빌리는 행위를 강하게 비난했다. 팸플릿 저자들은, 이렇게 해서 주가를 치솟게 한 허드슨 등은 내부정보를 이용해 미리 주식을 사고 팔아 이익을 남겼다고 주장했다.

팸플릿이 공개되자 철도회사 주가는 또 한 차례 곤두박질쳤다. 당시 승객수는 늘어났지만 철도건설의 경쟁이 격화되어 요금은 낮아지고 노선은 늘어나는 바람에, 철도 1마일당 평균매출액이 1845년 3,500파운드에서 1848년 2,500파운드로 떨어졌고, 이에 따라 배당률도 급격히 하락했다. 그리고 이것은 주가급락으로 이어져, 1848년 8월 영국의 전 철도회사의 시가총액 감소분은 2억 3,000만 파운드로 나타났다. 이는 당시 영국 국민총생산의 절반과 맞먹는 규모였다.[62] 허드슨의 요크-노스미들랜드 철도회사의 주가는 1845년 최고 수준에서 3분의 2가 폭락했다. 심지어 발행가 이하로 할인되어 거래될 정도였다. 또 한때 236파운드까지 치솟았던 그레이트 웨스턴 철도회사 주가는 이때 액면가보다도 낮은 65파운드선에서 거래되

---

61 Arthur Smith, *The Bubble of the Age: or, the Fallacies of Railway Investments, Railway Accounts, and Railway Dividends* (London, 1848). 스미스는 철도회사들이 주가를 끌어올리기 위해 사용한 가장 비열한 수법은 운송수입을 부풀린 것이라고 했다.

62 S. Smiles, *Railway Property: Its Condition and Prospects* (London, 1849), p.63.

었다.[63] 철도는 이제 대중들의 관심을 끌지 못하는 상태가 되었으며, 마침내 철도왕이 퇴위해야 할 순간이 다가온 것이다.

아서 스미스의 팸플릿이 공개되기 오래 전부터 허드슨의 경영은 투명성과 도덕성과는 거리가 멀다는 비판을 받았었다. 자유무역주의자이면서 의원이었던 리처드 코브던(Richard Cobden)이 1845년 허드슨의 불법의혹을 제기하면서 "파악할 수 없을 만큼 부패가 만연되어 있다"고 비난했다. 허드슨이 잘나가고 있는 동안에는 이런 의혹과 비판은 무시되었지만, 허드슨이 배당금을 주지 못하고 주가마저 발행가를 밑돌자 공개적인 비판이 일기 시작했다.

온갖 비판과 의혹이 공개되는 가운데 1849년 2월 허드슨은 종말을 맞는다. 이때 열린 주총에서 주주들은 그가 자사의 주식을 시장가격 이상을 받고 다른 회사에 팔아넘겨 거액을 챙겼다고 맹공을 퍼부었다. 그러자 이 사건이 있은 직후에 열린 이스턴카운티스 철도회사 주총에 그는 주주들의 반발이 두려워 참석하지 못한다. 그리고 그에 대해 비판적인 논조를 유지해왔던 〈요크셔맨〉은 이즈음 정면으로 그를 공격하기 시작했다. "이제 따져봐야 할 순간이 왔다. (그의) 횡령과 직무유기, 중대한 부당행위는 중벌을 받게 될 것이다."[64]

이스턴카운티스 철도회사에서 허드슨이 저지른 불법행위를 조사했던 한 위원회가 1849년 4월 "그는 매출액을 터무니없이 부풀리고 자본금에서 20만 파운드를 빼내 배당금으로 지급했다"고 결론 내렸다. 요크-노스미들랜드 철도회사에 대한 보고서에는 허드슨이 자본

---

63 Evans, *Commercial Crisis 1847~1848*, p.126.

64 Bailey, *George Hudson*, p.95.

금에서 80만 파운드를 빼내 배당금으로 지급한 것이 드러났다. 허드슨의 불법과 협잡이 하나씩 폭로되는 가운데 이해 5월 8일, 허드슨의 처남이자 동업자였던 리처드 니콜슨이 허드슨이 세운 철도역에서 불과 몇 미터밖에 떨어지지 않은 곳에서 강으로 뛰어들어 스스로 목숨을 끊는 사건이 발생한다. 이를 계기로 비난의 화살은 더욱 거세졌다. 인수합병에 앞서 내부자거래를 했고 레일을 팔면서 개인적인 치부를 했으며, 회사공금을 빼돌려 개인적인 부동산 구입에 유용했을 뿐만 아니라 주식을 비밀리에 배정 받아 프리미엄을 받고 시장에서 매각했고, 의원들을 매수하기 위해 비자금을 조성했다는 것이다. 심지어 그는 주주들로부터 받은 돈을 빼내 도박을 하거나 런던에 대저택을 구입하는 데 사용했다고 한다. 허드슨이 배당금 지급까지 포함해 유용한 돈의 규모는 모두 60만 파운드에 달했다.

허드슨은 "사적인 일과 회사의 업무가 불행하게도 뒤섞여 있었기 때문"이라고 변명했다. 또 회사의 채무에 대해 자신이 지급보증한 경우가 많다고 주장하기도 했다. 물론 당시 회계관례상 자본계정에서 돈을 빼내 비용으로 지출한 경우가 빈번했고, 철도회사들이 각광받았던 시기에는 용인되었던 일이기도 했다. 〈더 타임스〉는 "(그런 범죄는) 허드슨만이 범한 게 아니다"는 입장을 견지하면서, 대신 "규정과 체계뿐만 아니라 도덕성마저 없는 시스템을 비난해야 한다"고 주장했다.[65] 하지만 허드슨은 법규의 틈을 이용해 이익을 챙겼고, 회사의 임원들에게 압력을 행사해 자신의 뜻에 따르도록 했다. 또 회계와 철도건설에 대한 외부감사를 거부하고 전횡을 일삼았다. 그가 회계를

---

65 앞의 책, p.102.

조작하고 후한 배당금을 지급하자 투기꾼들은 허드슨의 회사가 실제보다 더 많은 수익을 내는 것으로 믿었다.

당시 상당수의 사람들은 허드슨이 철도투기의 희생양이라고 주장했다. 리처드 밀네스(Richard M. Milnes)는, "철도투기는 단순한 도박이었을 뿐이고, 돈을 잃은 투기꾼들이 이제 판을 뒤집고 행패를 부린다"고 말했다. 반면 역사학자 카라일은 투기의 실패와 허드슨의 몰락은 정상적인 질서의 회복이라고 말했다.[66] 1849년 5월 한 신문 기고에서 그는 "이놈의 세상은 복수와 인간들의 반역, 옛 예언자의 비극으로 가득하다"고 한탄했다.[67] 또 허드슨의 변명에 대해 이 역사학자의 분노는 오래 지속되었다. 그는 1850년 여름에 발표한 허드슨에 대한 에세이에서 "그는 교수대에 매달려 흔들거리는 희생양"이라고 표현하며 다음 같이 기록하고 있다.

만족할 수 없는 탐욕을 갖고 있는 최고 불한당이 가난한 세상 사람들을 유혹했다. 인간의 천박함을 포장하는 방식으로 그는 그 자신뿐만 아니라 다른 수많은 사람들을 일확천금의 왕국-주식청약과 최고급 포도주, 사회적 명성으로 가득 찬-으로 이끌었다. 이곳은 끝없는 손실만이 있는 곳이다. 이제 그는 자신이 갖고 있는 모든 금조각들을 강탈당하고 있다. 또 교묘하게 치장된 허울마저 벗겨지고 있다. 그리고 세상을 향해 목소리를 높인다. "여러분 어느 누구도 저 같은 불한당

---

66 앞의 책, p.95.

67 Lambert, *Railway King*, p.276.

이 되지 마시오. 특히 돈을 쫓는 불한당이 되지 마시오. 신 앞에서는 악마가 왕이 되지 못합니다. 종말은 바로 이런 모습입니다"라고.

허드슨은 기소되지는 않았지만, 철도투기와 관련된 온갖 종류의 범죄에 연루되었다는 사실은 만천하에 공개되었다. 허드슨이 소유하고 있는 요크 유니언 은행의 한 매니저가 2만 파운드의 공금을 횡령해 철도주식에 투기했다 모두 날린 것으로 드러나자, 〈요크셔맨〉은 "허드슨은 자신뿐만 아니라 그를 둘러싼 모든 사람들을 부패시켰다"고 보도했다.[68] 7년이 흐른 1856년 2월 아일랜드 출신 의원이자 은행가이고 철도회사의 발기인으로 활동했던 존 새들러가 독을 마시고 숨진 채 발견되었다. 그는 주식투자의 손실을 은폐하기 위해 자신이 대표이사로 있는 로열 스웨디시 철도회사의 주식 15만 파운드어치를 위조해 유통시켰고, 한 아일랜드계 은행의 대출금 40만 파운드를 떼먹기도 했다. 찰스 디킨스는 『리틀 도리트』(Little Dorrit)에서 허드슨과 새들러를 악랄한 은행가로 묘사한다. 새들러를 상징하는 머들이라는 인물은 나중에 새들러처럼 주식투기에서 돈을 잃고 자살한다. 디킨스는 자살한 머들에 대한 묘사를 통해 투기시대에 부패한 금융인과 대중들의 관계를 극명하게 드러내 보였다.

---

68 앞의 책, p.280.

남을 등쳐먹을 수 있는 사람은 성공할 것입니다.

뭐라구요? 글쎄요, 오래된 깡통을 물어뜯기 위해 인간이란 벌들이 어떻게 몰려드는지 당신이 잘 이해하고 있지 못한 것 같습니다. 깡통이 귀금속으로 이뤄졌다는 사실을 알게 될 때, 우리가 한탄하고 있는 것처럼 그들은 안간힘을 다해 물어뜯습니다.

한때 일확천금을 안겨줄 수 있는 요술쟁이로 보였던 허드슨은 철도투기꾼 가운데 가장 긴 고통의 세월을 보내야 했다. 그는 채권자들을 피해 대륙으로 줄행랑을 쳤고, 자신의 회사에서 유용한 돈을 갚는 데 남은 여생의 대부분을 소모해야만 했다. 1859년 그는 의원직을 박탈당했고, 6년 뒤에 빚을 갚지 못했다는 이유로 체포되었다. 그리고 1871년 겨울 숨을 거둘 때, 그가 남긴 재산은 100만 파운드짜리 땅과 200파운드의 현금뿐이었다.

● 철도와 인터넷 버블의 공통점 ●

투기기간 동안 엄청난 수의 철도법이 무원칙적으로 제정되었고, 1847년에 발행된 한 팸플릿은 이런 상황을 다음과 같이 한탄하고 있다.

> 중대한 국가적 사업이 '개인기업'에 내맡겨졌다. 하지만 결과만을 놓고
> 볼 때 개인기업에 국가적 대사를 맡긴 게 아니라 한 개인의 변덕과 어
> 리석음에 맡긴 것이다. 정부가 처음부터 이 일을 장악하고 관리했다
> 면 순탄하고 경제적으로 이뤄졌을 뿐만 아니라 엄청난 수익이 국가에
> 돌아갔을 것이다.[69]

다른 나라들은 영국을 반면 교사로 삼아 철도투기 폐해를 피할 수 있는 조치들을 취했다. 1844년 철도투기 열풍이 갑자기 불어닥치자 프러시아 정부는 신속하게 행동에 나서 투기를 벌이는 사람들을 비난하고 주식의 옵션과 선물거래를 금지했으며, 신규노선 인가를 내주지 않았다.[70] 프랑스에서는 군부가 철도건설의 주도권을 쥐었다. 개인기업들이 철도건설 계획을 내놓기 전에 군 기술자들이 노선을 결정한 것이다. 그러나 철도건설에 정부가 개입한 사례 가운데 대표적인 경우는 벨기에이다. 이 나라는 철도건설과 운영, 관리에 관한 모든 책임과 권한을 정부가 떠안았다.

영국정부의 자유방임주의 때문에 범죄자나 다름없는 개인들이 건설한 영국의 철로망은 실타래같이 얽히고 설켰다. 예를 들면 1850년대 리버풀과 북부도시 리즈 사이에는 독립노선이 3개나 중복 부설

---

69 James Ward, *Railways for the Many, and Not for the Few*, 1847, p.5.

70 Richard Ehrenberg, *Die Fondsspekulation und die Gesetzgebung* (Berlin, 1883), pp.70~73; and Ludwig Lesser, *Zur Geschichte der Berliner Börse und des Eisenbahnaktien-Handels* (Berlin, 1844).

되었고, 런던과 피터버러 사이에는 3개의 대체노선이 깔려 있을 정도다. 1930년대의 철도역사 연구자인 T. H. 르윈은 "당시 인간들이 의회인가 경쟁과 비경제적인 지점확장, 무의미한 철도건설을 벌인 비용을 이제 부담해야 한다"고 말했다.

1850년 1월 철도회사 주가는 1845년 최고가를 기준으로 85% 이상 하락했다. 이때 철도회사 시가총액도 납입자본금의 50% 아래로 떨어졌다. 과도한 투자와 지나친 경쟁 때문에 킬로미터당 매출액도 철도투기 전보다 3분의 1 이하로 주저앉았고, 평균배당률도 2%까지 곤두박질쳤다. 심지어 5년 뒤인 1855년에는 25% 이상의 철도회사가 배당금을 지급할 수 없었고, 배당금을 지급한 회사들의 평균배당률도 5%에 미치지 못했다. 1840년대 마구 건설된 대부분의 철도는 자동차의 출현으로 폐쇄될 때까지 기대에 못 미치는 순익을 기록했다.

하지만 철도투기의 여파는 부정적인 것만은 아니었다. 1855년 현재 영국에서 가동된 철도의 길이는 모두 8,000킬로미터에 달했다. 이는 프랑스와 독일의 7배가 넘는 것이다.[71] 이때 건설된 철도가 빅토리아 여왕 시기 영국 경제에 엄청난 기여를 한 것도 사실이다. 저렴한 대량수송 수단으로 산업혁명에 톡톡한 기여를 한 것이다. 또한 영국 경제가 심각한 불황을 겪고 있던 1840년대 철도건설의 붐이 일자 50만 명의 노동자들이 철도건설 현장에서 돈을 벌어 생계를 이었다. 이는 당시 다른 산업 전체의 고용창출 규모와 맞먹는 것이었다. 아일랜드가 흉작으로 가혹한 기근에 시달리고 있을 때 철도건설은

---

71 Tooke, *History of Prices*, V, p.373.

수만 명의 아일랜드인들에게 먹을 것을 제공해주었다. 더 나아가 철도투기는 경제발전의 밑거름이 되는 사회간접자본을 확충할 수 있는 기회가 되었을 뿐만 아니라 당시 중산층 투기꾼의 부를 노동자들에게 이전시키는 결과도 낳았다.

자동차가 처음 출현했을 때인 1890년대에 영국에서, 그리고 1920년대에는 미국에서 자동차투기가 발생했다. 하지만 1840년대 철도투기 열기에 견줄 수 있는 것은 1990년대 인터넷투기뿐이다. 현재 눈앞에서 이뤄지고 있는 정보혁명에 감탄하는 온갖 말들은 1840년대 영국 '철도혁명' 시기에 나왔던 언어들과 비슷하다. 1995년에 『생명 디지털』을 쓴 미국학자 니콜라스 네그로폰트는 "디지털시대의 삶은 시간과 공간의 제약을 뛰어넘게 될 것이며, 세대간의 차이도 줄이고 세계 통합에 기여할 것"이라고 주장했다.[72] 마이크로소프트의 빌 게이츠도 『미래의 길』에서 "구텐베르크의 인쇄기술이 중세를 뒤바꾸어 놓았듯이 정보고속도로는 인간의 문화를 극적으로 변모시킬 것"이라고 목소리를 높였다.[73] 또 다른 정보화시대 찬미가인 조지 길더(George Gilder)는 인터넷을 '자본주의 중추신경망'이라고 상찬했다.[74] 1990년대 미국에서는 엄청난 인터넷 돌풍이 불어 수많은 인터넷 관련서적이 팔려나갔고, 인터넷 관련영화와 전시회가 기획되었다. 또 인터넷은 수많은 인터넷 매거진을 탄생시켰는데, 이 잡지 가운데 상당수가 인터넷 벤처기업에 대한 투자정보를 전달하는 것이다. 이는

---

72 Nicholas Negroponte, *Being Digital* (London, 1995), p.230.

73 Bill Grates, *The Road Ahead* (New York, 1995), p.9.

74 *Forbes*, 4 December 1995.

마치 1840년대 철도투기가 철도신문과 같은 전문지의 출현을 촉발시켰던 것과 같다.

철도와는 달리 인터넷은 많은 자본을 쏟아부을 필요가 없었지만, 인터넷기업들의 주식을 상장시켜 철도회사 못지 않은 자본을 끌어들였다. 인터넷주식에 대한 투기는 넷스케이프 커뮤니케이션이 나스닥에 상장된 1995년 여름 처음 감지되었다. 1996년 봄까지 상당수의 인터넷기업이 주식시장에 상장되었고, 특히 이해 4월에는 3개의 인터넷업체가 나스닥에 상장되었다. 이 가운데 대표적인 것이 인터넷 검색엔진 업체인 야후다. 1995년에 설립된 이 회사는 분기매출액이 100만 달러밖에 안 되는 별볼일 없는 회사였다. 그런데 이 회사 주식은 상장 첫날 153%의 프리미엄이 붙어 거래되었다. 이것은 미국 증권역사상 세 번째 기록이다. 이 때문에 야후는 8억 5,000만 달러의 자금을 조달할 수 있었다. 또 만년 적자를 기록했던 텔레비전 제조업체인 제니스가 이해 3월 인터넷과 연결할 수 있는 텔레비전을 생산할 것이라고 공시하자 주가는 순식간에 3배가 뛰어올랐다. 한 증권사 애널리스트는 "주식시장에서 인터넷이라는 말만 해도 뭔가가 일어난다"고 비꼬았다.

인터넷주에 대한 붐은 1998년에 한층 거세졌다. 이해 말 미국 주요 인터넷기업들의 시가총액은 거대기업의 시가총액과 비슷해졌다. 온라인 증권사인 찰스 스왑의 시가총액은 오프라인 증권사 메릴린 치를 능가했고, 인터넷경매회사인 e-베이도 소더비의 시가총액을 넘어섰다. 인터넷 서비스업체인 AOL도 디즈니사의 시가총액보다 앞섰다. 야후의 시가총액은 이 회사의 연 수익의 800배에 달했고, 매출액의 180배에 달했다. 특히 시가총액을 야후의 직원수로 나눌 경우

3,500만 달러에 이른다. 또 인터넷서점인 아마존닷컴의 주가는 이 회사의 손실 누적에도 불구하고 1998년 한해 동안 18배가 뛰었다. 한 펀드매니저는 이에 대해 "지구상에서 가장 터무니없이 고평가된 주식"이라고 말하면서도, 아마존닷컴의 주식을 사라고 권했다.

인터넷기업의 공모에 대한 대중들의 관심은 열풍처럼 뜨거웠다. 인터넷 채팅서비스인 더글로브닷컴은 1998년 11월 중순 처음 공모를 실시해, 첫 거래일에 주식이 866%나 뛰었다. 또한 1999년 1월 15일 마켓워치닷컴이 처음 매매개시되었는데, 주당 17달러에 공모했던 이 주식은 이날 97.5달러로 마감되었다. 하루 만에 573%가 넘는 주가상승률을 기록한 것이다.

인터넷기업들의 주가는 적은 유동주식수 덕분에 한층 더 뛰었다. 액면분할은 '인터넷'에 대한 장밋빛 환상과 더불어 주가상승을 부채질했다. 이에 〈하이테크 스트래티지스트〉(The High-tech Strategist)의 편집장인 프레드 힉키는 "인터넷 버블이 튤립투기 이후 가장 거센 투기"라고 말했다. 또 1999년 1월 하순 미국 연방준비제도 이사회 의장인 앨런 그린스펀도 "인터넷주의 가치평가는 그림의 떡과 같다"고 말했다. 그리고 "인터넷기업들은 실패할 수밖에 없고, 주식은 한순간에 종이조각으로 변할 것이기 때문에 투자자들은 복권에 취해 있는 것과 같다"고 덧붙였다.

1840년대 철도투기 열풍은 주로 지방도시에서 강하게 불었다. 철도부설로 커뮤니케이션이 수월해진 지방도시 주식거래소 주변에는 수많은 군중이 모여 주식을 사고 팔면서 일확천금을 꿈꿨다. 한 세기 반이 흐른 1990년대 인터넷투기도 비슷한 양상을 띠고 있다. 온라인 증권사를 비롯해 와코 키드 핫 스톡 포럼(Waaco Kid Hot Stock forum)과 머틀리 풀(Motley Fool)과 같은 투자동호회가 우후죽순처럼 생겨나 나스닥에 상장되기 직전인 인터넷기업들의 주식을 중개해주고 있다. 철도투기가 새로운 주식거래 방식을 낳았듯이, 인터넷도 일확천금을 꿈꾸는 많은 사람에게 새로운 주식거래방식인 '사이버거래'를 제공하고 있다. 철도와 인터넷은 더 이상 커뮤니케이션 수단이 아니다. 투기의 원천이면서 그 대상인 것이다. 빌 게이츠는 『미래의 길』을 다음과 같이 맺고 있다.

> 골드러시는 투기심리를 일깨우는 경향이 있다. 하지만 소수만이 돈을 벌게 된다. 우리 뒤엔 손해를 본 대중들의 분노가 이글거리고 있다. 결국에는 바보처럼 실패한 벤처의 잔해를 뒤돌아볼 것이다. 그리고 '도대체 누가 저 회사를 세운 거야?', '무슨 생각을 갖고 저런 짓을 했지?', '저게 바로 투기의 참모습이 아니겠어?'라고 중얼거릴 것이다.[75]

---

75 Gates, *The Road Ahead*, p.231.

6장

미국 금권정치시대*의 투기

＊ 미국의 소설가 마크 트웨인의 소설 『도금시대』(The Gilded Age)에서 따온 말로, 미국경
   제가 본격적인 산업형멱에 들어가고 금권정치가 횡행하던 1870~1898년을 의미한다
   (－역자주).

투기는 단순한 정서에서 출발한다. 기호라고도 할 수 있다. 하지만 습관으로 발전하고 이어 흥분으로 바뀐다. 이 흥분은 마치 영화 〈십계〉에 나오는 아론(모세의 형이면서 유대교 최초의 제사장 - 역자주)의 뱀처럼 자신뿐만 아니라 다른 모든 이들의 흥분까지 삼키고 거대해진다. 그리고 분노보다도 더 강렬해지고 질투보다도 더 일렁인다. 또 탐욕보다도 더한 욕망을 품게 하고 사랑보다도 더 매료시킨다. 주식시장은 비쩍 마른 늙은 마녀를 닮아간다. 최신 스타일의 화려한 장식으로 눈부신 광채를 내뿜으며 투기꾼들에게 탐욕의 미소를 흘리고, 황금상을 가리키며 유혹한다. 그리고 마치 사막의 신기루와 같이 순식간에 사라지면서 모든 사람을 파멸의 늪에 빠트린다.

— 윌리엄 파울러의 『월스트리트에서 보낸 10년』에서

식민지 개척은 본질적으로 투기였다. 콜럼버스도 투기꾼이었다. 북미대륙은 그가 투기를 벌여 얻은 거대한 전리품이다. 1600년대 미국 식민지도 당시 벤처기업들이 개척한 것이다.

월터 랠리(Walter Ralegih, 영국의 정치가이면서 탐험가 - 역자주)는 17세기 초반 투자자들에게 20% 이상의 수익을 약속하며 주식회사 버지니아를 리메이킹한 데 이어, 미국 버지니아에 정착한 독신남성 이민자들의 부인이 될 100명의 처녀들을 송출하는 자회사를 세운다.[1] 그리고 이 시기 뉴암스테르담(뉴욕의 옛이름) 정착지가 네덜란드 증시에서 대표적인 투기대상이었던 네덜란드 동인도회사로 넘어가고, 17

---

1   J. S. Davis, *Essays in the Early History of American Corporations* (Cambridge, Mass., 1917), I, p.33.

세기 중반에는 월스트리트 유래가 된 담장이 총독 스튜이베산트 (Stuyvesant)의 지시에 따라 건설된다.[2]

17세기 말에는 미국 뉴저지와 펜실베이니아 지역 기업들의 주식이 런던의 익스체인지 앨리에서 거래되기 시작한다. 당시 식민지 미국에 대한 투기열풍을 대표하는 기업은 바로 존 로의 미시시피였다. 이 회사의 설립목적에는 현재 미국 영토의 반쪽에 대한 투기도 포함되어 있었기 때문이다.

미국인들의 투기적 성향은 식민지 개척과정에서 잘 드러난다. 아메리칸 드림 자체가 미래가 지금보다 더 살기 좋을 것이라는 전망에 근거한 것이다. "미국인들이 다른 나라 국민과 다른 점은 미래를 꿈꾸며 살았고, 그들은 미국 땅이 얼마나 위대한 땅인지를 잘 알고 있었다"(레이건 전 대통령)는 것이다.

또한 19세기 역사학자 윌리엄 파울러도 "미국인들은 과거보다는 미래를 상상하며 살아왔다"고 했다.[3] 18세기 미국 정착민들은 역사적으로만 존재하는 땅에 자신들의 꿈에 따라 모습이 달라지는 국가를 건설한 것이다. 따라서 오직 미국인들만이 "역사는 무의미하다"고 선언할 자격이 있는 셈이다.

미국은 출신성분보다는 재산규모에 따라 신분상의 구분과 상승이 이뤄지는 근대 국가였다. 1830년대 미국을 여행했던 프랑스 귀족 출신 정치학자인 알렉시스 토크빌(Alexis Tocqueville)은 다음과 같은

---

2 월스트리트의 기원인 담장(wall)의 본래 목적은 영국인과 곰, 인디언들의 습격으로부터 가축과 식민지 정착민을 보호하기 위한 것이었다. 하지만 이후 월스트리트는 수소 (bulls)와 곰(bears)의 우리로 변했다.

3 Fowler, *Ten Years on Wall Street* (1870), p.171.

말로 미국의 물질주의를 묘사했다. "부자들의 생활에 부러움과 질투 어린 눈길을 던지는 미국인은 한 명도 보지 못했다. 또 비록 현재의 삶이 곤궁할지라도 장밋빛 미래를 꿈꾸지 않는 사람도 보지 못했다. … 부자가 되는 것은 이들의 최고 목표이며, 미국을 규정하는 요소 이다."

미국인은 단순히 미래에 대한 희망과 자아실현 욕구만을 품고 사는 사람들이 아니다. 목적달성을 위해 어떤 위험도 무릅쓸 준비가 되어 있는 사람들이다. 17세기 미국으로 이민을 가는 것 자체가 큰 모험이었고, 동부해안을 벗어나 인디언과 야생동물의 공격이 빈번한 변경에 정착하는 것 또한 엄청난 위험을 감수해야 하는 일이었다. 그리고 이것이 왜 19세기 미국의 거물투기꾼들의 대부분이 변경지역 출신인지를 설명하는 대목이기도 하다. 위험을 감수하는 정신은-미국인의 본성으로 자리잡았다고 주장하는 이들도 있다-시간이 흘러도 사위지 않고 미국의 생동감을 유지하는 원천으로 남아있다. 부유한 사람들조차도 현재 쥐고 있는 패에 만족하지 않고 더 큰 것을 차지하기 위해 도박을 계속할 정도이다.

미국의 백만장자들은 마치 더 잃을 게 없는 빈털터리처럼 자신을 코너로 몰아간다. 큰 도박을 즐기는 것처럼 돈을 쏟아부으며 즐거워한다. 투기적인 영국인들은 파산을 두려워하고 프랑스인들은 파산을 피하기 위해 스스로 목숨을 끊는 데 비해, 백만장자 미국인들은 10배를 더 벌기 위해 투기판에 뛰어든다. 만약 빈털터리가 된다면 기꺼이 도박판의 점원이 된다. 천해지는 것을 개의치 않는 미국인들의 특성은

> 높이 살 만하다. 하지만 이것이 미국을 세계에서 가장 지독한 도박꾼
> 들이 모인 나라로 만들고 있다.[4]

물론 위험은 투기의 본질이다. 경제학 교과서들은 투기의 경제원
리를 설명하면서 위험을 감수하는 방법을 주로 다루고 있다. 미국의
투기꾼들보다 위험을 기꺼이 감수하려는 사람들은 없다. 주식시장에
서 그들의 투기는 일상적인 위험수준을 넘어서 위험 자체가 목적이
되기도 한다. 이런 분위기 속에서 투기는 순전히 여흥거리이거나 전
쟁의 광기를 동반하고 엄청난 판돈이 걸린 스포츠이기도 하다.

투기적인 미국인들이 평등을 숭상하고 이를 〈독립선언서〉에 명
문화해 국가건립의 원칙으로 공표했으면서도, 물질적 불평등을 쉼없
이 재생산하는 것은 역설적으로 보일 수 있다. "그들은 모든 특권을
철저히 부정하지만, 완전한 경쟁은 인정한다. 사회적 장벽의 위치보
다는 형태를 바꾼 셈"이라는 말로 토크빌은 미국인들의 평등을 설명
했다. 미국처럼 부가 신분을 결정하는 근대사회에는 물질적으로 남보
다 뒤처지지 않을까 하는 두려움이 길게 드리우고 있다.

미국 사회의 지배적 가치는 절대적인 의미에서 부자가 되는 것이
아니라, 상대적 가난을 피하는 것이라고 말할 수 있다. 따라서 미국
사회에서 호황기에 수동적인 방관자로 머물러 있는 것은 사람을 더

---

4   Robert Sobel, *Panic on Wall Street: A History of America's Financial Disasters*
(New York, 1968), p.223.

가난하게 만드는 것이다. 이 때문에 미국 주식시장에서는 경제적 현상유지와 재편 사이의 맹렬한 투쟁이 벌어진다. 투쟁과정에서 미국인들은 타인이 무엇을 하고 어떤 의도를 갖고 있는지를 알아내려고 혈안이 된다. 미국인들이 말하는 '구세계의 문화적 열등성'에 젖어있는 케인즈는 이렇게 예언했다. "주식시장 밖에서도 미국인들은 평범한 사람들의 여론에 과도한 관심을 보인다. 이 지나친 관심은 결국 증시 붕괴 과정에서 상황을 최악으로 몰고 가게 된다."[5] 쉽게 집단심리에 빠져버린다는 것이다.

● 초기 미국의 투기역사 ●

미국 건국의 아버지들 가운데 상당수가 땅투기꾼들이었다. 조지 워싱턴은 미시시피 회사를 설립해 서부지역 땅을 사들였고, 벤저민 프랭클린은 일리노이 주에서 6,300만 에이커에 달하는 땅에 투기를 벌였다. 열렬한 혁명주의자였던 패트릭 헨리(Patrick Henry) 역시 조지아 주에서 1,000만 에이커를 매입하기 위해 설립된 야주 사(Yazoo Co.)의 투자자였다. 심지어 토머스 제퍼슨과 알렉산더 해밀턴도 한때 땅장사꾼이었다.

독립선언 이후에도 땅투기 열풍은 거의 한 세기 동안 지속되었다. 18세기 후반 메인과 조지아, 뉴욕 주에서는 수백만 에이커의 땅이 통째로 매매되었을 정도였고, 새로 개발되는 읍과 도시 또한 홀륭

---

5   Keynes, *General Theory*, p.159.

한 투기의 대상이었다. 물론 미국의 수도인 워싱턴도 땅투기꾼에 의해 개발되었고, 18세기 말에는 시카고가 새로운 땅투기 지역으로 떠올랐다. 그리고 투기열기는 철도개통과 함께 서부로 번져나갔다. 미국정부가 1억 7,000만 에이커를 무상불하해 건설된 철도는 서부지역을 땅투기라는 국민스포츠의 대상으로 만들었다. 18세기 영국의 여행가 윌리엄 프리스트(William Priest)가 "미국이라는 나라의 특징을 소개한다면 '땅투기'라 할 수 있다"고 말할 정도였다.[6]

1790년대 미국에 증권거래소가 설립되자 땅투기 열풍은 종이쪽지 투기로 바뀌기 시작했다. 1790년대 후반에 불어닥친 미국 정부 채권과 은행주식에 대한 투기열풍은 한 세기 전 영국 증권거래소의 투기양상과 비슷했다. 하지만 이 시기 미국 증권투기가 17세기 후반 영국 투기 사이에는 중요한 차이가 있다. 설립 순간부터 미국 증시는 규모면에서 구세계에 뒤지지 않는 작전세력에 의해 지배되었다는 점이다. 초창기 미국 증시의 대표적인 작전세력의 리더는 조지 워싱턴 휘하의 장교이면서 영국 이튼 칼리지 출신인 윌리엄 듀어(William Duer)였다. 그는 작전단을 구성하는 한편 3,000만 달러어치 어음을 발행해 투기자금을 마련했고, 이것으로 유나이티드 스테이츠 은행의 주가를 끌어올렸다. 후에 듀어의 몰락은 미국 증시사상 최초의 공황으로 이어졌고, 그는 감옥에서 생을 마감해야 했다.

주식매집은 주식시장의 역사만큼이나 오래되었지만 가장 왕성하게 이뤄진 곳은 19세기 미국이었다. 주식매집의 첫 번째 목적은 주가를 끌어올리는 것이었고, 다음으로는 주가폭락시 저가매수를 위

---

6 재인용 : A. M. Sakolski, *The Great American Land Bubble* (New York, 1932), p.30.

해 물량공세를 펼치는 공매도 세력들을 견제하자는 것이었다. 매집세력들이 주식매집에 성공할 경우 공매로 투기꾼들을 궁지에 몰아넣을 수 있었다. 결제일까지 약속한 주식을 내놓아야 하는 매도세력들은, 집중매수로 주식을 구할 수 없어 '울며 겨자 먹기'로 장외에서 매집세력이 요구하는 값을 지불하고 주식을 매입해 결제할 수밖에 없기 때문이다. 월스트리트 최고의 작전꾼이었던 다니엘 드루(Daniel Drew)는 다음과 같이 콧노래를 불렀다.

> 주식을 갖고 있지도 않으면서 공매도한 사람은
> 결제를 위해 주식을 되사거나 그 값을 치러야 한다네.

투기꾼들로 구성된 작전세력이 주로 주식매집에 나섰다. 그들은 팽팽한 긴장감 속에 갖은 수법을 동원해 주식매집에 나섰지만 빈번히 실패를 맛봐야 했다. 작전세력의 리더들은 모두 비슷한 캐릭터를 갖고 있다. 윌리엄 암스트롱은 그들을 가리켜 "나폴레옹 같은 변덕의 소유자이고, 혜성처럼 등장해 급속하게 성장한 뒤 제멋대로 그리고 재미삼아 특정 종목의 주가를 조작한다"고 했다.[7] 작전세력들의 표적이 되었던 주식은 주가가 바닥과 천장을 오갔기 때문에 '미식축구 공'이나 '변덕쟁이'라고 불렸다. 작전세력들은 장외시장의 '잡

---

7   William Armstrong, *Stocks and Stock-Jobbing on Wall Street* [1848] (reprinted in the *Magazine of History*, 1933, 45. No. 1), p.12.

주'(penny stock)등 재무구조가 부실해 내재가치가 떨어지는 종목들을 선호했다.

19세기 중엽 미국 주식시장에서는 마진론(콜론) 제도가 본격화된다.[8] 물론 17세기 네덜란드 암스테르담에서도 주식을 담보로 대출을 받을 수 있었지만 뉴욕 증권시장만큼 활성화되지는 못했다. 당시 마진론 대출을 주도했던 금융회사는 뉴욕은행이었다. 증권사 직원(브로커)들은 고객이 담보대출을 요구할 경우 알선해주기도 했다. 담보로 내놓은 주식가치가 실제 대출액과 차이가 났기 때문에 '마진론'(margin loan)으로 불렸고, 은행의 상환요구(call)시 즉시 갚아야 하기 때문에 '콜론'(call loan)이라고도 불렸다.

담보주식가치와 대출액 간의 차이는 5~20%까지 다양했으며, 주당 100달러짜리 주식을 담보로 80~95달러까지 빌릴 수 있었다. 주식시장의 변동성이 클 때나 담보주식이 작전세력의 타깃이 되고 있을 경우 이 마진율은 높아졌다. 담보주식 가격이 하락하면 브로커들은 현금을 보충해 증거금을 채우라고 고객들에게 요구한다. 투자자가 이 요구에 따르지 못할 경우 브로커들은 직권으로 담보주식을 시장가격에 처분(반대매매-역자주)해 대출을 상환해버린다.

마진론이 일반화되자 미국 주식시장의 거래는 한층 활발해졌다. 초단기 투기꾼들이 마진론을 활용해 자신의 실제 능력보다 많은 주식을 매집할 수 있었기 때문이다. 이에 윌리엄 파울러는 "마진론 자

---

8   월터 워너(Walter Werner)와 스티븐 스미스(Steven T. Smith)는 『월스트리트』에서 "마진론은 뉴욕 금융가뿐만 아니라 뉴욕 발전의 원동력이었다"고 주장했다. 활발한 금융거래가 뉴욕이 미국의 금융수도로 성장하는 데 발판이 됐다는 것이다. *Wall Street* (New York, 1991), pp.43~46.

체가 투기적 성격을 갖고 있다"고 했다.[9]

1830년 마진론 붐에 이어 1840년대에는 선물과 옵션이 투기의 수단으로 각광을 받았다.[10] 1857년 '웨스턴 블리자드'(Western Blizzard)로 불리는 공황으로 선물과 옵션거래가 침체되자 마진론 붐이 다시 불기 시작해, 일반 상거래를 목적으로는 대출 받기가 어려워지는 사태까지 발생한다. 특히 투기꾼들은 마진론을 활용해 주가하락 직전에 대량매도로 수익을 배가했다. 마진론으로 주식시장 자금은 풍부해졌지만, 주식시장은 시중 자금사정 등 증시주변 여건변화에 더 민감해졌다. 실제로 밀 수확기에는 자금이 뉴욕의 은행들에서 내륙지역으로 이동하는 바람에 자금사정이 악화되어, 은행들이 마진론의 상환을 독촉하고 나서자 주가가 약세를 보였다. 매년 10월은 이 때문에 투기꾼들에겐 악몽의 시기였다. 하지만 연초가 되면 자금은 다시 뉴욕으로 흘러들어왔고, 투기꾼들은 호시절을 즐길 수 있었다.

마진론은 주식매집과 작전에 춤을 추고 있던 주식시장을 더욱 요동치게 했다. 주가가 떨어지거나 공황이 오면 마진율은 치솟았고 대출이 대거 회수되었다. 이어 주식시장의 자금상황이 악화되어 다시 주가가 떨어지는 악순환이 이어졌다. 결국 마진론 채무자들은 주식을 팔지 못해 파산을 선언할 수밖에 없었다. 은행도 예금인출 사태와 같은 공황이 오면 속수무책으로 당할 수밖에 없었다. 또 브로커들이 자신들의 손실을 줄이기 위해 담보주식을 헐값에 팔아치우는 바람에 주식시장은 더욱 악화되었다. 마진론은 시장이 호황일 때 상

---

9 Fowler, *Ten Year*, p.327.

10 Armstrong, *Stocks and Stock-Jobbing*, p.24.

승을 부채질하지만, 주가가 하락할 때는 하락을 가속화시킨다. 1840년대에서 1929년 사이 마진론 때문에 발생한 미국 증시의 출렁거림은 1987년 프로그램매매 때문에 발생한 주가 급등락과 비슷하다(8장 참고). 제임스 메드버리는 마진론을 '투기의 주요동기'라고 규정한 데 반해, 파울러는 "마진론은 공황을 불러일으키고 시장을 무너트리는 제도"라며, "마진론으로 브로커들은 돈을 벌고 고객은 잃게 된다"고 지적했다.[11]

● 남북전쟁과 투기 ●

1861년 남북전쟁의 발발은 미국 투기역사의 새 장을 열었다. 주식시장은 개전 초기 신경질적인 반응을 보였다. 남부군의 섬터요새 공격으로 전쟁이 발발하자 대표종목들의 주가가 곤두박질친 것이다. 그후에도 약세는 계속되어 한 해 뒤인 1862년 의회가 화폐법을 통과시켜 불환 지폐인 '그린백'(Green Back, 달러)이 발행된 뒤에야 호전되었다. 미국정부가 이 법에 따라 1억 5,000만 달러 규모의 화폐를 발행하였고, 주식시장 주변에 자금이 몰려들었기 때문이다. 또 시간이 좀더 흐른 뒤에는 투기꾼들이 전쟁특수로 농업과 공업이 활력을 얻게 된다는 사실을 알게 되었다. 게다가 전쟁자금을 조달하기 위해 미국정부가 남발한 그린백이 인플레이션을 유발하자, '마치 왕자가 뺨

---

11 Fowler, *Ten Years*, p.329. J. K. Medbery, *Men and Mysteries of Wall Street*, Boston, 1870, p.59.

에 키스를 하자 마술에 걸린 공주가 깨어나듯이' 주가가 다시 오르기 시작했다.[12]

전쟁의 불확실성은 투기꾼들에게는 황금과 같은 기회였다. 작전꾼 다니엘 드루는 그때를 이렇게 회고했다. "월스트리트의 우리 동료들은 전쟁이라는 행운을 맞아 왕성한 투기를 벌여 한몫 단단히 챙겼다. 마치 험한 물살을 뚫고 월척을 낚아올린 것과 같았다."[13] 뉴욕 금값은 전선의 결과에 따라 춤을 췄다. 남부군이 승리를 거둘 때마다 그린백의 공급량이 줄어들 것이라는 두려움에 금값이 폭락했고, 반대로 북군이 승리를 거둘 때에는 금값이 치솟았다. 투기꾼들은 금값이 오를 때는 '딕시'(Dixie, 남북전쟁 때 유행한 남부 찬양가-역자주)를 불렀고, 금값이 폭락할 때는 '존 브라운'(John Brown, 미국의 철저한 노예해방주의자로 노예해방을 위해서는 살인도 불사했다-역자주)을 노래했다.

1862년 말 금시장 최초의 시세조종이 발생했다. 대부분의 국민들이 국가를 위해 희생하고 있는 동안에 발생한 금시장의 시세조종에 환멸을 느낀 링컨 대통령은 강력한 대응을 하기로 결정하였고, 1863년 6월 의회는 금 선물거래를 금지하는 법안을 통과시켰다. 하지만 시장은 법안통과를 두고 행정부가 금시장을 조정할 힘이 없다는 것으로 받아들였다. 금값이 순식간에 30% 이상 뛰어오른 것이다. 결국 정부는 시장의 압력에 굴복했고, 법을 폐기해야만 했다. 투기에 대한 정부의 규제시도가 이처럼 무기력하게 무산되고 법안이 이토록 짧은 기간 만에 폐기된 사례는 거의 없었다. 대담한 주가조작과 절묘

---

12 Fowler, *Ten Years*, p.155.

13 Matthew Josephson, *The Robber Barons* (New York, 1934), p.59.

한 속임수, 거대한 전략, 기민한 전술, 호황과 불황의 끝없는 힘 겨루기…, 당시 주식시장이 보여준 모습은 남북전쟁과 닮은꼴이었다.

전쟁에 참여한 남북 사람들의 목적은 상반된 것이었지만, 전쟁과 투기는 하나의 목적만을 갖고 있었다. 전쟁을 가리켜 예측하지 못한 사건에 지배받는 '불확실성의 영역' 또는 '갈등'이라고 한 클라우제비츠의 정의는 주식시장과 너무나 잘 어울리는 것이다. 또한 헤지펀드의 귀재 조지 소로스가 '재귀적 성격'(주관적인 요인이 결과에 영향을 주는)이라고 개념화한 주식시장의 특성 역시 전쟁에서도 찾아볼 수 있다. 사기는 투기와 전쟁에서 모두 승리의 요인이기 때문이다. 전투에서 과감하고 전격적인 행동이 뜻밖의 승리를 거두고 심리적 공황과 무질서가 패배를 낳듯이, 주식시장에서도 마찬가지라는 의미다. 전쟁터에 그랜트와 리, 셔먼 등과 같은 명장이 있었다면, 주식시장에는 그들과 같은 전설적인 투기꾼들이 있었다. 이 투기꾼들은 전선정보를 남보다 빨리 알기 위해 전령과 병영상점의 주인, 정치인, 전보교환수 등을 매수했다.[14] 그리고 이 용병들은 변덕스러운 동맹군이었다. 그들은 거짓정보를 전달해주기도 했고, 여러 명의 투기꾼들과 동시에 거래를 하기도 했다. 투기꾼들도 사기와 속임수, 이중거래 등을 동원해 서로 속이고 속았다. 하지만 투기꾼들도 직업군인과 같은 응집력과 일사불란함을 보여주기도 했다.

전쟁의 영웅들처럼 거물투기꾼들도 대중들의 찬사를 받았다. 『악덕 자본가』(The Rober Baron)의 저자인 매튜 조지프슨은 "미국은 자

---

14 피어폰트 모건은 자신의 사무실에 전보장비를 갖춘 최초의 투기꾼이었다. 그는 이를 이용해 누구보다 앞서 전선의 정보를 전달받을 수 있었다.

유와 기회평등을 옹호한다는 이유로 타인의 자유와 특권을 억누르는 힘을 갖기 위해 수단과 방법을 가리지 않는 인간들을 찬양했다"는 말로 미국인들의 투기꾼에 대한 찬사를 비판했지만,[15] 제임스 피스크(James Fisk)와 제이 굴드(Jay Gould), 코넬리우스 반더빌트(Cornelius Vanderbilt)는 미국 금권정치시대의 영웅들이었다. 그들은 시세조종으로 국민적 명성을 얻었고, 그들의 재산은 부러움과 찬양의 대상이었다. 하지만 주식시장이 파국을 맞자, 세상 사람들은 염치가 없다는 이유로 그들을 비방하기 시작했고, 그들이 모여 주식을 거래하고 작전을 벌였던 건물의 벽은 온갖 욕설로 도배되었다.[16]

1860년대 초반 최고의 칭송과 두려움의 대상이 되었던 작전꾼은 다니엘 드류였다. 그는 엄청난 물량의 주식을 풀어 주가를 떨어트린 뒤 헐값에 다시 매수하는 수법으로 투기를 벌였기 때문에 '거대한 곰' 또는 '늙은 곰' 등의 별명을 갖고 있었다. 또 누구도 그의 속마음을 알 수 없다는 이유로 '월스트리트의 노인'이나 친근하게는 '다니엘 아저씨'로 통했다. 그는 1797년 뉴욕 퓨트넘카운티에서 가난한 농부의 아들로 태어나, 군대에서 탈영한 뒤 월스트리트에 뛰어들기 전까지 서커스단에서 동물 몰이꾼으로 생계를 이었다. 교회와 수녀원에 상당한 돈을 기부할 만큼 독실한 침례교 신자였지만 주식시장의 비도덕성과 타협하는 데는 어려움이 없었고, 오히려 사기와 협잡으로 명성을 얻었다. 찰스 프란시스 애덤은 그를 이렇게 묘사했다. "교활하고 비양심적이며 지독한 까막눈이면서도, 성격 좋고 후한 모습을 보

---

15 앞의 책, p.28.

16 Fowler, *Ten Years*, p.131.

여주기도 했다. 또 미신을 믿으면서도 신을 부정하고, 과감하면서도 겁이 많은 기묘한 성격조합을 갖고 있는 인간이었다."[17]

1850년대 초반 드루는 이리 철도회사의 이사로 선임되어, 물을 만난 고기처럼 이리 철도회사의 주식으로 작전을 벌여 '투기상무'라는 별명을 얻는다. 또 그가 '올라!' 하면 상승하고 '내려!' 하면 하락한다는 이유로 이 회사의 주식은 '월스트리트의 창녀'로 불렸다.[18] 그는 젊은 투기꾼들을 꼬마들이라고 부르며 유난히 좋아했다. '꼬마들'은 그의 의도대로 움직여주었고, 대가로 떡고물을 받아먹었다. 서커스단에서 가축들에게 소금을 먹이고 물을 들이키게 해 무게를 늘렸듯이, 그는 소금을 먹인 뒤 '꼬마들'을 시장에 풀어놓았다. 그러면 그들은 소금 먹은 가축이 물을 들이키듯 미친 듯이 주식을 사들였다. 그는 주가하락과 매집세력에 대한 견제를 위해 이사라는 직위를 이용해 불법으로 신주를 발행했고, 이를 시장에 풀었다. 월스트리트 최초로 경영권 방어를 위해 '물타기 수법'(watering stock)을 이용한 것이다.[19] 이에 화가 난 투기꾼들은 "그는 주식을 '이놈 저놈'하며 가축 다루듯이 마구 다뤘고, 강제로 물을 먹이고 온갖 더러운 것으로 회반죽을 해 끝내는 쓰레기로 만들어버렸다"고 비난했다.[20]

또 다른 투기영웅은 코넬리우스 반더빌트였다. 드루보다 세 살

---

17 Charles F. Adams, Jr., *A Chapter of Erie* (Boston, 1869), p.4.

18 Fowler, *Ten Years*, p.142.

19 드루가 가장 즐겨 사용했던 수법은 주식을 담보로 돈을 꿔준 뒤, 이 주식을 시장에 풀어 주가를 떨어트린 뒤 수익을 챙기는 수법이었다.

20 앞의 책, p.489.

아래인 그는 드루와 정반대의 성격을 갖고 있는 인물이었다. 드루가 지저분하고 주름살투성이며 살찐 인물이었다면, 반더빌트는 로마의 상원의원처럼 훤칠하고 말쑥한 외모를 갖고 있었다. 드루가 수단과 방법을 가리지 않고 자사 주가를 조작하고 주식시장 투기에만 열중했다면, 반더빌트는 거대한 철도 네트워크를 성공적으로 구축한 기업인이기도 했다. 그래서 "반더는 철도를 건설하고, 다니엘은 주가를 조종했다"(Vander built, Daniel drew)는 말이 한때 월스트리트에서 유행할 정도였다. 드루는 주식을 거래하면서 사기를 치고 자신의 투자 전략에 대해 거짓말을 밥먹듯이 했지만, 반더빌트는 자신의 거래내역을 공개하고 전략에 대해서는 거짓말 대신 침묵했다. 공황이 발생하자 드루는 당황하고 신경질적인 반응을 보였지만, 반더빌트는 의지를 굽히지 않고 자신의 목적에 충실한 모습을 보여주었다. 그러나 이런 차이점에도 불구하고 두 사람에게는 많은 공통점이 있었다. 그들은 모두 문맹이었고 경쟁자를 가차 없이 다뤘으며, 사람들을 휘어잡는 보스 기질을 갖고 있었다. 그리고 이 두 사람의 라이벌 관계는 허드슨 강의 증기선 운영권을 놓고 다투었던 1830년대까지 거슬러 올라간다.

반더빌트는 오직 거꾸러트리기 위해 월스트리트에서 사람을 키웠다. 심지어 자신의 양아들인 호레이스 클라크에게서 수십만 달러를 강탈했고, 자신의 매수사실을 숨긴 채 아들 윌리엄에게도 주식을 팔도록 한 냉혈한이었다.[21] 그는 자신을 속인 동업자들에게 "신사 여러분은 나를 속였지만, 난 여러분을 고소하지 않겠습니다. 법에 호소

---

21 Medbery, *Men and Mysteries*, p.161.

하면 너무 시간이 걸리니까요. 대신 난 여러분을 파멸시키겠습니다."
라고 선전포고했다. 그리고 그는 이 약속을 지켰다.[22]

드루와 반더빌트라는 거물 외에도 당시 월스트리트에는 주목할
만한 작전꾼들이 많았다. 그들은 짧은 순간이나마 성공의 기쁨을 누
렸으며 사람들의 찬사를 받기도 했다. 애디슨 제롬은 1863년 수차례
주식매집을 통한 주가조작에 성공해 '증시의 나폴레옹'이라는 닉네임
을 얻었다. 하지만 그는 이후 미시간-서던 철도회사의 주식매집에 나
섰다가 실패하는 바람에 파산했고, 1864년 끝내 심장발작으로 숨을
거뒀다.

그의 동생 레오나드 제롬도 1857년 주가폭락을 정확하게 예상해
엄청난 돈을 벌어들여 일약 주식시장 명사로 부상했다. 그는 주식판
을 읽는 데 동물적인 감각을 갖고 있었고, 대담하게 작전을 벌였다.
또 최악의 순간에도 유머를 잃지 않았다. 형과는 달리 그는 손해를
보기 전에 주식판을 탈출해 유럽으로 떠났다. 그의 아름다운 딸 제
니는 사우스 시 버블 당시 전설적인 여성투기꾼이었던 말보로 공작
부인의 후손인 랜돌프 처칠(영국 수상 윈스턴 처칠의 아버지)과 결혼했다.
둘 사이에 태어난 윈스턴도 이후 외할아버지처럼 주식시장에서 과감
하고 냉정한 성격을 유감없이 발휘한다.

가난한 집안에서 태어나 구두닦이를 했던 헨리 킵은 1860년대
정상급 작전꾼 가운데 한 명이었다. 그는 미시간-서던 철도회사 주
식의 매집에 나서는 애디슨 제롬을 드루의 수법인 물타기(신주발행)로
저지시키고 파멸로 몰아넣은 장본인이다. '침묵의 헨리'로 통한 그는

---

22 재인용: Sobel, *Panic*, p.125.

동료 투기꾼 가운데 신중함과 정직함이 없기로 정평이 난 인물이었다. 그는 작전단 동료들에게조차 무슨 종목을 얼마나 샀는지 숨기는 블라인드 풀(blind pool)을 조직해 투기를 벌였다.

남북전쟁 시기의 가장 저돌적인 작전꾼은 앤터니 모스였다. 매부리코와 정확한 계산능력 때문에 '영국 유대인'과 '빠른 계산기'라는 닉네임을 갖고 있던 인물이다. 그도 1863년 말 블라인드 풀을 조직해 작전을 벌여 유명해졌고, 1864년 초에는 단번에 500만~1,000만 주를 공개적으로 사들이는 작전세력의 리더가 되었다. 최고의 수익을 올리고 있을 때 수많은 사람이 그의 사무실에 몰려들어 지갑을 통째로 내맡기고 정보를 달라고 아우성칠 정도로, 전성기의 그의 명성은 대단했다.[23] 하지만 1864년 봄 그의 파산은 뉴욕 증시를 공황으로 몰고 갔다. 결국 월스트리트에서 추방된 그는 한푼도 없는 알거지로 브로드웨이를 전전하다 허름한 하숙집에서 숨을 거둔다. 그때 하숙집 여주인이 밀린 하숙비를 받기 전까지 그의 주검을 내줄 수 없다고 버티는 바람에 장례가 늦어지기도 했다. 당시 사람들은 영리한 수학자나 기민한 금융인으로 그를 묘사하고 있지만, 그는 "다른 거물급 투기꾼들과 마찬가지로 자신이 위대한 사람이라고 착각하고 밀랍 날개를 달고 태양을 향해 날아올랐던 이카루스처럼 이룰 수 없는 것에 도전하다 비참한 결말을 맞았다."[24]

소설가 마크 트웨인과 그의 동료 찰스 워너(Carls D. Warner)가 금권정치시대라고 부른 이 시대, 대부분의 미국인들은 투기에 뛰어

---

23 Fowler, *Ten Years*, p.281.

24 앞의 책, p.320.

들었고 수단과 방법을 가리지 않고 부를 추구했다. 트웨인이 전쟁이 끝난 뒤에 펴낸『부와 명성』(Fame and Fortune),『노력과 성공』(Strive and Succeed)에서 빈털터리에서 백만장자가 된 주인공 호레이티오앨거는 당시 전형적인 물질지상주의자를 대표하는 인물이다. 구스타부스 마이어(Gustabus Myer)는『미국의 거부 이야기』(History of the Great American Fortunes)에서 "언론과 학교, 심지어 초등학교에서까지 부자가 된 인물을 찬양하는 시대였다"고 금권정치 시기를 묘사하고 있다. 터무니없는 부의 과시가 이 시대의 유행이었다.

톨스타인 베블런이『유한계급론』(Theory of the Leisure Class)에서 처음 소개한 '과시소비'는 금권정치시대의 시대상을 반영한 개념이다. 졸부들은 파티에서 100달러짜리 지폐로 담배를 말아 피웠고, 손님을 위해 검은 진주를 가득 담은 조개를 내놓았으며, 심지어 애완견에게 다이아몬드가 박힌 목걸이를 채웠을 정도였다. 한마디로 쉽게 벌어 쉽게 쓰는 시대였다. 혹자는 1860년대 투기꾼들이 극도의 사치를 부린 것은 돈을 버는 과정에서 너무나도 심한 불안과 초조함에 시달렸기 때문에 복수를 하기 위한 것이라고도 했다.[25]

가장 과시적인 소비를 일삼은 투기꾼은 레오나드 제롬이었다. 그는 최고급 순종말들이 끄는 화려한 마차를 타고 뉴욕 센트럴파크를 질주하는가 하면, 거대한 요트를 구입하고 자신만을 위한 경마장을 짓기도 했으며, 화려한 파티를 열어 참석한 여성들에게 다이아몬드가 박힌 팔찌를 하나씩 선사할 정도였다.

졸부들의 천박한 과시적 소비를 역겨워한 사람들도 있었다. 〈네

---

25 앞의 책, p.243.

이션〉 지의 설립자였던 가드킨(E. L. Godkin)은 1866년 미국을 "번쩍거리는 레이스로 몸을 두른 야만인들로 가득 찬 나라"라고 묘사했다.[26] 또 남북전쟁 기간에 미국을 방문한 게오르게 클레망소(Georges Clemenceau, 프랑스 수상)는 "미국은 문명시대를 거치지 않고 야만시대에서 데카당스 시대로 건너뛰었다"고 말했다.

"불환 지폐인 그린백의 남발과 정부의 무분별한 재정지출이 미국 역사상 전례가 없는 투기를 낳았다"고 했던 헨리 애덤스는, "뉴욕의 중심지였던 브로드웨이뿐만 아니라 북부 전지역에서 돈 좀 있는 사람들은 나중에 값이 오를 것을 기대하고 주식뿐만 아니라 금과 구리, 석유 등을 마구 매점매석하거나, 가격폭락을 기대하고 이들을 투매해 현금을 축적했다"고 당시 상황을 묘사했다.

금권정치시대 철도와 전보의 발달은 지방과 금융중심지인 뉴욕 간의 거리를 좁힘으로써 투기를 미국 전역으로 확산시켰고, 1867년에는 주가표시기가 처음 도입되어 최신 주가가 신속하게 전국으로 전달되었다. 19세기 말 전체 전보교환 건수 가운데 증권시세를 알리는 전보가 차지하는 비율이 거의 절반에 달했다고 한다.[27]

한편 주가표시기의 출현으로 불법 주식중개소가 난립해 투기꾼들의 온상이 되었는데, 그들은 이곳에서 주가시세표에 나타난 주가로 도박을 벌이기도 했다. 이는 주가지수 선물거래와 흡사한 것이다. 이곳으로 모여들었던 투기꾼 가운데는 뉴욕 증시에서 시세조종을 벌이는 인물들도 있었다. 그들은 결제순간에 어둠 속으로 사라져버린 것

---

26 재인용: S. D. Cashman, *America in the Gilded Age* (New York, 1984), p.41.

27 Sereno S. Pratt, *The Work of Wall Street* (New York, 1903), p.140.

으로 악명이 높았다. 또 불법 주식중개소는 투기기법을 처음 배우는 예비학교와 같았고, 1930년대 미국 증권거래위원회가 불법화하기 전까지 끈질긴 생명력을 자랑했다.

물론 남북전쟁 시대의 전체 투자자 규모는 파악할 수 없다. 하지만 그 전에 활동한 주식과 채권투자자인 20만 명을 훨씬 초과할 것이라고 한다. 투기꾼들의 출신성분도 다양했다. 금융의 중심지 뉴욕에서 태어난 멋쟁이 투기꾼들은 농사꾼과 상점주인, 변호사, 의사, 성직자, 기술자, 부랑아 출신 투기꾼들과 치열한 경쟁을 벌였다. 점원출신 투기꾼들은 비슷한 처지의 사람들과 돈을 모아 펀드를 만들기도 했고, 3류 증권브로커들은 이들에게 높은 이자를 받고 돈을 빌려주었다. 하지만 이들은 소폭의 주가하락에도 빈털터리가 되었다.[28]

증권브로커 사무실 밖에는 여성투기꾼들이 최신 주식정보를 얻어 듣기 위해 마차에 몸을 감춘 채 귀를 세우고 있었다. 뉴욕 북부지역인 사라토가에 사는 3명의 여성투기꾼은 투자단을 구성한 뒤 2,000주의 주식을 사들였다. 1870년대에는 반더빌트의 전처였던 테네시 클래플린과 여동생 빅토리아 우드헐은 브로드웨이에 브로커 사무실을 열고 투기에 뛰어들어 '마녀 브로커'로 이름을 떨쳤다.

머리끝에서 발끝까지 검은 상복을 입고 검은 장갑을 낀 퀘이커교도 헤티 그린은 당시 월스트리트에서 활동했던 여성투기꾼의 전형적인 모습이었다. 그린은 뉴욕 증시가 공황에 빠졌을 때 쓰레기 값이 된 주식을 사들여 상승기에 한몫 잡았고, 애디슨 카맥과 주식매집 경쟁을 벌여 승리를 거뒀다. 게다가 철도왕 콜리스 헌팅턴을 권총

---

28 Medbery, *Men and Mysteries*, p.205.

으로 협박할 정도로 배짱이 두둑했으며, 자신의 계좌에서 돈을 모두 인출해 증권사를 파산시킬 정도로 냉혹했다. 가난을 신경질적으로 두려워할 만큼 한이 맺힌 그녀는, 한푼이라도 아끼기 위해 호텔 욕실에서 직접 빨래를 할 정도로 구두쇠였다. 그녀가 주로 사용한 투기기법은 저점에서 사 고점에서 매도하는 것이었다. 그녀는 "헐값에 사서 비쌀 때 팔고, 노련하고 구두쇠처럼 행동하며, 일관성을 유지해야 한다"고 동료 투기꾼들에게 충고하기도 했다.[29] 브로커였던 헨리 클루스는 "월스트리트는 행운이나 교양을 찾는 여성들에겐 어울리지 않는 장소"라고 말했지만, 헤티 그린은 미국에서 가장 부유한 여성이 되었고, 죽을 때는 1억 달러를 유산으로 남겼다. 그녀는 앞서 말한 그녀의 성격 때문에 '월스트리트의 마녀'라는 말을 들으며 거물투기꾼만큼이나 두려움과 배척의 대상이 되었었다.

절대 다수의 투자자들은 거물급 투기꾼들의 사냥감이었다. 드루는 "내부자가 아니면서 주식에 투기하는 것은 달빛 아래에서 황소를 사는 것과 같다"고 말했고, 헨리 애덤스는 "거대한 자본을 동원한 투기는 결국 소규모 투기꾼들을 집어삼켜 버릴 것"이라고 말했다.[30] 물론 일반투자자들은 작전세력의 덫에 걸리지 않는다 해도 자신의 약점 때문에 끝내 무너지고 만다. 파울러는 이 때문에 아마추어 투자자들을 '금융이라는 아편을 먹은 사람들'이라고 정의했다. 그들은 정반대 종류의 흥분에 흔들리고 불확실성과 두려움에 무너져 내린다.

---

29 Boyden Sparkes and Samuel Morse, *Hetty Green, The Woman Who Loved Money* (New York, 1930), p.139.

30 Henry Adams, "The New York Gold Conspiracy", in Charles Francis Adams, Jr. and Henry Adams, *Chapters of Erie and Other Essays* (Boston, 171), p.102.

또 고점에서 사 저점에서 파는 우를 쉽게 범하는 경향이 있다. "아마추어 투자자들은 귀가 얇아 주식시장 풍문만으로 바보와 마녀, 악마가 된다"고 파울러는 말했다.

제임스 메드버리는 아마추어 투자자에 대해 "그들은 지나친 의심과 확신, 우둔함과 우유부단함의 희생양이 된다"고 말했다. "의심해야 할 때 확신을 갖고, 과감해야 할 때 망설이며, 확신이 필요할 때 의심을 품는다"는 것이다. 따라서 이들의 유약함은 작전세력들에게는 성공의 조건이라고 그는 결론 내렸다.

물론 모든 아마추어 투기꾼들이 실패하는 것은 아니었다. '공황을 먹고사는 새들'(panic birds)이라고 불리는 아마추어 투자자들은 주식시장이 붕괴했을 때 몰려들어 조심스럽게 종목을 물색해 사들인 뒤 반등시점에 팔아 한몫 잡는다. 그러고는 다음 공황이 엄습할 때까지 월스트리트를 떠나 있는다. 하지만 이런 '현명한' 투자자는 드물다. 1850년대 뉴욕 증권시장이 카니발 분위기에 젖어 있을 때 뛰어든 아마추어 투자자들은 주머니에서 1페니마저 없어지는 순간까지 시장을 어슬렁거렸다.

● 새 증권거래소, 그러나 해묵은 버블 ●

1860년대 투기열풍이 불자 미국에는 수많은 증권거래소가 새로 설립되었다. 이 가운데 가장 중요한 의미를 갖는 것은 기존 거래소에 대항하기 위해 설립된 1862년 뉴욕 윌리엄 스트리트의 '석탄저장고'(coal hole) 오픈보드였다. 오픈보드(the open board)가 자리를 잡자 윌리엄 스트리트의 비좁은 지하실들에서 수수료를 깎아주며 24시간 영업을 하는 주식거래방이 투기꾼들의 은신처 노릇을 했고, 오픈보드 거래규모가 최고에 달했을 때는 정규 거래소의 두 배가 넘었다고 한다(1869년 오픈보드와 기존 거래소가 합병되어 지금의 뉴욕 증권거래소, NYSE가 탄생한다).

1864년 2월에는 야간 증권거래소가 뉴욕 5번가 호텔 지하실에서 문을 열었다. 투기꾼들은 50센트를 내고 입장한 뒤 오후 9시까지 주식을 거래하였고, 이 시간 뒤에는 이 호텔의 비즈니스바로 자리를 옮겨 거래를 계속했다. 풋내기 브로커들은 주로 윌리엄 스트리트에서 거래를 했고, 뜨내기 브로커들은 행인들을 상대로 고래고래 고함을 치며 마치 껌을 팔 듯이 주식을 팔았다. 신규 거래소들은 기존 거래소처럼 배타적이거나 깨끗한 척하지 않았다. 풋내기 투기꾼들이 들어오면 서로 오라고 환영했고, 브로커들은 낮은 이자율로 매매자금을 대주기도 했다.

한편 그린백이 발행된 뒤 금값이 심하게 출렁이자, 금투기장인 골드룸에도 당시 대담하기로 유명한 투기꾼들이 모여들었다. 윌리엄 스트리트와 익스체인지 플레이스 사이에 자리잡은 골드룸 자체는 눈에 띄지 않는 평범한 장소였다. 어둠침침한 홀의 구석에는 투기꾼들이 자리잡고 있었고, 중앙에는 큐피드 상이 차르랑 쏟아지는 금화 소리를 내며 물줄기를 내뿜고 있었다. 큐피드 상을 중심으로 금 중개상들이 모여 큰 목소리로 값을 불렀고, 뒤쪽 벽면에서는 전보를 치는 소리가 들리고 다른 벽면에는 시계와 비슷하게 생긴 금값표시기가 매달려 있었다. 금값표시기는 건물 밖에도 걸려 있어 군중들에게 골드룸에서 결정된 금값을 알렸다. 당시 언론인이었던 호레이스 화이트

(Horace White)는 "골드룸은 큰 쥐구멍 같았다"고 전했다. 제임스 메드버리에게 골드룸은 "벌거벗은 탐욕으로 금을 차지하기 위해 싸우는 상상을 초월한 인간들의 소용돌이"로 비쳤다.[31] 이곳에서 투기는 주식시장보다 단순하고 집중적인 형태로 이뤄졌다.

1864년 새로운 금 거래소가 개장했을 때 금투기는 절정에 달했다. 금과 다른 광물의 값이 임금상승률 이상으로 뛰었기 때문에 투기꾼들은 광산으로 눈을 돌렸다. 이해 3월 증시에서는 광산회사부가 개설되어, 한 달 뒤인 4월까지 200개에 달하는 광산회사의 주식이 상장되었고, 이들의 시가총액만도 3억 달러를 넘었다. 당시 광산회사들은 오지에서 광산을 개발하는 벤처기업들로, 이 중에는 '아리조나 메탈리퍼러스…'(Arizona Metaliferuos and Scalping Ledge Gold and Silver Mining Co.) 등과 같이 길고 색다른 이름의 회사들도 있었다.[32] 금투기 열풍이 몰아치자 '균열', '단층' 등과 같은 광산용어에 익숙해진 투기꾼들의 관심을 끌기 위해 브로커들은 앞다투어 사무실을 금과 다른 광석들에 대한 분석평가서로 가득 채웠다.

광산회사 발기인들은 해묵은 수법을 동원해 투기열풍에 편승했다. 우선 알려지지 않은 땅을 푼돈이나 몇 주의 주식으로 사들인 뒤 이곳에서 채취한 원석을 분석의뢰해 전문가의 평가서를 받는다. 이어 주식을 무상으로 지급한다는 조건으로 유명하거나 세인의 존경을 받는 상인들을 이사로 선임한다. 그리고 액면가의 몇 배 가격으로 주식을 발행해 현금을 조달했다. 예를 들어 단돈 1,000달러에 인수한 '티탄레지

---

31 Medbery, *Men and Mysteries*, p.241.

32 Fowler, *Ten Years*, Chapter 18.

앤 블랙 마운틴 골드, 실버 앤드 코퍼 광산회사'의 주식을 100만 달러에 팔아넘겼다. 이 회사 임원들은 주식 브로커를 고용하고 신문에 제한청약을 받는다는 광고를 내고, 전단을 뿌리는 소년들을 고용해 회사의 전망을 부풀린 사업설명서를 마구 뿌려댔다. 또 '버블 허풍선이'로 불린 투자유치꾼들을 고용해 큰손 투자자 유치에 나섰고, 동일한 발기인들이 몇 개의 광산회사를 설립해 한 회사에서 조달한 자금으로 다른 회사의 투자자들에게 배당금을 지급하기도 했다.

광산회사에 대한 투기는 당시 천정부지로 치솟은 금값과 앤터니 모스가 막대한 돈을 퍼부어 조종하는 금시장의 호황 때문에 발생한 것이었다. 하지만 모스의 투기가 파국으로 끝난 1864년 4월 18일 증시공황이 발생했고, 이에 따라 광산회사 주가는 평균 90% 이상 폭락했다. 투기꾼들은 이때서야 "광산은 그 옆에 사기꾼이 서 있는 함정과 같다"고 경고한 마크 트웨인의 경고에 귀기울이기 시작했다.[33]

광산투기로부터 몇 달 동안 월스트리트는 조용했다. 하지만 1864년 여름이 끝나갈 무렵 증시는 다시 들썩거리기 시작해 강세장이 연출되었고, 1865년 초에는 새로운 버블이 발생했다. 이때 버블은 석유의 반투명 빛을 띠고 있었다. 펜실베이니아 주에서 원유가 발견된 것을 계기로 석유투기로 바뀌었던 것이다. 당시 사람들은 "석유가 기생충을 죽이고, 머릿기름과 구두광택제로도 쓸 수 있으며, 게다가 담석 치료제로도 쓸 수 있다"며 환호했다.[34] 버블기간 동안 원유

---

33 마크 트웨인도 1860년대 금광개발에 참여해 한몫 챙겼던 인물이다. 그는 이때의 경험을 바탕으로 각종 투기를 풍자한 작품을 썼다.

34 앞의 책, p.195.

값은 한두 달 만에 9배가 치솟았다. 값이 초단기에 이렇게 치솟은 경우는 과거 투기사례에서도 예를 찾아보기 힘든 경우이다. 브로커들은 그동안 광석표본과 분석결과로 가득 차 있던 자신들의 사무실을 정리하고 기름통 모형과 석유를 담은 작은 유리병 그리고 액자로 장식한 자산권리증 등으로 치장했다. 1865년 10월 증시에서는 석유회사부가 개설되고 35개 석유회사의 주식이 상장되어 거래되었다. 광산회사 투기에서와 마찬가지로 석유회사들도 돈 한푼 들이지 않고 석유가 매장된 지역의 이름을 따서 회사이름을 지었다. 작전꾼들도 석유회사의 주가조작에 나섰고, 석유버블이 공중으로 사라지기 전까지 주가는 하늘 높은 줄 모르고 치솟았다.

● 시세조종 ●

반더빌트 등 거물투기꾼들은 일시적으로 불어닥친 광산회사와 석유회사에는 관심을 두지 않고, 대신 철도회사에 모든 역량을 집중했다. 철도회사 주가조작은 엄청난 수익을 챙길 수 있었기 때문에 예술과 같았다. 그들의 1단계 목적은 철도회사의 주식을 성공적으로 매집하는 것이었다. 매집공세는 전례를 찾아보기 힘들 만큼 빈번하게 발생했다. 1863년과 1864년 뉴욕 할렘 철도회사를 시작으로 1863년과 1866년에는 미시간-서던이 표적이 되었고, 1865년에는 프리이리 두치엔이 공격당했다. 그리고 1866년과 1867년, 1868년 세 차례에 걸쳐 이리 철도회사가 작전꾼들의 매집공세에 시달렸고, 1867년과 1872년에는 시카고와 노스웨스턴이 당했다. 작전꾼들이 이 철도

회사들을 공격해 올린 수익은 실로 엄청났다. 헨리 킵이 이끄는 작전
세력이 1967년 시카고와 노스웨스턴을 공격해 거머쥔 수익만도 200
만 달러를 넘었다.[35] 작전에 위험이 따르지 않은 것은 아니었다. 한
세력이 주식매집에 들어가면, 대항세력은 신주를 대량으로 발행해
물타기를 하거나 우호적인 유럽 투자자들의 보유물량을 들여와 시장
에 풀기 일쑤였다. 두 세력이 밀고당기며 벌인 치열한 싸움이 증권
스타디움에서 벌어진 게임의 참맛이었다.

　작전세력들이 주로 매집에 나선 것은 저가주였다. 낮은 프리미엄
을 주고 매집할 수 있었기 때문이다. 그들은 다른 사람들을 부추겨
보유주식을 매각하도록 하는 패트리지 수법(partridge trick)을 동원
하기도 했다. 심지어 뒤에서는 열심히 매집하면서도 앞에서는 자신들
이 보유하고 있는 주식을 팔아치워 대항세력들을 속이기도 했다. 악
질 브로커들은 위장매매를 통해 매집대상 종목의 주가를 낮은 값에
사고 팔아 매집중이라는 사실을 은폐했다.

　시장에는 귀띔이나 허위정보, 헛소문 등이 난무했고, 정보꾼, 불
에 그을린 고양이, 미끼 등으로 불린 거덜난 투기꾼들이 매집세력들
에 고용되어 조직적으로 허위정보를 흘려 투자자들의 매도를 부추겼
다. 거짓 루머가 너무나 일상화되었기 때문에 상당수 사람들은 루머
의 반대방향(coppering, 직감에 따라 반대쪽에 돈을 거는 행위-역자주)으
로 움직였다. 충분한 주식을 매집하는 데 성공한 작전세력은 매도자
들을 쓸어내고 가격을 끌어올리기 시작한다. 부패한 언론이 이 순간
에 유용하게 쓰였다(scoop game, 특종인 양 보도해 주가를 끌어올리는 수

---

35 Medbery, *Men and Mysteries*, p.153.

법-역자주). 언론을 가장 자주 이용한 투기꾼은 제이 굴드이다. 그가 친한 편집장들을 만나 넌지시 주식정보를 흘려주면, 그들은 이를 마치 특종인 양 대서특필했다. 굴드가 죽은 뒤 〈뉴욕타임스〉는 다음과 같이 보도했다.

> 굴드의 지휘를 받는 언론인들은 어용나팔수 노릇을 했다. 굴드 주변에 있는 언론은 조심성 없는 투자자나 투기꾼들을 부추겨 굴드가 매집하고 싶어하는 주식을 팔도록 했고, 팔고 싶어하는 주식에 대해서는 주가를 터무니없이 높게 보도해 다른 투자자들이 사도록 했다.[36]

투기꾼들은 주가조작을 위해 주식을 직접 사고 파는 것뿐만 아니라 다양한 간접 수법들을 동원했다. 이 가운데 매집대상 회사의 임원들을 매수하는 것이 가장 흔한 수법이었다. 이는 다니엘 드루가 이리 철도회사 이사로 있으면서 벌인 작전에서 잘 드러난다. 제임스 메드버리의 말처럼, "철도회사 임원들은 강력한 포병지원과 같아, 이들의 도움 없이는 나폴레옹과 같은 성공을 거둘 수 없었다." 임원들은 투기꾼들의 작전을 지원하기 위해 배당률을 조작하기도 했고, 심지어는 언론에 허위정보를 퍼트리기도 했다. 1869년 퍼시픽 우편회사 경영진이 보유주식을 팔아치우기 위해 곧 배당률을 올릴 것이라는 루머를 퍼트려 주가를 끌어올린 사건은 그 대표적인 예이다. 심지어 그

---

36 재인용 : Maury Klein, *The Life and Legend of Jay Gould* (Baltimore, 1986), p.127.

들은 불법으로 신주를 발행하기도 했다.

또 이보다 더 비열한 것은 이리 철도회사의 이사였던 짐 피스크의 수법이었다. 그는 유나이티드 스테이츠 익스프레스 사의 주식을 공매도한 뒤 이 회사와 맺은 계약을 파기했고, 계약파기로 폭락한 이 회사의 주식을 대거 사들여 결제하고 다시 매수포지션을 취했다. 그런 다음에는 다시 계약을 맺어 주가를 끌어올렸다.[37] 이 수법은 악명 높은 투기꾼인 존 게이츠(John Gates)가 19세기 말 그대로 모방했는데, 그는 잘나가던 시카고 제철에 대해 공매도를 취한 뒤, '순이익이 나지 않는다'는 이유로 폐쇄하고 수천 명의 노동자들을 해고해 주가를 떨어트려 엄청난 돈을 챙겼다. 그런 다음에는 유유히 다시 공장문을 열어 생산을 재개했다.[38]

회사임원들의 이런 파렴치한 행동은 주주들을 분노시켰다. 특히 대서양 건너편에서 이런 불법행위에 속수무책으로 당할 수밖에 없었던 영국 투자자들은 내부자인 임원들의 작전에 치를 떨었다. 주주와 경영진의 이해가 다르기 때문에 주식회사 내부에서 직무유기와 낭비가 판을 칠 것이라고 한 애덤 스미스의 예상이 맞아떨어지는 부분이었다. 베블런은 『기업경영론』(Theory of Business Enterprise)에서 "주가조작을 통해 임원들이 부를 챙기는 것은 미국 기업들의 관행"이라고 비판했다. 한때 매튜 조지프슨은 이리 철도회사를 '장난감'처럼 취급했던 제이 굴드를 다음과 같이 비난했다.

---

37 Henry Adams, "Gold Conspiracy," p.111.

38 Josephson, *Robber Barons*, p.373.

(그의 작전은) 회사의 실제가치와 시장가치 사이의 불일치를 이용해 자신의 이익을 극대화하려는 필사적인 행위였다. 회사가 잘 굴러가고 있는 동안 그는 이익이 나지 않고 곧 망할 것 같은 회사라는 인상을 퍼트렸고, 실적이 나쁠 때는 마치 큰 이익이 나고 있는 것처럼 정보를 조작했다.

굴드를 비롯한 당시 기업임원들의 협잡은 호황기인 19세기 미국의 일반기업들의 주가수익이 왜 채권수익보다 높은지를 설명해준다. 당시 투자자들은 회사임원들의 횡령과 투기로 빚어지는 불확실성에 대한 보상을 받아야 했던 것이다. 주주들이 대리인 문제를 주가 프리미엄 형태로 보상받은 셈이다.

당시 미국 연방정부도 투기에 적극적으로 참여했다. 정치인들이 국가를 제멋대로 운영하는 모습은 투기꾼들이 주식시장을 제멋대로 주무르는 것과 비슷해, 트웨인과 워너가 『도금시대』에서 의회 모습을 주식시장에 빗대어 묘사할 정도였다. 표가 거래되었고, 로비스트들은 주식시장의 작전꾼과 비슷한 역할을 했으며, 의원들은 주식브로커들과 닮은꼴이었다. 연방예산을 둘러싼 정파간의 경쟁에서는 월스트리트 투기세력들의 싸움에서 볼 수 있는 흥분이 느껴졌다. 파산한 투기꾼을 연상시키는 늙은 로비스트들은 의사장 주변을 어슬렁거리며 보스의 희망사항을 전달하기에 바빴다. 트웨인과 워너의 소설 속에 나오는 투기꾼 출신인 코넬 셀러는 워싱턴 분위기가 자신이 그동안 살아왔던 주식판과 다름이 없다고 느낀다. 반면 주인공 필립 스털링은

"(워싱턴은) 미치광이들로 가득 찬 파티장과 같다"며, "누구든지 미쳐버릴 광기가 가득함을 쉽게 느낄 것"이라고 말한다.[39]

남북전쟁 내내 워싱턴은 일확천금을 노린 군수업자들로 득실거렸다. 반더빌트는 항해가 불가능한 배를 해군에 팔아먹었고, 피어폰트 모건은 육군에 불량투성이인 소총을 납품했다. 도저히 입을 수 없는 군복을 납품하고 돈을 챙긴 납품업자들도 있었다. 심지어 이들이 납품한 북군의 넝마군복에서 'shoddy'(재생털실, 조잡한, 싸구려)라는 말이 만들어질 정도였다. 투기의 카니발(Carnival of Speculation, 윌리엄 파울러)이 뉴욕 허드슨 강변에서 열린 것처럼, '허영의 시장'(Vanity Fail, 『순례자의 여정』Pilgrim's Progress에 등장하는 시장 이름 – 역자주)은 워싱턴 포토맥 강변에서 열렸다.[40]

트웨인과 워너의 『도금시대』는 1872년 크레디 모빌리에(Crédit Mobilier) 스캔들에 연루된 정치인을 신랄하게 풍자한 것이다. 이 스캔들의 시작은 유니언 퍼시픽 철도회사가 설립된 1862년으로 거슬러올라간다. 연방정부는 미대륙을 철도로 연결하기 위해 1,200만 에이커의 땅과 2,700만 달러의 예산을 이 회사에 지원했고, 남북전쟁이 터지자 이 회사는 의원이면서 사업가인 오크 암스(Oakes Ames)에게 인수되었다. 그는 철도건설 독점을 위해 지주회사 크레디 모빌리에를 설립하고 모든 철도건설 계약을 장악했다. 암스는 이어 유니언 퍼시픽이 건설하는 철도공사의 단가를 부풀려 엄청난 수익을 올린

---

39 Mark Twain and Charles Dudley Warner, *The Gilded Age* (Hartford, 1873), p.397. 두 사람은 시장의 행태를 묘사하기 위해 열병과 광기(fever and lunacy)라는 말을 곧잘 사용한다.

40 Fowler, *Ten Years*, p.387.

것처럼 장부를 조작해, 정부로부터 막대한 공사대금을 받아낸 뒤 주주들에게 이를 주식으로 배분했다. 당연히 대주주인 크레디 모빌리에에게 엄청난 주식이 배당되었다.

지주회사인 크레디 모빌리에는 또 1867년 12월 자본금 총액과 맞먹는 배당금을 나눠주겠다고 선언한다. 이 선언으로 주가는 치솟기 시작해 주당 260달러에 이르렀다. 오크 암스는 또 워싱턴 정치인들의 지지를 이끌어내기 위해 미국 대통령과 부통령으로 각각 당선되는 제임스 가필드와 쉴러 콜팩스를 비롯해 영향력 있는 공화당 의원인 제임스 블레인 등 다수의 정치인들에게 크레디 모빌리에 주식을 뿌렸다. 당시 사람들은 주식을 받은 의원들을 '철도의원'이라고 비아냥거렸다. 하지만 이때까지 음모는 들통나지 않았고, 암스와 그 일당은 4,400만 달러를 챙길 수 있었다. 이는 1850년 이후 철도회사와 미국 정치인들의 대표적인 유착사례로 미국 역사에 기록되어 있다. 1868년 대통령 선거에서 그랜트의 당선을 기점으로 정치인과 불건전한 기업인 사이의 유착관계는 더욱 깊어졌다. 그랜트 행정부 자체가 투기와 부패의 온상이었기 때문이다.

미국의 지방정부 공직자들은 1863년과 1864년 두 차례에 걸친 할렘철도 주식에 대한 매집 음모를 공공연하게 지원했다. 1863년 4월 뉴욕 시정부는 할렘철도가 브로드웨이를 따라 철도를 건설할 수 있도록 인가해주었고, 그 직후 순식간에 두 배로 치솟은 할렘의 주식을 선두로 주가가 전반적으로 치솟기 시작했다. 할렘철도 주가가 75달러까지 솟구치자 시의원들은 서로 결탁하고 공매도한 뒤 브로드웨이 철도인가를 취소해버린다. 하지만 시의원들에게는 행운이 따라주지 않았다. 매집의 귀재인 반더빌트가 이미 상당량의 주식을 거머쥐고 있어 허가취소에도 불구하고 주가는 계속 상승세를 탔고, 시의원들이 이 사실을 알아차린 8월에는 주가가 150달러에 이르렀다. 반더빌트의 매집으로 유동주식이 줄어들어 의원들은 공매도를 결제할 수 없게 되었다. 결국 의원들은 반더빌트에게 무릎을 꿇고 그의 요구를 들어줄 수밖에 없었다. 브로드웨이 철도를 재인가해주는 선에서 타협을 본 것이다.

역사는 1864년 봄에 다시 되풀이되었다. 다니엘 드루와 결탁한 뉴욕 시의원들은 할렘의 철도인가의 연장을 거부했다. 이때에도 반더빌트와 동료 존 토빈이 매집에 나서 당시 할렘철도의 유통주식수보다도 많은 2만 7,000주를 매집하는 바람에 7월 할렘철도 주가는 1,000달러를 웃돌았다. 결국 시의원들은 반더빌트에게 다시 굴복하고 엄청난 수익과 짜릿한 승리의 쾌감을 그에게 선사해야만 했다. 당시 반더빌트는 "우리는 전 의원들을 물리쳤고, 이 가운데 상당수 의원들은 빈털터리가 되어 집으로 돌아가야만 했다"고 거들먹거렸다.[41]

작전에 참여했다가 톡톡히 망신을 당한 뉴욕 시의원들은 좀더 안전한 뇌물수수 쪽으로 방향을 바꾼다. 4년 뒤인 1868년 그들은 호주머니를 넓게 벌려 '이리철도회사 인수전쟁'(Erie War) 당사자들로부터 엄청난 뇌물을 받은 것이다. 이 스캔들은 찰스 애덤스 주니어(Charls Adams Jr.)가 쓴 『이리철도 이야기』(Chapters of Erie)에 잘 나타나 있다. 반더빌트는 다니엘 드루와 혈기왕성한 제이 굴드, 짐 피스크 등의 연합세력을 상대로 이리철도회사 인수전쟁을 벌였다.

드루의 '이리갱단'은 법원의 명령을 무시하고 판사들을 매수하면

---

41 Henry Clews, *Twenty-eight Years in Wall Street* (New York, 1888), p.115.

서까지 수백만 달러어치의 이리철도회사 신주를 시장에 풀었고, 나중에는 뉴욕 지방법원의 관할이 아닌 인근도시까지 옮겨가며 주식을 매도했다. 굴드는 불법 신주발행을 눈감아 달라는 조건으로 법관과 관료들에게 뇌물을 찔러주기 위해, 50만 달러가 든 가방을 들고 올버니(미국 뉴욕 주의 주도-역자주)를 뻔질나게 드나들었다. 반더빌트 역시 비슷한 짓을 하며 치열하게 전쟁을 수행했다. 하지만 '입법권거래소'(lagislative broker's board, 의원들의 표가 주식처럼 거래되는 상황을 빗대어 표현한 말-역자주)에서 충분한 수의 의원을 매수하지 못한 반더빌트는 드루 일당과 타협을 해야만 했다. 당시 양쪽 세력이 관료와 법관들에게 지급한 뇌물규모는 100만 달러를 넘어선 것으로 추정되었다.

● 제이 굴드의 검은 금요일 ●

이리철도회사 쟁탈전은 제이 굴드와 짐 피스크가 '작전세계'에서 선두주자로 부상하는 계기가 되었다. 두 사람은 월스트리트 역사상 가장 기묘한 커플이었다. 피스크는 한때 서커스단에서 일했던 버몬트 출신 행상인의 아들로 세상에 태어났다. 그는 보스턴에서 옷장사를 했고, 남북전쟁 기간 동안에는 면화 밀수업자 노릇을 했으며, 1860년대 월스트리트로 흘러들어와 드루의 '꼬마' 일원이 되었다. 그는 땅딸막했고, 얼굴은 말려올라간 몇 가닥 수염으로 뒤덮여 있었다. 과시욕이 강한 그는 외향적인 성격이어서 기묘한 유니폼을 좋아했다. 1869년 여름에는 그랜트 대통령을 자신의 보트에 초청한 뒤, 금테를 두른 모자와 은색별을 3개씩이나 박은 코트를 입고 라벤더 꽃무늬를 수놓은 장갑을 낀 괴상한 모습으로 대통령의 기쁨조 역할을 했다.[42] 그의 이 오페라 배우 같은 치장은 때와 장소를 가리지 않고 등장했다. 그는 할렘철도회사 본사로 쓰기 위해 파이크 그랜드 오페라 하우스를 사들여 그곳에 대리석 궁전을 지어놓고, 스스로 이리공작 제임스 피스크 2세로 칭하면서 발레 무용수들이 호위하는 작위 수여식을 거행하기도 했다. 헨리 애덤스는 "피스크는 거칠고 말이 많았으며, 거들먹거리기를 좋아하고 무례하기 짝이 없어 젊은 푸줏간 주인과 같은 인물이었다"고 묘사했다. 또 "작전을 '거인들의 코메디' 쯤으로 여겼다"고 쓰고 있다. 물론 이런 결점에도 불구하고 그는 자신의 적들에게 카리스마적이었고, 심지어는 사랑받는 존재이기도 했다.

반면 파트너 제이 굴드는 경멸 어린 눈빛을 가진 과소비병 환자였으며, 어둡고 음모적인 인물이었다. 그는 가족과, 백만장자 고리대금업자이면서 구두쇠 투기꾼인 러셀 세이지를 제외한 모든 사람들로부터 경멸을 받았고, 19세기 미국 역사에서 가장 비난받은 인물 가운데 하나였다. 그는 뉴욕 주 델라웨어에서 가난한 농부의 아들로 태어나 한때 월스트리트의 쓰레기처리장에서 가죽제품 장사를 했었는데, 이때 동업자를 파산시켜 스스로 목숨을 끊게 했다고 한다. 드루조차도 "그가 손을 댄다는 것은 죽음을 의미한다"라고 말했고, 금융전문기자였던 알렉산더 노이에스는 "건설자라기보다는 파괴자였다"고 그를 묘사했다. 한때 굴드의 파트너였고 '은색 여우'라고 알려진 제임스 키니(James Keene)은 '예수가 태어난 이후 최악의 인간'이라며, "사기성이 농후하고 결점이 많았으며 비겁하기 짝이 없는데다가,

---

42 Henry Adams, "Gold Conspiracy," p.113.

관대한 구석이라곤 찾아볼 수 없는 비열한 벌레와 같았다"고 말했다. 또 굴드는 조지프 퓰리처(Joseph Pulitzer)에겐 "전 미국인들의 눈앞에서 획획 날아다니는 박쥐와 같은 불길한 존재"로 비쳤다. 간단히 말해 그는 악덕 자본가의 표본이었던 셈이다.

피스크와 굴드는 회사공금 500만 달러 가운데 절반을 반더빌트에게 주는 대가로 강화를 맺는다. 나머지 절반은 투기실패에 대한 보상금으로 반더빌트 연합세력에게 돌아갔다. 그리고 1868년 말 그들은 매집전쟁을 벌여 끝내 스승이자 동맹자였던 드루를 무너트리기로 한다.

굴드는 이리철도회사의 신주를 뉴욕 증권시장에 마구 풀어놓는 것으로 드루 축출작전을 시작했다. 이 때문에 엄청난 양의 그린백이 굴드의 금고에 잠기고 결국은 철도회사 주식들이 폭락하게 된다. 공매도를 했던 드루는 추가적인 주가하락을 예상하고 주식매집을 서두르지 않는다. 하지만 이것이 함정이었다. 굴드와 피스크가 매도에서 매수로 돌아서자 주가는 순식간에 급등한다. 결국 드루는 허를 찔리고, 막대한 손실을 입은 채 이리철도를 떠났다. 또 굴드 일당은 뉴욕 시와 관료조직에 대한 장악력을 높이기 위해 악명높은 태머니파(Tammany, 1789년 뉴욕 시에서 설립된 민주당의 한 분파. 정치적 부패와 추문에 연루된 인물들이 많았다－역자주)의 우두머리인 빌 트위드를 이리철도회사 이사로 끌어들인다. 헨리 애덤스에 따르면 6개월도 안 돼 굴드와 피스크는 이리철도회사를 완전히 장악했다.

(그들은) 국가라는 조직이 정당성을 근거로 최고의 권위를 인정받기 시작한 이후 미국과 유럽을 좌지우지했던 개인들 가운데 가장 강력한 인물들이었다. 그들은 미국의 입법부와 사법부를 주물렀고, 무제한적인 자금동원력을 휘둘렀다. 한 사회가 그들의 자비에 의존해야 했다.[43]

1868년이 저물 무렵 굴드는 역사상 가장 과감한 투기를 준비한다. 비밀리에 당시 최고의 투기대상이었고 부의 상징이었던 금매집을 계획한 것이다. 말수가 적고 냉소적인 인물이었던 굴드는 대중들의 심리를 적절하게 사용할 줄 알았다. 이리철도회사 쟁탈전을 벌이는 동안 반더빌트의 철도독점을 물고 늘어지면서 대중들의 이익대변자인 척했던 그는, 금매집을 계획하면서 이번에는 농부들의 친구가되었다. 철도확장으로 농산물 수송이 원활해져 남북전쟁 당시 농산물 값은 지속적인 하락세를 보였고, 연방정부의 강력한 그린백 회수로 금값도 하락하기 시작해 1864년 1온스당 300달러까지 내려갔다. 그리고 1869년 초반에는 130달러까지 하락했다.

금값의 하락은 유럽시장에서 미국 농산물 값의 상승과 수출둔화를 불러왔다. 이 때문에 수출용 곡물을 수송하는 게 가장 큰 수익원이었던 이리철도회사는 타격을 받기 시작했다.

따라서 굴드는 금값이 오른다면 위기를 쉽게 극복할 수 있을 것이라고 생각하게 된다. 통화팽창주의자들처럼 그는 금매집에 정당한

---

43 Charles Adams, *Chapter of Erie*, p.139.

정치적 동기가 있는 것처럼 도색했다. 소설 『도금시대』에서 부패정치인으로 나오는 딜즈 워시 상원의원이 "많은 대중들의 지지를 받지 못할 경우 나는 개인적인 이익을 추구하지 않는다"라고 말했듯이, 그도 다수의 이익을 위해 일하는 것처럼 위장하면서 사욕을 채웠다.

당시 미국정부의 금 보유량은 1억 달러 수준이었고, 시중에 유통되는 금은 1,500만 달러어치 정도였다. 따라서 굴드의 금매집 성공 여부는 정부의 정책에 달려 있었다. 1869년 초 그는 로비스트이면서 투기꾼이었고 그랜트 대통령의 여동생과 갓 결혼한 아벨 코빈 장군을 끌어들여, 그랜트 대통령에게 접근하는 데 성공한다. 이해 6월 그는 대통령을 오페라하우스와 자신의 호화 요트에 초청해 앞서 설명한 대로 기괴한 유니폼을 입고 우스꽝스런 이벤트를 벌여 즐겁게 해 준다. 그 와중에 그는 틈틈이 금 시세의 상승이 얼마나 유용한지를 설명하고, 정부가 그린백을 회수하기 위해 벌이고 있는 금매각을 중단해야 한다고 설득했다. 마침내 7월 로비스트 코빈은 굴드의 사람인 다니엘 버터필드 장군을 뉴욕 부재무관으로 들여보내는 데 성공한다. 굴드의 다음 작업은 무제한적인 자금조달을 위해 은행을 매수하는 것이었다. 여기까지 모든 일은 착착 진행되었다. 이해 여름이 끝날 무렵 코빈과 버터필드는 온스당 133달러에 총 300만 달러어치의 금을 상금으로 배정 받았다.

1869년 9월 초 코빈은 다시 굴드와 그랜트 대통령의 만남을 주선한다. 이 만남을 통해 굴드는 대통령이 서부 농촌지역의 표를 의식해 통화팽창정책을 펼 준비가 되어 있다는 확신을 갖게 된다. 그리고 금매집에 착수한다. 9월 첫째 주 코빈과 버터필드가 이익금을 받아챙긴 뒤 작전단에서 빠져나가는 바람에 일시적인 어려움을 겪었지만, 굴드는 금매집을 멈추지 않았다. 그리고 맹우인 피스크를 작전에 끌어들이기로 한다. 이때까지 굴드는 피스크의 거친 성격이 정치적 술수가 필요한 금매집에는 어울리지 않는다고 생각하고 거리를 두고 있었다. 하지만 피스크가 가담하자 게임은 한층 더 흥미진진해졌다.

그들은 그랜트 대통령의 개인비서인 호레이스 포터 장군에 접근해 협조해주면 50만 달러어치의 금을 지급하겠다고 제안한다. 이 제안에 분개한 포터 장군이 일언지하에 거절하자, 9월 중순 코빈을 윽박질러 펜실베이니아에서 휴가를 즐기고 있던 대통령에게 더 이상 금매각을 하지 말도록 조언하는 편지를 쓰게 한다. 그후 이들은 이 편지를 전달한 이리철도회사 직원으로부터 '전달완료' 보고를 받는다. 이 보고는 단순히 전달되었다는 뜻이었지만, 그들은 이를 대통령이 편지 내용에 동의했다는 것으로 받아들였다. 하지만 코빈의 편지를 받은 그랜트는 아주 불쾌해했다. 평소 사태파악에 둔한 그랜트였지만 이 순간만은 코빈이 금값 조종에 연루되어 있다는 사실을 직감한 것이다. 화가 머리끝까지 치민 대통령은 영부인으로 하여금 자신의 여동생인 코빈 장군의 부인 앞으로 편지를 쓰게 해, 남편의 금투기를 막도록 조치를 취한다.

그랜트 대통령이 코빈의 편지를 받은 1869년 9월 19일은 일요일이었고, 월요일인 9월 20일 뉴욕 금거래소가 개장하자 온스당 138달러로 금거래가 시작되었다. 굴드 일당의 엄청난 금매집에도 불구하고 이후 이틀 동안 금값은 138달러선에서 약간씩 출렁일 뿐이었다. 이에 수요일인 9월 22일 피스크가 과감하게 골드룸으로 뛰어들어 5만 달러를 퍼부으며 금을 긁어모으자, 그제서야 145달러까지 올랐다. 이날 저녁 굴드는 코빈을 방문한다. 그 순간 코빈은 영부인이 보낸 편지를 읽고 안절부절못하고 있었다. 코빈은 굴드에게 자신이 보유하고 금을 팔고 이익을 보게 해달라고 애원한다. 하지만 굴드는 일언지하에 거절하고 편지내용에 대해 입다물고 있으라고 강한 어조로 명령한다. 하지만 그는 그랜트 대통령이 더 이상 연방정부의 금매각을 막지 않을 것이며, 자신이 아주 위태로운 상황에 놓여 있다는 사실을 직감한다. 이에 따라 그는 보유하고 있는 금을 비밀리에 매각하기로 결심한다.

이때 굴드가 동지인 피스크에게 자신의 금매도 사실을 알렸는지는 역사가들 사이에서 논란의 대상이 되고 있지만, 처음에는 굴드가 동지인 피스크에게 자신의 매각결정을 알리지 않은 것으로 전해졌다. 물론 굴드가 나중에 동업자인 해리 스미스와 제임스 켄을 속였을 때 피스크가 굴드에게 등을 돌리지 않았다는 사실을 감안하면 정보를 귀뜸해주었을 가능성도 있다. 하지만 굴드는 평소 의리라곤 눈곱만큼도 없는 인간이었기 때문에 피스크가 금을 계속 매집하고 있는 동안 자신의 금을 매각했을 것이라고 보는 게 타당하다.

물론 피스크도 금매집의 성공 가능성이 희박하다는 사실은 알고 있었던 것으로 보인다. 자신의 대리인인 윌리엄 벨든을 통해서만 매수주문을 내면서 나중에 문제가 될 서류는 한 장도 남기지 않았기 때문이다. 굴드는 피스크의 대리인 벨든을 통해서는 매도주문을 내지 않을 만큼 비밀리에 금을 팔아치웠다. 결국 이 때문에 불운한 벨든은 이후 파멸의 구렁텅이에 빠지게 된다.

1869년 목요일인 9월 23일 금거래소가 온스당 142달러선에서 장이 열리며 금매집을 둘러싼 복마전이 개시된다. 굴드의 비밀매각에도 불구하고 시간이 흐르면서 금값이 솟구치기 시작한 것이다. 거래량도 3억 2,500만 달러를 넘어섰다. 이 때문에 공매도했던 피라미 투기꾼들은 일순간에 거덜난다. 벨든이 이날 저녁 작성한 일지에 따르면 피스크는 무려 1억 1,000만 달러어치의 금을 사들였다. '제이굴드의 검은 금요일'인 다음날, 예상했던 클라이맥스가 가까이 오자 골드룸이 있던 뉴스트리트에 엄청난 군중들이 모여들었다. 하지만 금거래소에 모습을 드러낼 만큼 과감하지 못했던 굴드와 피스크는 브로드웨이에 있는 헤스의 중개사무실에서 금매매를 벌였다.

오전 10시 금시장이 열리자 300명의 브로커들이 골드룸의 큐피드 상으로 몰려들었고, 피스크의 브로커였던 앨버트 스페이어가 150달러에 주문을 내는 것으로 이날 작전이 개시되었다. 하지만 오전 11시 정각 금값 오름세가 멈추면서 상황이 돌변한다. 한때 금을 매수했던 부재무관 버터필드 장군의 브로커가 금매도 주문을 내기 시작한 것이다. 순간 골드룸에는 긴장감이 감돌았다. 그의 매도는 정부가 금매각으로 돌아섰다는 것을 의미했기 때문이다. 굴드가 고용한 몇 명의 브로커를 통해 매도주문을 내놓는 동안 피스크는 스페이어에게 온스당 160달러에 매수주문을 내라고 지시한다. 하지만 매매공방을 시작한 지 한 시간도 채 안되었을 때, 골드룸에는 재무장관 조지 보트웰(George Boutwell)이 400만 달러어치의 금을 매도할 것이라는 소식이 전달된다. 골드룸은 순식간에 패닉상태에 빠져들어갔다. 이 순간 피스크의 말에 따르면 스페이어는 "미친놈처럼 울부짖었다"고 한다. 그는 금값이 135달러까지 곤두박질치는 순간에도 160달러로 매수주문을 내고 있었다.

> (브로커들이) 미쳐 날뛰었다. 가장 평온한 브로커들도 넋을 잃은 상태였다. 허우적거리듯 손짓을 하고 앞뒤가 맞지 않는 주문을 내면서 모자가 벗겨지는 줄도 모르고 이리 뛰고 저리 달렸다. 자신들이 도대체 어디 있는지조차 몰랐다. 그리고 진실과 거짓이 마구 뒤섞인 온갖 루머가 시장을 휘돌았다.

피스크에 따르면 당시 거래소는 전투에서 궤멸당한 것 같은 분위기였고, 끝내 "모든 사람들이 시체처럼 축 늘어진 몸을 끌고 퇴각했다"고 한다. 금시세의 급격한 출렁거림은 수천 명의 시세차익 투자자들뿐만 아니라 브로드 스트리트(브로드웨이가 아니라 현재 뉴욕 증권거래소 앞길을 말한다-역자주)와 굴드의 브로커 사무소 앞으로 몰려든 군중들을 빈털터리로 만들었다. 이에 군중들은 폭도로 돌변했고, 질서유지를 위해 군대가 출동해야 할 정도였다. 자신들이 저지른 범죄를 익히 잘 알고 있던 굴드와 피스크는 옆문을 통해 브로커 사무실을 몰래 빠져나가 무장직원들이 지켜주는 이리철도회사로 줄행랑쳤다.

검은 금요일에 수많은 브로커들이 파산했고, 이 가운데 솔로몬 말러는 하루 뒤 권총으로 목숨을 끊었다. 서류를 남기지 않았던 피스크는 유쾌하게 모든 계약을 파기했고 이리철도회사 쟁탈전을 벌인 뒤 했던 "돈 한푼 잃지 않고 명예를 유지했다"는 말을 다시 지껄였다. 하지만 그의 매매주문을 중개했던 스페이어와 벨든은 1억 달러에 가까운 빚을 짊어져야 했고, 이 때문에 스페이어는 정신병자가 되었다고 한다.

한편 금매매의 결제은행이었던 골든익스체인지 은행에는 이날 5억 달러가 넘는 거래량이 몰려들어 정산을 포기해야만 했다. 마진론 이자율이 1,400%를 넘었고, 철도회사 주가는 폭락했다. 반더빌트의 철도회사 주가도 고점을 기준으로 3분의 2가 폭락했다. 대혼란은 일주일 뒤까지 이어졌다.

하지만 이 와중에도 안전하게 재산을 지켜낸 사람이 있었다. 비밀리에 금매도를 냈던 제이 굴드는 12개의 법원결정에도 불구하고 채권자들로부터 자신을 지켜냈고, 모든 브로커 사무실이 파산해 청산되는 과정에서도 그의 브로커 회사는 굳건하게 버텨냈다. 게다가 그는 이 공황에서 1,100만 달러를 벌었다는 소문까지 났다. 하지만 실제 손익에 대해 이 월스트리트의 메피스토펠레스(괴테의 『파우스트』에 나오는 악마-역자주)는 침묵했다.

● 제이 쿡의 검은 목요일 ●

굴드의 검은 금요일은 투기의 역사에 마침표를 찍지 못했다. 특히 철도는 파국 이후에도 엄청난 자본을 유혹했다. 1865~1873년에 3만 마일의 철도가 거의 15억 달러에 이르는 자본을 집어삼키며 추가로 건설돼 미국의 철도망은 두 배로 늘어났다. 당시 투기꾼들은 철도건설이 미개척지인 광활한 서부지역에 인구증가를 가져올 것이고, 이에 따라 철도회사가 보유하고 있는 땅값이 치솟을 것이라고 예상하고 막대한 자금을 끌어들여 철도주식을 사들였다. 유니언 퍼시픽 철도회사는 네브래스카 주 콜럼버스에 철도를 건설하겠다는 계획과 함께 "주가가 50달러에서 5,000달러까지 솟구칠 것"이라고 광고했다. 이 회사는 한술 더 떠, "순식간에 목돈을 쥐고 싶습니까? 도시나 농장이 들어설 만한 땅을 찾아 사두세요. 뉴욕과 버펄로, 시카고, 오마하 지역에 땅을 사두지 않아 얼마나 후회했습니까!"라고 노골적으로 투기를 부추겼다.[44]

남북전쟁 동안 정부채권 인수업으로 부를 거머쥔 은행가 제이 쿡은 1869년 미국 북서부지역에 뉴잉글랜드 전체면적보다 넓은 땅을 보유하고 있는 노던 퍼시픽 철도회사를 인수했다. 쿡의 수석 대변인이자 저널리스트였던 샘 윌커슨(Sam Wilkerson)은 '돈 많은 상속자가 마음대로 쓰고 뛰어놀 수 있는 광활한 대지'라고 이 회사의 보유지를 묘사했다. 또 노던 퍼시픽의 터미널이 있던 둘루스 시(미국 오대호 가운데 하나인 슈페리어 호 주변에 있는 도시-역자주)에 대해서는 '담수바다(슈페리어 호)의 정점에 있는 도시'라고 미화했지만,[45] 불행하게도 이 허풍광고는 대중들의 관심을 끌어모으지 못했다. 당시 그곳은 이미 제이 쿡의 바나나벨트(Banana Belt)로 악명이 높았기 때문이다. 당시 쿡의 은행은 유니언 퍼시픽의 1억 달러어치 채권을 매각하는 데 애를 먹고 있었다. 더욱이 1870년 6월 프랑스·러시아 전쟁이 발발하자 유럽으로부터 자금유입이 끊겨 채권매각은 더 큰 어려움에 봉착하게 된다.

1873년 봄 금융위기에 대한 두려움은 최고조에 달했다. 뉴욕 자금 시장은 얼어붙었고, 투기꾼들은 마진론을 쓰는 데 하루 0.5%

---

44 Sakolski, *Land Bubble*, p.291.

45 Josephson, *Robber Barons*, p.94.

의 이자를 지급해야 했다. 하지만 고율의 마진론조차 투기열차를 정지시키지는 못했다. 이해 5월 〈뱅커스 매거진〉(Banker's Magazine)이 "마진론에 대한 과도한 수요 때문에 돈이 정상적인 기업활동에 흘러가지 않을 뿐만 아니라 시대적인 폐악인 투기열풍을 부채질하고 있다"고 비판했다.[46] 또 크레디 모빌리에 스캔들의 진실이 하나씩 폭로되면서 철도회사에 대한 투자자들의 신뢰가 무너지자 자금시장의 긴장은 점점 더 가중되었다.

그런데도 투기열기는 지속되었다. 이해 여름 뉴욕 증시 하루거래량이 처음으로 10만 주를 넘어섰고, 〈네이션〉 지가 경고했듯이 무허가 증권중개소가 난립하고 있었다. 철도회사들이 이미 발행한 채권을 상환하기 위해 자금조달에 나서고 있을 때 언론이 유통되고 있는 철도회사 채권과 주식 가운데 상당량이 위조된 것이라고 보도하자, 이해 8월 자금시장의 불안은 더욱더 증폭되었다. 9월 첫째 주가 끝나갈 무렵 증권사인 '뉴욕 웨어하우스 사'가 서부 철도회사들에 대한 과도한 대출로 부도를 선언했다.

제이 쿡이 그랜트 대통령을 펜실베이니아 오곤츠에 있는 호화맨션에 초청해 기쁨조 노릇에 여념이 없던 9월 18일(목요일) 오후 2시 30분께 뉴욕 증권시장에는 죽음의 전령과 같은 공시 하나가 뜬다. '제이 쿡 은행의 부도'. 노던 퍼시픽 철도회사의 채권매각에 실패하고 채권자들의 지급요구에 응하지 못해 쿡의 은행이 파산을 선언한 것이었다. 미국 선두은행의 파산에 대한 시장참여자들의 첫 번째 반응은 '에이, 그럴 리가!'였다. 피츠버그 한 신문팔이 소년이 제이 쿡 은

---

46 Sprague, *History of Crises*, p.27.

행이 파산했다는 유언비어를 퍼트렸다고 체포될 정도였다. 이런 순진함은 주가가 폭락하고 하루 콜금리가 5%까지 치솟자 곧바로 심리적 공황으로 돌변했다.

다음날 군중들이 과거 15년 동안 이 나라에 휘몰아쳤던 투기열풍의 말로를 보기 위해 뉴욕 금융가로 몰려들었다. 짐 피스크는 이미 2년 전 정부(情婦)의 숨겨놓은 애인에 의해 살해되었기 때문에 이 장면의 등장인물이 아니었지만, 반더빌트는 그때까지 개인 브로커를 통해 주식을 거래하고 있었다.

다른 출연자들은 공황이 발생하자 각자 맡은 역할을 수행했다. 반더빌트가 이성을 잃고 폭도로 변한 군중들을 해산하기 위해 마차로 브로드 스트리트(폭 6미터인 도로-역자주)를 질풍처럼 달리고 있는 동안, 제이 굴드는 주식을 마구 팔아치웠고 헤티 그린은 헐값이 된 주식을 긁어모으고 있었다. 반더빌트의 양자인 호레이스 클라크는 투기자금을 빌려썼던 유니언 트러스트 은행이 파산한 직후 숨진 채 발견되었다.

'월스트리트의 노인' 다니엘 드루는 자신의 증권회사인 케넌과 콕스가 군중들에 의해 쑥대밭으로 변하는 순간 무대에서 퇴장하기 위해 '막내리기'를 하고 있었다. 그는 스스로 파산을 선언하고 침대로 물러나 담요를 뒤집어쓰고 지난 50여 년 동안 계속된 투기가 낳은 악마와 씨름했다. 그리고 1년 뒤 숨을 거두었다.

토요일인 20일까지 공황과 혼란은 지속되었다. 이날 뉴욕 증권거래소 회장은 거래소 사상 최초로 무기한 거래소 문을 닫는다고 발표해야 했다. 〈네이션〉은 이때를 다음과 같이 전하고 있다.

지난 목요일이나 금요일, 토요일에 월스트리트나 증권거래소 갤러리에 있었던 사람들은 광기어린 테러를 보았다. 투기꾼들은 야만적인 공포에 휘말려 보유주식과 채권을 팔아치우기 위해 이리 뛰고 저리 뛰면서 부르는 값에 줄 테니 이것만은 사달라 애걸했다. 이는 마치 제 발꿈치에 매달려 있는 부러진 말발굽에 놀란 말이 이리 뛰고 저리 내달리는 것과 같았고, 꼬리에 달린 양철 스튜 냄비에 놀라 내달리는 개와 같았다. 새로운 역병이 사람들 사이에 퍼진 것이라는 느낌을 지우기 힘들었다. 그리고 느낄 수 없고 볼 수도 없는 어떤 힘이 그들한테서 유머를 빼앗아가 버렸다. 그들에게서 철학은 꿈도 꿀 수 없는 것이었다.

1720년 다니엘 디포가 처음으로 금융공황을 역병에 비유한 이후 이 은유는, 검은 목요일을 '흑사병 이후 가장 참혹한 흉사'라고 묘사한 한 월스트리트의 브로커에 의해 되살아났다.[47]

열흘이라는 시간이 지난 뒤에야 뉴욕 증권거래소는 다시 문을 열 수 있었다. 하지만 이때에는 미국이 과거 10년이 넘도록 지속되어 온 투기와 과잉투자의 후유증에서 완전히 벗어난 것은 아니었다. 이해 겨울 내내 기업들의 파산과 철도회사의 정리해고, 은행파산, 임금삭감, 화폐은닉 등이 계속되었고, 1873년 말까지 5,000건의 부도가 공시되었다. 이 가운데는 노던 퍼시픽 철도회사와 약 50개의 증권회사들의 도산이 포함되어 있다.

---

47 재인용 : Sobel, *Panic*, pp.184~185.

1874년 1월 뉴욕 톰킨스 광장에서는 실직자들이 폭동을 일으켜 곤봉으로 무장한 경찰과 충돌하기도 했다. 공황에 따른 불황은 1870년대가 끝날 때까지 지속되었다. 1877년 전체 노동자의 5분의 1만이 정규직에 종사한 것으로 추산되었으며, 파업과 소요는 끊임없이 이어졌고 노동과 자본의 대립이 극에 달해 폭력사태로 이어졌다. 펜실베이니아 광산촌의 몰리 메규리스(Molly Meguires) 테러와 철도노동자 총파업 기간 동안 피츠버그에서 발생한 폭동 등과 같은 폭력사태가 줄을 이었다.

이 즈음 복음주의자 무디(D. L. Moody)가 복음성가 가수 생키(I. Sankey)와 함께 연 종교집회에는 엄청난 군중들이 모여들었다. 그들은 공황 전까지 월스트리트와 5번가에 몰려 있던 군중들이었다. 그들은 나라를 위험한 지경에 몰아넣은 자신들의 죄를 속죄하기 위해 모인 것 같았다고 한다.[48]

● 금권정치시대와 인터넷시대의 협잡 ●

주가표시기가 출현한 이후 월스트리트에서는 '주식시세표와 싸우지 말고, 시장에 대들지 말라'는 금언과 '월스트리트에서는 공짜 점심이란 없다'는 말이 유행했다. 이는 주식시장에서 쉽게 얻을 수 있는 수익이란 없다는 의미로, 위험이 수익에 의해 보상될 정도로 시장이 효율적으로 움직이고 시장가격이 실제 적정가치를 반영한다는 것

---

48 Noyes, *Market Place*, pp.19~20.

을 암시한다. 작전세력들은 이처럼 증시에 대해 좋은 이미지를 퍼트릴 수 있는 말을 유포시키는 데 기꺼이 앞장섰다. 1881년 브로커 헨리 클루스(Henry Clews)는 의회청문회에 나가 "투기는 주식이나 공산품의 미래가치에 대한 견해 차이를 좁힐 수 있는 방법이다. 희소성이 있을 때 가격상승은 생산을 촉진하고, 과잉생산이 발생하면 가격이 폭락해 감산이 이뤄지도록 한다"고 주장했다. 그리고 "투기는 공황을 예방할 수 있는 유용한 도구"라고 덧붙였다.[49]

클루스의 주장이 현대 경제학 교과서에 나온 투기에 대한 정의를 그대로 전달했다고 할지라도, 19세기 후반 미국에서 발생한 투기를 적절하고 정직하게 설명한 것은 아니다. 당시 투기는 자본을 배분하고 생산력을 조절하는 게 아니었다. 투기가 미국 경제와 사회, 정치에 끼친 영향은 너무나 광범위하고 나쁜 것이었다.

투기시대에는 늘 거짓이 판을 쳤다. 하지만 19세기 미국 증시에서는 그 정도가 더욱 심했다. 투기가 낳은 부패는 기업의 임원들과 작전세력들에 국한된 것이 아니었다. 1860년대 정계 전체가 부패사슬에 얽혀들었다. 심지어 1890년대에 미국 대통령에 당선된 '개혁가' 글로버 클리블랜드(Grover Cleveland)마저도 이때 제임스 켄이 조직한 작전단에 참여했던 인물이었다.[50] 1990년대에 맹위를 떨친 악덕 트레이더들 같은 인물들이 19세기 월스트리트에서도 득실거렸다. 1870년대를 연구했던 제임스 메드버리는 "주식투기 실패로 발생한 금융시장에서의 협잡은 우리나라(미국) 근세사에서 가장 음울한 장

---

49 Pratt, *Work of Wall Street*, p.43; and Clews, *Twenty-eight Years*, p.97.

50 Josephson, *Robber Barons*, p.351.

면 가운데 하나"라고 말했다.

19세기 후반기 내내 미국에서는 수많은 금융사기가 발생했다. 1854년 로버트 실러의 철도주식 위조사건을 비롯해 1865년 케첨(E. B. Ketchum)의 금 인증서 위조사건, 1868년 휘트 증권사의 철도회사 주식 위조사건 등이 대표적인 예이다. 이 사기사건 때문에 투자자들이 입은 피해규모는 모두 1,000만 달러에 이른다고 한다. 1884년에는 그랜트 장군이 동업자로 참여한 그랜트 앤 워드 증권사가 대규모 주식사기사건을 일으켰다. 알렉산더 노이에스에 따르면 한 명의 직원이 저지른 이 사기사건은 "규모의 특징 면에서 당시 금융계의 부도덕성을 그대로 보여주는 전무한 사건"이었다.[51] 금권정치시대에는 증권회사 직원들에 의해 발생한 사기사건이 아주 일상적인 일이었다. 메드버리에 따르면 "하루가 멀다하고 증권회사 직원들이 사기사건을 이유로 해고되었고, 가장이 공금유용 때문에 실직의 고통을 겪지 않은 금융계 집안을 찾아보기 어려울 정도"였다고 한다.[52] 펀드매니저나 신탁업자들도 고객의 재산으로 투기를 일삼았다. 심지어 1869년 2월 메트로폴리탄 교회 회계담당 직원이 200만 달러의 교회 돈을 자신의 개인적인 주식거래에 유용했다가 들통나기도 했다.[53] 물론 투기가 그 시대의 도덕성을 붕괴시켰는지, 아니면 당시 무너진 도덕성이 투기라는 탈을 쓰고 표면화되었는지는 구분할 수 없다. 하지만 투기와 사기는 못된 친구사이임은 분명하다.

———

51 Noyes, *Market Place*, p.42.

52 Medbery, *Men and Mysteries*, p.128.

53 앞의 책, P.198.

하지만 악덕 트레이더의 활동 자체보다 더 심각한 문제는 작전꾼들에 의한 시세조종이 계속되었다는 사실이다. 이는 투기가 헨리 클루스가 주장했던 순기능을 수행하지 못하고, 공황과 불황의 원인이 되는 이유이다. 19세기 말 매튜 스미스는 다음과 같이 갈파했다. "월스트리트 매집세력들은… 지진과 같은 공황을 야기할 수 있고, 공황은 마른하늘의 날벼락처럼 갑작스럽게 발생한다. 아무리 노련하고 재능 있는 사람일지라도 공황을 예측할 수는 없다."[54] 투기적 시세조종은 경영의 실패로 이어지고 주주와 경영진과의 관계를 악화시키며, 실제가치에서 동떨어진 주가를 연출해낸다.

〈월스트리트 저널〉의 설립자였던 찰스 다우는 주가의 움직임을 3가지로 분류했다. 첫 번째는 내재가치의 변화에 따른 것이고, 두 번째와 세 번째는 각각 시세조종과 일상적인 주식거래에 따른 변화이다. 그에 따르면 투기꾼들이 관심 갖는 것은 시세조종에 따른 주가변동이다. 또 메드버리는 "작전으로 주가를 변덕부리게 하는 것은 수은을 단단하게 만드는 것과 같다"고 말한다.[55] 이리철도회사 대표이사로 있을 때 제이 굴드는, 철도회사의 내재가치에 대한 질문을 받고 "내재가치란 없다"고 잘라 말한 적이 있다. 이어 그는 "월스트리트와 런던에서 투기의 대상이 될 뿐이고, 그것이 철도회사 주식의 가치다"라고 말했다. 다른 말로 표현하면, 세계 최대 철도회사의 가치가 순전히 월스트리트 사람들의 '환상'을 얼마나 자극하느냐에 달려 있다는 말이다.

54　재인용: Sobel, *Panic*, p.209.

55　Medbery, *Men and Mysteries*, p.210.

요즘 증권시장이 19세기보다 촘촘한 규정에 의해 잘 관리되고 있다고 해도, 작전을 벌이려는 투기꾼들은 사라지지 않았다. 1991년 5월 살로먼 브라더스(Saloman Brothers)의 채권 트레이더가 2년 만기의 미국 재무성채권을 매집하려 했던 사건이 들통났다. 또 1990년대 주식시장의 호황을 틈타 미국 마피아들이 싸구려 주식에 대해 벌인 매집과 투매사건이 발생하기도 했다. 그리고 인터넷 주식거래가 활성화되면서 온라인상에서 작전과 거짓정보 유포행위가 빈번하게 발생하고 있다.

또 1996년 봄에는 역사상 최대규모의 불공정거래 행위가 발생했다. 자산가치가 200만 달러도 되지 않을 뿐만 아니라 부도가 난 지문인식장비 생산업체인 컴패러터(Comparator)의 주가가 3센트에서 1.75달러로 치솟아 시가총액이 10억 달러를 넘은 것이다. 또 이해 5월 9일에는 나스닥에서 이 회사의 주식거래량이 1억 7,700만 주에 달하는 진풍경까지 연출되었다. 이는 단일회사 주식거래 규모로는 신기록이었다. 뒤늦게 미국 증권거래위원회(SEC)가 조사에 나섰고 매매를 중지시켰지만, 이 사건으로 투자자들이 입은 손해는 약 2,000만 달러에 달했다고 한다.

컴패러터 시세조종이 발생한 지 1년도 채 안 된 1997년 이른 봄 벤쿠버 증권거래소에서는 캐나다 금광회사인 브리엑스(Bre-X) 사의 주가가 2~3센트 수준에서 280달러(캐나다 달러)까지 솟구쳤다. 이 회사의 시가총액이 순식간에 70억 달러까지 솟구친 것이다. 이는 이회사가 인도네시아에서 2억 온스가 넘는 금광을 발견한 것처럼 공시했기 때문이다. 하지만 3월 말 이 회사의 부수석 지질연구원이 인도네시아 보르네오 정글 상공을 날던 헬기에서 떨어져 숨진 데 이어 종말과 같은 사건이 발생한다. 브리엑스 회계감사가 "전세계 광산업계에서 유례를 찾아보기 힘든 사기"라고 이 회사의 금광발견 공시를 비난하는 보고서를 발표한 것이다. 하지만 이 순간 이 회사의 대표는 주식시장에서 이미 엄청난 현금을 빨아들인 뒤 캐나다 법의 손길이 미치지 않는 열대의 섬에서 느긋하게 휴가를 즐기고 있었다. 이들은 현대 금권정치시대의 이야기이다.

효율적 시장론자들은 투기꾼들의 '가치'를 발견하고, 모든 정보를 주가에 반영하기 때문에 가격이 출렁인다고 주장한다. 하지만 19세기 미국 증시에서 개별종목의 내재가치는 투기꾼들의 시세조종에 의해 감추어졌다. 이런 상황에서 순진한 투자자들은 투자를 결정하는 데 요행수만을 의지할 수밖에 없었다. 따라서 주가가 현재의 내재가치를 반영하고, 최신 정보에 따라 미래가격이 변동한다는 '랜덤워크 설'(Random Walk)은, 소수의 작전세력이 대량매집 등의 방법으로 주가를 조작하는 변칙성을 의미한다고 볼 수 있다. 한 증시 전문가는 "주가가 오를 것인지 내릴 것인지를 예측하는 데 가장 바람직한 방법은 한쪽 눈을 감고 동전을 던져보는 것"이라고 자조 어린 말을 했다.[56] '3M'(mystery(미스터리), manipulation(작전), margins(시세차익))으로 알려진 증시의 속성은, 증권시장이 효율적 자본배분이라는 이론적 기능을 제대로 수행하지 못하게 하는 원인이다. 따라서 필요가 없는 곳에 철도가 건설되고, 증시가 없었다면 번창했을 회사들이 망가지며, 불필요한 은행파산이 발생한다.

19세기가 저물 무렵 미국의 경제학자 에머리(H. C. Emery)는 "터

---

56 Armstrong, *Stocks and Stock-Jobbing*, p.23.

무늬없는 경우의 수에 돈을 거는 게 도박이라면, 가치의 변화에 따른 불가피한 경제적 위험을 가정하고 벌이는 것이 투기"라고 규정했다.[57] 하지만 미국 증시에서 가장 큰 위험은 불가피한 경제적인 현상이 아니라 시장 작전세력들에 의해 조장된 것들이었다. 금권시대 투기현상은 사무엘 존슨이 "도박은 상품의 매개 없이 이뤄지는 부의 배분"이라고 내린 정의에 딱 들어맞는다. 이 시대 투기는 미국경제와 사회, 정치에 이익보다는 해를 더 많이 주었고, 부를 다수의 손에서 소수의 호주머니로 이전시켰다.

---

57 Emery, *Speculation*, p.100.

7장

새시대의 종말

1929년 대공황과 그 여파

영어에서 가장 값진 네 단어는
'This Time It's Different'(지금은 다르다)이다.

— 존 템플턴 경을 위한 헌사에서

1929년 가을 "주가가 아주 높은 고원의 경지에 이르렀다"고 경제학자 어빙 피셔(Irving Fisher, 예일대 교수)는 선언했다. 신의 계시와 같은 이 선언이 나온 지 몇 주 뒤에 다우존스 산업평균지수(다우지수)가 하루아침에 30% 이상 곤두박질쳤다. 세계 증시사상 최악의 폭락이었다. 비극은 여기서 멈추지 않았다. 다우지수는 1932년 7월 9일 41.88포인트까지 떨어졌는데, 이는 1929년 고점을 기준으로 90% 이상 폭락한 것이다. 1929~1932년 사이 다우지수 차트는 고원보다는 절벽에 가까웠다. 왜 피셔 교수가 이런 오류를 범했을까? 그것은 그가 1920년대 유행했던 신기루 같은 '관념'에 사로잡혀 있었기 때문이다. 1920년대 미국 경제가 끝없는 번영의 '새시대'에 들어섰다는 관념이다. 그리고 바로 이 관념이 1920년대 후반 초호황을 보였던 증시를 파국으로 몰아넣은 요인이었다.

사실 '자본주의가 새시대에 들어섰다'는 관념은 투기열풍이 몰아치는 시대마다 대유행했다. 디즈레일리는 런던 증시가 호황을 보인 1825년 진일보한 경영기법 때문에 '이 시대'는 과거와 구분되어야 한다고 목소리를 높였다. 19세기 유명한 저널리스트 월터 베이지헛은 "투기가 발생할 때마다 기업인들과 은행가들은, 현재의 번영이 더 큰 번영의 시작이기 때문에 영원할 것이라고 보는 경향이 있다"는 말로 새시대 관념을 설명했다.[1] 1920년대 〈뉴욕타임스〉의 금융 편집장인 알렉산더 노이에스는 20세기 초 유에스스틸(U. S. Steel)과 같은 대규모 기업연합이 출현하면서 찾아온 초호황과 투기는 "(미국인들은) 새시대에 살고 있다, 과거의 금융관행과 원칙·규정들은 의미가 없다, 따라서 과거에는 위험하고 불가능했던 일을 이제는 안심하고 추진할 수 있다는 등의 관념 때문에 발생했다"고 말했다.[2]

　　새시대는 1901년 5월 노던 퍼시픽 철도회사 주식매집 사건으로 발생한 공황에 의해 1차 종말을 맞는다. 하지만 공황의 고통은 곧 망각의 그늘로 사라졌고, 1929년 더 강력하고 설득력 있는 또 다른 새시대의 관념이 출현했다. 새시대의 또 다른 이름인 '신경제'의 전제는, 윌리엄 페티 경이 17세기에 '기근과 풍요'라고 묘사했던 경기순환이 1913년 연방준비제도 이사회의 출현으로 사라졌다는 것이다.

　　당시 사람들은 이전까지 발생했던 미국의 금융공황은 마지막 대부자인 중앙은행이 없었기 때문에 더 악화되었다고 생각했다. 이자율을 조정할 수 있는 권한을 갖고 있고, 공개 시장조작정책을 펼 수

1　Bagehot, *Lombard Street*, p.158.

2　Noyes, *Market Place*, p.195.

있는 연방준비제도 이사회는 "호황과 침체, 공황의 모든 문제를 치료할 수 있는 시스템"이라는 찬사를 받았다.[3] 따라서 은행가들과 투기꾼들은 이제 무책임하게 돈으로 장난질해도 된다고 생각하게 되었다. 그 결과 1929년 공황의 고통은 더 커졌다.

연방준비제도 이사회에 대한 과신과 온갖 경제논리들이, 1924년 캘빈 쿨리지 대통령 시대부터 허버트 후버 행정부까지 계속된 '쿨리지 호황'을 설명하기 위해 동원되었다. 자유무역의 확장이 그 원인이라고도 했고, 물가상승률의 하락이 원인으로 꼽히기도 했다. 특히 하버드 비즈니스스쿨 출신들이 앞장선 과학적 기업경영과, 디트로이트 포드 자동차에서 처음 도입한 '포디즘'을 호황의 원인으로 꼽는 사람도 있었다. 물론 신경영 기법이 기업의 생산성을 높이고, 당시 사람들이 경기불황의 원인으로 본 재고율을 낮추는 효과를 가져오기는 했다. 어빙 피셔는 다음과 같이 주장했다. "현재 상황에서 미래를 더 잘 예견하고 활용하는 데 뛰어난 캡틴들이 기업을 이끌고 있다. 특히 물류와 제조업을 잘 훈련된 경영자들이 이끌고 있기 때문에 호황이 지속되고 있다."[4]

피셔는 경제적 낙관론을 뒷받침하는 또 다른 근거들을 제시했다. 쿨리지 행정부가 기업연합에 대한 규제를 완화해, 그 결과 은행과 철도, 공공사업 분야에서 대규모 기업연합이 출현했다. 결국 규모의 경제와 생산의 효율성을 증대시켰다는 것이다. 또 연구개발 투자가 늘어남에 따라 1919~1927년 사이에 생산성이 50% 확대되었다고도 했다. 예를 들어 AT&T는 4,000명이 넘는 연구인력을 확보하고 있

---

3   Herbert Hoover, *Memoirs* (London 1953), III (*The Great Depression*), p.6.

4   *North American Review*, 227(1929), pp.776.

었고, 1928년 10만 건의 특허를 출원할 정도였다는 것이다.[5] 피셔는 이와 함께 1920년 대봉기가 실패로 끝난 직후 나타난 노동자들의 협조적인 태도도 경제호황에 큰 몫을 하고 있다고 설파했다. 이를 위해 그는, "노동운동에 가혹한 정부가 노동의 효율성을 높이고, 노동자들이 술을 멀리하고 대신 자동차와 오디오, 라디오, 오락, 보험, 교육, 책, 잡지 등 가정용품을 사들인다"고 주장한 콜럼비아 비즈니스스쿨의 폴 니스트롬 교수의 견해를 인용했다.[6]

피셔만이 새시대의 전도사였던 것은 아니다. 신용평가회사인 무디스의 설립자 존 무디(John Moody)는 1927년 "우리가 새시대에 살고 있다는 사실을 인정하지 않고 지난 6년 동안 지속된 미국 경제의 호황을 설명할 수 없다"고 단언했다.[7] 또 경제주간지인 〈배런스〉는 이해 4월 '불황이 발생하지 않는 새시대'를 집중조명하기도 했고,[8] 귀족 출신으로 월스트리트 금융가이며 이후 '신경제'라는 개념을 통렬하게 비판했던 버너드 바루크조차 1929년에는 "자유무역이 각종 경제지수를 호전시켰을 뿐만 아니라 경제학에 대한 경영자들의 이해의 폭을 넓혔으며, 세계 중앙은행의 원활한 협조가 미국의 경제적 르네상스를 낳았다"고 목소리를 높였다.[9] 심지어 허버트 후버도 1928년

5   Irving Fisher, *The Stock Market Crash—And After* (New York, 1930), p.126.

6   앞의 책, p.176.

7   재인용 : M. S. Fridson, *It Was a Very Good Year* (New York, 1998), p.50.

8   재인용 : J. R. Levien, *Anatomy of a Crash* (New York, 1966), p.20.

9   James Grant, *Bernard M. Baruch: The Adventures of a Wall Street Legend* (New York, 1997), pp.216~217.

여름 대통령후보 지명 수락연설에서 "빈곤의 종식이 눈앞으로 다가왔다"고 선언하며 당시 만연한 낙관론을 옹호했다.

당시 사람들이 미국 경제의 기저가 바뀌었고 경기순환에 따른 공황이 역사의 뒤안길로 사라졌다고 믿었다면, 이 믿음은 증시에 그대로 반영되어야만 했다. 기업들의 순익이 안정적으로 점증했다면, 주가도 이를 반영해 가치가 높아졌을 것이기 때문이다. 쿨리지가 대통령에 취임하고, 증시의 초호황이 시작된 1924년 에드거 로렌스 스미스는 『장기투자수단으로서 보통주』를 발표했다.

그는 이 책에서 '보통주가 투기의 수단'이라는 통념을 깨려고 시도했다. 그는 "보통주들이 투기의 수단이었다는 생각은 그동안 미국 증시역사를 살펴볼 때 일면 타당하다"고 하면서도, 이는 "장기보유를 목적으로 주식을 사는 데 따른 위험을 과장한 것이다"고 주장했다. 그는 이를 증명하기 위해 19세기 중반 이후 주식과 채권의 수익률을 인용했다. 그리고 "주식의 수익률이 채권을 능가했고, 특히 20세기 들어 20년 동안 펼쳐진 인플레이션 시기에는 주식의 수익률이 더 높았다"고 분석했다.

스미스는 한 걸음 더 나아가 "고점에서 주식을 샀을 때에도 투자원본을 회복할 수 있는 순간은 꼭 온다"고 강변했다.[10] 또 주식투자자가 원본손실을 입을 확률이 15년 동안 1%도 되지 않았다고 목청을 돋우었다. 그리고 새시대의 여러 담론을 동원해 주식투자를 옹호하는 것으로 결론을 내린다. 새시대에는 경영자들이 주주의 이익을 더 반영하게 되었고, 각종 투자기법들이 개선되었다는 것이다. 따

---

10 Edgar Lawrence Smith, *Common Stocks as Long Term Investment*, p.81.

라서 가까운 장래에는 보통주의 수익률이 더 올라갈 것이라고 예언했다.

스미스는 주식투자가 갖는 매력의 원천은 기업이 배당하지 않고 유보해놓은 각종 잉여금이라고 보았다. 이 시대 또 다른 투자이론가였던 케니스 반 스텀(Kenneth Van Sturm)은 인플레이션 시대에 채권은 매력을 잃어버렸다면서 스미스의 논리를 보충했다. 두 사람의 주장은 당시 일반인들이 갖고 있었던 주식에 대한 생각을 상당히 변화시켰다. 또 '보통주 열기'라고 불리는 당시 주식투자 붐을 이론적으로 뒷받침해 주었다.

새시대에는 주식가치산정(밸루에이션) 방법도 바뀌어야 했다. 적정 시가총액은 기업수익의 10배이고, 배당금은 채권수익률보다 높아야 한다는 구시대 가치측정방법은 과감하게 폐기되었다. 대신 미래수익을 현재가치로 할인하는 방법이 도입되었다. 이 방법에 의하면 1년 뒤에 100달러를 받을 수 있는 주식을 10%의 할인율로 계산할 때 현재가치는 90달러라는 것이다. 이 가치측정방법은 불확실한 미래수익에만 의존하기 때문에 아주 투기적이다.

케인즈는 『일반이론』에서 이에 대해 다음과 같이 평가했다. "미래수익을 평가하는 방법의 근거가 너무나 불확실하다는 게 이 가치측정법의 가장 두드러진 특징이다. 또 투자의 미래수익을 평가하는 데 쓰는 지표들도 의미없는 경우가 많다." 몇 년이 흐른 뒤 벤저민 그레이엄도 미래수익에 대한 할인방식을 다음과 같이 공격했다.

··· 미래전망, 특히 지속적인 성장전망이라는 개념을 통해 좋아하는 주식의 현재가치를 계산하기 위해서는 수학공식들이 동원되어야 한다. 하지만 아주 부정확한 가정과 정확한 수학공식의 조합은 특정주식의 가치를 만들어내거나 옹호하는 데 주로 쓰인다. (가치를 계산하는 데에는) '의도'가 좋아야 한다는 '전제'가 필요하고, 미래의 수익률을 결정하는 '요소'의 타당성을 더 따져봐야 한다면 기업의 가치는 더 불확실해질 수밖에 없다. ··· 사람들은 수학이 정확하고 믿을 만한 답을 도출해낸다고 확신하고 있다. 하지만 수학이 더 정교해지고 난해해질수록 도출된 결론은 더 불확실하고 투기적일 수밖에 없다. 따라서 수학은··· 투기를 투자로 위장하는 수단일 수 있다.[11]

1920년대 사람들도 이런 문제점을 인식하고 있었다. 1929년 뉴욕증시에서는 "미래가치뿐만 아니라 저승의 가치까지도 할인한다"는 말이 유행했을 정도였다.

당시 증시전문가들도 주식가치를 계산하는 데 동원된 '신개념'들의 위험성을 지적했다. 루이스 헨리(Lewis H. Henry)는 1929년 〈노던 아메리칸 리뷰〉 8월호에서 "미래의 희망수익을 근거로 명목가치 이상으로 주가가 솟는 것은 전형적인 투기"라며, "현재의 안전을 비용으로 치르고 미래의 우연성을 선택하는 것은 투자라고 할 수 없다"고

---

11 Graham, *Intelligent Investor*, pp.315~321.

말했다.[12] 앨런 템플(Alen Temple)도 같은 호에서 당시 정점을 향해 치닫고 있는 주식시장에 만연한 투기 심리상태를 다음과 같이 분석했다.

요즘 증시에서는 내재가치를 근거로 주식을 살 수 없다. 투자자들은 1년 또는 한평생을 앞질러 투자하는 불확실성을 인정하고, 1년 뒤에 그 주식이 지닐 가치를 현재의 돈으로 지급하고 주식을 사들인다. 따라서 그들은 이 기간 동안 주가가 어떻게 변할지 모르기 때문에 한두 푼의 주가 차이는 의미가 없다고 주장한다. 대기업의 장래에 대한, 특히 새시대의 장래에 대한 믿음이 굳건하기 때문에 불황발생 가능성은 그들에게 걱정거리가 되지 않는다.

그는 이어 "이미 할인된 주식가치를 더 높은 가격에 매수하는 것은 기존 주식투자이론을 뒤집는 것이고, 의도적으로 타당성을 무너트리는 것"이라고 스미스의 주장을 공격하며 끝맺음했다.[13] 무엇이든 뒤집히는 증시에서 입증된 투자이론이 별다른 효력을 발휘하지 못하는 게 일반적이었는데도, 통계수치까지 동원해 '주식매수는 투기가 아니라 위험이 큰 투자행위'라는 논리 때문에 1920년대 초호황이 촉발되었다는 것은 아이러니라 할 수 있다.

---

12 *North American Review*, 228 (1929), p.156.

13 앞의 책, n.p.

물론 새시대 논리를 구성하는 담론들 외에도 1920년대 후반 미국증시가 초강세를 띠는 뚜렷한 이유들이 있기는 했다. 백악관 집무실에서 낮잠자기로 유명해 '게으름뱅이'라는 별명이 붙은 쿨리지 대통령은, 자신의 개인적인 신념이면서 당시 미국정부의 경제철학이었던 자유방임주의를 충실하게 실천했다. 당시 행정부에는 목적성이 없었기 때문에 기업인들은 칭송의 대상이 되었다. 이는 "미국의 주업은 비즈니스다"(The Business of America is Business)라고 선언한 대통령의 연설에서도 잘 나타난다.

부유한 필라델피아 출신 은행가였던 재무장관 앤드루 멜런(Andrew Mellon)도 이에 동의했다. 그는 정부의 존재 이유는 기업이 제대로 활동할 수 있도록 도와주는 것이라고 주장했다. 그리고 실제로 이것은 비즈니스 이상도 이하도 아니었다. 멜런은 소득세를 65%에서 32%로, 법인세를 2.5%로 낮춰 기업경영 조건을 호전시켰다. 이 덕에 세금을 적게 내도 되는 부유층은 돈을 주식투자에 집중했고, 세율 인하로 기업들의 세후 실적이 호전되었으며, 이에 따라 투기의 수익률이 더 높아졌다.

● 미래를 저당 잡혀라 ●

1920년대 부익부 빈익빈 현상이 심화되는 동안 노동세력은 무력화되어, 노동자들은 생산성을 올려주고도 적절한 배분을 받을 수 없었다. 헨리 포드는 배턴로지(미국 루이지애나 주에 있는 도시-역자주) 공장에 총으로 무장한 불량배들을 배치했다. 공포 분위기를 조성해 노동자들의 집단행동을 봉쇄하기 위해서였다.

경제적 잉여를 정당하게 배분받지 못한 노동자들은 기업들이 성장률만큼의 수익증가를 누리는 동안 실질임금 감소를 겪어야만 했다. 하지만 자본주의는 저축만큼 소비도 이뤄져야 유지되는 법, 노동자들이 실질임금 감소로 구매력을 갖지 못하자 할부구매가 활성화되었다. 자동차와 냉장고, 라디오, 옷 등 대부분의 상품들을 할부로 구매할 수 있게 된 것이다. 1920년 말 미국 할부채권 규모는 60억 달러에 이르렀는데, 이는 전체 현금 판매액의 12.5%를 초과하는 것이었다.[14]

할부거래에도 투기요소가 있었다. 현재 이뤄지는 소비를 미래의 수익으로 결제하는 것이기 때문이다. 다른 말로 표현하면 눈앞의 만족을 위해 미래를 과감하게 소비한 셈이다. 그 미래가 도래했을 때 자신들의 주머니가 비었다는 사실을 알게 되지만, 할부구매 시스템은 새시대의 경제성장에 상당한 기여를 했다. 심지어 신용과 소비는 선순환을 일으킨다는 주장까지 제기되었다. 할부소비로 이루어진 현재 시점의 경제성장이 미래에 채무를 변제할 능력을 갖게 해준다는 것이다.

주식시장의 마진론도 1920년대 개인채무를 늘리는 요인이 되었다. 주가가 오를 때 투자자들은 마진론을 조달해 투자함으로써 수익을 얻을 수 있었다. 1920년대 후반 주가상승과 더불어 전체 마진론 규모도 늘어났다. 1927년 한 해 동안 공식집계된 마진론의 규모는 8억 달러에서 36억 달러로 급증했고, 마진론의 급증으로 다우존스지수가 28.75% 상승한 것으로 환산되었다. 또 1929년 10월까지 브로

---

14 프레더릭 루이스 앨런에 따르면 1926년까지 미국에서 팔린 자동차의 65%가 할부로 팔려나갔고, 백화점의 매출액 가운데 40%가 외상이었다는 것이다. *Only Yesterday* (New York, 1957), p.168.

커들과 은행이 투자자들에게 빌려준 돈의 규모는 약 160억 달러였다. 이는 당시 미국 증시 시가총액의 18%에 이르는 것이다.[15] 앞서 살펴보았듯이 마진론은 미국 금융시스템의 불안요인이었다. 하지만 쿨리지 대통령은 급증하는 증시의 신용대출을 전혀 걱정하지 않았다. 심지어 1928년 2월에는 "마진론은 우려할 게 아니다"라고 공식적으로 말할 정도였다. 또 "마진론 증가는 은행 수신고와 주식예탁금의 증가와 함께 늘어나는 것일 뿐"이라고 주장했다.

또 공황을 종식시킨 제도로 각광받던 연방준비제도 이사회는 1925년 이자율을 낮춤으로써 증시호황을 촉발시켰다. 당시 이자율의 인하는 제1차 세계대전이 끝난 뒤 금본위제를 부활함으로써 극심한 금 유출을 겪고 있던 영국 중앙은행(영란은행)을 돕기 위해서였다. 그리고 1927년 여름 연방준비위는 또다시 영란은행의 요청을 받아들여 재할인율을 사상 최저인 3.5%까지 낮춘다. 그리고 이때는 프랑스와 독일도 이에 동참한다. 그러나 이 때문에 주식투기가 극에 달하자 연방준비위는 1928년 2월부터 전술을 바꿔 재할인율을 인상하기 시작해, 1929년 8월에는 6%까지 올렸다.

하지만 돈을 빌려 주식투기를 하는 것은 여전히 수지맞는 장사였다. 주가상승세가 계속되기만 한다면, 투기꾼들은 마진론 이자를 내고도 많은 돈을 증시에서 건질 수 있었기 때문이다. 게다가 당시 이자율이 너무 낮아 투기를 억제할 수 없었고, 이 때문에 투기꾼들은 미국의 경제가 마냥 성장할 것으로 믿었다. 사정이 이쯤 되자 1929

---

15 Barrie Wigmore, *The Crash and Its Aftermath* 1929~1933 (Westport, Conn., 1985), p.27.

년 2월 연방준비위는 은행가들을 불러모아 "주식투자를 위해 대출해주는 것은 적절한 자산운용이라고 볼 수 없다"고 타일렀다. 하지만 이런 '도덕적 권고'로는 극에 달한 투기열풍을 가라앉힐 수 없었다.

당시 마진론의 규모는 미국 금융당국조차 파악하지 못하고 있었다. 기업과 외국은행들은 여유자금을 콜시장에서 굴릴 경우 연방준비위에 보고할 필요가 없었기 때문이다. 특히 기업들은 유상증자로 자금을 끌어들여, 이를 콜시장에 풀어 연 15%의 자산운용 수익을 올리는 방법으로 기업실적을 부풀렸다. 게다가 당시 배당금이 연 4% 안팎이었기 때문에 마진론 사업은 그야말로 노다지였다. 또 투기꾼들이 마진론을 조달해 주식을 사들였기 때문에 주가는 엄청나게 치솟았고, 이 때문에 당시 한 증시전문가는 마진론 현상을 '악순환의 연속'이라고 규정했다.[16]

● 주식판촉 ●

1920년대 후반 증권사 지점망이 급속도로 확대되어, 1928~1929년 사이에는 약 600개의 지점이 개설되었다. 80%의 증가율을 보인 것이다. 1929년 여름 브로커이면서 작전꾼이었던 마이크 미핸(Mike Meehan)은 라디오 제작사이면서 방송국인 RCA(Radio Corporation of America)가 제공하는 무선기술을 활용해 대서양 횡단 여객선에 최초로 증권사 지점을 개설했다. 무선 주식거래가 가능해진 것이다. 이처

---

16 *North American Review*, 228, p.166.

럼 보통주 투자를 부추기는 이데올로기와 투자자금의 무제한 대출을 무기로 미국 금융회사들은 주식 세일즈에 획기적인 방법을 적용하기 시작했다.

이때까지 미국 시중은행은 증권거래를 할 수 없었다. 하지만 은행들은 대리인을 내세워 주식과 채권을 매매하는 방법으로 법망을 피했다. 이 편법은 전기제품 세일즈맨 출신인 내셔널시티 은행의 찰스 미첼 행장이 제1차 세계대전 직후 월스트리트에 소개한 것이다. 그는 내셔널시티 증권사를 설립한 뒤 이를 통해 일반투자자들을 상대로 주식을 팔기 시작했다. 공격적인 방법으로 주식 세일즈에 나선 그는 주식거래를 '물건장사'로 인식했다. 심지어 "주식은 커피처럼 '제조'해 무게를 달아 파는 것"이라고 말할 정도였다. 그는 잠재고객을 '단골손님'으로 봤고, 세일즈맨들은 나이트클럽 밖에서나 철도역, 무허가 주식중개사무실 등을 돌아다니면서 '주식 사세요!'를 목청껏 외치며 판매실적을 올려야 한다고 주장했다. 그리고 그는 모기업인 은행의 고객들에게도 요즘의 '교차판매' 기법으로 주식을 팔았다. 그는 세일즈맨들을 독려하기 위해 판매량을 할당했으며 판매실적 콘테스트를 열기도 했다.

1차 대전이 끝난 뒤 최대 채권국으로 발돋움한 미국에서는 당시 주식시장의 초호황과 함께 유럽국가와 남미 등 이머징마켓의 채권에 대한 투기열풍이 불었다. 내셔널시티 증권사는 남미와 중부유럽 국가들의 중앙정부뿐만 아니라 지방정부의 채권까지 대규모로 인수해 미국 투자자들에게 마구 뿌려댔다. 심지어 1928년 내부 애널리스트가 "미나스 게라이스(Minas Gerais, 브라질의 한 지방정부)의 전직 관리들은 장기채무에 대해 조심성이 전혀 없고 책임감이 없으며, 비효율적으로 관리해 낭비했다"고 평가했는데도, 이 지방정부의 채권을 무더기로 인수해 팔아먹었다.[17] 이로써 내셔널시티 증권사는 이머징마켓의 고수익·고위험 채권의 최대인수 증권사로 명성을 얻었고, 투기등급 증권을 헐값에 팔아먹는 행위를 표현하기 위해 '미첼리즘'이라는 명예롭지 못한 말까지 만들어졌다.

찰스 미첼은 미국 증시의 호황을 이끌어가는 대표적인 치어리더였다. 새시대의 나팔수로서 그는 주식투자가 채권만큼이나 안전하다고 선전했다. 그리고 1929년 초여름부터 초가을까지 지칠 줄 모르는 왕성한 활동력을 보였다. 이해 8월 그는 스코틀랜드의 거친 황무지에서 월스트리트 금융가 버너드 바루크에게, "증시는 번영의 돌풍을 미리 알려주는 기상예보와 같다"는 전보를 쳤다. 그리고 몇 주 뒤에는 독일로 달려가 "미국 경제상황은 너무나 좋기 때문에 어떤 악재도 상승세를 꺾을 수 없다"고 목청을 돋우었다. 심지어 대파국 바로 전날에도 모든 악재는 현재 주가에 반영되었다며, "증시와 활력을 잃어가는 기업이나 자금시장뿐만 아니라 주가하락으로 마진론 상환에 애를 먹는 개인투자자들에게도 해로운 악재는 하나도 없다"고 큰소리쳤다.[18]

그러나 그는 대공황이 발생하자 자신의 은행주가를 안정시키기

---

17 한 세기 전 영국이 경험했던 '이머징마켓' 파동을 미국은 이때 경험했다. 대공황이 발생하자, 1920년대 이머징마켓에 대한 투자는 급속히 냉각되었고 채권값도 폭락했다. 습관적으로 약속을 어기기로 유명한 남미 페루를 대신해 내셔널시티 증권사가 발행한 채권값은 96.5달러에서 1931년 5달러 아래로 곤두박질쳤다. Ferdinand Pecora, *Wall Street Under Oath* (London, 1939), pp.98~102.

18 Grant, *Baruch*, p.221; John Kenneth Galbraith, *The Great Crash* 1929 [1954] (London, 1994), p.116; Frederick Lewis Allen, *Only Yesterday* [1931] (New York, 1957), p.324.

위해 마진론을 끌어와 자사주를 매입했다가 수백만 달러의 손실을 입어야 했다. 미첼이야말로 확신을 갖고 만병통치약을 파는 약장수 같은 인물이었다.

● 투기세력들 ●

전체 인구의 20%가 90%의 부를 지배하고 있는 나라에서 증시는 돈 많은 투기꾼들의 놀이터였다. 1920년대 후반 투기그룹 가운데 두 개의 그룹이 두각을 나타냈다. 첫 번째가 자동차산업으로 번 돈으로 재미삼아 증시에 뛰어들어 투기를 벌인 부류이다. 오하이오 주립대 찰스 다이스(Charls A. Dice) 교수에 따르면 "이들은 전통에 얽매이지 않기 때문에" 주식투기에 제격이었다는 것이다.[19] '디트로이트 세력'으로 불린 이 부류에는 자동차생산업자인 월터 크라이슬러를 비롯해 자동차바디 생산업자인 피셔 형제, 제너럴모터스의 이사인 존 라스콥(John J. Raskob) 등이 속해 있었다. 하지만 가장 저명한 인물은 제너럴모터스의 설립자인 윌리엄 크래포 듀란트(William Crapo Durant)였다. 그는 1920년 주식투기를 벌이다 엄청난 손실을 입고 회사를 떠난 뒤 모든 에너지를 주식투기에 집중해 엄청난 규모의 주식을 매매했다. 1929년 듀란트가 이끄는 투기세력은 40억 달러(1990년대 가치로는 380억 달러) 규모의 주식을 쥐락펴락해 1억 달러의 수익을 올린 것으로 알려져 있다. 그의 사생활은 기이한 행적으로 가득하다.

---

19 재인용 : Galbraith, *Great Crash*, p.42.

여행할 때는 접을 수 있는 이발소 의자를 갖고 다녔으며 모든 음식은 집에서 장만해 가져다 먹었고, 일할 때는 미칠 정도까지 몰입했다고 한다. 하지만 그의 투기는 아주 대담하고 직선적이었으며, 주가상승을 믿고 늘 매수포지션을 취하는 쪽이었다.

두 번째 부류는 아일랜드 출신 부자들이었다. 보스턴 교외의 이민자촌인 첼시에서 성장한 찰스 미첼을 비롯해, 브로커가 되기 전까지 브로드웨이에서 극장표를 강매하면서 생계를 이었던 마이크 미핸, 그리고 미핸이 이끈 라디오 투기세력(Radio Pool, 라디오방송사 RCA의 주가조작 일당-역자주) 일원인 버너드 벤 스미스, 케네디 대통령의 아버지이면서 대공황 직전에 주식을 팔아치워 엄청난 차액을 고스란히 지켜낸 조지프 케네디, 컨트리 트러스트 은행의 행장이고 미핸의 라디오 투기세력의 일원이면서 대공황으로 알거지 신세로 전락해 끝내는 스스로 목숨을 끊었던 J. J. 라이어던 등이 핵심멤버였다. 이들 대부분은 가난한 집안 출신이었고, 영국계 백인 청교도 출신과 독일계 유태인들이 대다수를 차지하는 당시 월스트리트의 주류에 끼지 못하는 이방인들이었다. 따라서 그들은 자신들의 부를 이룩하는 데 엄청난 위험을 감수할 준비가 되어 있었다. 아웃사이더로서 그들은 "자기 목의 가치가 별볼일 없다는 것을 알고 있기 때문에 가장 과감하게 베팅할 수 있는 존재"라는 18세기 금융저널리스트 토머스 모티머의 말에 딱 어울리는 인물들이었다.[20]

1860년대 작전세력들은 증시를 좌지우지해 일반투자자들을 몰아낸 반면, 1920년대 작전세력들은 일반투자자들을 증시로 끌어들

---

20 Thomas Mortimer, *Elements of Commerce* (London, 1772), p.400.

였다. 일반투자자들은 듀란트의 코트자락을 붙잡고 따라다니며 그의 행운을 조금이나마 나눠가질 수 있기를 희망했고, 작전세력들이 주식을 사들이기 시작했다는 소문이 나면 기꺼이 그들을 따라 매수했다. 일부 작전세력들은 이런 투자자들의 성향을 이용하기 위해 언론인들을 매수해 거짓 정보를 널리 퍼뜨렸다.

미핸이 첫 번째로 작전을 펼친 대상은 RCA 주식이었다. 그들은 1928년 3월 주식매집에 나서 단 열흘 만에 주가를 95.5달러에서 160달러까지 올려놓았다. 이 작전은 단기 침체국면에 빠진 증시에 대세상승 분위기를 되살리는 부수효과를 낳기도 했다. 미첼의 내셔널시티 증권사도 기회를 놓치지 않았다. 그는 1928년 말 이미 주가가 상당한 수준까지 올라 있던 아나콘더 코퍼(Anaconda Copper)의 주식을 상대로 한 작전을 벌이며 고객들까지 동원해 매집에 나섰다. 주가를 끌어올린 지 두 달이 지나자 그는 125만 주의 주식을 일순간에 풀어 주가를 25% 가까이 떨어뜨리며 2,000만 달러를 거머쥐었다. 이 때문에 주가는 125달러를 고점으로 추락해 4달러 아래까지 곤두박질쳤다.[21]

기업의 임원들도 작전세력에 적극 가담했다. 아나콘더 회장과 대표이사는 내셔널시티 은행의 이사였던 퍼시 록펠러, 제임스 스틸만 등과 함께 아나콘더 주가조작에 참여했다. 월터 크라이슬러도 자신의 회사주가를 조작했고, RCA 회장의 부인인 데이비드 사노프도 미핸이 이끄는 라디오 투기세력의 일원이었다. 하딩 행정부 시기였던 1910년대 해군 석유비축물량의 불법대여사건인 '티포트 돔 스

---

21 Fernand Pecora, *Wall Street Under Oath* (London, 1939), p.93.

캔들'(Teapot Dom Scandal)에 연루되었던 석유업자 해리 싱클레어도 1928년 말 체이스내셔널 은행의 자회사 체이스 증권과 블레어 증권, 투기꾼 아서 커튼 등을 동원해 싱클레어 석유회사의 주가를 끌어올렸다. 작전을 성공적으로 마친 이 투기세력은 1,200만 달러의 부당수익을 올렸다. 블레어 증권과 체이스내셔널 은행의 총수들은 싱클레어 석유회사의 이사회 멤버이기도 했다. 1929년 뉴욕 증시에 상장된 10개 종목의 주가가 이와 유사한 투기세력들에 의해 조작되었다.[22]

● 허풍떨기 ●

1920년대 후반의 미국 주식투자자들은 100~200만 명 사이인 것으로 추정되고 있다. 당시 미국 인구가 약 1억 2,000만 명이었던 점을 감안해본다면 그렇게 높은 비율은 아니다. 하지만 증시가 호황을 보이자, 주식을 한 주도 갖고 있지 않은 사람들도 증시에 엄청난 관심을 보였다. J. K. 갈브레이드 교수의 말처럼, "투기가 1920년대 미국 문화의 중심을 이루고 있었다."[23] 당시 지도층 인사와 정상급 연예인들도 투기에 유혹당했다. 구르초 막스(Groucho Marx, 1920년대 영화배우로 무성영화를 포함해 26편의 영화에 출연했다-역자주)와 어빙 벌린(Irving Berlin, 대중음악 작곡가로 코믹한 가사를 많이 썼다-역자주) 등이 투기에 뛰어들어 엄청난 손실을 입었다. 찰리 채플린 역시 상당한

---

22 Galbraith, *Great Crash*, p.103.

23 앞의 책.

규모의 주식투자를 했지만, 그는 공황 발생 1년 전인 1928년에 모두 처분해 고스란히 돈을 지킨 행운아였다.

냉소적이고 물질주의적인 미국인들에게 주식은 '재즈시대'의 정신을 반영한 세속적인 종교였다. 스코트 피츠제럴드(Scott Fitzgerald)가 희망과 각성을 주제로 1925년에 발표한 『위대한 갯츠비』(The Great Gatsby)는 당시 시대상황을 거울처럼 반영한 것이다. 주인공 제이 갯츠비는 사회적 야망에 현혹된 자수성가한 인물이다. 19세기 투기의 텃밭이었던 중서부에서 태어난 그는 밀주제조와 채권위조 등으로 가난뱅이에서 거부로 성장한다. 그의 낭만적인 꿈은 미국 문화의 하나인 물질주의를 반영한 것이다. 그는 사랑하는 부잣집 딸 데이지 뷰캐넌의 목소리를 "돈으로 가득 찼다"고 묘사할 정도로 '낭만적'이었다. 갯츠비가 연 기괴한 파티는 페트로니우스가 『사트리콘』에서 그린 트리말쵸(Trimalchio) 축제와 흡사했다. 이 축제에 참가한 한 사람은 이런 말을 남긴다. "우리는 파리보다 비천하다. 파리는 나름대로 미덕을 갖고 있지만 우리는 거품 외에는 아무것도 갖고 있지 않다." 로마의 포룸과 이 작품에 등장하는 파티의 공허감은 롱아일랜드와 월스트리트의 허무감을 연상시킨다. 갯츠비가 오랜 동안 추구한 꿈의 대가는 죽음이었다. 그리고 그와 비슷한 운명이 1920년대 투기꾼들 앞에 놓여 있었다.

한편 당시에는 여성해방의 시대였다. 1차대전 이후 가장 많은 여성들이 기업체에 고용되었고, 1920년에는 이들에게 투표권이 부여되었다. 여성들은 과거보다 더 많은 사회적 자유를 누릴 수 있었다. 담배를 피울 수 있었고, 라디오에서 흘러나오는 음악에 맞춰 춤을 출수도 있었다. 법적으로 칵테일을 마실 수 있는 자유도 갖고 있었다.

이런 시대상황에 따라 과거 어느 때보다 많은 여성이 주식시장에 뛰어들었다. 1929년 봄 〈노던 아메리칸 리뷰〉의 유니스 버너드는 '증시판의 여성들'이라는 기사에서 월스트리트가 마침내 뉴욕 5번가까지 확장되었다고 보도했다. 브로드웨이 위쪽인 이곳 호텔들이 여성투기꾼들을 위해 늘 방 하나를 비워놓고 있었기 때문이다. 버너드는 이 호텔의 풍경을 다음과 같이 묘사했다.

> 드세고 쉰 목소리를 내며 마치 독신녀로 늙어가는 여성들처럼 보이는 부인네들이, 껌을 씹으면서 연필을 손에 쥔 채 날마다 증시 개장부터 오후 늦게까지 주가표시기를 지켜보고 있었다.[24]

당시 여성들은 미국 전체 부의 40% 이상을 소유하고 있었고, 증시 하루 거래량의 35%를 여성투자자들이 차지한 것으로 추정된다. 특히 대형회사 주주명부에도 상당수의 여성들의 이름이 올라 있다. 유에스스틸과 제너럴모터스의 주식 30%를 여성들이 소유하고 있었고, AT&T와 펜실베이니아 철도회사의 주식 50%도 그들이 갖고 있었다.

이 때문에 이 철도회사는 '페티코트 라인'이라고 불릴 정도였다. 상황이 이렇다 보니 제너럴모터스의 J. J. 라스콥은 자신의 에세이 『모든 사람들은 부자가 될 의무가 있다』(Everybody ought to be rich)를 〈레이디스 홈저널〉이라는 여성저널을 선택해 게재했다. 그는 이 에세

---

24 *North American Review*, 227, p.406.

이에서 적절한 종목선택과 신용조달, 규칙적인 소액투자는 필연적으로 엄청난 부를 가져다 줄 것이라고 주장했다.

당시 증시전문가들은 주식시장 호황의 원동력이 여성투자자들이라고 주장했다. 유니스 버너드는 "지난 몇 년 동안 여성투자자와 투기꾼의 수는 엄청나게 늘었고, 지금도 매주 늘어나고 있다"고 전했다. 모든 사회계층의 여성들이 주식시장에 뛰어들었는데, 그들은 상속녀를 비롯해 속기사와 가정주부, 비즈니스 여성, 농사꾼 부인, 세탁소 여주인, 식당점원, 전화교환수, 요리사, 파출부까지 다양했다. 그리고 엄청난 돈을 거머쥔 여성투기꾼들의 이야기가 소문으로 나돌기도 했다. 심지어 여성들이 가계를 책임지고 있기 때문에 남편보다도 투자를 더 잘한다는 주장까지 나왔다.

물론 엄청난 손실을 입는 경우도 많았다. 한 여성투기꾼은 저널리스트 에드윈 르페브르에게 "100만 달러 이상의 손실을 봤다"고 털어놓기도 했다. 그녀는 또 "정말 짜릿한 시간을 보냈다. 돈을 번다는 게 이렇게 재미있을 줄 몰랐다"고 말했다.[25] 하지만 몇몇 브로커들은 "(여성투자자들은) 엄청난 손실을 입어 바가지를 긁어댈 뿐만 아니라, 바보처럼 우직하고 하인처럼 의심이 많다"고 불평을 터트리기도 했다.[26] 하지만 과거 투기와 마찬가지로 이때도 여성들을 증시로 끌어들인 페미니스트 투기꾼들이 존재했다.

---

25 Gordon Thomas and Max Morgan-Witts, *The Day the Bubble Burst: A Social History of the Wall Street Crash* (London, 1979), p.356.

26 재인용 : Robert T. Patterson, *The Great Boom and Panic 1921~1929* (Chicago, 1965), p.18.

여성들이 마침내 남성들이 가장 즐기는 머니게임에 뛰어들기 시작했다(유니스 버너드). 이로써 여성들은 처음으로 자신들만의 이해관계와 자신감을 갖게 되었고 자신들의 입장료를 스스로 내게 되었다. 주식판의 여성들이 지능적인 투자자가 되고 어느 정도의 금융파워를 보유하게 되면, 여성운동가들이 힘겹게 오랜 기간 투쟁하는 것보다 계급으로서 여성의 지위는 더 높아질 것이다.[27]

● 자동차, 라디오 … 비행기 ●

신기술에 대한 투기꾼들의 환상은 주식시장이 호황을 유지하는 동안 지속되었다. 경제적 번영의 원동력과 투기의 대상으로서 자동차가 철도를 대체했고 미국의 문화와 지도를 바꾸어놓았다. 곳곳에 자동차도로와 고속도로가 건설되었고 수많은 차고가 세워졌다. 1920년대 미국 자동차는 700만 대에서 2,300만 대로 폭증했다. 100만 명 이상이 뉴욕 포드 본사에 전시된 모델 A를 보기 위해 몰려들 정도로 자동차에 대한 관심은 하늘을 찔렀다. 그리고 이런 관심은 그대로 주식시장에 반영되었다. 1925~1928년 사이에 제너럴모터스의 주가는 10배 이상 치솟았다. 이 주가급등은 당시 신문 1면을 장식할 정도였다. 1929년 8월 제너럴모터스의 라스콥이 '보편적부'를 주장하면

---

27 *North American Review*, 227, p.410.

서, 10년 전에 제너럴모터스에 1만 달러를 투자했다면 150만 달러를 벌었을 것이라고 말할 정도였다.

자동차에 대한 대중들의 관심을 능가한 것은 1920년 웨스팅하우스 사에 의해 처음 세상에 출현한 라디오뿐이었다. 라디오는 온 나라에 유행을 전파하는 전달자 구실을 했다. 라디오 판매대수는 1922년 6,000만 대에서 6년 뒤인 1928년에는 8억 4,300만 대로 급증했다. 라디오 시장은 RCA가 장악하고 있어, 당시 미국인들은 이 회사를 그대로 '라디오'라고 부를 정도였다. 따라서 RCA 수익은 1925년 250만 달러에서 1928년에는 2,000만 달러로 폭증했고, 주가도 1921년 1.5달러에서 1928년 85.5달러로 57배 솟구쳤다. 또 85.5달러 수준에서 작전꾼 미핸 세력이 시세조종을 벌여 115달러까지 끌어올리는 바람에 주가가 주당수의 73배, 액면가의 17배 이상 뛰어올랐다. 엄청난 버블이 발생한 것이다. 하지만 RCA는 배당금 한푼 지급하지 않았고, 다른 기업들을 인수해 사세를 확장시켜 나갔다. 1929년 이 회사의 주식은 미국 증시에서 거래량이 가장 많아, '날아다니는 제너럴모터스'라고 불릴 정도였다.

투기열풍은 찰스 린드버그(Charls Lindbergh)가 1927년 대서양 횡단 단독비행에 성공하자 항공기 산업으로 번졌다. 라이트항공사, 커티스, 보잉사의 주식이 증시에서 인기종목을 떠오른 것이다.

영상사업도 투기꾼들의 인기종목으로 부상했다. 할리우드가 무성영화에 목소리를 불어넣는 데 성공하자, 대형 영화사들이 인수전에 뛰어들었고 수익도 빠르게 늘어났다. 존 F. 케네디의 아버지 조지프 케네디는 1928년 10월 영화사들을 인수합병해 RKO를 설립했고, 다음해인 1929년 폭스는 영화배급사인 루이를 7,200만 달러를 들여 인수했다. 이 인수합병으로 폭스는 엄청난 부채를 떠안아야 했고, 이로 인해 주가가 대공황 직후 106달러에서 16달러로 폭락했다. 엄청난 수익을 낼 것이라는 일반적인 관측과는 달리 영화사들의 주식은 대공황 기간 동안 침체를 면치 못했다.

● 차입투기의 유혹 ●

1920년대 미국 증시의 가장 두드러진 특징은 기술혁신 관련종목에 대한 투기가 아니라, 빚을 내 주식투기를 벌이는 차입투기의 일반화였다. 당시 투기꾼들은 마진론을 끌어와 요즘 유행하는 '묻지마 투자'(AOT ; Any Old Thing)를 벌였다. 이 '묻지마 투자'의 실상은 25만 달러에 이르는 마진론을 끌어다 주식투기를 벌였던 영화배우 그루초 막스의 일기에 잘 묘사되어 있다. "증시가 대세상승을 보이면, 투자자문은 전혀 필요없다. 그저 눈을 감고 손가락으로 시세판을 찍어 그 주식을 사면, 무조건 오른다."[28]

차입투기는 개인투자자들만이 벌인 게 아니었다. 이는 당시 '주식회사 미국의 금융구조'가 돼버렸다. 가스와 철도 등 공익성이 강한 기업들이 지주회사에 의해 인수합병되었고, 당시 사람들은 이를 '시스템'(18세기 존 로가 자신의 사업양식을 미시시피 시스템이라고 부른 데서 영향 받은 것이다. 최근 인터넷 지주회사들이 지분을 보유하고 있는 회사군을 '네트워크'라고 부르는 것도 같은 맥락이다 - 역자주)이라고 불렀다. 이처럼 지

---

28 Groucho Marx, *Groucho & Me* [1959] (London, 1995), p.147.

주회사가 엄청난 빚을 끌어들여 다른 회사를 인수합병하는 바람에 채권·채무관계가 얽히고 설켰다.

예를 들면, 토머스 에디슨의 비서였던 새뮤얼 인설은 미국 중서부지역에서 타이어와 신발, 부동산업체를 거느린 거대한 '시스템'을 구축했다. 이 시스템의 중심에는 투자회사인 인설 유틸리티가 자리 잡고 있었으며, 이를 중심으로 다수의 기업들이 상호 출자와 보증으로 결합되어 있었다. 이 시스템은 구축되는 과정에서 엄청난 차입금을 동원했다. 한 계열사의 순익이 증가하면, 지주회사의 순익이 지나치게 늘어나는 효과가 발생했다. 물론 계열사의 순익도 내부거래에 의해 부풀린 것이었다. 인설 유틸리티 내부구조는 너무 복잡했기 때문에, 분석력이 뛰어난 투자자도 이해하기 힘들 정도였다고 한다. 이런 정보독점을 무기로 인설 유틸리티는 자신들의 주식을 고객들에게 직접 매각하기도 했다.

공공서비스 기업들을 인수합병해 거대화하는 열풍은 1920년대 호황의 마지막 단계에서 불어닥친 것이다. 1929년 이들 기업의 평균 주가는 액면가의 4배 이상으로 뛰어올랐고, 시가배당률은 1% 이하로 떨어졌다.[29] 이해 1월 투자회사인 J. P. 모건은 지주회사이고 당시 미국 5대 전력회사였던 유나이티드 코퍼레이션을 장악했다. 모건은 유나이티드 코퍼레이션의 주식을 고정가격에 살 수 있는 권리를 주는 신주인수권부 채권(BW)을 발행해 200만 달러를 조달했다. 나중에 드러난 사실이지만, 모건은 이 과정에서 내셔널시티 은행장 찰스 미첼과 제너럴모터스의 라스콥, 전직 대통령 캘빈 쿨리지 등에게 시

---

29 Wigmore, *Crash and Its Aftermath*, p.41.

장가격보다 낮은 값으로 주식을 살 수 있는 특혜를 부여하였다.

지주회사 열풍은 공공서비스 기업들에 대한 인수합병 수준을 넘어 확산되었다. 오하이오 클리블랜드 출신인 밴 스웨링엔(Van Sweringen) 형제는 미국 중서부에서 수많은 철도회사를 인수합병하기 위해 복잡한 방법을 동원했다. 엄청난 차입금으로 앨러게니 사를 설립한 뒤, J. P. 모건과 '성냥왕' 이바르 크루거(Ivar Kreuger)를 등에 업고 전세계 성냥생산의 4분의 3을 장악하는 엄청난 규모의 국제적 독점체를 만들었다. 그리고 이를 위해 만든 지주기업 크루거 앤 톨은 뉴욕 증시에서 엄청난 채권을 발행해 자금을 조성했다.

은행들도 인수합병을 통해 대형화를 이뤄냈다. 트랜스아메리카 코퍼레이션은 캘리포니아의 이탈리아 은행과 뉴욕의 뱅크 오브 아메리카를 지배하고 있는 A. P. 지아니니를 합병했다. 디트로이트에서는 가디언 디트로이트 유니언 그룹과 디트로이트 뱅커스가 지역 은행을 장악해 독점적 지위를 누렸다.[30]

지주회사 개념은 투자신탁회사를 장악하는 단계까지 확장되었다. 19세기 후반 스코틀랜드에서 출발한 투신사의 목적은 소액 투자자들의 돈을 모아 적은 비용으로 전문적인 운용을 하기 위한 것이었다. 1925년 아메리칸 투자신탁의 위탁자산이 50만 달러에도 미치지 못할 만큼 별볼일 없던 투신사들은, 증시가 호황을 맞자 엄청난 성장세를 보였다. 3년 뒤인 1928년 200개가 넘는 새로운 투신사가 10

---

30 내셔널시티 은행의 요구에 따라 디트로이트 홀딩컴퍼니 은행도 증권투자에 뛰어들었다. 하지만 주가가 폭락하자 이 은행은 파산을 선언해야만 했고, 이 은행의 파산으로 전 은행에 대한 신뢰가 무너져 예금인출사태가 벌어졌다. 그리고 이것은 1933년 초 루스벨트 대통령이 금융휴일을 선언하는 계기가 되었다.

억 달러 이상의 자금을 끌어모아 새롭게 설립될 정도였다. 또 1929
년 1~8월 사이에는 하루에(거래일수 기준) 한 개 꼴로 투신사가 설립
될 정도로 급팽창했고, 25억 달러 규모의 수탁고를 올렸다.

투신사들은 당시 유행했던 온갖 허풍으로 옹호되었다. 어빙 피
셔는 1929년 여름에 발표한 논문에서 다음과 같이 투신사를 옹호
했다. "투신사는 주가가 고점이나 저점에 이르렀을 때 흔히 발생하는
투기적 변동성을 바로잡는 기능을 한다. 주가가 실제로 오를 것으로
예상되는 때에만 주식을 매입하고 실제로 내릴 전망이 서면 팔기 때
문에, 주가가 실제가치에 근접하게 하는 구실을 한다."[31] 이에 따라
투신사들의 빈번한 주식매매는 '건전한 투자'라고 환영받았다. 심지
어 투신사들이 매입하는 주식에는 '희소성의 가치'(투신사들이 대량 매
입하는 바람에 시장에 유통되는 주식수가 줄어들어 가격이 상승한다는 것-역
자주)가 추가된다는 주장까지 나왔다.

하지만 실제 투신사들의 매매는 주식시장의 심한 변동성을 야기
했다. 펀드매니저들은 우량주만을 골라 집중 투자했고, 여윳돈은 마
진론 형태로 대출했다. 이는 주식에 대한 수요를 늘리고 투기를 조장
하는 결과로 이어졌다. 또 수익 레버리지 효과를 올리기 위해 차입금
을 끌어들여 투자에 활용하는 바람에 주식시장의 변동성을 더욱 높
여 놓았다. 투신사들의 빈번한 주식매매는 내재가치 투자라기보다는
시장의 패션을 쫓아 투자한다는 사실을 증명해준다. 또 새로 생겨난
투신사들에 자금을 대줬던 투자은행들은 시장에서 팔리지 않는 주
식을 펀드에 떠안겨 간접 투자자들의 포트폴리오를 쓰레기투성이로

---

31 *North American Review*, 228, p.75.

만들어놓았다. 그러나 최악의 경우는 투신사들이 계열사의 주식매집에 참여해 주가를 끌어올렸다는 것이다(이는 우리나라에서 1999년 현대 그룹이 현대증권과 현대투신증권, 현대투신운용 등의 계열사를 동원해 주가조작을 행한 사례와 비슷하다-역자주).

계열사 주식매집 사례는 골드만 삭스의 역사를 보면 잘 드러난다. 골드만 삭스는 1928년 12월, 10억 달러의 자본금을 바탕으로 설립되었다. 이 회사가 설립된 뒤 벌인 첫 번째 투자의 대상은 자사주였다. 무려 5,700만 달러어치의 자사주를 매집한 것이다. 그리고 1929년 7월 세난도 코퍼레이션을 자회사로 설립해 지분의 상당부분을 매입했다. 또 한 달 뒤에는 또 다른 계열사 블루리지를 세우고, 이 회사의 주식을 세난도가 보유하게 했다. 인설의 시스템처럼 물고 물리는 지분출자 고리를 형성해 레버리지 효과를 높인 것이다. 당시 투기꾼들은 J. K. 갈브레이드 교수가 '재정적 근친상간'이라고 부른 상호출자 고리에 열광했고, 골드만 삭스 주가는 액면가의 3배 이상 치솟았다.

하지만 당시 모든 사람이 버블에 환호한 것은 아니었다. 뉴욕 지방의회 은행분과 위원장은 "투신사의 주식에 투자한 사람들은, 만약 이 회사가 무너지고 은행이 담보로 확보한 주식을 압류하기 시작하면 빈털터리가 될 것"이라고 경고했다.[32] 당시 저명한 은행가였고 미국 연방준비제도 이사회 도입을 제안했던 폴 워버그(Paul M. Warberg)도 '기업화된 작전세력'이라고 신탁회사를 깎아내렸다. 파국에 대해 그가 느끼고 있던 두려움은 투신사 때문만은 아니었다. 그는

---

32 *North American Review*, 227, n.p.

〈커머셜 앤 파이낸셜 크로니컬〉에 기고를 통해 당시 지도층의 주위를 환기시키려 했다.

> 고통과 함께 반복된 역사는 '투기적 과잉지출이 필연적으로 과도한 경기수축과 공황으로 끝난다'는 교훈을 가르쳐주었다. 투기의 흥청거림이 지나치게 확산될 경우 필연적으로 찾아오는 공황은 투기꾼뿐만 아니라 모든 사람에게 큰 피해를 주게 된다.[33]

다가오고 있는 공황을 두려워한 사람은 워버그뿐만이 아니었다. 쿨리지 대통령 시절 상무장관을 지냈던 허버트 후버는 1926년 이후 사석에서, 투기와 지나친 할부구매가 장기적으로 미국의 경제적 번영을 앗아갈 것이라는 우려를 수차례 표명했다. 그리고 1929년 대통령에 취임한 뒤에도 투기의 위험성을 경고하려고 시도한다. 하지만 대통령이 주가의 수준을 밝히는 게 헌법정신에 부합하지 않는다고 느낀 그는, 대신 신문편집장들에게 주가의 버블을 경고하도록 요청하는 선에서 멈추었다. 이어 주가 대세상승을 확신하고 있는 재무장관 멜런에게 투자자를 상대로 주식 대신 채권투자를 권고하도록 지시했다. 또 산드라스와 같은 중소은행가들에게 "미국을 더 이상 흔들지 말라"고 주문하기도 했다. 그러나 후버의 호소는 1845년 철도 버블 시기에 로버트 필 영국 수상의 호소처럼 전혀 효과를 발휘하지 못했

---

33 *Commercial and Financial Chronicle*, 9 March 1929.

다. 그리고 그 자신도 정치적인 자문역인 대형은행가들로부터 끊임없이 '새시대의 교리'를 주입 받아야 했다.

● 군중의 광기 ●

주가가 주당수익의 30배를 초과하자, 새시대의 주식가치 평가방법에 의문이 제기되기 시작했다. 1924년 이후 주가는 기업의 순익증가율보다 3배 이상 높은 상승률을 보였다. 높은 이자율은 경제활동을 위축시키기 시작했고, 임금상승은 거의 정체되어 있었지만 노동자들이 짊어지고 있는 할부채무는 늘어만 갔다. 미래를 저당잡히는 할부구매가 한계를 드러낸 것이다. 영국과 독일에서 뉴욕으로의 금유입이 계속해서 늘어나는 바람에, 이들 국가에서는 이자율이 상승하고, 미국의 수출이 둔화되었다. 또 미국에서는 곡물수출 둔화로 농산물값이 내려가 당시 미국 인구의 상당부분을 차지하고 있던 농민들의 구매력이 저하되었다. 〈노던 아메리칸 리뷰〉는 1929년 8월 다음과 같이 보도했다.

새시대의 선전꾼들이 수출신장과 인구증가, 신상품의 생산증가 등을 주장했으나, 유럽국가의 경쟁력 향상과 미국 상품에 대한 보복관세 부과, 물가하락, 구매력 감소 등이 발생하고 있다. 따라서 인수합병 세력들에 대항하는 조치로서 독점금지법의 시행 가능성을 열어놓아야 한다.[34]

---

34 *North American Review*, 228, p.159.

물론 이런 주장들은 주식시장의 투기열풍을 타고 퍼져나가는 대세상승 분위기에 휩쓸려 대중들의 관심을 끌지 못했다. 버너드 바루크는 찰스 매케이가 쓴 『대중들의 비정상적인 환상과 광기』의 1933년판 서문에서, 1929년의 미국 투기꾼들은 군중심리를 드러내보였다고 말했다. 그는 "개인으로서 인간은 이성과 상식을 갖추고 있지만 군중 속에 있을 때는 바보가 된다"고 말한 독일의 극작가 실러의 말을 인용해 당시 투기꾼들을 비판했다.[35] 금융과 관련이 없지만, 프로이트와 19세기 심리학자 구스타브 르봉이 규명한 군중심리 특성들은 무책임성과 성급함, 전염성, 변덕, 상호감응성, 집단최면, 지적판단력의 결여 등이다. 이는 증시가 버블에 휩싸여 있을 때 볼 수 있는 투기꾼들의 심리현상과 유사하다.[36]

　　군중과 주식시장은 또 다른 공통점을 갖고 있다. 불확실성과 루머에 따라 번성한다는 점이다. 군중들이 프로이트가 말한 '원초적인 공포의 아버지'와 같은 지도자를 찾는 동안, 증시 투기꾼들은 다수가 공유하는 공통적인 패턴을 찾고자 혈안이 된다.[37] 엘리어스 캐네티(Elias Canetti)는 『군중과 파워』(Crowds and Power)에서 돈은 군중심리가 형성될 수 있는 필요조건이라고 주장한다. 증시호황 이면의 보이지 않는 힘처럼 군중심리는 본질적으로 불안정성을 띠고 있다. 일

35　Charles Mackay, *Extraordinary Popular Delusions and the Madness of Crowds* (New York, 1932), P. xiii.

36　참고: Gustave Le Bon, *The Crowd: A Study of the Popular Mind* (London, 1922), and Sigmund Freud, "Group Psychology and the Analysis of the Ego" (in *Collected Works*, trans. J. Strachey, London, 1955, XVIII).

37　Freud, *Collected Works*, XVIII, pp.127 and 101.

정하지도 않을 뿐 아니라 균형이 형성되지도 않고 상승하거나 하강하는 성향을 갖고 있으며, 혼란의 순간 쉽게 패닉상태에 빠져든다. 프로이트는 "아무런 위협이 발행하지 않는데도 사소한 자극으로도 쉽게 혼란에 빠지는 것이 패닉의 본질"이라고 설명했다.[38]

군중의 지적 판단력 부족이야말로 자신들의 고정관념에 맞춰 새로운 정보를 걸러내거나 심지어 조작한다는 것을 보여주는 단초이다. 심리학자들은 이 현상을 '인식의 부조화'라고 부른다. 집단 환상과 조화되지 않는 정보는 사람들의 심리를 불안하게 하기 때문에, 사람들은 이를 받아들이지 않는다. 또 이런 정보를 전달하는 사람을 배척하거나 설득시켜 자신들의 통념을 믿게 만들려 한다. 리언 페스팅어(Leon Festinger)는 『인식 부조화론』에서 인간들은 충분한 보상이 뒤따른다면 점증하는 인식의 부조화 스트레스를 감내할 것이라고 주장했다. 주식투기가 가져다주는 초단기 수익을 위해 사람들은 불길한 정보를 무시하려고 한다는 것이다. 1860년대 윌리엄 파울러가 이끄는 작전세력들이 적절한 예이다. 파울러는 이에 대해 다음과 같이 말했다. "우리는 스스로 과감해지려고 한다. 돈을 위해서가 아니라 우리 자신이 별볼일 없는 인간이라고 스스로 생각하기 때문이다. 우리는 우리가 틀렸다고 사실을 알고 있다. 하지만 옳다고 스스로를 확신시키려고 노력했다."[39]

1929년, '주식시장 투기꾼들이 군중심리를 드러내 보여준다'고 한 바루크의 진단은 프로이트 등의 분석과 딱 들어맞는다. 투기꾼들

---

38 앞의 책, p.96.

39 Fowler, *Ten Years*, p.322.

의 군중심리는 뉴욕 증시 플로어(거래소에서 주식매매가 이뤄지는 곳 - 역 자주)에 근거를 두고 있다. 아프리카 원주민 부족들의 전투 북소리처럼, 주가표시기는 브로커의 사무실에 주가시세를 실시간 전달해줌으로써 군중심리를 다른 분야로 확산시키는 구실을 했다.

무더위로 나른한 여름, 호황의 마지막날 1만 명 이상의 사람들이 카니발 분위기를 조성하면서 뉴욕 금융가에 모여들었다. 라디오가 주식과 무관한 사람들을 투기열풍으로 끌어들이는 동안 비공식적인 투기그룹들이 여기저기에 형성되었다. 찰스 미첼과 마이크 미핸 등이 이끄는 군중들은 '새시대 이데올로기'로 무장하고, 주가가 대세 상승할 것이라는 환상을 공유하고 있었다. 1928년 12월과 1929년 3월 주식시장이 한 차례씩 휘청거리는 순간에도 주식시장 활황장세를 믿는 세력들은 군중들을 다시 주식판으로 끌어모으는 데 성공했다. 투기꾼들이 자신들의 통념과 어긋나는 이런 경고에는 귀를 막고 누구도 흔들 수 없는 신념을 구축했을 때, 그 세력들은 과거 어느 때보다 강한 힘으로 지수를 끌어올렸다. 뉴욕 증시 앞에서 우글거리는 군중들은 이성적인 사고나 판단보다는 주식으로 일확천금을 거머쥔 운전수와 농사꾼의 부인, 무용수들에 대한 루머를 믿었다.

프레더릭 루이스 앨런은 『바로 어제』에서 1929년 여름 평범한 미국인들이 빠져들었던 몽환의 경지를 다음과 같이 묘사했다.

그는 빈곤과 고통에서 해방된 미국을 꿈꿨고, 새로운 과학과 번영 위에 구축한 요술과 같은 체제를 보았다. 수백만, 수천만 대의 자동차로 가득 메워진 도로와 하늘을 뒤덮는 비행기들, 노동력을 절감할 수 있는 수많은 기계들의 작동을 위한 전기공급 라인, 하늘을 찌를 듯한 마천루, 엄청난 석재와 콘크리트로 구축된 거대한 도시, 줄지어 달리는 도시의 자동차들, 잘 차려입고 앞날을 예측한 덕에 거머쥔 돈을 물 쓰듯하는 남녀들…. 이것들 다음에는 무슨 일이 발생할까.[40]

● 인과응보 ●

심리학자 페스팅어는 고통이 보상보다 크지 않을 경우 군중들은 인식의 부조화가 주는 스트레스를 견디어낸다고 했다. 이를 증권판 용어로 풀이하면, 손실의 두려움이 수익에 대한 탐욕보다 커지는 순간까지 투자자들은 인식의 부조화가 주는 스트레스를 견뎌낸다는 말이다. 하지만 운명의 순간이 1929년 9월 3일 찾아왔다. 이날 마침내 다우존스지수가 이해 최고점을 기록했고, 바로 하루 뒤인 9월 4일 추락을 알리는 북소리가 울려퍼지기 시작했다. 투자자문업자 로저 배브슨이 이날 열린 연례 미국 경제인회의에서 증시의 붕괴가 임박했다고 경고한 것이다. "공장들이 문을 닫게 될 것이고… 악순환이 되풀이될 것이며, 결과는 가혹한 경제공황이 될 것"이라고 그는 말했다.[41]

---

40 Allen, *Only Yesterday*, p.319.

41 재인용 : Galbraith, *Great Crash*, p.108.

그의 경고는 새시대를 옹호하는 사람들의 엄청난 반발을 불러일으켰다. 너무나 진부한 말들이 쏟아져나왔고, 한 신문은 배브슨을 '손실의 전령'이라고 혹평하기도 했다. 심지어 '파국이 올 것이라는 신경과민을 앓고 있는 환자'라고 주장하는 신문도 있었다. 또 증권 브로커들은 배브슨이 지난 2년 전에도 같은 말을 했다는 사실을 지적하며 김을 뺐다. 어빙 피셔도 빠지지 않았다. 상아탑에서 아카데미즘을 동원해 당시 주가수준은 정당하고 파국의 가능성은 거의 없다고 목소리를 높인 것이다. 하지만 주식시장은 배브슨의 손을 들어주었다. 급격하게 주가가 빠지면서 새시대를 부르짖는 사람들의 힘을 빼놓기 시작한 것이다.

이해 9월 투신사들은 6억 달러 규모의 신주를 발행하면서 투자자들의 관심을 끌려고 했지만, 한 달 내내 주가는 약세를 면치 못했고 시장은 갑자기 악재에 반응하기 시작했다. 9월 중순 사기사건이 폭로되어 거대기업 클래런스 하틀리가 파산했다는 소식이 영국에서 대서양을 건너 월스트리트로 전해졌다. 이 사건이 발생하자 영란은행이 이자율을 올렸고, 영국 투자자들이 앞다투어 미국 투신사 주식을 팔아치우며 원본회수에 들어갔다.

10월 4일에는 제너럴모터스 대표 앨프레드 슬로언(Alfred Sloan)이 차량판매고가 급감하자 즉각 '팽창의 종말'이 눈앞에 와 있다고 선언해버린다. 이로부터 1주일 뒤인 10월 11일에는 매사추세츠 공공사업국이 주가가 너무 올라 액면가를 4분의 1로 줄이겠다는 보스턴 애디슨의 요청을 거절하는 사건이 발생한다. 또 헐값으로 떨어진 주식만을 매집하는 제시 리버모어 일당이 보유주식을 팔아치워 주가를 떨어트리고 있다는 루머가 증시를 휘젓고 돌아다녔다. 이에 그에게 갖은 협박편지가 쏟아졌고, 결국 그는 루머를 부정하는 성명서를 발표해야 했다.

미국 증시가 벼랑 끝을 걷고 있던 그 순간 세계적인 저명인사가 투기무대에 등장한다. 바로 윈스턴 처칠이 9월 초순 강의를 위해 미국을 방문한 것이다. 그는 사우스 시 버블 당시의 유명한 여성 투기꾼 말보로 공작부인과 1860년대 전설적인 작전꾼 레오나드 제롬의 후예이며, 그 자신은 당시 버블 증시에서 활동하는 플레이어들과 교분을 맺고 있었다. 뉴욕에 도착한 그는 작전세력 가운데 한 명이었던 퍼시 록펠러와 함께 머물렀고, 버너드 바루크와 만찬을 즐기기도 했으며, 미국 여행을 기념해 강연료와 원고료 2만 달러를 주식에 투자하기도 했다.

목요일인 10월 24일 월스트리트를 걷고 있던 그는 낯선 사람의 손에 이끌려 뉴욕 증권거래소 전시장에 들어섰다. 이보다 두 달 앞서 뉴욕 시장 제임스 워커가 이곳을 방문해 "주식 호황이 계속되고 있다는 것은 세계 8대 사건"이라고 말한 적이 있다.[42] 하지만 처칠이 목도한 것은 전혀 딴판인 사건이었다. 이후 '검은 목요일'이라고 불린 이 날 뉴욕 증시에서는 대폭락이 발생한 것이다.

처칠의 눈앞에서 벌어지는 대폭락에는 이렇다 할 이유가 없었다. 과거 공황과는 달리 사전에 자금시장 경색이 발생하지도 않았고, 은행이나 증권사, 기업이 무너져 공황을 촉발하지도 않았다. 하지만 뉴욕 증시에는 공황이 발생하고 있었다. 개장 30분 만에 지수가 10% 폭락했고, 상당수의 종목에 매수주문이 전혀 들어오지 않았다. 엄청

---

42 Thomas and Morgan-Witts, *Bubble*, p.226.

난 소용돌이가 몰아치기 시작한 것이다. 처칠은 판도라의 상자가 열리는 이 역사적인 순간을 목격하도록 초대된 셈이었다. 증권사 브로커들과 거래소 직원들이 이리 뛰고 저리 내달리며 아우성쳤다.

> 마치 개미집을 들쑤셔놓은 것처럼 그곳(증권거래소)에 있는 사람들은 우왕좌왕했다. 그들은 엄청난 양의 주식을 헐값에 제3자에게 팔아치우기에 여념이 없었다. 하지만 상당기간 동안 이들이 내던지는 엄청난 부를 사려는 사람들이 전혀 없었다.[43]

유수 은행장들이 J. P. 모건 회의실에 모여 주식매수를 결의하고, 증시안정화 노력을 천명하자 시장은 진정되기 시작했다. 다우지수가 6포인트 떨어져 299포인트로 장이 마감될 정도로 평균적인 주가는 크게 하락하지 않았다. 하지만 거래량은 1,500만 주에 달했다. 이는 뉴욕 증권거래소 사상 일일 최대량이고, 평상시의 3배가 넘는 것이었으며, 종전 최다기록보다도 2배 많은 것이었다.

하지만 검은 목요일은 자산가치 버블 해소의 시작에 불과했다. 뒤이은 이틀 동안 거래소는 조용했고, 주말이 되자 증권사들은 모종의 조치를 취하기 시작했다. 직원들이 늦게까지 자리를 지키면서 온갖 자료들을 폐기했고, 마진론을 끌어다쓴 고객들에게 상환을 요구하는 전보를 준비했다. 월요일인 10월 28일 재앙이 본격화되기 시작

---

43 Martin Gilbert, *Winston S. Churchill* (London, 1976), V, p.350.

했다. 다우지수가 38포인트 폭락해 260으로 주저앉은 것이다. 이로써 최대 폭락기록이 경신되었고, 주가표시기 작동이 3시간 동안이나 지연되었다. 이날 내내 콜시장에서는 외국 은행들과 기업들이 긴급하게 대출을 회수했다.

화요일인 10월 29일 장이 열리는 순간 마진론 상환을 요구받은 투기꾼들이 상환자금을 마련하기 위해 보유주식을 집어던지기 시작했고, 투매와 공황이 뉴욕 증권거래소를 휩쓸었다. 증권사에서 증권거래소 플로어로 파견된 브로커들은 메신저들의 머리를 휘어잡기도 했고, 마치 미친 사람처럼 고래고래 소리를 내질렀다. 거래소 직원들도 이리 뛰고 저리 뛰다 서로 부딪치기도 했다.

뉴욕 증권거래소의 각종 설비들이 고장을 일으키자 공황사태는 더욱 악화되었다. 대서양 해저케이블이 불통되고 주가표시기가 고장을 일으켰으며, 전화선도 통화량 폭증으로 불통되었다. 전보 역시 증권사들의 마진론 상환요구 폭주로 제 기능을 수행할 수 없었다. 뉴욕에서는 전보회사가 택시를 임대해 전보를 전달하는 사태가 벌어지기도 했다. 거래가 끝나고 2시간 만에 겨우 작동된 주가표시기에 나타난 주가지수는 또 한 번 시장참여자들을 공황상태로 몰아넣었다. 다우지수가 다시 30포인트 폭락해 230을 가리키고 있었고, 거래량이 1,650만 주에 달했기 때문이다. 브로커들은 이날을 '백만장자가 참수당한 날'이라고 불렀다.

'검은 화요일'은 글래머 주들이 폭락한 날이었다. RCA 주가는 단 2시간 만에 40.25달러에서 26달러로 폭락했다. 고점과 비교하면 75% 주저앉은 것이다. 골드만 삭스는 60달러에 거래를 시작해 35달러에 마감되었다. 한때 24달러까지 치솟았던 골드만 삭스의 계열사인 블루리지는 이날 10달러에서 3달러로 폭락했다. J. P. 모건 사가 설립한 지주회사 유나이티드 코퍼레이션은 26달러에서 19.3달러로 내려앉았다. 은행주도 대폭락했다. 은행장 찰스 미첼이 1,200만 달러를 빚내 주가부양에 나선 내셔널시티 은행이 455달러에서 300달러로 내려앉는 동안, 뉴욕 퍼스트내셔널 은행도 5,200달러에서 1,600달러로 추락했다. 파라마운트와 폭스, 워너브러더스 등 할리우드 대형영화사들도 엄청난 주가하락을 겪어야 했다. 게다가 상당수의 종목은 아예 거래조차 이뤄지지 않았다. 이때 증권사의 심부름 소년은 48달러에서 11달러 수준까지 폭락한 화이트 미싱 사의 주식을 배달하면서 1주당 1달러를 받았다고 한다.[44]

● 증시공황에서 경제붕괴로 ●

당시 미국인들은 뉴욕 증시의 붕괴를 해프닝으로 받아들였다. 존 록펠러가 자신과 아들이 우량주를 사들였다고 발표하는 순간에도 증시에서는 폭락장세가 지속되었다. 이에 대해 할리우드 스타 에디 캔터(그는 100만 달러의 손실을 입은 것으로 전해졌다)는 "그래요? 누가 돈을 놔두고 갔나보죠?"라고 비아냥거렸다.[45] 캔터는 공동계좌로 투기를 벌이다 빈털터리가 된 두 투기꾼이 나란히 손을 잡고 다리에서 뛰

---

44 Allen, *Only Yesterday*, p.333.

45 Eddie Cantor, *Caught Short! A Saga of Wailing Wall Street* [1929] (repr. Burlington, Vt., 1992), p.22.

어내려 스스로 목숨을 끊었다는 뉴스 때문에, 호텔 직원들이 투숙객들에게 자살할 것인지 아니면 잠을 잘 것인지 물어보게 되었다는 유머로, 당시 사회상을 풍자했던 인물이다. 또 스코트 피츠제럴드는 재즈의 시대가 거대한 소동과 함께 막을 내렸다고 선언했다.

증시 폭락사태는 11월 중순까지 계속되었다. 후버 행정부는 증시 공황의 여파를 완화하기 위한 조치들을 신속하게 내놓았다. 대중들을 상대로 연설하는 후버의 목소리는 격앙되어 있었다. 그는 기업인들을 불러모아 수요를 유지하기 위해 임금을 삭감하지 말 것을 요구하고, 개인과 공공단체들이 건물신축 등의 건설계획을 발표하도록 종용했다. 또 멜런 재무장관은 11월 소폭의 세금감면을 발표했다. 은행 관계자들도 신속하게 행동하기 시작했다.

10월 13일 연방준비제도 이사회는 재할인율을 5%로 낮췄고, 2주 뒤에는 0.5% 포인트의 인하를 추가로 발표했다. 뉴욕 연방준비은행도 9~11월 사이에 규모가 50% 축소된 콜시장의 엄청난 자금이탈을 관리 감독했다. 뉴욕 시중은행이 외국은행과 기업들의 자금철수로 생긴 콜시장의 공백을 메워 마진율을 25% 수준에서 안정시켰고, 이는 시장안정을 위해 필요한 조치라고 이해되었다.

증시공황으로 주요 은행과 증권사들이 도산했다는 소식은 전해지지 않았다. 단지 직원이 350만 달러를 횡령해 증시에서 탕진하는 바람에 부도사태가 발생한 미시간 주 플린트의 인더스트리얼 은행만이 문을 닫았을 뿐이다. 대기업들도 정상적으로 활동했다. 유에스 스틸과 로벅, 새뮤얼 인설 등은 자사직원들이 주식투자를 위해 끌어다 쓴 마진론 상환을 보증한다고 선언하기도 했다. 그리고 11월 14일 제너럴모터스가 특별배당을 발표했을 때에는 다우지수가 저점인 198포인트에서 벗어나 반등하기 시작했고, 이후 며칠 동안 25%가 회복될 정도로 상승세가 두드러졌다.

다우지수가 반등하자 다시 낙관론이 등장하기 시작했다. 시장이 반등한 날 버너드 바루크는 영국으로 돌아가 있던 처칠에게 '공황은 끝났다'고 전보를 쳤다. 하지만 이에 대한 처칠의 반응은 심드렁했다. 이미 1만 달러(1999년 가치로 30만 달러)의 손실을 입고 있었기 때문이다. 그는 이후 몇 년 동안 허리띠를 졸라매야만 했다.

주가폭락을 이용해 저가매수에 뛰어든 당시 개인투자자들도 바루크처럼 공황이 끝났다고 판단했다. 바루크가 처칠에게 전보를 친 사실이 전해지자, 주식시장 매매가 활기를 띠기 시작했다. 거래량이 500만~600만 주에 이를 정도였다. 수많은 기업이 엄청난 수익을 올렸다는 1929년 경영실적을 발표하기 시작했고, 은행과 공공서비스 기업에 대한 인수합병이 계속되었다.

메이저 은행들이 자본조달에 성공했다는 소식에 사람들은 안도하기 시작했다. 뉴욕에서는 J. J. 라스콥이 100층이 넘는 엠파이어스테이츠 빌딩 건설을 계속 추진하고 있었다. 그는 이 빌딩은 "인간이 걸어서 하늘에 이를 수 있는 땅을 상징하는 것"이라고 말했다.[46] 하지만 세계 최고의 빌딩을 지으려는 라스콥의 야망에는 강력한 경쟁자가 있었다. 월터 크라이슬러가 당시 1,146피트짜리 거대한 빌딩건립을 추진하고 있었던 것이다. 크라이슬러 빌딩은 경제학자들이 희화화해 이르는 '건물높이지수'(erection index)의 전형적인 예이다. 이는 새로 세워진 빌딩의 높이가 기존 건물보다 높은 때를 증시의 고점으

---

46 Thomas and Morgan-Witts, *Bubble*, p.368.

로 볼 수 있다는 것이다. 건물높이지수는 신뢰성이 있는 지수로 최근 밝혀졌다. 말레이시아의 최고층 빌딩 페트로나스 타워 역시 1997년 아시아 금융위기가 시작되기 직전에 완공되었다.

한편 윌리엄 듀란트는 새로운 작전세력을 규합하느라 바쁜 시간을 보내고 있었다. 1930년 3월 후버 대통령도 "두 달이 지나면 증시 폭락에 따른 고용불안도 사라질 것"이라며 공황종말을 선언했고,[47] 4월이 되자 다우지수가 300선을 돌파해 1929년 10월 붕괴 이후 저점을 기준으로 50% 회복했다. 하지만 다우지수의 '곡예비행'(1929년 10월~1930년 4월 초 사이의 다우지수 급변동)은 1930년 봄 끝내 추락하고 만다. 이때의 주가폭락은 다우지수가 41.88포인트(거래량 40만 주)까지 급강하한 1932년까지 이어졌다. 이 사이에 미국 GDP는 1929년 수준에서 60%가 줄어들었고, 실업자수는 1,250만 명까지 늘어났다. 농업인구를 뺀 나머지 국민의 3분의 1이 일자리를 잃은 셈이다.

미국 전체가 디플레이션의 늪으로 밀려들어갔고, 기업인들에 대한 칭송도 사라졌다. 1932년 3월에는 성냥왕 이바르 크루거가 프랑스 파리의 한 호텔에서 스스로 목숨을 끊었다. 그가 죽기 직전 제국은 빚더미에 눌려 붕괴되었고, 이를 건설하는 과정에서 저지른 온갖 사기와 협잡이 폭로되었다. 한 달 뒤인 4월에는 새뮤얼 인설이 부도를 맞고 해외로 도피해야만 했다. 물론 이후 그는 소환되어 사기혐의로 법정에 섰다. 골드만 삭스 이사들도 회사공금을 낭비했다는 혐의로 법정에 서야 했다. 또 내셔널시티 은행의 주가가 1929년 최고수준의 4%까지 폭락하자 찰스 미첼은 사임압력을 받았다.

---

47 Noyes, *Market Place*, p.342.

1930년 말 윌리엄 듀란트의 보유주식은 증권사 직권으로 팔렸고, 그는 1936년 100만 달러에 가까운 빚을 갚지 못해 파산선고를 받아, 결국 뉴저지의 한 레스토랑에서 파트타임으로 접시를 닦아 생계를 이어야 했다. 1907년 주가 대폭락 시기에 엄청난 돈을 긁어모았던 제시 리버모어는 1934년 파산을 선언하기까지 3,200만 달러의 평가손을 입었다. 결국 그는 6년 뒤인 1940년 뉴욕 세리 네덜란드 호텔 주방에서 권총으로 자신의 머리를 쏴 목숨을 끊었다. 1929년 114달러에 거래되었던 RCA 주식은 1932년 주당 2.5달러까지 곤두박질쳤다. 이 주식으로 작전을 벌였던 마이크 미핸은 4,000만 달러를 날린 것으로 알려졌다. 뉴욕 증권거래소에 있던 그의 자리마저 경매에 부쳐졌고, 대서양 횡단 여객선에 설치되어 있던 그의 증권사 지점은 폐쇄되었다. 그리고 1936년 그는 정신병원에 입원하게 된다.

역사는 공황을 유발한 온갖 군상들과 함께 이들의 이름을 기억하고 있다. 1933년 프랭클린 루스벨트는 취임연설에서 다음과 같이 미국인들에게 고했다.

우리 앞에는 많은 일이 있지만, 공급이 너무나 부족하기 때문에 우리는 이를 마음대로 사용하지 못하고 있습니다. 재화의 교환 시스템이 자체의 미비점 때문에 제대로 작동하지 않고 있는 것입니다. 파렴치한 돈놀이꾼들은 사람들의 질타를 받고 여론재판에 회부되었습니다. 그들이 시도했던 일들이 당시에는 진실한 것이었다 할지라도, 그들의 행태는 낡아빠진 관행들과 함께 사라졌습니다. 신용붕괴에 직면하자 그들은 더 많은 돈을 빌려주겠노라고 제안했을 뿐입니다. 이익을 쫓는 탐욕에 찌들려 이 나라 국민을 잘못 이끌었던 그들은 눈물을 흘리면서 신뢰회복을 탄원하고 있습니다. 그들이 알고 있는 것은 오직 이기주의뿐이며, 그들에게는 아무런 비전도 없습니다. 비전이 없을 때 국민들은 비참해집니다.

돈놀이꾼들은 인간 문명의 최고지위를 누리다 이제는 모두 도망쳤습니다. 이제 우리는 옛날의 진리를 복원해야 합니다. 이익추구보다 더 고상한 사회적 가치를 적용해 이 복원작업을 벌여야 합니다.

루스벨트가 '돈놀이꾼' 대신 투기꾼이라는 용어를 썼다면, 그의 취임연설은 더 분명하게 이해될 수 있었을 것이다. 하지만 당시는 신의 이름으로 징벌을 내리는 시절이었고, 루스벨트는 예수 그리스도와 같은 역할을 수행해야 했다. 따라서 성경에 나오는 '돈놀이꾼'이라는 말이 더 잘 어울렸을 것이다. 이로부터 1년 전 루스벨트는 경제적 개인주의의 실패와 경제공황에 대한 월스트리트 책임론을 부르짖으며 대권에 도전했었다. 그리고 후버 대통령을 인식능력이 떨어지고 자유방임주의자이며, '새시대'를 부르짖었던 공화당원이라고 몰아붙였다. 하지만 이는 후버가 성공하지는 못했지만 끊임없이 경제회복을 위해 노력했다는 사실을 무시한 공격이었다.

1932년 봄 미국상원은 금융위원회를 구성하고, 1920년대에 월스트리트에서 행해진 주가조작 사건들을 조사하기 시작했다. 이탈리아 시실리 출신인 페르디낭 페코라(Ferdinand Pecora)가 이끄는 조사단은 거물급 금융인들을 소환해, 그들의 범죄행각을 만천하에 공개했다. 작전단과 시세조종, 내부자거래, 외부자에 대한 불공평 대우, 탈세, 회계조작 등 다양한 불법행위들이 비탄에 빠진 대중들 앞에 폭로되었다. 페코라는 "증시는 외부자들이 불공평한 부담을 짊어지고 도박을 벌이는 카지노와 같다"고 결론 내렸다.[48]

루스벨트는 첫 번째 임기 동안 투기꾼들이 날뛸 수 있었던 '자유'를 제한하는 다양한 조치들을 내놓았다. 1933년에는 글래스-스티겔(Glass-Steagell) 법이 제정되어 은행과 투신 업무가 엄격하게 분리되었다. 이로써 증시의 부침에 따라 은행의 자본금과 대출여력이 휘청거리지 않게 되었고, 투신사들도 고객들의 돈으로 투기등급 이하의 주식과 채권을 편입할 수 없게 되었다. 1934년에는 증권거래법이 제정되어 작전세력과 내부자거래, 시세조종 등이 불법화되었다. 연방준비제도 이사회는 마진론을 제한할 수 있는 권한을 갖게 되었고, 이에 따라 담보로 제공된 주식가치의 50% 이상을 대출할 수 없게 되었다. 또 증권감독기관인 SEC(Stock and Exchange Commission)가 설립되어 자본시장을 감독하기 시작했고, 불필요하고 무모하며 파괴적인 투기를 예방할 수 있게 되었다(그런데 루스벨트는 SEC 초대위원장으로 작전세력 가운데 한 명이었던 조지프 케네디를 임명했다. 시대에 반하는 움직임을 보인 셈이다). 그리고 후버 등 모든 사람이 시장의 신뢰를 흔들어놓았다는 이유로 비난했던 물타기도 전날 주가가 오른 날에만 주식을 팔 수 있도록 하는 규정(uptick rule)으로 규제되었다.

루스벨트의 뉴딜정책은 1920년대의 개인주의를 부정하는 것이다. 자유방임주의는 시장에 대한 정부의 간섭으로 대체되었다. 시장

---

48 Pecora, *Wall Street*, p.260.

을 대신해 정부가 복지와 주택, 노동, 금융, 물가, 소득, 최저임금을 결정했고, 이로써 대상이 무엇이든 투기는 경제영역에서 제 힘을 발휘하지 못하게 되었다. 루스벨트가 취한 모든 조치의 이론적 토대는 1936년에 케인즈가 쓴 『일반이론』이었다. 케인즈는 자본을 배분할 수 있는 권한을 투기꾼과 주식시장에 맡겨둔 과거 정부를 강력하게 비판했다. "최근 경험에 비춰볼 때 무계획적으로 이뤄지는 투자가 가장 최적의 투자라곤 볼 수 없다"고 그는 주장했다. 그의 책에서 가장 많이 인용되는 부분은 다음과 같다.

> 기업들이 꾸준하게 성장하고 있는 동안 투기꾼들은 아무런 해를 끼치지 않는다. 하지만 기업이 투기의 소용돌이에 휘말려 거품화될 때 그들은 엄청난 해를 준다. 한 나라의 자본축적이 카지노의 부산물이 될 때, 모든 일이 뒤틀릴 가능성이 높다.[49]

이 주장을 뒷받침하기 위해 케인즈는 당시 월스트리트에서 이뤄진 각종 투기를 예로 든다. "최근 성공한 투자의 사례들은 자유방임주의에 근거해 행해진 것들이 아니다"고 그는 주장했다. 투기에 대한 치유책으로서, 그는 자본이득에 대한 과세를 주장했다. 이를 통해 투자자들이 단기 시세차익보다는 장기투자 이익을 선호하게 할 수 있다는 것이다. 그리고 투기꾼들의 속성인 '이윤을 쫓는 동물적 정신'에

---

49 Keynes, *General Theory*, p.159.

서 자유롭고 이윤보다는 사회적 이익을 추구할 수 있기 때문에, 정부가 '투자자'로서 역할해야 한다고 주장했다. 케인즈의 이런 논리에 따라 유럽에서는 국유화의 시대가 열렸다.

모든 경제학자와 역사가들이 대공황의 원인을 투기꾼들에게 돌린 것은 아니었다. 화폐금융론자인 밀턴 프리드먼은 이렇게 주장했다. "1929년 주식시장 붕괴는 일시적인 사건이었다. 이 때문에 대공황이 발생한 것이 아니다. 그것은 단지 한 가지 이유였을 뿐 중요한 원인도 아니다."[50] 그리고 그는 『미국 금융사』(Monetary History of United Stats)의 공동 저자인 안나 슈바르츠(Ana Schwarts)와 함께, 연방준비제도 이사회가 지나치게 긴축정책을 쓰는 바람에 증시주변 자금이 1929년 8월~1933년 3월 사이에 3분의 1수준까지 줄어들었고, 1930년 유나이티드 스테이츠 은행의 도산을 방치하는 바람에 공황이 악화되었다고 설명했다.

하지만 그들의 주장은 디트로이트와 유나이티드 스테이츠 은행이 주식에 과도하게 투자하다, 주가폭락에 따른 자산가치 폭락으로 망했다는 사실을 간과하고 있다. 자산가치 폭락이 이후 줄줄이 발생하는 은행도산의 원인이기도 하다. 1980년대 버블 이후 일본 은행들의 도산(9장 참고)이나 부실화도 1930년대 미국 은행들의 도산이 투기 때문이라는 사실을 증명한다.

국제경제적인 관점에서 공황을 바라본 찰스 킨들버거도, 제1차 세계대전 이후 과잉생산에 따른 물가하락과 미국이 유럽에 대한 '마

---

50 재인용: C. P. Kindleberger, *The World in Depression 1929~1939* (London, 1987), p.106.

지막 대부자' 역할을 수행하지 못했기 때문에 공황이 발생했다고 말했다. 특히 후버 행정부가 관세를 철폐하지 않고 오히려 강화한 것도 큰 오류라고 주장했다. 이 때문에 영국과 독일 등이 경쟁적으로 자국 통화에 대해 평가절하를 한 뒤 수입품에 대해 보복관세를 부과해 미국 상품의 수출을 가로막았다는 것이다. 다른 경제학자들은 1920년 대와 1930년대 초반 엄격한 금본위제를 공황의 이유로 꼽았다.[51]

미국의 경제학자 머레이 로스버드는 후버 행정부의 경제정책 실패는 루스벨트가 주장하듯이 자유방임 정책을 고수했기 때문이 아니라, 자유방임 정책을 제대로 시행하지 않았기 때문이라고 주장했다. 그는 신문기고를 통해 "공황을 내버려둬 과잉고용뿐만 아니라 주가와 땅값 버블이 완전히 소진되도록 해야 한다고 한 멜런 재무장관의 말을 따르지 않은 게 후버의 큰 잘못"이라고 주장했다.[52] 멜런은 공황이 발생하자 시장이 바닥을 칠 때까지 내버려둬, 저점에서 수요가 발생하고 경제가 소생하도록 해야 한다고 주장했다. 반면 후버의 정책은 자산과 물가하락은 내버려둔 채 임금하락만 막는 것이었는데, 이 정책은 실업률을 높이고 자본수익률을 낮춰 투자를 억제하는 효과를 낳았다는 것이다. 따라서 로스버드는 "자유시장경제가 짊어지고 있는 대공황유발 책임은 벗겨줘야 하고, 당시 정치인들과 관료, 일단의 계몽주의적인 경제학자들에게 책임을 물어야 한다"고 주장했다.[53]

한편 후버는 루스벨트와 민주당이 1932년 선거에서 대중들의 공

---

51 Peter Temin, *Lessons from the Great Depression* (Cambridge, Mass., 1990).

52 Hoover, *Memoirs*, III, p.30.

53 Murray Rothbard, *America's Great Depression* (Princeton, 1963), p.295.

포를 더 악화시키고 미국 사회의 불신을 키웠다고 비난했다. 또 루스벨트가 선거가 끝난 뒤에도 당선자로서 후버 정부의 정책에 협조하지 않아 사태를 더 악화시켰다고 비난했다. 후버의 이런 주장을 최근한 경제가가 옹호하고 나섰다. 『공황과 그 여파』의 저자인 배리 위그모어는 1932년 루스벨트의 연설과 금본위제 거부가 대중들의 화폐은닉을 촉발시켰고, 1933년 은행의 줄도산을 유발했다고 주장했다. 그리고 그는 "루스벨트 자신이 증시폭락을 대공황의 원인으로 상징화했다"고 결론 내렸다.[54]

증시폭락과 대공황의 연관성은 경제사학자들 사이에서 아주 첨예한 논란거리다. '정부가 시장에 개입해야 하는가, 아니면 내버려둬야 하는가'에 대한 정치적인 논란까지 겹치기 때문에 이 논쟁의 결말은 쉽게 나지 않을 성싶다. 루스벨트가 증시폭락을 대공황의 원인이라고 주장한 것은 그것으로 자신이 정치적인 승리를 거둘 수 있기 때문이었다. 결과적으로 증시폭락과 대공황을 인과관계로 둠으로써 뉴딜정책에 정당성이 부여되었다. 그리고 한 세대 뒤에, 증시폭락은 대공황의 주원인이 아니라고 한 프리드먼의 논리는 루스벨트의 유산을 청산하고 싶어하는 레이건 행정부에 의해 열렬하게 환영받았다.

증시폭락으로 빚어진 자산가치 하락은 당시 사람들의 기대치에 엄청난 영향을 미쳤다는 것을 기록을 통해 알 수 있다. 스코트 피츠제럴드는 '재즈시대의 반향'(1931년 11월 〈스크리브너스 매거진〉에 처음 게재되었다)이라는 글에서 재즈시대는 증시 대폭락으로 끝났다고 말하면서, "역사상 가장 화려했던 흥청거림이 끝났다"고 선언했다.

---

54 Wigmore, *Crash and Its Aftermath*, p.337.

> 이 시대 번영의 바탕인 자신감은 일순간에 커졌지만, 취약한 구조가 굳건하게 자리잡을 수 있을 만큼 오래가지는 못했다. … 총통만큼 무관심하고 콜걸만큼 방탕한 생활을 즐겼던 상위 10%의 계층은 미래로부터 빌려온 시간을 탕진하며 즐겼다.[55]

증시가 붕괴하자 당시 사람들이 미래에 대해 품고 있었던 모든 희망도 날아가 버렸다. 미국인들은 미처 준비하지 못한 채 1930년대 불확실한 경제적 빈곤에 빠져들었다. 『바로 어제』에서 프레더릭 루이스 앨런은 대공황을 '1929년의 호황에 대한 심리적 반응'이라고 정의했다.

> 번영은 경제적 현상 이상의 것이다. 심리상태를 의미하기도 한다. 1920년대 증시는 당시 미국인들의 집단적인 심리와 감정의 최고점보다 더 높은 수준까지 도달했다. 따라서 증시의 호황에 영향 받지 않은 사람은 거의 없었다. 또 갑자기, 야만적으로 무너지는 희망에 거의 모든 사람이 영향을 받았다. 증시 초호황이 하루아침에 무너져내리고 번영이 사라지자, 미국인들은 자신들이 다른 세상으로 내쳐진 것이라고 생각했다. 그곳은 새로운 생각과 생활습관, 가치체계를 필요로 하는 다른 세상이었다.[56]

---

55 F. Scott Fitzgerald, *The Crack-Up* (ed. Edmund Wilson, New York, 1945), p.21.

56 Allen, *Only Yesterday*, p.338.

1920년대 후반 미국 경제는 불확실한 미래에 의존하고 있었다. 증시가 붕괴하자 새시대를 옹호했던 모든 교리들이 허구로 드러났다. 따라서 미국인들은 기존 경제체제가 유지되기 위해 필수적인 '미래에 대한 확신'을 갖지 못하게 되었다. "빈곤이 미래를 앗아가버렸다"고 조지 오웰은 그 시대를 진단했다. 자산가치가 폭락하고, 은행 시스템이 붕괴하자 두려움이 낙관론을 대체했다.

몇몇 사람들이 주장하듯이 1920년대는 도덕적으로 타락한 시대였다. 성경이 말하는 심판을 받아야만 하는 시기였다. 그리고 그 시대 사람들은 미래에 대한 꿈과 확신을 갖고 있었다. 위험을 무릅쓰고 뭔가를 시도해보려 했고, 개인의 자유에 대한 강한 믿음을 갖고 있었다. 하지만 미국인들의 이런 내면의식은 1929년 10월 비참하게 무너져내렸고, 대공황을 거치면서는 흔적도 없이 사라진 것으로 보였다. 시간이 흐른 뒤 되살아났지만.

● 1920년대 신경제와 1990년대 신경제 ●

1990년대 미국은 1920년대와 유사한 초호황을 경험한바 있다. 1990년 2,365포인트였던 다우지수는 1990년 3월 1만 포인트를 넘어섰다. 320%의 상승세를 기록한 것이다. 1920년대와 마찬가지로, 1990년대 투기도 연방준비제도 이사회가 1990년대 내내 유지한 저금리정책에 기인한 것이다.[57] 또 자동차산업이 1920년대 미국 경제

---

57 제임스 그랜트는 1990년대 초반 연방준비제도 이사회의 이자율 인하를 '미국 신용시

의 성장엔진이었듯이, 인터넷의 급속한 확산이 1990년대 성장의 견인차 노릇을 하고 있다. 그리고 두 시대 모두 노동조합이 무력화되어, 임금상승률이 어느 때보다 낮아 기업들의 순이익이 급속하게 늘어났다. 따라서 1920년대 노동자들이 할부구매를 통해 소비성향을 유지했듯이, 1990년대 노동자들은 신용카드를 통해 미래 수익을 담보로 소비를 유지하고 있다. 이 때문에 1997년 100만 명의 노동자들이 파산선고를 받아야만 했다.

정치상황도 비슷하다. 1990년대 증시호황은 민주당 정권 아래에서 발생했지만, 의회는 공화당의 지배를 받고 있으며, 신자유주의를 지지하는 민주당 우파들이 정치의 중심을 장악하고 있다. 따라서 백악관에서 나오는 각종 정책들은 루스벨트보다는 캘빈 쿨리지 정책과 비슷하다. 또 반독점법의 적용이 느슨해지자 1920년대와는 비교 할 수 없는 규모로 인수합병이 진행되고 있다. 그리고 글래스-스티겔 법에 의해 분리되었던 은행의 투자와 여수신 업무의 경계가 1920년대만큼이나 모호하다.

또 1990년대 중반 이후 자산투자 붐이 불고 있다. 이는 1920년대 보통주 투자 붐과 비슷한 것이다. 5,000만 명의 미국인들이 주식을 보유하고 있고, 술집과 골프장, 클럽, 기숙사, 미장원, 텔레비전 토크쇼에서 주식이 화제가 되고 있다. 심지어 성인용 잡지인 〈플레이보이〉의 표지로 뮤추얼펀드가 등장할 정도다. 또 플로리다의 한 초등

스템에 대한 기적과 같은 처방'이라고 극찬했다. 그는 "(1991년 이후) 증시호황은 미국 금융시스템의 가장 중요한 요인이고, 이는 미국 연방금리 이자율이나 연방준비제도 이사회의 국내총생산 전망치보다 훨씬 의미있는 것"이라고 말했다. Grant, *Trouble with Prosperity*, p.193.

학교에서는 '물질적 부와 주식시장'이라는 과목이 편성되었고, 이 학교 학생이 만든 포트폴리오 가치가 6개월 만에 3분의 1 이상 상승했다. 또 학생들은 미래에 모두 증권업에 진출하겠다는 포부를 밝히기도 했다. 뿐만 아니라 텔레비전 증권 프로그램에 출현하는 루이스 루키서(Louis Rukeyser)가 라스베이거스에서 연 투자설명회에는 1만 명 이상의 인파가 운집했다. 그는 텔레비전에서 '확신투자'를 주장하는 인물이다. 또 비즈니스 채널인 CNBC의 시청률이 주식 시장의 호황으로 가장 높은 신장세를 기록했으며, 1990년 6,000개에 불과했던 투자클럽이 1998년 3만 7,000여 개로 폭증했고, 아마추어 투자자들이 투자클럽에서 정보를 교환하고 있다.

1920년대 투신사의 증가율은 1990년대 뮤추얼펀드 증가율에 비하면 아주 낮은 것이다. 1990년 1,100개이던 뮤추얼펀드가 1997년에는 6,000여 개로 늘어났다. 1990~1998년 1분기 사이에 뮤추얼펀드에 1조 달러 이상의 돈이 집중되었다. 1996년 한 해 동안 2,216억 달러의 돈이 펀드로 집중되었고, 1997년에는 2,310억 달러가 몰려들었다. 이렇게 늘어난 뮤추얼펀드 수탁고는 1997년 말 현재 4조 2,000억 달러에 이르고 있다. 이는 미국 전 은행의 자산합계와 맞먹는 규모다. 이렇게 급성장하고 있는 뮤추얼펀드가 증시호황을 떠받치고 있는 셈이다. 따라서 개인들이 노후생활을 위해 저축해놓은 돈을 주식에 투자하기 때문에, 증시의 호황이 장기간 유지될 것이라는 주장이 제기되고 있다.

증시의 안정과 성장에 대한 확신이 되살아난 것은 1950년대 이후 채권수익률과 비교해 주식수익률이 월등히 높다는 연구결과에 따른 것이다. 다우존스지수의 100주년을 기념해 1996년 4월 〈월스트리트 저널〉은 1925년 이후 20년을 주기로 주식과 채권의 수익률을 비교해본 결과 주식수익률이 월등히 높았다고 보도했다. 이는 1920년대에 인기를 끌었던 E. L. 스미스의 주장과 아주 유사한 것이다. 또한 펀드매니저는 "증시는 한 가정의 재산을 모두 건 사람들이 10%의 수익을 얻어 집으로 돌아갈 수 있는 훌륭한 카지노"라고 말했다.[58] 이는 윌 페인(Will Payne)이 〈월드워크〉(World's Work)의 1929년 1월호에서 "도박에서는 누군가가 손해를 봐야 이익이 발생하는 데 비해, 투자에서는 모든 사람이 승자"라고 한 말을 떠올리게 하는 것이다.[59]

모든 사람이 높은 수익을 올릴 수 있다는 믿음이, 바로 주가의 타당성 여부를 따지지 않고 주식을 사들이는 원인이 되고 있다. 이 때문에 1998년 봄 시장의 평균 주가수익배율(PER)이 사상 최고인 28배를 기록했다. 심지어 주가가 해마다 뛰어올라 수익률이 20%에 이르는 판에 돈을 한가하게 은행에 맡겨두고 있는 것이, 오히려 금융위기라는 주장까지 나왔다.[60] 따라서 투자자들의 기대수익률이 비이성적인 수준까지 올라갔다. 증시가 조정을 받은 1997년 10월 브로커들을 상대로 한 설문조사에 따르면, 그들은 앞으로 10년 동안 연평균 34%의 수익률을 올릴 수 있을 것이라고 전망했다. 이 예상이

---

58 재인용 : Jonathan Davis, *The Money Markets* (London, 1998), p.3.

59 Galbraith, *Great Crash*, p.50.

60 이 역설적인 주장을 내놓은 사람은 영국계 펀드매니저인 이언 러쉬브룩(Ian Rushbrook) 이다. 그는 "주식에서 거리를 두고 돈을 운용하는 것은 위험하기 짝이 없다. 장기적 관점에서 볼 때 주가는 늘 오르기 때문이다. 주식투자에서 인지되는 위험은 주가가 떨어지는 것이다. 하지만 실제 위험은 주식과 거리를 두는 것이다"라고 주장했다.

맞다면, 다우지수는 15만 1,000포인트까지 치솟아야 하고, 뉴욕증시에 미국 GNP의 15배나 되는 자금이 몰려들어야 한다.

1990년대 미국 투자자들 역시 1920년대 투자자들과 많은 공통점을 갖고 있다. 1990년대 차입투자는 1920년대만큼 노골적이지는 않지만 엄청난 규모에 이르고 있다. 1990년 300억 달러였던 마진론이 1998년 7월에는 1,540억 달러까지 폭증한 것이다. 또 담보 주식가치의 50% 이상을 대출해주지 못하도록 한 연방준비제도 이사회의 규정을 피하기 위해 여러 가지 편법들이 동원되었다. 투기꾼들은 마진론의 상환을 지연시키거나, 부동산 담보대출을 받아 주식을 사들이기도 했다. 심지어 신용카드로 주식투자를 하고, 마진론 대출에 대한 규정이 없는 선물 등에 투자하기도 했다. 개인투자자들이 선물이나 옵션거래를 할 수 있도록 하기 위해, 시카고 상품거래소는 증거금을 3,000달러로 낮춘 '미니 S&P지수'를 내놓았다.[61]

1990년대 미국 투자자들은 1920년대 투자자와 마찬가지로 투기적인 단기수익보다는 장기투자를 위해 주식을 사들이고 있다고 스스로를 확신하고 있다. 제임스 그랜트가 "'buy and hold'(매수 뒤 장기보유-역자주)라는 말이 영어에서 가장 대중적인 세 단어 'I Love You'를 밀어내고 그 자리를 차지했다"고 말할 정도였다.[62]

1990년대와 1920년대 투자자들은 주가하락을 '저점매수의 기회'로 보는 경향이 있다. 따라서 떨어지던 주가는 곧 회복했고, 투자자들은 증시를 '불침항모'(invincibility)로 인식하게 되었다. 이런 경향

---

61 *Grant's Interest Rate Observer*, 15 August 1997.

62 *Grant's Interest Rate Observer*, 14 March 1997.

은 '검은 월요일'인 1997년 10월 27일 극에 달했다. 아시아 증시붕괴에 대한 두려움 때문에 다우지수가 하루아침에 7% 폭락한 이날, 미국 재무장관 로버트 루빈은 주가 폭락사태가 발생하자 1929년에 허버트 후버가 했던 "미국 경제의 펀더멘탈은 굳건하다"는 말을 되풀이했다.

그리고 화요일인 10월 28일 뉴욕 증권사 앞에는 투자자들이 줄을 섰다. 하지만 이들은 주식을 팔기 위한 인파가 아니었다. 반대로 폭락한 틈을 이용해 주식을 사들이려는 인파였다. 이 때문에 이날 뉴욕 증시의 다우지수는 5% 이상 반등했고, 거래량이 12억 주에 달해 사상 최고의 기록을 세웠다. 이후 6개월 동안 다우지수는 폭락했던 10월 27일을 기준으로 25% 상승했고, S&P500지수는 이후 1년 동안 50% 이상 치솟았다.

1990년대 미국 증시가 초호황을 누리자 1920년대 유행했던 새시대 이데올로기가 '새로운 패러다임'과 '안정된 경제'라는 말로 부활했다. 이 논리에 따르면 연방준비제도 이사회의 성공적인 인플레이션 억제와 연방정부의 재정적자 감소, 시장의 세계화, 미국 기업의 구조조정, 정보통신기술의 확대 등으로 증시가 경기순환으로부터 해방되었다는 점이다. 이는 어빙 피셔가 살았던 1920년대의 새시대 이데올로기와 글자 하나 틀리지 않고 똑같은 말이다.

새로운 패러다임이라는 말은 1990년대 중반 처음 등장했다. 1995년 후반 데이비드 슈먼이라는 살로먼 브라더스의 애널리스트는 '증시가 버블인가, 아니면 새로운 패러다임을 보이고 있는가?'라는 보고서에서 인플레이션율의 하락으로 "주식의 가치평가 기준에서 제3의 변화가 발생했다"고 주장했다. 골드만 삭스의 수석 투자전략가인 애비 코헨(Abby J. Cohen) 역시 새로운 패러다임 이데올로기의 '저명한' 옹호자이다. 텔레비전과 잡지, 신문 등 대중매체에 등장해 새 패러다임의 '전도사' 노릇을 하고 있는 그녀는 1990년대의 어빙 피셔인 셈이다. 프루덴셜 증권사의 수석 애널리스트인 랠프 어캠포라(Ralph Acampora)도 새 패러다임의 전도사이다. 그는 1997년 8월 〈포춘〉 지에서 "우리 모두가 확신에 가득 차 있기 때문에 증시가 상승할 것이라고 보는 것은 타당하다"고 목청을 돋우었다.

증시의 활황이 클린턴의 섹스 스캔들마저도 별것 아닌 것으로 만들어버리자, 워싱턴 정가도 새 패러다임을 앞다투어 받아들이기 시작했다.[63] 1997년 2월 〈헤럴드 트리뷴〉은 "경제자문위원회의 최근 연구결과에 따르면 구시대에 극성을 부렸던 경제순환은 이미 사라졌다"고 한 클린턴 행정부의 한 장관의 말을 보도했다.[64] 한 달 뒤인 3월 클린턴도 새 패러다임 옹호자 대열에 합류했다. "미국 경제가 너무나 잘 굴러가고 있기 때문에 경기순환이라는 개념이 파기되어야 하는 상황이 왔다"고 선언한 것이다. 1997년 6월 〈뉴 리퍼블릭〉(New Republic)은 '경제사의 종언'(The End of Economic History)이라는 제목 아래 다음과 같이 전했다. "10명의 미국 재무성의 고위 공직자들은 '재정과 금융정책의 적절한 병용과 외부 충격요인의 제거를 통해

---

63 1929년 주가폭락과 뒤이은 공황은 당시 대통령이던 후버를 낙선시켰다. 반면 1994년 말에서 1998년 여름까지 미국 주가상승은 클린턴의 정치적 입지를 강화시켰다. 1994년 말 S&P지수는 450선에 머물렀고, 당시 클린턴에 대한 지지도는 40%선이었다. 하지만 1998년 봄 S&P지수가 1,200선에 육박하자 클린턴의 지지도도 70%까지 치솟았고, 1998년 8월 미국 주가가 하락하자 클린턴의 지지도는 다시 60%대로 밀려났다. 그리고 1998년 10월 주가와 클린턴의 지지도는 동반상승했다(〈뉴욕타임스〉 여론조사).

64 Cited in *Grant's Interest Rate Observer*, 17 February 1997.

현재 호황을 무한정 끌고 갈 수 있다'는 확신을 갖고 있다."[65]

　그러나 새 패러다임에 대한 연방준비제도 이사회의 의장인 앨런 그린스펀(Alan Greenspan)의 입장은 애매모호하다. 아마도 새 패러다임을 옹호했다가 이후 파국이 왔을 때 얻어맞을 공격을 헤지(hedge)하고 있는 성싶다. 그는 1996년 12월 주식시장이 2.5% 하락하자, '투자자들의 비이성적인 흥분'을 경고하면서 경기사이클이 사라졌다는 주장을 비판하였고, 주가가 너무 고평가되었다는 우려를 표했다. 하지만 미국 경제의 장기호황에 대해서는 "정보통신기술이 경제의 안정성을 강화했다"고 하면서, 미국이 '역사상 유례가 없는' 상승세를 보이고 있다고 주장하기도 했다. 〈비즈니스위크〉지는 그린스펀이 '신경제의 가장 앞선 옹호자'라고 규정했다. 1920년대 선배들과는 달리 그린스펀은 이자율의 인상이나 경고를 통해 투기를 억제시킬 필요가 없다고 생각하고 있다. 호황증시의 수호자로 그는 1996년 연방준비제도 이사회의 의장으로 재지명되었다. 1990년대 투기꾼들은 1929년 멜런 재무장관이 재임명되었을 때와 마찬가지로 열렬하게 그린스펀의 재지명을 환영했다.

　1920년대와 1990년대 호황의 유사점 가운데 가장 두드러진 것은 주식에 대한 전통적인 가치평가 기준이 무시되고 있다는 점이다. 1920년대와 마찬가지로, 증권투자로 얻은 수익 때문에 인플레이션 기간 동안에도 소비자들의 구매력이 떨어지지 않았고, 기업경영이 주주들의 이익을 우선하는 쪽으로 바뀌었다는 주장이 1990년대에도 되풀이되고 있다. 골드만 삭스의 애비 코헨은 "장기호황과 낮은 물가

---

65 *Grant's Interest Rate Observer*, 20 June 1997.

상승률이 주가의 상승을 이끌고 있다"고 주장했다. 1920년대 벤저민 그레이엄과 데이비드 도즈가 『주식분석』(Securites Analysis)에서 "새시대에는 기존 가치기준으로 주가를 평가하는 것이 아니라, 주식의 시장가치에 근거해 주식의 가치를 평가해야 한다"고 주장했듯이, 1990년대 증시전문가들도 이와 비슷한 '시장가치가 부가된' 가치평가 방법을 주장하고 있다. 이 기준에 따르면 기업의 가치평가는 자본금이 아니라, 주당가격을 합산한 시가총액으로 따져야 한다. 시가총액이 클수록 기업의 가치는 더 높다는 것이다.

따라서 기업의 순자산가치는 구닥다리 가치평가 수단이 되었다. 역사상 최저 수준인 1.5%로 떨어진 배당률도 새 패러다임이 지배하고 있는 1990년대에는 부적절한 개념이라고 한다. 심지어 그동안 투기꾼들이 즐겨 사용했던 주가수익배율(PER)조차도 너무나 보수적인 분석도구가 되고 있다. 미래의 현금흐름을 현재 가치로 할인하는 것만이 최근 급증하는 주가를 분석할 수 있는 수단으로 인정받고 있다. 1996년 10월 말 〈인베스터스 비즈니스 데일리〉는 많은 사람을 의아하게 했던 다음과 같은 묘한 질문과 답을 보도했다. "주식이 고평가되었다구요? 주가가 계속 오른다면 그렇지 않습니다."[66]

1990년대는 새 패러다임과 신경제라는 개념이 최근 초호황 증시의 이론적 토대가 되고 있다. 1997년 10월 미국 증시가 폭락하자, 애비 코헨은 고객들에게 주식보유를 늘리라고 충고했다. 제임스 그랜트는 새시대 이데올로기의 부활이 "시장이 다른 차원으로 진입한 것을

---

66 *Investors Business Daily*, 29 October 1996. Cited in *Grant's Interest Rate Observer*, 6 November 1996.

의미하는 게 아니다"고 주장했다. 단순히 초호황을 보이고 있는 증시를 묘사한 것일 뿐이라는 것이다. 투자자들은 주가의 지속적인 상승을 확신하고 있다. 확신에 찬 투자자들이 '주가가 고평가되었다'는 사실을 알려주는 각종 정보에 개의치 않는 한, 주가는 계속 치솟을 것이다. 단기적으로 주가상승은 미국 경제의 취약성을 은폐할 수도 있다. 소비자들은 증시에서 벌어들인 돈으로 소비를 늘리고 있고, 늘어나는 채무에 개의치 않는다. 기업들도 신주나 채권을 발행해 다른 기업을 인수합병하고 있다. 경제가 원활히 굴러가고 세금이 잘 걷히자 정부도 아주 만족하고 있다. 이런 상황에서 새시대 이데올로기는 충분한 설득력을 갖는다.

1990년 초에서 1998년 봄까지 미국 증시의 호황으로 가계의 부가 6조 달러까지 늘어난 것으로 분석되었고, 1997년 자본이득 총액도 1,840억 달러에 이른 것으로 집계되었다. 자본이득의 확대는 소비지출 증가로 이어졌고, 소비지출 증가율은 임금상승률을 뛰어넘었다. 따라서 1998년 저축률은 마이너스 상태까지 떨어졌다. 자본이득에 대한 세금부과로 1997년에는 440억 달러의 세수가 늘어났고, 이 때문에 미국 연방정부가 1998년 적자에서 흑자로 반전되었다.

주가상승은 새로운 산업의 출현과 자본지출을 늘리고 있다. 증시는 '미국 역사상 선례를 찾아보기 힘든 부의 창조자'로 각광받게 되었다. 심지어 한 애널리스트는 1720년대 버블기업들의 주장을 연상시키는 말을 했다. "증시가 영구기관처럼 변해 주가상승이 계속적인 주가상승을 낳고 있다"고 한 것이다. 하지만 역사를 살펴볼 때 투기와 차입규모가 최고조에 달하고 영구기관이 반대방향으로 회전하면서, 새시대는 끝이 났다.

8장

카우보이 자본주의

브레턴우즈 이후

시장의 힘은 거스를 수 없다.

— 대처 영국 수상

1944년 미국 뉴햄프셔 주 브레턴우즈의 마운트 워싱턴 호텔에서 영국대표 케인즈를 비롯해 연합국 고위 경제관료들이 모여 2차 세계대전 이후 세계 경제질서를 재구성했다. 그들은 금본위제 부활 대신 금태환 달러를 기축통화로 삼고, 여타 통화를 달러에 고정환율로 묶어두는 데 합의했다. 달러의 금태환 비율은 금 1온스당 35달러로 정해졌다. 마침내 '브레턴우즈 시스템'이라고 불리는 국제금융질서가 탄생한 것이다. 이 시스템의 성공여부는 각국이 자본의 이동을 얼마나 잘 통제하는가에 달려 있었기 때문에, 브레턴우즈 시스템은 기본적으로 투기에는 적대적인 금융질서였다. 이 자리에 참석한 미국 재무장관 헨리 모겐소는 루스벨트의 수사를 빌려 "브레턴우즈가 고리대금업자나 다름없는 돈놀이꾼들을 국제 금융계에서 몰아낼 것"이라고 전망했다.

브레턴우즈 이후 30년 동안 투기꾼들은 대중들의 혐오대상이었다. 전쟁시기 블랙마켓의 장사꾼과 다름없는 대접을 받은 것이다. 심지어 1946년 초 트루먼 대통령은 곡물선물시장이 공급부족으로 폐쇄된 직후, "곡물가격은… 도박을 서슴지 않는 투기꾼들의 영향에서 자유로워야 한다"고 선언하고,[1] 투기꾼들에게 '인간의 불행을 팔아먹는 장사꾼'이라고 공격을 퍼부었다.[2] 투기꾼에 대한 이런 관념은 1961년 당시 젊은 대처도 공유하고 있었다. 그녀는 이해 영국 하원의 예산안 토론회에서, "주식 투기꾼들은 주식을 장기간 보유해 이득을 얻으려는 것이 아니라, 단순매매를 통해 이익을 올리려는 사람들"이라고 비판했다.[3]

환율이 일정 한계를 넘어 급등락하는 사태가 발생하면, 각국 정부는 자신들의 정책실패 대신 환투기꾼들을 희생양으로 삼았다. 히틀러는 2차대전 이전 번갈아 발생한 독일 바이마르 공화국의 극심한 인플레이션과 디플레이션의 원인을 환투기꾼 때문이라고 거세게 공격했고, 레닌과 스탈린도 투기꾼들을 소련공화국 경제의 적이라고 선언했다. 투기꾼에 대한 공격에는 이른바 자유진영의 리더들도 동참했다. 1956년 장래 영국 수상이 되는 해럴드 윌슨(Harold Wilson)은 수에즈 운하 사태를 이용해 파운드화 공격에 나선 스위스 은행가들을 '취리히의 땅귀신들'이라고 부르며 거칠게 몰아붙였다. 취리히의 땅귀신들은 11년 뒤인 1967년 다시 영국 파운드화를 공격해 자신들에게

---

1 재인용 : James Grant, *The Trouble with Prosperity* (New York, 1996), p.13.

2 Martin Mayer, *Markets* (New York, 1998), p.11.

3 Hugo Young, *One of Us* (London, 1991), p.46.

독설을 퍼부은 윌슨 내각을, 평가절하를 선언할 수밖에 없는 궁지로 몰아넣는다. 4년 뒤인 1971년 미국 닉슨 대통령도 달러의 금태환 중단을 선언하면서 "투기꾼들은 위기를 먹고살 뿐만 아니라 위기를 조장한다"고 공박했다.[4]

1971년 국제 외환시장이 변동환율제로 변한 이후에도 정치인들은 투기꾼들에 대한 공격을 멈추지 않았다. 1992년 9월 파운드화를 평가절하하면서 영국이 유럽의 환율체제에서 탈퇴할 수밖에 없는 상황에 직면하자, 전 재무장관 젠킨스 경은 '사냥감을 보면 침을 질질 흘리는 원시인 무리'라며 투기꾼들을 공격했다. 프랑스의 미셸 사팽 (Michel Sapin)은 여기서 한 걸음 더 나아가 '혁명기에는 소요세력으로 분류해 단두대에서 목을 쳤을 존재'라고 일갈했다.[5]

또 1997년 아시아 지역에서 금융위기가 발생하자, 말레이시아의 모하마드 마하티르 수상은 투기꾼들을 '잔인한 동물'로 묘사했다. 그리고 "투기꾼들의 활동은 불필요하고 비생산적이면서 전적으로 비도덕적"이라고 비난했다. 특히 헤지펀드 운용자인 조지 소로스에 대해서는, "투기꾼들의 배후에는 개발도상국을 식민지로 만들려는 '유대인의 음모'가 도사리고 있다"고 인종적 편견이 섞인 공격을 퍼부었다. 이어 그는 외환투기를 자본공격으로 규정하고, 자국 증시에서 외국인의 공매도를 금지했을 뿐만 아니라 더 나아가 자본을 통제해버렸다.

2차대전 직후 투기꾼들에 대한 공격은 머니게임과 이윤추구

---

4   Robert Solomon, *The International Monetary System 1945~1945* (New York, 1982), p.186. 닉슨은 "(투기꾼들이) 미국 달러화에 대해 전면전을 벌이고 있다"고 맹비난했다.

5   *Economist*, 10 October 1992.

를 바라보는 시대의 눈이 변했다는 것을 의미한다. 1930년 케인즈는 『우리 후대의 경제적 가능성』(Economic Possibilities of Our Grandchildren)에서 "번영과 경제적 안정이 달성되면 이윤동기가 없어질 것"이라고 상상했다. 서구세계가 건전하고 안정적인 경제성장을 구가했던 1950년대에는 케인즈의 꿈이 실현되는 것처럼 보이기도 했다. 1956년 인간이 갖고 있는 탐욕의 역사를 다룬 『부의 추구』를 쓴 로버트 헤일브로너는 돈에 대한 맹목적 탐욕은 더 이상 존경의 대상이 아니라고 주장했다.

> 돈놀이꾼들의 탐욕은 새로운 가치에 의해 밀려났다고 볼 수 있다. 새로운 가치 아래에서는 사람들이 부자라는 사실을 숨기려 하고, 돈만 밝히는 행위에 대한 사회적 비난이 쏟아지며, 부의 획득이라는 목표 자체가 더 이상 세상 사람들의 관심을 끌지 못하고 있다.

헤일브로너는 1950년대 미국인들이 보여준 반배금주의 성향이 대공황 때문에 발생한 것이라고 분석했다. 단순히 대공황이 경제적 실패를 넘어 1920년대 사람들의 철학적 기초를 무너트렸다는 것이다.[6] 전후 미국 사회에서 기업인들은 1920년대와는 달리 더 이상 각광받는 존재가 아니었다. 대신 활기 없고 고분고분하며 무색무취의 인간이 되었다. 그래서 슬로안 윌슨(Sloan Wilson)은 이들을 '회색 플

---

6   Robert Heilbroner, *The Quest for Wealth* (New York, 1956), p.219.

란넬 양복을 입은 사람들'이라고 풍자했다.

기업인들에 대한 사고의 이런 변화는 기업경영에서 우선순위가 바뀌는 것과 비슷한 시기에 발생했다. 고용의 안정과 영속성, 책임성이 단순 순이익 달성보다 우선순위에 놓이게 된 것이다. 헤일브로너에 따르면, 사람들이 회사의 순이익을 적정한 수준으로 배분하는데 만족하고, 자신이 속한 기업의 명성과 안정적인 급여에 더 큰 관심을 두게 되었다. 1950년대에는 이런 경향이 너무나 뚜렷했기 때문에 헤일브로너는 "더 축적되면, 새로운 경제동기가 애덤 스미스의 '보이지 않는 손'을 대체하게 될 것"이라고 결론 내렸다.

● 금융과 정보통신 혁명 ●

1971년 8월 15일 닉슨 미국 대통령이 달러의 금태환 중단을 선언했다. 이로써 과거 25년 동안 세계 경제를 지배해왔던 브레턴우즈 체제는 종말을 고하고, 투기역사의 새로운 장이 열리게 되었다.[7] 지불의무를 표현한 '종이'를 화폐로 사용하기 시작하면서 발생한 17세기 후반 1차 금융혁명기에는, 그래도 모든 가치가 금에 의존했다. 따라서 금이라는 존재 자체가 하나의 투기 제어장치로 기능했다. 투기에 대한 고삐가 풀리고 금융위기가 발생하면, 모든 사람은 금에서 피난처를 찾으려 했기 때문이다.

---

7 스미소니언 합의가 깨진 1973년까지 브레턴우즈 시스템 해체는 공식적으로 선언되지 않았다.

하지만 토지은행의 설립 추진자였고 미시시피 버블의 원인 제공자였던 존 로만은 금을 포함한 모든 화폐의 가치가 사람들의 '합의'에 의존한다고 생각했다. 그가 1720년 프랑스에 불태환 지폐를 도입했을 때 파리 주재 영국 대사인 스테어 경은, 카톨릭으로 개종해 프랑스의 재정고문 자리에 취임한 존 로에 대해 "종이를 화폐로 변화시키는 불가능한 일을 성공시킨 것으로 봐서 그는 틀림없는 개종한 카톨릭 신자이다"라고 말했다. 스테어 경과 그의 동시대인들에게 존 로의 불태환 지폐는 연금술사들이 쇠를 금으로 바꾸는 것만큼 대담한 것으로 비쳤다. 그런데 존 로의 출생 300주년이 되는 1971년 그의 꿈이 마침내 실현된 것이다. '신념'(Credo, 존 로는 이를 '합의'라고 했다-역자주)이 신용으로 전환된 것이다.

브레턴우즈 시스템의 붕괴 이후 돈은 질량과 본질이 없는 상상의 조각물이 되었다. 화폐의 가치가 끝없이 유동하는 세계에서, 또 로버트 웬델(Robert Wendell)이 말한 '한 사회가 가능성을 찾아 끊임없이 자기조절을 벌이는' 세계에서, 투기는 중요한 역할을 맡게 되었다. 역사적으로 볼 때 금태환이 정지된 시기에는 투기가 만연했다. 1720년대 프랑스와 1860년대 미국이 그 대표적인 예이다. 브레턴우즈 시스템의 붕괴가 낳은 충격에 휘말려 있는 동안, 이 사실은 누구의 관심도 끌지 못했다. 모든 통화가치는 미래가치를 반영하고, 다시 미래가치는 현재의 가치에 의해 영향받는 소용돌이가 벌어진 것이다. 종잡을 수 없는 이런 소용돌이의 근원적인 힘은 투기꾼들로부터 발생하고 있다.

이 시기 눈앞에 벌어지고 있는 소용돌이의 본질을 재빨리 간파한 인물이 있었다. 시티코프(Citicorp)의 헤드인 월터 리스턴(Walter

Wriston)은 "정보본위제가 금본위제를 대체하고 세계 금융기초가 되었다"고 선언했다. 순간적인 변동을 감내해야 하는 새로운 금융혁명은 그의 말대로 정보통신 기술의 발전에 의해 가능해졌다.

1969년 이후 은행의 채권거래는 정보통신망을 통해 이뤄지고 있었다. 미국 재무성 채권이 컴퓨터 전송망을 통해 거래되기 시작한 것이다. 4년 뒤인 1973년 〈로이터〉는 모든 금융지표를 실시간 전달하는 서비스(Monitor Money Rates)를 시작했다. 이로써 전세계 금융시장의 데이터들이 24시간 생중계되게 되었다. 이후 2~3년 동안 금융시장의 컴퓨터화는 급속하게 진행되었다. 매매체결이 완전 자동화된 나스닥이 1970년 등장했고, 1980년에는 블룸버그가 채권매매정보 시스템을 구축한 데 이어, 1983년에는 은행간 결제 및 청산업무를 담당할 완전자동화된 클리어링(청산) 하우스가 설립되었다.

대부분의 금융전문가들은 정보통신 기술의 발전을 혜택으로 평가했다. 시장이 본질적으로 효율적이라면, 더 빠른 채널을 통해 정보가 전달될 경우 효율성은 더 커질 것이라고 봤기 때문이다. 심지어 배기량이 높은 자동차가 중량감 있게 달리듯이 시장도 더 진중해질 것이라고도 했다. 하지만 역사의 사례를 살펴보면, 정보통신 기술의 발달로 금융시장이 더 안정되고 투자행태가 더 효율화되었다는 사실을 입증해줄 만한 근거는 찾아보기 힘들다. 오히려 반대의 경우는 쉽게 발견된다. 역사적으로 금융정보의 폭넓은 이용과 정보통신 기술의 발달은 투기의 세계로 새로운 참여자들을 끌어들이는 효과를 낳았다. 1세대 일간지의 출현과 맞물려 사우스 시 버블이 발생했고, 영국 신문들이 금융시장 지표를 싣기 시작한 1825년 광산회사 투기가 벌어졌다. 또 철도가 건설되었던 1845년 철도버블이 부풀어올랐고,

주가표시기가 도입된 1870년대와 라디오가 출현했던 1920년대 미국 증시에도 투기가 발생했다.

최근 인터넷의 발달과 확산은 주식시장을 가정으로 끌어들였다. 이동전화와 이동식 단말기 그리고 사이버 계좌는 투자자들이 세계 어느 곳에서도 주식거래를 할 수 있도록 했고, 이는 아마추어 투기꾼인 초단기 투자자(day traders)의 등장으로 이어졌다. 또한 데이트레이더들은 '데이트레이딩 회사'를 미국 전역에 설립했다. 이 회사들은 첫 거래 증거금으로 단지 2만 5,000달러를 요구했고, 데이트레이더들은 이를 가계자금대출을 받아 조달했다. 특히 대체거래 시스템인 ECN(Electronic Communication Network)은 기존 증권거래소와는 달리 데이트레이더들에게 증거금을 요구하지 않고 있다.

1998년 여름 현재 500만 명의 미국인들이 사이버 계좌를 보유하고 있고, 이 가운데 100만 명이 데이트레이더로 추정되었다. 또한 사이버 계좌의 거래량은 일반 계좌보다 12배 이상 많은 것으로 조사되었다. 심지어 몇몇 데이트레이더들은 하루 1,000번의 거래를 하는 것으로 전해졌다.

사이버 세상의 특징이 익명성이기 때문에, 인터넷의 보급으로 전례를 찾아볼 수 없을 만큼 협잡과 사기가 빈번해지고 있다. 웹망은 수십만 명이 불공정거래를 통해 일확천금을 얻는 사기수단인 셈이다. 익명성이라는 베일 뒤에 몸을 숨긴 투기꾼들은 인터넷 투자정보 사이트 등을 통해 거짓 정보를 퍼트린 뒤 주식을 대량으로 매집하거나 투매하고 있다. 하지만 이런 협잡보다도 더 우려되는 점은 인터넷 보급으로 투자행태가 더 불안해지고 있다는 점이다. 초기 옹호자들이 '유사집단'(affinity group)으로 부른 인터넷은 '집단투기의 장'이 돼버렸다. 개별 투자자들은 인터넷 게시판을 통해 서로를 격려하면서 투기를 조장하고 있기 때문이다.

몇몇 사례 등을 볼 때 온라인 투자자들은 개별종목에 대해 병적인 집착을 보이고 있다. 투자자들이 보인 병적인 집착의 대표적인 예는 1996년 봄에 발생한 컴퓨터 하드디스크 제작회사인 아이오메가 주식에 대한 사자열풍이다. 아이오메가 주식은 온라인 증권정보 사이트인 '머틀리 풀'(Motley Fool) 회원들이 선호하는 주식이었다. 이 사이트는 '아이오메건'(Iomegan)이라는 방을 만들어 회원들이 선호하는 주식에 대한 정보를 채팅할 수 있도록 했다. 한 투자자는 하루 24시간 아이오메가 주식만을 생각한다고 고백하기도 했고, 다른 투자자는 자신의 연금을 모두 아이오메가에 쏟아부었다고 밝혔다. 아이오메가 주식의 팔자와 사자 세력은 사이버공간에서 치열한 논쟁을 벌였으며, 서로 거짓 정보를 흘리고 있다고 비난하기도 했다. 초반 승리는 사자 세력이 거뒀다. 1995년 봄 2달러에도 미치지 못했던 아이오메가 주식은 한 해 뒤인 1996년에는 27달러로 뛰어올랐고, 주가수익배율은 169배로 솟구쳤다. 당시 아이오메가의 시가총액은 50억 달러에 달했지만, 거품은 순식간에 걷혔다. 1998년 말에는 4달러 아래에서 거래되었던 것이다.

시장의 추세가 변하는 시점을 노려 매매하는 '모멘텀 투자'는 과잉정보를 접한 투자자들의 행태를 잘 드러내주는 말이다. 1998년 말 현재 나스닥 전체 거래량 가운데 데이트레이더들이 차지하는 비율은 15%에 달한 것으로 집계되었고, 이해 말 발생한 인터넷기업에 대한 사자열풍은 이들 때문인 것으로 분석되었다. 대부분의 데이트레이더들은 기업의 본질가치에 대해서는 별 관심을 두지 않는다. 심지어 자신이 어떤 주식을 샀는지도 모르는 경우도 있다고 한다. 1998년 엑소움닷컴(Xoom.com)이 상장되었을 때, 이 회사 주가는 27% 상승했고 거래량은 나스닥의 종목별 평균거래량의 27배에 달했다. 또 티켓마스터(Ticketmaster)는 상장된 첫날 300% 상승하기도 했으며, 아무런 관련이 없는 건물관리 및 경비회사인 템코 서비스(Temco Service) 주가는 150% 솟구쳤다.

한편 월스트리트는 실리콘밸리와 합작해 다양한 사이버 은어들을 생산해내고 있다. 예를 들면, '모모스'(momos; momentum stocks, 모멘텀 투자에 적합한 주가급변 종목), 'P&D'(pump & dump, 주식의 대량 매집과 투매-역자주), '허수주문'(head fakes, 엄청난 규모의 매수와 매도 주문을 상하한가로 내놓아 투자자들의 주가예측에 혼동을 일으키는 행위-역자주), '순간적인 주가급등'(gapping up), '장마감 직전 줄행랑놓기'(scared money, 장마감 직전에 모든 보유주식을 처분하고 시장으로부터 탈출하는 것-역자주), '낮은 수익률 게임'(grindings, 소폭의 수익률을 목표로 주식을 대량매매하는 행위), '지글스'(jiggles, 주가급변동주), '불협화음'(noise, 트레이더들의 의견 불일치) 등이다. 팔자와 사자 세력이 맞붙어 있는 20세기 후반 사이버 주식시장은 허풍꾼과 사기꾼, 얼간이 등이 어울려 주식을 사고 팔았던 3세기 전 런던 익스체인지 앨리 주변의 커피하우스와 비슷하다. 단지 20세기 사이버 투기꾼들과 17세기 커피하우스 주식거래업자들이 사용하는 기술과 용어들이 다를 뿐이다.

개선된 정보와 투자자들의 현명함이 조화되지 않아 빚어진 사건이 1980년대 일본 버블이다. 이때 일본인들은 세계 최고의 투자정보를 보유하고 있으면서도, 역사상 최악의 투자를 결정했다(9장 참조).

또한 정보통신의 발달로 프로 투자자들의 수익률이 개선된 것도 아니다. 빛의 속도로 이뤄지는 정보교환이 금융시장에서 거대한 반작용과 맹목적인 트렌드 쫓기 현상을 낳고 있기 때문이다. 이는 결국 투자의 효율성을 떨어트리는 역효과를 낳는다. 스스로 공황 상태에 빠진 투기꾼들에 의해 촉발된 외환위기는 1990년대 최대 화두였다. 정보교환이 빠르게 진행될수록 공황의 전파는 더 신속하게 이뤄지기 때문이다.

● 자유주의 이데올로기의 부활 ●

브레턴우즈 시스템은 1946년 숨을 거둔 케인즈 생의 마지막 작품이었다. 하지만 실행상의 문제점 때문에 이 시스템은 붕괴했다. 그리고 케인즈의 경제이론은 1970년대 초반까지 20년 동안 지속적인 공격을 받게 된다.

이 공격의 선봉장은 시카고 대학교의 교수였던 밀턴 프리드먼이었다. 그는 19세기 자유주의 이데올로기를 통화주의로 분장해 부활시켰다. 시장은 자기조절능력을 갖고 있기 때문에 가격통제로 인플레이션을 억제하려고 하거나, 경영인들을 위협해 고용안정을 이루려는 등의 정부의 시장간섭은 결국 실패할 수밖에 없다는 것이다. 시장의 자유를 옹호하는 교본으로 인정받고 있는 『선택의 자유』(Free to Choose)에서 프리드먼은 부인 로제와 함께, "정부의 간섭이 아무리 선한 의도를 갖고 있다고 해도, 해로운 부작용을 낳을 수밖에 없다"고 주장했다. 그에게 시장은 불평등이라는 부작용을 낳는다 하더라도, 정보와 인센티브를 배분하는 최선의 시스템으로 비쳤다. 1973년

〈플레이보이〉 지와의 인터뷰에서 그는 "모든 사회는 탐욕을 바탕으로 성립되었다"는 주장을 과감하게 제기했다. 이어 사회를 조직하는데 가장 큰 화두는 '어떻게 탐욕의 부작용을 최소화할 것인가'이라며, 자본주의는 이를 달성하기 위한 최선의 시스템이라고 주장했다.

프리드먼은 대공황의 죄인으로 지목되었던 투기꾼들을 옹호했으며, 더 나아가 투기꾼들의 경제적 역할에 대해 동정적인 변호를 마다하지 않았다. 이 사악한 투기꾼들이 미래의 경제발전을 추동할 뿐만 아니라, 현재의 시장가격에 반영해 공급부족을 해결한다는 것이다. 또 희소한 자원의 효율적인 배분을 촉진한다고 프리드먼은 주장했다. 더욱이 보험회사처럼 투기꾼들은 피할 수 없는 위험을 감수할 준비가 되어 있는 인물들이라는 것이다. 또한 개별 투기꾼이 사적인 이윤 극대화를 위해 움직인다고 해도, 이들이 사회에 가져다주는 이익은 너무나 크다고 목소리를 높였다.

1960년 프리드먼은 『안정을 해치는 투기꾼들을 옹호하는 글』에서 "도박을 사악한 것으로 보는 학자적인 편견 때문에 경제학자들이 투기를 부당하게 공격하고 있다"고 목청을 높였다.[8] 대신 "가격이 떨어질 때 팔고 오를 때 사는 투기꾼은 끝내 돈을 잃고 상대편이 돈을 벌 것이기 때문에, 시장에서 투기꾼이 유발하는 부작용은 거의 없다"고 주장했다. 그리고 사회가 진화하는 과정에서 이런 시장의 흐름에 역행하는 투기꾼은 제거될 것이라고 말했다. 따라서 미래시장에 대한 투기는 최악의 경우 도박을 통해 상대편에게 서비스를 제공하

---

8   Milton Friedman, *Optimum Quantity of Money and Other Essays* (Chicago, 1960), p.286.

게 되는 제로섬게임이라는 것이다.

프리드먼은 자유주의를 부활시킨 미국 경제학자 가운데 가장 저명한 인물이다. 금융시장을 연구했던 다른 경제학자들도 '효율적 시장가설'(EMH; effcient market hypohthesis)을 구축하는 데 참여했다. 이들은 투자자들이 자신의 부를 극대화하는 데 모든 요소를 최적화하고, 이에 따라 모든 정보가 반영된 가격이 형성되기 때문에, 주가는 우연하게 결정된다는 주장을 견지하고 있다. 다른 말로 표현하면, 주가는 새로운 정보가 전달될 때에만 움직이기 때문에 우연적일 수밖에 없다는 말이다. 프리드먼이 무덤 속에서 화폐수량론을 부활시켰다면, 시장의 효율성을 주장하는 경제학자들은 뉴턴의 물리학적인 균형론과 라이프니츠가 주장한 이성이 지배하는 세계를 모방해 시장의 균형론을 주장했던 애덤 스미스의 논리(보이지 않는 손)를 되살려냈다.

1970년대 기업과 은행들이 효율적 시장가설을 현실에 적용하는 동안 이 가설은 미국의 모든 대학으로 퍼져나갔다. 이 시기에 만들어진 대표적인 이론은 주식과 채권(자본자산)의 수익률을 과학적으로 계산할 수 있다는 '자본자산 가격결정 모델'을 비롯해, 옵션가격 결정을 규명한 '블랙-숄즈 모델'(Black-Sholes Model) 등이다(블랙-숄즈 모델은 1972년 피셔 블랙과 마이런 숄즈가 개발한 것이다). 1970년대 말 시장의 효율성을 옹호하는 경제이론은 금융자본주의 최고의 이데올로기 반열에 올랐다. 워렌 버펫의 말을 빌리면 '성전'이 된 것이다.

상당수가 노벨상 수상자인 시장론자들은 투기에 대해 아주 우호적인 태도를 보이고 있다. 시장이 효율적이고 지속적으로 균형을 이루며 가격결정이 우연적이라면, 투기꾼들의 행위는 동기면에서 비합리적이지 않을 뿐만 아니라 결과적으로 안정을 해치지 않는다는 것이다. 이런 결론을 받아들인다면 투기의 역사는 다시 쓰여져야 하며, 비합리적인 버블은 존재할 수 없고, 앞서 말했듯 음모적인 개념인 '합리적인 버블'이라고 표현되어야 한다. 프리드먼이 투기 때문에 1930년대 경제공황이 빚어졌다는 논리를 공격하는 동안, 다른 경제학자들은 튤립과 사우스 시 버블을 단순히 '전설'쯤으로 격하시키려 하고 있다. 이들의 주장에 따르면, 이 시기에 주가급등이 있었다면 이는 타당한 이유가 있었기 때문이라는 것이다.

물론 모든 사람이 이에 동의하는 것은 아니다.[9] 워렌 버펫은 "시장이 '심심치 않게' 효율적인 양상을 보일 뿐인데, 시장주의자들은 '항상' 효율적이라고 주장한다"고 공격했다. 조지 소로스도 『세계 자본주의의 위기』(Crisis of Global Capitalism. 1989, p.251)에서, "난해한 방정식을 동원하는 효율적 시장론자들은 근대 이성에 근거한 학자라기보다는 '바늘 끝에 천사 몇 명이 올라설 수 있는가'를 계산하는 중세 스콜라 학자와 닮았다"고 비판했다.

역설적으로 시장의 효율성 가설이 경제학과 금융이론의 주류가 되자 오히려 시장의 효율성은 떨어지고 있다. 시장의 효율성이 지배하는 아주 낙천적인 세계에서는 투자자들이 금융자산을 매입할 때 이론적으로 제 가치 이상을 지불하는 경우가 거의 없다고 한다. 하지만 이런 주장이 도저히 지탱할 수 없는 지경까지 주가를 끌어올리도록 투자자들을 부추긴다.[10]

---

9   합리적 시장가설에 대한 초기비판에 대한 참고: David Dreman, *The Psychology of the Stock-Market: Investment Strategy Beyond Random Walk* (New York, 1977)

10 피터 번스타인(Peter Bernstein)은 『자본론』(Capital Ideas)에서 '니프티-피프티 붐'이 발생한 1972년 효율적 시장론자들의 대표격인 마이런 숄즈와의 대화를 상세하게 소개하고

● 파생상품 혁명 ●

종이화폐 외에도 '새시대'의 자유주의 이데올로기와 정보통신 기술이, 17세기 후반 금융혁명만큼이나 깊고 광범위한 이 시대 혁명의 또 다른 요인들이다. 1970년대 이후 가장 활발한 금융혁명 영역은 파생상품 시장이다. 파생상품은 주식이나 채권 등 기본자산에서 특정 가치가 '파생된' 유가증권일 뿐이다. 그리고 이는 자본주의만큼이나 오래된 것이기도 하다. 하지만 주가지수 옵션 등은 현물주식값의 3%밖에 안 되는 적은 돈으로도 매입할 수 있기 때문에 투기를 조장하는 것으로 여겨졌다. 이런 편견 때문에 1609년 네덜란드와 1734년 영국 의회(버너드법)가 선물 등의 거래를 금지했듯이, 과거 많은 나라가 파생상품 거래를 불법화했다. 하지만 자유주의 이데올로기가 지배하는 '새시대'에 해묵은 장벽이 제거되자 파생상품이 금융혁명을 이끌게 된 것이다.

1969년 밀턴 프리드먼이 영국정부의 평가절하 조치에 앞서 시카고 은행들에게 파운드화 투기를 제안했다. 하지만 시카고 은행들은 투기를 부추길 수 있다는 이유로 그의 제안을 거절했다. 이후 그는 이때의 좌절을 글로 남긴다. 프리드먼의 이 글은 시카고의 선물

있다. 그가 숄즈에게 시장이 실제보다 높이 평가되었는지 여부를 묻자 숄즈는 고평가 가능성을 부정했다. 대신 "수익률이 떨어지면 투자자는 주식매수를 하지 않을 것"이라고 말했다(하지만 당시 주가는 상당히 고평가되었고, 오래지 않아 시장은 극심한 침체에 빠져들었다). 물론 숄즈도 모든 정보를 보유하고 있는 이상적인 투자자보다 실제 개인투자자들이 미래를 더 정확하게 예측할 수 있을 것이라고는 믿지 않았다. 숄즈의 말은 길을 걷고 있는 두 경제학자의 선문답을 떠올리게 한다. 한 명이 "길 위에 돈이 떨어져 있다"고 말하자, 다른 경제학자는 "그럴 리가! 돈이 떨어졌다면 누군가(합리적인 인간)가 이미 주워갔을 것이다"고 말했다.

거래소 가운데 하나인 시카고 상품거래소(CME; Chicago Mercantile Exchange) 회장 레오 멜라미드의 관심을 끌었다.[11] 자유방임주의 옹호와 투기에 대한 변호, 정부 간섭에 대한 거친 비난 등 프리드먼의 주장은 자유시장에 대한 광적인 옹호론자였던 멜라미드에겐 낯설지 않은 것이었다. 멜라미드는 그에게 역사상 가장 극단적인 형태의 선물상품을 개발하는 데 도움을 요청한다.

1971년 브레턴우즈 시스템이 붕괴한 뒤 프리드먼은 멜라미드로부터 5,000달러를 받고 〈외환시장에서 선물의 필요성〉을 쓴다. 논문을 주문생산한 프리드먼은 비판이 일자 "나는 자본주의자다. 이점을 명심해달라"고 말했다.[12] 그는 오래 전부터 변동환율제와 자본의 자유로운 이동을 옹호하면서 정부의 간섭을 극력 비판해왔다. 또 통화선물의 필요성을 주장하는 글에서는 "외환선물로 환율안정이 이뤄질 수 있을 뿐만 아니라, 다른 분야의 금융시장이 활성화될 것"이라고 목청을 돋우었다.[13] 멜라미드의 돈이 힘을 발휘한 셈이다.

프리드먼의 주장을 받아들여 미국 재무성과 연방준비제도 이사회는 1972년 5월 시카고 상품거래소에 외환선물시장 개설을 허용했다. 시카고 상품거래소가 외환선물시장을 개장하자, 경쟁상대인 시카고 선물거래소(CBOT; Chicago Board of Trad)는 1년도 채 안 돼 옵

---

11 선물거래소는 3개가 있는데, '시카고 선물거래소'(CBOT)와 '시카고 상품거래소'(CME) 외에 CBOE(Chicago Board of Exchange)가 있었다. 이는 주로 옵션을 거래하는 파생상품 시장이고, 시카고 선물거래소는 19세기 중반 이후 곡물거래를 장악해왔다. 반면 시카고 상품거래소는 달걀과 버터 등의 선물거래를 주로 담당해왔다.

12 재인용 : Gregory Millman, *Around the World on a Trillion Dollars a Day* (London, 1996), p.109.

13 Leo Melamed, *Escape to the Futures* (New York, 1996), p.177.

션시장을 개장했다. 이후 다양한 파생상품들이 거래되기 시작했다. 1975년 금선물과 담보채권선물이 도입되었고, 1976년에는 미국 국채선물, 1978년 원유선물, 1982년 통화옵션이 거래되기 시작했다.

과거에는 파생상품거래와 도박을 구분하는 법적 장치들이 존재했다. 만기 결제일에 현물을 서로 주고받아야 한다는 것이다. 반면 도박은 만기일에 차액을 현금으로 결제한다. 그런데 1976년 유러달러 이자율에 대한 선물거래가 도입되었고, 프리드먼이 종을 울린 이 선물거래 첫날 금융역사상 일획을 긋는 혁신이 이뤄진다. 이자율은 만기일에 인도될 수 없기 때문에 차액을 돈으로 결제할 수밖에 없게 된 것이다.

이로부터 5년이 흐른 뒤인 1981년 현물인도가 불가능한 이자율 선물거래가 합법화되었다. 1974년 설립된 시카고 선물거래위원회가 선물거래의 결제를 반드시 현물로 해야 한다는 규정을 삭제하고, 현금을 대체 결제수단으로 삼을 수 있다고 결정했기 때문이다. 이 결정으로 다양한 지수선물이 줄줄이 도입된다. 지수선물 가운데 최초로 등장해 널리 알려진 게 S&P500지수선물이다(이 지수는 다우지수보다 더 다양한 주가를 반영한 것이다). 이 지수선물은 1982년 4월 21일 시카고 상품거래소에서 처음 거래되었다. 그리고 1년이 지난 1983년 이 지수선물의 거래규모는 미국 뉴욕 증시의 거래대금을 넘어서게 되었다. S&P500지수선물이 도입될 즈음 시카고 선물거래소에서는 선물에 대한 옵션거래가 시작되었다. '기존 파생상품에서 특정 가치를 한 차례 더 분리한 파생상품'이 탄생한 것이다.

살로먼 브라더스의 채권 전문가 시드니 호머가 이자와 채권을 분리해 거래하는 아이디어를 내놓은 1980년대 초, 금융혁명은 한층 더 활기를 띠기 시작했다. 은행들은 이때부터 유동성이 떨어지는 자산을 유동성이 좋은 증권으로 표시해(자산유동화) 팔 수 있게 되었다. 호머의 아이디어는 연방정부가 지급보증한 담보채권 시장에도 큰 영향을 미친다. 이자와 원금이 분리되어 따로따로 팔릴 수 있는 담보채권이 탄생하게 된 것이다. 원본을 표시한 채권(PO; Principle Only)은 우선순위에 따라 다양하게 분리되어 매매되었고, 마지막 순위인 Z-채권의 경우 가격변동이 심해 '독성폐기물'로 불렸다. 후에 이 채권들은 "미국 투자자들이 경험한 가장 투기적인 자산"으로 분류된다.[14]

살로먼 브라더스는 이 시기에 다양한 파생상품들을 내놓았다. 예를 들면, 자동차 담보채권(CARS), SPINS(S&P지수의 변동에 따라 이자율을 지급하는 연계상품), 천당과 지옥 담보부 채권(Heaven & Hell warrant, 시장 상황에 따라 이자지급이 천당과 지옥을 오르내릴 만큼 변동이 심한 채권-역자주) 등이다. 살로먼 브라더스는 1981년 최초로 월드뱅크와 IBM 사이에 채권스왑을 알선한다. 플레인-바닐라 스왑(plain-vanilla swap)으로 알려진 이 초기 스왑거래는 쌍방이 통화가 다른 채무에 대한 이자를 교환했다. 미국 달러로 돈을 조달한 월드뱅크와, 독일 마르크나 스위스 프랑으로 자금을 조달한 IBM이 채무를 교환한 것이다. 물론 원금에 대한 채무는 그대로 유지된다. 또 변동금리 채무와 고정금리 채무를 서로 맞교환하는 경우도 있었다.

이를 계기로 국제 스왑시장이 엄청난 규모로 성장하게 되었다. 또 변동금리부 채권과 수익률 담보부 채권, 매수청구권부 채권, 버터

---

14 Martin Mayer, *Nightmare on Wall Street: Solomon Brothers and the Corruption of the Market Place* (New York, 1993), p.153.

플라이 스왑, 통화스왑, 스왑션(swaptions, 스왑과 옵션의 합성) 등이 선을 보였다. 런던의 유러본드 시장은 쇼군본드를 비롯해 스시, 키위본드 등 다양한 해외채권들이 탄생하는 분수대와 같았다. 1996년 말 세계 파생상품 시장은 50조 달러 규모로 팽창했다고 하지만, 대부분 장외에서 거래되었기 때문에 정확한 규모는 파악할 수 없다.[15]

새로운 파생상품 출현은 1990년대에도 계속되었다. 투자회사에 고용된 우주과학자와 양자역학자들은 생소한 파생상품들을 개발해 내놓았다. 주식의 수익률에 연계해 기본 이자를 지급하는 연계상품과 리보금리가 내리면 높은 이자를, 반대의 경우 낮은 이자를 지급하는 증권 등이 그 예이다. 이 시기에 쏟아져 나온 파생상품은 미래 수익률 예측곡선처럼, 이를 만든 사람 외에는 잘 이해할 성싶지 않은 난해한 개념들을 바탕으로 만들어졌다.

새로운 금융도구들의 출현이 투기를 조장하는지에 대해서는 의견이 엇갈리고 있다. 노벨상 수상자이면서 시카고 상품거래소 이사인 머턴 밀러 교수는, "파생상품은 브레턴우즈 시스템 붕괴와 1974년 오일쇼크 이후 시장의 불정성과 불확실성에 대응하기 위해 만들어진 산업적인 도구"라고 주장하고 있다.[16] 하지만 건전하게 활용하면 보험구실을 하는 파생상품도 이를 악용하는 사람에겐 훌륭한 투기의

---

15 1990~1996년 사이의 장내 파생상품 거래규모는 2조 3,000억 달러에서 9조 8,000억 달러로 331% 늘어났고, 장외 거래규모는 2조 3,000억 달러에서 25조 달러로 729% 급등했다. Alfred Steinherr, *Derivatives: The Wild Beast of Finance* (New York, 1998), p.214.

16 Merton H. *Financial Innovations and Market Volatility* (Oxford, 1991) and *Merton Miller on Derivatives* (New York, 1997).

도구가 될 수 있다. 파생상품을 이용해 미래의 위험을 헤지 했다면, 헤지를 하지 않은 쪽에는 엄청난 투기일 수밖에 없다는 말이다.

과거의 사례를 살펴볼 때 새로운 파생상품 시장이 출현할 경우, 투기꾼들은 초과수익을 얻기 위해 재빠르게 움직였다. 그리고 최근 경험에 비춰볼 때 이 논리는 입증된다. 1990년대 중반에 발생한 여러 파생상품 스캔들 가운데, 15억 달러의 손실을 입은 메탈게젤샤프트(Metallgesellschaft) 건만이 헤지거래 과정에서 발생한 실수 때문에 빚어졌다. 8억 5,000만 달러의 손실을 입고 파산한 베어링스와 17억 달러의 손실을 기록한 오렌지카운티 사건, 26억 달러의 손실을 입고 주저앉은 일본 스미모토 스캔들 등 대부분의 경우가 리스크헤지를 하지 않았거나, 불법 투기를 벌이다 발생했다.[17]

1995년 2월 베어링 브라더스의 퀸뱅크(Queen Bank)를 파산시킨, 석고장이의 아들 닉 레슨(당시 27살)의 사례에서는 위계서열을 무시하는 전통적인 투기꾼의 기질이 잘 드러난다. 그는 상관 몰래 싱가포르 거래소에서 선물과 옵션거래를 시작했다. 얼마 안 돼 거래규모가 베어링스 자본금보다 몇 배 많은 180억 달러에 이르렀고, 손실이 눈덩이처럼 늘어났다. 결국 베어링스는 하루아침에 주저앉고 말았다. 베어링스의 순간적인 파산은 파생상품만이 일으킬 수 있는 것이었다.

다른 파생상품 파동 역시 투자은행의 공격적인 파생상품 거래와

---

17 스미모토 스캔들은 당시 48세 트레이더인 하마나카 야스오에 의해 발생했다. 동료 트레이더들 사이에서 '미스터 5%' 또는 '해머'라고 불린 그는 런던 금속거래소에서 구리 값을 조작하려고 시도했는데, 이때 그는 미국 1년 소비량과 맞먹는 250만 톤의 구리를 매수해, 구리값을 1994년 말 톤당 1,800달러에서 1995년 여름에 3,200만 달러로 끌어올렸다. 시세조종이 끝난 1996년 7월 구리값은 하루 300달러가 폭락했고, 이후 톤당 2,000달러 이하로 곤두박질쳤다. 이 시세조종으로 하마나카는 7년형을 선고받았다.

기업 재무담당자의 투기적 거래가 결합하여 발생한 것이다. 1994년 프록터 앤 갬블(P&G)이 1억 200만 달러의 파생상품 거래손실을 보상하라며 뱅커스 트러스트를 상대로 소송을 제기했을 때, "내 목표는 (투자자를) 유혹해 등쳐먹는 것"이라고 기록한 뱅커스 트러스트의 한 파생상품 세일즈맨의 메모가 공개되어 파란이 일기도 했다.[18] 그런데도 밀러 교수는 파생상품 파동이 "대수롭지 않은 관리소홀 때문에 발생한다"며 이를 무시했다.

● 레이건 혁명 ●

정치적 조건이 성숙했을 때 비로소 금융혁명이 제대로 이뤄질 수 있다. 자유주의 이데올로기가 강단에서 정치권으로 번져나간 1970년대는 금융혁명이 발생할 수 있는 적절한 시기였고, '정치적'인 경제학자였던 밀턴 프리드먼이 자유주의 이데올로기를 정치권으로 전파하는 데 핵심적인 역할을 했다. 그는 1960년대 리처드 닉슨 등 공화당 대통령 후보들에게 경제학 강의를 했던 인물이다. 이후 그는 로널드 레이건에게도 한 수 가르쳤다. 그의 강의를 들은 레이건은 이후 텔레비전에서 손가락으로 통화공급 그래프를 그리면서 자신이 '경제대통령'임을 선전했다.[19]

---

18 Frank Patnoy, *F.I.A.S.C.O.: Blood in the Water on Wall Street* (London, 1997), p.33.

19 "Adam Smith"(pseud. George J. W. Goodman), *The Roaring '80s* (New York, 1988), p.26.

1970년대 프리드먼은 영국을 자주 방문해 당시 야당이었던 보수당의 리더 대처를 상대로 경제 브리핑을 했다. 1970년대 후반 그는 세계에서 가장 유명한 경제학자가 되었다. 1976년에는 노벨 경제학상을 받았고, 시사 주간지 〈타임〉의 표지모델로 등장하기도 했다. 심지어 10시간 동안 텔레비전에 출현해 대중들을 상대로 자유주의 이데올로기를 전파하기도 했다.

그리고 마침내 레이건은 강력한 정치적 파트너를 얻게 된다. 대서양을 사이에 두고 1979년 영국에서는 대처가 이끄는 보수당이 집권했고, 한 해 뒤인 1980년 미국에서는 레이건의 공화당이 백악관을 접수한 것이다. 이로써 프리드먼이 입이 마르도록 주장했던 자유주의 이데올로기가 실천될 수 있는 터전이 마련되었다. 그리고 자유주의 이데올로기 주창자들과 레이건의 공화당 정부 사이에 강고한 동맹이 형성되었다. 두 진영은 시장에 판단이 어떤 것보다 우선한다는 데 합의한 것이다.

규제는 '거대 정부'가 갖고 있는 여러 특성 가운데 부정적인 측면일 뿐이었다. 그런데도 레이건이 집권한 8년 동안 규제에 대한 뿌리 깊고 도그마적인 혐오증이 광범위하게 퍼져나갔다. 레이건 대통령의 취임 이후 미국 법무부가 취한 첫 번째 조치는 10년 동안 진행되어온 IBM에 대한 반독점 소송을 포기하는 것이었다. 이를 계기로 1930년대에 제정되어 50년 동안 투기견제장치 구실을 해온 반독점법이 힘을 잃게 되었다. 은행의 투자와 여수신업무를 엄격히 분리한 글래스-스티겔 법의 적용도 느슨해졌다. 증권거래위원회의 예산도 삭감되었고, 일선에서 뛰는 감독국 직원들은 시장의 자유와 반규제 분위기 때문에 위축될 수밖에 없었다.

프리드먼과 아서 래퍼(Auther Laffer) 등 자유주의자들의 영향을 받은 레이건은, 이윤추구를 혐오했던 케인즈주의자들의 논리를 거부하고 개인의 이윤추구를 정력적으로 옹호하기 시작했다. "내가 가장 보고 싶은 것은 미국이 누구든지 부자가 될 수 있는 나라로 남는 것"이라고 레이건은 목청을 높였다.[20] 1920년대와 마찬가지로 소득세와 법인세가 삭감되었으며, 기업인들이 다시 칭송받기 시작했다. 또한 1981년 여름 관제사들의 파업을 힘으로 눌러 분쇄시킨 레이건은 무력한 노동조합의 시대를 열었다. 실질임금이 감소했고 소득간격차가 벌어지기 시작했다.

레이건이 "누구든지 부자가 될 수 있는 나라를 창조하고 싶다"는 희망을 피력하고 있을 때, 그의 자유방임주의는 금융 투기꾼만이 부자가 되는 나라를 창조하고 있었다. 부자들이 세금감면 혜택으로 남아도는 돈을 흥청망청 쓰고 졸부들이 호화제품을 마구 사들이며 생을 즐기는 동안, 나머지 대다수 국민은 자신도 모르는 사이에 부가 감소하는 고통을 겪어야만 했다.

● 증권 트레이더*의 등장 ●

1970년대는 만성적인 금융 불안기였다. 변동환율제와 높아지는

---

20 Lewis Lapham, *Money and Class in America* (New York, 1989), p.8.

* 트레이더(trader)는 자기 자금으로 증권을 사고 파는 증권업자를 가리킨다. 반면 브로커는 고객의 주문에 따라 주식매매를 대리하는 증권업자를 의미한다(-역자주).

인플레이션, 오락가락하는 정부의 경제정책, 낮아지는 경제성장률 등으로 증권시장은 엄청난 변동성을 보였다. 이 때문에 투자자들은 증권시장을 아주 위험한 곳으로 인식했다. '니프티 피프티' 붐이 발생한 1972년 이후 미국 증시는 가파른 하강세를 보이기 시작했다. 물론 1972년 주식호황기에도 주가수준은 미국의 정상급 기업이라면 자사주를 모두 사들일 수 있을 만큼 낮았다. 저성장·고물가의 스태그플레이션 기간 동안 대중들의 투기열기를 불러일으킬 만큼 주가는 오르지 않았다. 1966년 다우지수가 1,000포인트를 돌파했지만 1980년 봄에는 800선까지 내려앉았고, 불확실성에 직면한 개인투자자들은 자산의 안전을 가장 우선시했으며 고율의 확정이자를 지급하는 머니마켓펀드(MMF; money market fund)에 자금을 맡겨두고 쏠쏠한 재미를 보고 있었다.

위험을 무릅쓰고 높은 수익을 원하는 세력들은 만성적인 인플레이션을 피해 상품과 귀금속에 자금을 묻어두었다. 그리고 이 기회를 잘 활용해 한몫 챙긴 사람이 바로 당시 아칸소 주지사의 부인인 힐러리 클린턴이다. 1978년 말 미래의 퍼스트 레이디 힐러리는 투기꾼으로서 짧은 경력을 쌓기 시작해, 소 선물과 콩, 수퇘지 등에 대한 투기를 통해 10개월 만에 1,000달러로 10만 달러를 벌어들인 다음 이내 도박을 그만둔다. 그녀가 이 기간 동안 돈을 걸었던 파생상품의 거래규모는 300만 달러를 넘었다. 이는 당시 클린턴 부부가 보유하고 있던 자산의 30배가 넘는 액수였다. 하지만 그녀가 벌였던 투기적 약탈의 가장 두드러진 특징은 소값이 2배 이상 뛰어오르는 기간에 주로 공매도해 일시적인 성공을 거뒀다는 점이다. 통상적으로 현물가격이 오를 때 공매도할 경우 큰 손실을 입게 되는데도 그녀는 큰 수익을 올린 것이다. 그녀는 나중에 "〈월스트리트 저널〉을 꼼꼼하게 읽어 뜻밖의 큰 수익을 올릴 수 있었다"고 변명한다.

변동성이 심한 상품시장에서 일확천금을 거머쥔 사람은 힐러리만이 아니었다. 소련이 아프카니스탄을 침공한 직후인 1979년 1월 금값이 1온스당 875달러까지 치솟았다. 이로부터 6개월 뒤인 이해 7월 텍사스 석유거부인 H. L. 헌트의 두 아들, 넬슨 벙커 헌트와 윌리엄 허버트 헌트는 다른 아랍 출신 갑부들과 함께 '은' 작전세력을 구성했다. 이들은 전세계 연간 유통량의 절반에 가까운 2억 온스의 은을 순식간에 매집했고, 이에 따라 은값이 10배 이상 뛰어올라 온스당 50달러 선까지 치솟았다. 그들이 은매집에 들어가자 외부세력들도 무임승차를 노리고 뛰어들었다. 하지만 미국 뉴욕 금속시장(CMEX)의 거래규정이 바뀌고 연방준비제도 이사회가 개입하자 은버블은 빠르게 안정되었다. 은값이 1980년 3월 온스장 10달러까지 주저앉자, 헌트 형제는 10억 달러 이상의 손실을 본 뒤 끝내 파산했다. 은값이 폭등하는 동안 국제시장에서 페루산 은을 헤지 하기 위해 페루 상무부가 고용한 한 직원도 헌트 형제의 불법 투기에 가담했다. 이 직원은 은값이 오르는 동안에 매도포지션을 취하다가 8,000만 달러의 손실을 페루 정부에 안겼다. 정부의 투자 손실치고는 적은 액수였지만, 이것은 악령을 깨우는 사건이었다. 이 사건을 계기로 '사기 트레이더'가 현대 금융시장의 전면에 등장하게 된 것이다.

금융시장에서 프로 트레이더가 출현하게 된 데는 여러 가지 제도적인 요인들이 작용했다. 1970년대 미국에서는 모건 스탠리 등 대형 투자은행들이 기업공개를 실시했다. 이를 계기로 투자은행들은 한정된 자본으로 무한대의 채무를 짊어지고 조심스럽게 자산을 운용해야 하는 부담에서 벗어날 수 있었다. 거의 무한대에 가까운 자본을 익명의 주주들로부터 조달할 수 있게 된 것이다. 고유계정 거래(투자은행이나 투신사들이 고객의 재산이 아닌 자사가 보유하고 있는 자산을 운용하는 것-역자주)로 알려진 제도화된 투기를 통해 대규모의 단기수익을 올리고, 운용자는 엄청난 보너스를 받을 수 있게 되었다. 특히 뉴욕 증시의 확정 수수료 규정이 폐기된 1975년 5월 1일 이후 고유계정 거래는 더욱더 매력적인 투자방법으로 떠올랐다. 또한 자산유동화의 급속한 확산은 트레이더의 역할을 한층 강화시켰다.

　1980년대가 되자 트레이더들이 월스트리트의 주류로 떠올랐다. 도매정육업자의 아들로 태어나 신용이 낮은 지방정부의 채권 거래업자로 활동하던 존 굿프렌드(John Gutfreund)는 살로먼 브라더스의 최고 경영자로 급성장했고, 골드만 삭스에서 위험이 큰 차익거래 트레이더로 활동하던 로버트 루빈(Robert Rubin)은 이 회사의 주요 동업자(partner, 회사발전에 공로가 큰 직원을 동업자로 대우하는 것-역자주)로 성장한 뒤 클린턴 행정부의 재무장관까지 지냈다. 루빈의 성장과정은 살로먼 브라더스의 트레이더에서 닉슨 행정부의 재무장관이 된 윌리엄 사이먼의 출세과정과 비슷하다. 입정 사납기로 소문난 루 글룩스먼(Lew Glucksman)도 상류계층의 자산을 전문적으로 운용해주는 레이먼 브라더스의 최고 경영자 자리에 올랐다. 하지만 악명 높았던 그의 재임기간은 레이먼 브라더스가 아메리칸 익스프레스에 인수되는 바람에 오래가지 못했다.[21]

21　참고: Ken Auletta, *Greed and Glory on Wall Street: The Fall of the House of Lehman* (New York, 1986).

또 1980년대 가장 영향력 있던 2명의 금융가인 살로먼 브라더스의 루이스 라네리(Lewis Ranieri, 담보부 증권시장을 1조 달러 규모로 키우는 데 가장 큰 역할을 했다)와, 드렉셀 번햄 램버트의 정크본드 전문가 마이클 밀켄(Michael Milken)은 천부적인 자질을 가졌을 뿐만 아니라 잘 훈련된 트레이더였다.

트레이더들은 투자은행 외의 다른 형태의 금융회사에서도 중요한 자리를 차지했다. 그리고 정보통신 기술의 발달로 헤지펀드와 미국 증권거래위원회의 규정을 위반한 각종 사설 펀드가 난립했다.[22] 이 가운데 가장 널리 알려진 건 퀀텀(Quantum) 펀드이다. 1973년 헝가리 출신 금융가 조지 소로스가 설립한 이 펀드는 주식과 채권, 외환 시장에서 자산을 운용해 연평균 25%가 넘는 수익률을 올렸다. 이런 헤지펀드와 함께 1970년대에는 고위험 차익거래를 전문적으로 하는 투자조합이 우후죽순처럼 생겨났다. 헤지펀드와 마찬가지로 엄청난 레버리지 효과가 발생하는 이들의 고위험 차익거래는, 기업의 인수합병에 따른 자산가치 급변을 이용해 수익을 노린 것이다. 고수익을 올린 대표적인 차익거래 전문가는 이반 부스키(Ivan F. Boesky)이다. 그는 디트로이트 술집주인의 아들로 태어나, 1975년 투자조합을 구성해 활동했다.

겉은 말쑥하지만 이기적이고 성마른 트레이더들은 1980년대의 상징이었다. 톰 울프는 『허영의 모닥불』에서 이들을 '우주의 마

---

22 '헤지펀드'라는 말은 A. W. 조네스(Jones)가 1950년대 펀드를 운용하면서 매수포지션만큼 매도포지션을 취해 시장노출을 분산(hedged)시켰다는 말을 사용하면서 금융계에서 쓰이기 시작했다. 헤지펀드는 시장위험에 노출되지 않은(market neutral) 펀드로 불렸다. 하지만 최근 헤지펀드는 이와 같은 위험분산 방식을 거의 사용하지 않는다.

스터'로 묘사했다. 마이클 루이스(Michael Lewis)가, 살로먼 브라더스의 최고 경영자인 굿프렌드와 수석 트레이더 존 메리웨더(John Meriwether)가 100만 달러를 걸고 포커게임을 하는 모습을 풍자한 『거짓말쟁이의 카드놀이』(Liar's Poker)에서는 트레이더들이 '잘난 놈들'로 등장한다. 이런 트레이더의 출현은 전세계적인 현상이었고, 세계 금융시장의 규제완화와 글로벌화의 산물이었다.

1986년 영국 금융당국이 증권거래 수수료를 인하하는 등 규제완화 조치를 내리자 발생한 빅뱅 시기에 미국 투자은행들이 앞다투어 스카웃한 트레이더들은 100만 달러 이상의 보너스를 벌어들였다. 언론은 포르셰를 몰고 다니는 젊은 부자들로 그들을 묘사했고, 카릴 처칠(Caryl Churchill)은 희곡 〈천금과 같은 돈〉(Serious Money)에서 보너스에 대한 끝없는 욕망을 갖고 있을 뿐만 아니라 금융계에 광적이고 야만적인 분위기를 조성한 군상이라고 비아냥거렸다. 하지만 '공격적'이라는 말이 젊은 트레이더들의 세계에서는 '야망에 가득 찬'과 동의어로 쓰이고, 그들이 가장 즐겨 읽는 책은 중국의 『손자병법』이었다. 또한 트레이더들이 쓰는 말은 대부분이 폭력적이다. 예를 들면, 살로먼 브라더스의 한 세일즈맨은 "멍청한 그 사람(고객)의 얼굴 가죽을 벗겨놓았다"는 말을 서슴지 않았다.

국제적인 자본이동은 이제 빛의 속도로 이뤄지게 되었다. 잠을 자지 않는 무생물인 돈을 쫓아 트레이더들도 하루 24시간을 뛰어야 했고, 신경을 곤두세우고 매순간 바뀌는 시장의 상황에 정신을 집중해야 했다. 올리버 스톤 감독이 만든 영화 〈월스트리트〉에서 악역으로 나오는 고돈 게코가 지껄인 "점심은 게으른 놈이나 먹는 것"이라는 말은 트레이더들의 생활을 짐작케 한다. 또 어느 누구도 드렉셀 번햄 램버트의 마이클 밀켄과 한 시간 이상 일할 수 없었다고 한다. 하루 서너 시간 새우잠을 잔 뒤 뉴욕 증시 개장에 맞춰 새벽 4시에 출근해, 하루 1,000건 이상의 거래를 하며 강행군하는 그를 따라할 사람은 거의 없기 때문이다. 그는 돈 외에는 모든 것을 포기하는 금욕주의적 생활을 하는 것으로도 유명하다. 반면 이반 부스키는 신경을 갉아먹는 트레이딩을 21시간 동안 하면서 계속 커피를 자신의 위에 쏟아붓는 습관을 갖고 있었다.

트레이더들이 견디어야 하는 격무는 부의 상징으로 비치는 이 직업의 이미지를 바꿔놓았다. 트레이더들은 톨스타인 베블런이『유한계급론』에서 묘사한 과시적 소비를 일삼는 게으른 졸부들이 더 이상 아니었다.[23] 1980년대 부의 상징인 개인 여객기나 이동전화는 휴식을 의미하는 게 아니라 한시도 쉴 틈 없이 일에 파묻혀 사는 것을 상징하게 되었다.

● 마이클 밀켄의 등장 ●

1980년대 초반 미국인들의 머릿속엔 대공황의 교훈이 더 이상 남아 있지 않았다. 레이건 시대의 영향으로 기업인들이 다시 존경받게 되었고, 기업의 부채는 조심성 없는 기업경영을 상징하는 게 아니라 절세를 잘한 것으로 인정되었다. 금융시장에서는 규제완화가 관리·감독의 자리를 차지하게 되었다. 사적인 부의 추구는 공동체적인

---

23 참고 : Anthony Sampson, *The Midas Touch* (London, 1989), p.29.

목표인 완전고용과 부의 공정한 배분보다 우선되었다. 물론 레이건 집권 초기 18개월 동안에는 인플레이션을 잡기 위해 고금리 정책을 쓰는 바람에 미국 증시는 침체의 늪에서 벗어나지 못했다. 시중금리가 연 20%선을 오르내렸고, 장기채권의 수익률도 15% 이상에서 형성되었다. 하지만 1982년 여름 연방준비제도 이사회 의장인 폴볼커가 재할인율을 낮추겠다고 마침내 선언했다. 인플레이션과의 전쟁이 끝난 것이다. 이로써 1932년 최저점까지 추락한 증시는 반세기 만에 상승세를 타기 시작했다.

영국의 대처 수상이 국영기업의 주식을 시장에서 매각하는 방식으로 민영화하는 동안, 레이건 시대 미국에서는 다른 방식의 민영화가 이뤄졌다. 차입매수방식(LBO; leveraged buyout, 인수할 기업의 자산을 담보로 차입금을 조달해 벌이는 기업인수−역자주)으로 증시에 상장된 수많은 공기업의 소유권이 넘어간 것이다. 인수를 위해 빌린 돈의 원금과 이자는 피인수 기업이 벌어들이는 현금으로 순식간에 상환되었고, 차입매수꾼들은 이를 기업인수합병 시장에 다시 내놓거나 주식시장에 다시 상장시켜 엄청난 차익을 남길 수 있었다.

본격적인 차입매수는 1983년 여름에 시작되었다. 이보다 18개월 전에 전직 재무장관 윌리엄 사이먼이 동업자와 함께 자기자본 100만 달러와 차입금 1,900만 달러 등 2,000만 달러의 자산을 동원해 깁슨 그리팅 카드를 사들인 뒤, 이 기업의 돈으로 차입금을 정산하고, 이해 여름 주식시장에 상장시켜 2억 9,000만 달러에 되팔았다. 이로써 33만 달러를 투자했던 윌리엄 사이먼은 6,600만 달러를 거머쥘 수 있었다. 사이먼의 차입매수는 절묘한 타이밍에 이뤄졌다. 주식시장이 침체를 보일 때 이 기업을 인수해, 이자율이 하락하고 주식시장이 활황장세에 접어들 때 되팔았기 때문이다.

이자율의 하락과 자산가치의 상승만으로 차입매수가 활성화된 것은 아니었다. 기업 차입금의 이자에 대한 세금감면 혜택을 주는 조세정책도 차입매수의 활성화에 일조했다. 더욱이 레이건이 1981년 의회를 설득해 경제부흥 세법안을 통과시키자 혜택의 폭은 더욱 커졌다. 이에 따라 수많은 기업이 금융비용을 절감할 수 있게 되었고, 더 나아가 차입을 통한 자금조달을 늘려나갔다. 주식투기를 위해 빌리는 마진론의 한도를 담보주식 가치의 50%로 제한하고 있었지만, 기업매수를 위한 차입에는 아무런 제한이 없었던 것이다. 따라서 마진론의 이용에 있어, 차입매수꾼들은 주식투기꾼들보다 많은 이점을 갖게 되었다. 차입금의 이자에 대한 세금감면 혜택을 받을 수 있었을 뿐만 아니라, 담보주식의 시장가격이 떨어진 경우에도 더 많은 주식을 담보로 내놓을 필요가 없었던 것이다. 심지어 차입매수꾼들이 지는 차입금에 대한 법적 책임은 악어눈물만큼 적었다. 피인수 기업을 담보로 채권을 발행해 투자자들에게 팔아 위험을 전가시켰기 때문이다. 따라서 인수한 기업이 파산할 경우 애초 자신의 투자액만 날리면 그만이었지만, 성공할 경우에는 엄청난 수익을 올릴 수 있었다.

밀켄은 회계사의 아들로 태어났다. 하지만 그가 시장에 던진 메시지는 회계사의 보수성이나 엄격함과는 거리가 멀었다. 기업의 회계자료를 제멋대로 조작하도록 부하직원들을 부추겼고, 주주들의 자본금을 부채로 '형질변경'시키기 일쑤였다. 밀켄은 1970년 드렉셀 번햄 램버트에 취직해 하이일드(high-yield)와 정크본드 트레이더로서의 인생을 시작했다. 그리고 하이일드 채권은 위험하기 때문에 '투기적'이라는 고정관념에 도전하기 시작했다. 신용등급이 낮은 채권을 '추락한 천사'로 부르며, 부도율보다 높은 수익률을 보장한다고 주장하고 나선 것이다. 그는 제너럴모터스 등이 발행한 1등급 채권으로 구성된 포트폴리오보다 추락한 천사들이 더 높은 수익을 보장한다고 말했다.

1970년대 초반 이후 자신의 주장이 시장에 먹혀들자, 밀켄은 정크본드를 더 폭넓게 활용할 수 있는 방법을 고안하기 시작했다. 그의 첫 번째 타깃은 테드 터너의 CNN과 이동전화회사 매크로셀룰러, 라스베이거스의 카지노 등 빠르게 성장하는 기업들이었다. 고수익채권의 프라이머리 시장(발행시장, 기업이 채권을 발행하면 브로커인 증권사가 이를 인수하는 시장-역자주)과 세컨더리 시장(유통시장, 발행기업으로부터 채권을 인수한 증권사가 이를 불특정 다수에게 유통시키는 시장-역자주)에서 큰손으로 성장한 그는, 정크본드에 대한 자신의 철학을 공개적으로 언급하기 시작했다. 그리고 "나는 대중들의 인식과 실체를 구분할 수 있다"고 자랑했다. 더 나아가 무디스와 같은 신용평가회사들은 기업의 미래보다는 과거만을 평가한다며, "(그들은) 미래의 사람들과 산업을 아주 위험한 것으로 간주한다. … 정크본드의 기업은 미래의 기업이다"라고 소리 높여 주장했다.[24] 또 "우리가 좋아하는 모든 것은 정크다. 정크푸드, 정크레코드, 정크의류…. 시간이 지나야 본질이 드러나는 모든 것은 정크다"라며 정크본드를 옹호했다.[25]

밀켄의 본능적인 세일즈맨 정신은 금융가로서의 자질만큼이나 뛰어났다. 그는 금융의 역사와 시장 정보에 대해 걸어다니는 백과사전과 같았다. 만약 하위등급 채권을 거래하는 데 만족했더라면, 또

---

24 Fenton Baily, *The Junk Bond Revolution* (London, 1992), pp.39~40.

25 앞의 책, p.284.

고위험 채권을 양념 삼아 거래하는 데 그쳤더라면, 금융과 거리가 먼 일반시민들이 그의 이름을 기억조차 하기 힘들었을 것이다.

하지만 미국 공기업들을 인수하는 데 하이일드 채권을 활용해 자금을 조달할 수 있다는 아이디어를 내놓은 것은 드렉셀 번햄 램버트의 인수합병 파트였다. 밀켄과 드렉셀은 1984년 8월 처음으로 적대적 인수합병에 뛰어들었다. 텍사스 석유재벌인 메사석유의 회장 분 피켄스(T. Boon Pickens)의 걸프석유에 대한 적대적 인수합병을 지원한 것이다. 드렉셀 번햄 램버트는 정크본드 매각을 통한 자금마련을 위해 '확실한 건수'라는 투자설명서를 만들어 투자자들에게 뿌렸다. 물론 이 적대적 인수합병은 실패로 끝났다. 하지만 '확실한 건수'라고 쓴 그 문서는 종이쪽지로 무한대 자금을 끌어들일 수 있는 드렉셀 번햄 램버트의 상징이 되었다.

드렉셀의 적대적 인수합병의 첫 번째 성공작은 1985년 4월에 출품되었다. 밀켄이 뒷배를 봐준 넬슨 펠츠가 4,650만 달러로 내셔널 캔(National Can)의 과반수 지분을 장악한 것이다. 이 과정에서 그들이 동원한 차입금은 자신들이 투자한 돈의 7배가 넘는 것이었다. 몇 달 뒤에는 드렉셀의 클라이언트였던 론 펄먼이 화장품 회사인 레브론을 차지했다. 이는 당시로선 최대 차입매수 사례였다. 하지만 이 기록은 곧 깨지게 된다. 1986년 4월 차입매수꾼인 콜버그 크래비스 로버츠(Kohlberg Kravis Roberts)가 드렉셀의 도움으로 60억 달러를 조달해, 샘소나이트 여행용 가방에서 애비스 렌트카까지 다양한 기업을 보유하고 있던 비트리스(Beatrice)를 공격해 점령한 것이다.

밀켄과 그 휘하의 차입매수꾼들은 기업과는 아무런 관련이 없는 척했다. '약탈자의 무도회'로 불린 1985년 드렉셀 번햄 램버트의 하이일드 컨퍼런스에서, 이 회사의 대표 프레드 조지프는 이렇게 떠벌렸다. "역사상 처음으로 평등한 게임을 벌일 수 있게 되었다. 작은 것이 큰놈을 뒤쫓을 수 있게 된 것이다."[26] 과거 제이 굴드처럼 이 약탈자들도 자신들의 일이 공공복지를 위해 필요한 것이라고 주장했다. 그리고 자신들은 기업경영이나 기업지배에는 능력이 없고, 오직 기업의 주식과 자신들이 현재 보유하고 있는 지위가 주는 약간의 팁에 만족할 뿐이라고 말했다. 넬슨 펠츠는 "미국의 경영이 소련보다도 더 공산주의에 가깝다"고 주장했고,[27] 제임스 골드스미스 경은 한술 더 떠, "인수합병은 공공의 복지를 위해 좋은 일이다. 하지만 우리가 이 일을 하는 것은 돈을 위해서다"라고 공언했다. 물론 '적대적 인수합병이 자본의 민주화를 위해 좋다'고 한 약탈자들의 주장은 공허한 것이었다.

밀켄이 주최한 정크본드 축제에는 초대받지 않은 사람은 낄 수가 없었다. 기성 경제계 어떤 모임보다도 접근하기 힘들었다. 그는 소수의 약탈자 동호회를 상대로 정크본드를 발행했고, 소수의 기관투자가들에게 이를 팔았다. 이들은 서로 끈끈하게 묶여 있었기 때문에 '그룹섹스족'으로 불릴 정도였다.

밀켄은 X자형 책상이 놓인 비벌리힐스 집무실에서 미국 금융계와 재계를 호령했고, 클라이언트와 동업자들의 추앙을 한몸에 받았다. 드렉셀 번햄 램버트의 전직이사는 그를 가리켜 이렇게 말했다. "그는 진실을 밝히는 데만 관심을 갖고 있다. 주식에 관심을 갖지 않

---

26 James Stewart, *Den of Thieves* (New York, 1991), p.117.

27 Connie Bruck, *The Predators' Ball* (New York, 1988), p.145.

았다면 아마도 종교부흥사가 되었을 것이다."[28] 심지어 "밀켄은 이 시대 미국인 가운데 가장 중요한 인물"이라고 말한 사람도 있었다.[29] 동시대인들에게 그는 정크본드의 복음을 전파하는 메시아쯤으로 비쳤다. 밀켄은 자신의 권위가 커지자 금융과 관련 없는 일에 대해서는 박애주의자처럼 행동하기 시작했다. 무주택자들의 주택공급을 위해 목청을 높였고, 음식물 포장재의 해로움을 역설했다. 또 인간의 장수 문제에 지대한 관심이 있는 척했다.[30]

종교집단보다 마피아 같은 분위기를 짙게 풍기는 드렉셀의 조직 문화는 천박하고 거들먹거리는 게 특징이었다. 다른 투자은행들이 그들과 격렬한 영역다툼을 벌이기도 했지만, 정크본드 시장의 3분의 2가 밀켄의 영향력 아래에 있었기 때문에 어느 누구도 그를 무시하고 일을 벌일 수 없었다. 또 조금이라도 허점을 보이는 기업들은 즉시 밀켄이 거느리고 있는 약탈자들의 도전에 직면해야 했다. 심지어 드렉셀 번햄 램버트마저도 주주명부에 낯선 이름이 등장하면 긴장할 정도였다.

1986년 드렉셀 번햄 램버트가 지분을 보유하고 있는 기업은 150개가 넘었다. 또 보유중인 정크본드 자산은 7억 달러에 이르렀다. 이를 바탕으로 밀켄은 정크본드 시장을 완전히 장악하고 싶은 욕망을 실천에 옮기기 시작했다. "밀켄은 정크본드 시장을 완전히 장악하고

---

28 앞의 책, p.25.

29 Authony Bianco, *Mad Dog: The Story of Jeff Beck and Wall Stree*t (London, 1993), p.323.

30 George Anders, *Merchants of Debt: KKR and the Mortgaging of American Business* (New York, 1993), p.95.

싫어한다. 그는 어떤 것에도 만족할 줄 모르는 불행한 인간이고, 부하들을 욕설과 모욕감으로 통솔하며, 오직 돈만을 위해 모든 일을 벌인다." 이것은 이름을 밝히지 않은 밀켄의 한 동업자가 『포식자들의 연회』의 저자 코니 브룩에게 한 말이다.[31]

밀켄은 부를 과시하는 데는 무관심했지만 축적하는 데는 강한 욕망을 보였다. "그는 천재적인 창의력 외에도, 지구상에서 가장 무자비하고 탐욕스러운 욕망을 품고 있는 인물"이라고 드렉셀 번햄 램버트의 한 직원은 증언했다.[32] 1970년대 초 밀켄은 자신이 올린 실적 가운데 3분의 1을 보너스로 받기로 하고 드렉셀과 계약을 맺었다. 드렉셀 번햄 램버트는 이후 그가 벌인 적대적 인수합병으로 수천만 달러를 벌 수 있었기 때문에 그 계약은 수지맞는 장사였다. 그리고 밀켄은 드렉셀 번햄 램버트에서 받은 보너스에다 개인적으로 운영한 몇 개의 투자조합에서 번 돈까지 합해 엄청난 부를 축적할 수 있었다. 그는 클라이언트가 정크본드를 발행할 경우, 신주인수권을 '리베이트'로 받아 투자자들에게 배분하지 않고 우호적인 클라이언트나 드렉셀 번햄 램버트에 선물했다. 물론 개인적으로도 착복했다. 그는 "우리가 친구들을 활용해 돈을 벌지 못한다면 누가 벌겠는가?"라고 말한 것으로 알려졌다.[33]

1986년 1월 밀켄은 인수합병 분야의 정상급 어드바이저인 마틴 시걸을 채용하기 위해 인터뷰하면서 이렇게 훈계했다. "사람들은 스

31 Bruck, *Predatos' Ball*, p.302.

32 앞의 책, P.314.

33 앞의 책, P.285.

스로 부자라고 생각할 때 둔해지고 살이 찌기 시작한다. 따라서 번 돈을 세지 말아야 하며, 더 많은 돈을 벌기 위해 자신을 채찍질해야 한다."[34] 이해 그는 드렉셀 번햄 램버트의 정크본드 파트가 받은 보너스 7억 달러 가운데 5억 달러를 차지했다. 이로써 그는 당시 미국에서 가장 많은 돈을 번 샐러리맨으로 등재되었다.

물론 밀켄 휘하의 약탈자들이 더 많은 돈을 벌 때도 있었다. 레브론을 약탈했던 론 펄먼은 1970년대 말 200만 달러를 차입해, 수차례의 적대적 인수합병을 거친 결과 10년 뒤에는 30억 달러에 이르는 부를 거머쥔 것으로 유명하다. 임금삭감 등으로 피인수 기업의 비용을 줄이고 기존 경영진을 잘라냈지만, 약탈자들의 사치 때문에 이 기업들의 방만한 경영은 지속되었다. 레브론의 전직 대표인 마이클 버거랙(Michael Bergerac)은 "인수합병 전에도 방만한 경영이 이뤄졌지만, 인수 뒤에도 방만함은 계속되었다"고 증언했다. 이어 약탈자들의 호화사치를 다음과 같이 폭로했다. "약탈자들은 초기에 거대한 레브론의 극히 일부를 가까스로 장악한 뒤 서서히 장악력을 넓혀가는 것 같았다. 그들은 양복을 맞춰입기 위해 런던까지 오갔고, 프랑스 요리사들을 고용했으며 최고급 프랑스 포도주만을 마셨다. 그들은 한 대의 비행기로는 만족할 수 없어 서너 대의 비행기를 더 구입해야 했다. 직무상 필요 때문에 이런 일(사치)을 한 게 아니었다. 그리고 그들의 사치벽은 회사의 모든 사람들에게 전염되었다."[35]

눈덩이처럼 불어나는 부와 보너스에 파묻힌 '정크본드 억만장자

---

34 Stewart, *Den of Thieves*, p.213.

35 Bailey, *Junk Bond Revolution*, p.92.

들'과 이들의 어드바이저들은 전후 미국에서 사례를 찾아보기 힘든 사치를 일삼았다. 1981년 레이건 대통령의 초호화판 취임식이 과시적 소비를 아메리칸 드림의 상징으로 여기는 사회분위기를 조장했고, 이후 뉴욕에서는 호화 파티들이 줄지어 열렸다. 사울 스타인버그와 래리 티쉬의 자녀들이 결혼식을 올린 메트로폴리탄 예술박물관은 1만 2,000송이의 네덜란드 튤립과 5만 송이의 프랑스 장미로 화려하게 치장되었다. 〈허영의 시장〉(Vanity Fairs)의 편집장 티나 브라운은 이 결혼식에 대해 "15세기 캐슬과 아라곤의 결혼식만큼이나 화려하고 거대했다"고 말했다.[36]

살로먼 브라더스 보스의 부인인 수잔 굿프렌드가 잠시 동안 '신흥 귀족사회'를 리드한 적이 있었다. 그녀는 2,000만 달러를 들여 뉴욕 5번가에 있는 자신의 아파트를 치장하기도 했고, 파리에 머물고 있는 남편의 60회 생일 축하용 케이크를 수송하기 위해 초음속 콩코드 여객기의 좌석 2개를 예약하기도 했다. 또 한 호텔을 통째로 빌려 파티를 열면서 자신의 집으로 초대하는 듯한 초대장을 보내 화제가 되기도 했다. 그녀는 〈뉴욕타임스〉와의 인터뷰에서 "마치 동화의 세계에 살고 있는 것 같다"고 거들먹거렸다. 『거짓말쟁이의 카드놀이』를 쓴 마이클 루이스는 "굿프렌드 초청장의 위력은 살로먼 브라더스의 주가와 함께 오르내리는 것 같다"고 촌평했다. 하지만 그런 그녀도 미국 증시가 폭락한 뒤, "부자가 되는 데 너무 많은 돈이 필요하다"고 탄식했다고 한다.

권력이 투자은행의 헤드에서 클라이언트로 이동하자, 경제잡지

---

36 앞의 책, p.99.

인 〈비즈니스위크〉가 살로먼 브라더스의 대표 존 굿프렌드에게 수여했던 '월스트리트의 제왕'이라는 칭호를 트레이더인 헨리 크래비스가 빼앗아갔다. 따라서 수잔 굿프렌드가 갖고 있던 '신흥 귀족사회' 리더십도 패션디자이너 출신인 크래비스의 부인 캐럴라인 롬에게 넘어갔다. 크래비스의 두 번째 부인인 그녀는 키가 크고 비쩍 마른 미국 중서부 출신 여성으로, 그녀의 행동은 칼럼리스트들의 가십거리가 되었다. 자신을 가꾸는 데 게으르지 않았던 그녀는 프랑스에서 프랑스어를 공부했고 잘츠부르크에서 교양 삼아 오페라를 공부했으며, 피아노를 즐겨 쳐 '브람스가 부활했다'는 찬사를 받기도 했다. 남편이 차입매수한 기업의 노동자들이 깎인 월급이나마 받기 위해 장시간 노동하며 차입비용을 갚아나가는 동안, 그녀는 귀금속으로 수놓은 드레스를 디자인하느라 '노예처럼' 일하고 있다고 거들먹거리기도 했다. 언론은 그녀가 "나는 다이아몬드에 환장했다"고 말한 것으로 전했다. 또 그녀가 메트로폴리탄 박물관에서 연 파티에 초대받아 참석했던 한 게스트는, "마치 중세 이탈리아 메디치 가문의 파티를 보는 것 같았다"고 파티의 호사스러움을 전했다.

캐럴라인이 "내 남편은 지갑 위에서 서 있을 때 훨씬 커 보인다"고 표현한 '땅딸보' 크래비스 역시 귀족적인 사치를 즐겼다.[37] 뉴욕 맨해튼에 있는 사무실에서 최고급 도자기로 점심을 즐겼고, 의자에 앉아 있는 동안 그의 구두는 반짝반짝 광을 내며 마호가니 책상 뒤에 안치되었다. 또 크래비스가 갖고 있는 고가의 그림을 상찬하기 위

---

37 앞의 책, p.82. 이 같은 표현은 도미니크 듄(Dominick Dunne)의 소설(『People Like Us』)에도 등장한다.

해 마거릿 공주가 그의 사무실을 방문할 정도였다. 한마디로 평범한 사람들은 도저히 상상조차 할 수 없는 귀족생활을 즐긴 것이다.

차입매수 붐은 1980년대 중반 미국 증시활황의 가장 큰 원동력이었다. 전통적인 기업가치 평가방법이 의미를 잃고, 인수합병 가치가 중요한 기업가치 평가수단으로 등장했다. 현금 흐름이 얼마나 좋고, 어느 정도의 채무를 감당할 수 있느냐에 따라 기업가치가 달라진 것이다. 차입매수꾼들이 기업을 인수할 때 인수에 들인 차입금을 원활하게 상환할 수 있는 기업이 높은 가치를 갖는다는 것이다. 전문적인 차익거래꾼들이 인수합병 가치를 주식시장에서 주가의 가치로 환산하는 중개자 역할을 맡았다. 차입매수꾼들과의 담합을 통해 차익거래꾼들은 적대적 인수합병을 쉽게 할 수 있는 기업들을 물색했고, 대상 기업의 상당 지분을 미리 확보해두었다. 그리고 인수합병 과정에서 주가가 치솟을 때 한몫 챙긴 것이다.

1920년대 개미군단이 작전세력을 모방했듯이, 개인투자자들 가운데 상당수가 차익거래꾼들을 뒤쫓아 한몫 챙기려 했다. 차익거래꾼들과 기생하는 개미군단은 해당기업에 어떤 충성심도 갖고 있지 않기 때문에 약탈자들과 쉽게 호흡을 맞춰 적대적 인수전을 벌일 수 있었다. 적대적 인수합병이 공개적으로 선언되면, 약탈자들의 브로커들은 대상 기업의 차익거래꾼들을 소집하기만 하면 쉽게 목적을 달성할 수 있었다. '거리청소'로 불린 이런 사례는 로버트 캠푸(Robert Campeau)가 앨리드 스토어스를 적대적으로 인수할 때 극적으로 연출되었다. 로버트 캠푸의 LA 증권 브로커였던 보이드 제퍼리스는 단 한 통화의 전화로 순식간에 앨리드 스토어스의 3,200만 주를 마치 거리를 청소하듯이 긁어모았다. 이는 이 회사의 유동주식의 50%가 넘는 것이었다. 이로써 로버트 캠푸는 40억 달러짜리 기업을 순식간에 집어삼켰다.

차익거래꾼들은 자신들의 한몫 건 기업에 대한 인수합병이 실행되지 않거나 실패로 끝날 때 큰 손실을 입는다. 걸프오일이 시티스 서비스를 상대로 적대적 인수작전을 벌였으나 실패로 끝나자, 이반 부스키는 2,400만 달러를 날려야 했다. 이 실패로 부스키는 키더 피바디의 마틴 시걸과 드렉셀 번햄 램버트의 데니스 레빈 등 투자은행 트레이더들과 비밀 네트워크를 구축했다. 그리고 이 비밀 네트워크를 통해 네슬레를 적대적으로 인수해 2,800만 달러를 벌어들였다. 자신에게 유리하게 만든 주사위로 도박을 벌이려 했던 인물은 부스키만이 아니었다. 〈비즈니스위크〉가 1985년 봄에 조사한 바에 따르면, 인수합병 사례 가운데 75%에서 내부자거래로 볼 수 있는 사전주가앙등이 발생했다. 이와 더불어 부스키가 내부정보를 활용해 매년 80%가 넘는 수익을 올렸다는 의혹이 광범위하게 제기되었다.

1986년 5월 18일 캘리포니아 비즈니스스쿨에서 부스키는 1980년대 시대정신을 드러내는 강연을 한다. "어쨌든 탐욕은 정당한 것이고…"라며 그가 말문을 열자, 그 자리에 참석한 여피족들은 환호성으로 이에 화답했다. 이어 그는 "탐욕은 건전한 것이고, 여러분도 탐욕스러워질 수 있으며, 탐욕스런 자신에 대해 만족하게 될 것"이라고 목청을 돋우었다.[38] 하지만 부스키의 이 말은 거대한 부를 추구해온 자신의 인생에 남긴 고별사와 같았다. 목청을 돋우고 있던 그 순

---

38 Bruck, *Predatos' Ball*, p.5. 부스키의 말은 영화 〈Wall Street〉에서 "탐욕은 선한 것이고, 탐욕이 모든 것을 움직인다"(Greed is good, greed works)는 표현으로 인용됐다.

간 부스키는 자신의 행운이 다했다는 것을 알고 있었기 때문이다. 6일 전인 5월 12일 그의 최고 정보원이었던 데니스 루빈이 뉴욕에서 내부자거래 혐의로 체포되었던 것이다. 그리고 특강을 한 지 사흘 뒤인 5월 21일 부스키 역시 체포되었다. 월스트리트는 이날을 '부스키 데이'라고 불렀다. 이와 함께 〈월스트리트저널〉은 밀켄의 가담여부가 조사되고 있다고 보도했다. 이 여파로 다우지수가 43포인트 하락했고 정크본드 값이 폭락했으며 론 펄먼은 질레트를 상대로 벌이고 있던 적대적 인수합병 작전을 포기해야만 했다. 물론 인수합병 게임은 여기서 끝나지 않았다. 단지 방향을 전환했을 뿐이었다.

시장은 내부자거래 스캔들을 금새 잊어버렸다. 1987년 1월 레이건은 "시간으로 미국을 가늠할 수 없다. 우리는 자유를 향해 끝없는 실험을 벌이고 있으며, 우리가 하는 일과 품고 있는 희망에는 한계와 종착점이 없기 때문이다"고 시대상황을 거울처럼 반영한 웅변을 했다.[39] 그리고 레이건이 퍼트린 영감에 반응하듯 다우지수는 사상 처음으로 2,000포인트를 돌파했다. 1987년 1월 말 폭락사태가 한 차례 빚어지고, 증권거래위원회의 책임자가 최악의 비극을 경고했지만 상승세는 멈추지 않았다. 또 투기적 사건들이 전세계적으로 줄을 이었고, 런던에서는 보수당의 선거 캠페인을 전담했던 광고회사 사치앤사치가 영국 내 최대 시중은행인 미들랜드를 상대로 적대적 인수합병을 시도하다 실패했다.

---

39 재인용 : Lapham, *Money and Class*, p.182.

● 월스트리트에 출현한 '금융계의 히틀러' ●

'부스키 데이' 충격에도 아랑곳없이 미국에서는 적대적 인수합병이 되살아났다. 밀켄과 드렉셀은 차입매수 시장에서 힘자랑을 하고 싶어하는 다른 투자은행의 강력한 도전을 받았다. 정크본드와 적대적 인수합병 세계는 게임의 속성을 갖고 있으며, 동화적인 표현들이 난무하기도 했다. 사냥대상 기업은 '경기중'에 있고, 경영권을 보호해주기 위한 우호주주인 '백기사'가 나타나지 않는다면 기존 경영진은 '약탈자의 기업을 인수합병하겠다'는 소문을 퍼트리는 '독약'이나 '팩맨'(Pac-Man, 컴퓨터 오락의 일종 - 역자주)으로 기업을 보호했다. 기업을 지켜내기 위한 갖은 방법이 실패로 끝날 경우, 경영자는 보상금인 '황금 낙하산'을 타고 탈출했다.

또 가격흥정은 '인수계획을 티샷한다'고 표현되었고, 높은 가격을 제안하는 것은 '해트 트릭'이었으며, 정크본드 발행 성공은 '홈런'으로 통했다. 적대적 인수합병을 시도하는 투자은행가들에게는 거래의 모든 과정을 담은 작은 기념패가 수여되었는데, 이것은 '묘비명'(채권매각의 내용이 묘비에 새긴 글처럼 천편일률적이었기 때문에 붙여진 말이다 - 역자주)이라고 불렸다. 적대적 인수합병은 '장난감 거래'와 같았고, 그래서 드렉셀 번햄 램버트의 한 임원은 '어른들을 위한 디즈니랜드'라고 묘사하기도 했다.[40]

적대적 인수합병 경쟁이 치열해지자 거래의 질이 하락했다. 이와 같은 적대적 인수합병의 질 하락은 캐나다 출신 로버트 캠푸의 등장

---

40 Bruck, *Predatos' Ball*, p.248.

과 함께 발생했다. 그의 성공은 허풍과 허영, 익살 등으로 얻어낸 것이었다. 그는 두 명의 부인을 두고 이중 살림을 했고, 웅변교습을 받았으며 모든 치아를 금으로 씌웠다. 또 주름살 제거수술을 했으며 머리카락을 이식했다. 그는 괴팍한 성격의 소유자였다. 심한 우울증을 앓고 있었고, 양머리 추출액을 주입 받기 위해 주기적으로 독일 여행을 떠났다. 또 여행을 하는 동안 광천수와 신선한 오렌지를 집에서 직접 조달해 먹었다. 그의 괴상한 이미지는 새 깃털로 장식한 꼭대기가 푹 주저앉은 모자를 즐겨 쓰는 취향 때문에 한층 강해졌다. 뉴욕에서는 한밤중에 은행가들을 호텔로 불러 팬티 바람으로 회의를 열기도 했으며, 회의를 하는 동안 요점을 강조하기 위해 포크를 집어들어 테이블을 찍는 과격한 행동을 하기도 했다.

사실 캠푸는 광기에 억눌리고 핏대를 올리며 생각나는 대로 장광설을 지껄이는 인간이었다. 유일하게 성형수술용 칼이 닿지 않은 눈동자는 툭 튀어나왔고, 손은 부들부들 떨었다. 이런 성격 때문에 캐나다의 기성 재계는 그에게 의심의 눈초리를 던지며 그를 경계했다. 따라서 1980년대 초 그가 캐나다에서 시도했던 적대적 인수합병은 기존 재계의 방해로 실패할 수밖에 없었다. 하지만 황금으로 번쩍거린 당시 월스트리트는 그가 활동하기에 캐나다보다 덜 까다로웠다.

1986년 캠푸는 월스트리트에 상륙해 최고급 호텔 최고층 객실에 사무실을 열었다. 이어 월스트리트 동업자가 소개해준 변호사를 고용해 사냥에 나설 기업을 물색하기 시작했다. 이곳저곳을 헤집고 돌아다닌 끝에 그의 시선은 백화점 하나에 고정되었다. 마침내 사냥감을 찾은 것이다. 앨리드 스토어스였다. 브룩크 형제가 소유하고 있던 이 의류점은 프레피스타일(값비싼 옷을 수수하게 보이도록 디자인한 것-역자주)을 전문적으로 취급하고 있었다. 당시 앨리드 스토어스는 매출액이 40억 달러였고 7만 명의 노동자들을 고용하고 있었으며, 시가총액은 20억 달러에 이르렀다. 이는 캠푸가 갖고 있는 자산의 20배가 넘는 것이었다.

캠푸의 어드바이저로 활동하고 있던 퍼스트 보스턴 은행의 스타급 거간꾼 브루스 워서스타인은 약탈자와 그 대상기업의 자산가치 불균형, 소매업에 대한 캠푸의 무경험 등에도 불구하고 전혀 당황한 빛을 내비치지 않았다. 물론 캠푸가 자신이 갖고 있는 부동산회사와 소매업종인 앨리드 스토어스가 합칠 경우 시너지 효과가 있을 것이라고 큰소리를 치긴 했다. 아무튼 워서스타인은 자신의 금고에서 9억 달러를 꺼내 인수자금으로 선뜻 빌려주었다. 이는 퍼스트 보스턴 은행의 자본금과 맞먹는 거액이었다. 그리고 앨리드 스토어스 주식을 담보로 마진론 6억 달러를 추가로 대출해주었다. 캠푸는 이밖에도 '아직 포획하지도 못한 앨리드 스토어스'를 담보로 제공하고 3억 달러를 더 빌렸다. 이와 함께 그는 10억 달러 규모의 정크본드를 발행해 추가로 실탄을 마련했다. 앨리드 스토어스는 충분한 현금흐름을 보장할 만큼 유동성이 풍부한 회사가 아니었기 때문에, 퍼스트 보스턴 은행은 캠푸를 대신해 2억 5,000만 달러어치의 주식을 발행해 자금을 조달해주었다. 이 주식은 현금대신 채권으로 배당금을 지급하는 조건이 붙은 것이었다. 캠푸가 앨리드 스토어스를 인수하는 데 들인 돈은 모두 41억 달러였다. 20억 달러였던 이 기업의 시가총액이 2배 이상 뛴 것이다.

1987년 3월 앨리드 스토어스의 기존 경영진은 캠푸의 공격에 마침내 굴복했고, "일단의 어릿광대들의 장난에 눈이 멀어 당했다"고 비통어린 말을 하면서도 1,500만 달러 상당의 '황금 낙하산'을 타고 물러났다. 투자은행가들에게는 5억 달러 이상의 보너스가 돌아갔다. 어드바이저에 의해 '금융계의 히틀러'라는 닉네임을 얻게 된 캠푸는 이로써 미국에서 두 번째로 큰 백화점 그룹을 손에 넣었다.

앨리드 스토어스를 상대로 한 캠푸의 적대적 인수합병 작전에는 몇 가지 특성이 발견된다. 첫째 퍼스트 보스턴 은행은 자기 자본금의 몇 배에 달하는 돈을 낯선 사람에게 걸었고, 둘째 자산매각 없이는 도저히 갚을 수 없는 빚을 끌어들였으며, 셋째 채권의 이자는 채권을 추가발행해 지불되었다는 것이다. 그리고 어드바이저들에게 지급된 보수는 투자자들의 수익보다 높았다. 워서스타인은 이를 들어, "은행업의 신기원을 이룩한 사건"이라며 캠푸의 인수작전을 극찬했다.[41]

● 10월 대폭락 ●

1987년 8월 25일 뉴욕 증시의 다우지수는 2,746포인트로 마감되었다. 이해 들어 이날까지 43%가 상승한 것이다. 모건 스탠리가 투자자들에게 100%의 포트폴리오를 주식에 투자하라고 충고할 만큼 이해 초가을 뉴욕 증시는 대세상승 분위기에 휩싸여 있었다. 하지만 이 순간 이후 증시자금 유입은 서서히 줄어들기 시작했다. 일본정부가 주식매각으로 NTT를 민영화하기 위해 350억 달러 규모의 주식매각을 준비하는 동안, 일본 투자자들이 보유자산을 처분해 현금을

---

41 Rothchild, *Going for Broke*, p.93.

마련하기 시작했기 때문이다.

　당시 인플레이션에 대한 우려로 미국 재무성 채권값이 떨어지고 엔화에 대한 달러 가치가 하락하고 있었다. 미국 재무성 채권에 투자했던 일본 투자자들은 이 때문에 큰 손실을 입고 있었다. 게다가 일본 투자자들이 재무성 채권을 팔기 시작하자 채권값은 더 하락했다. 따라서 기업의 평균순이익의 23배 이상에서 거래되고 있던 주가가 상대적으로 고평가되었다는 인식이 퍼지기 시작했다.

　10월 둘째주가 시작되자 재무성 채권의 수익률이 연 10%를 넘어섰다. 그리고 불안한 뉴스들이 연달아 시장을 강타했다. 당시 재무장관이었던 제임스 베이커는 독일의 중앙은행이 이자율을 내리지 않을 경우 달러가치 하락을 방치하겠다고 으름장을 놓았고, 10월 13일 뉴욕 증시 주변에는 의회가 차입매수를 억제하기 위해 차입금에 대한 세금감면 혜택을 중단하는 법안을 제정할 것이라는 소문이 나돌았다. 또 하루 뒤인 10월 14일에는 예상보다 큰 무역적자가 발표되었고, 10월 15일에는 성조기를 달고 페르시아 만을 항해하던 유조선이 이란의 미사일 공격을 받았다. 허리케인으로 통신망이 두절되어 런던 증시가 휴장중인 이날, 악재의 연타를 맞은 다우지수는 108포인트 폭락했다. 1주일 전 CNN에 출현해 "주식시장의 파국이 임박했다"고 한 시어슨 레이먼의 애널리스트 일레인 가자렐리의 주장이 불행하게도 들어맞는 순간이었다. 〈비즈니스위크〉는 이를 '세기적인 경고'라고 했다.

　'검은 월요일'인 10월 19일 증시 대폭락은 극동에서부터 시작했다. 뉴욕 증시가 아직 잠들어 있는 시각에 홍콩과 말레이시아, 싱가포르 증시가 대폭락했고, 이어 유럽국가의 증시들이 뒤따라 주저앉기 시작했다. 뉴욕이 잠에서 깨어나 맞은 월요일 오전 9시 30분, 증시가 개장했지만 대형주들에 대한 매수주문이 거의 들어오지 않았다. 30분이 지난 10시, 대형주들의 주가흐름을 보여주는 S&P500지수에 편입된 500개의 종목 가운데 25개 종목만이 거래가 이뤄졌다.

뉴욕에서 투자자들이 주식매도를 하지 못하는 동안, 시카고 상품거래소의 주가지수 선물거래는 가능했다. 따라서 선물매도세가 집중되었고, 주가지수 선물값이 뉴욕 증시의 현물값 이하로 하락했다. 정상적인 시장상황이라면 차익거래자들이 현물을 팔고 선물을 사들여 두 시장의 갭을 축소할 수 있었을 것이다. 하지만 이날은 변동성이 너무 컸기 때문에 차익거래자들도 어찌해볼 도리가 없었다. 대신 광적인 선물매도세는 뉴욕 증시의 현물값을 폭락시켰고, 이는 다시 선물매도 사태로 이어지는 악순환을 불러왔다. 그리고 정오 직전 미국 언론들이 일제히 증권시장 당국이 휴장을 검토하고 있다는 소식을 전하자, 투자자들은 장이 열려 있는 동안 한 주라도 더 팔아치우기 위해 앞다투어 주식을 내던졌다.

1929년 10월 마진론의 상환 요구가 당시 미국 증시 대폭락의 한 원인이었듯이, 1987년 10월에는 프로그램 매매(현물값이 선물값보다 비쌀 경우 선물을 사고 현물을 파는 등 양쪽으로 가격차이를 이용해 수익을 얻는 거래방법, 상황을 컴퓨터 프로그램화해 자동적으로 거래가 이뤄지도록 했기 때문에 프로그램 매매라고 한다-역자주)가 대폭락의 원인으로 지목되었다. 프로그램 매매는 '포트폴리오 보험'(주식 등 위험자산의 가격변동에 대비해 선물이나 옵션 등을 동시 매입해 위험분산과 수익증대를 꾀하는 투자-역자주)의 일환으로 도입된 것이다.

이 매매방식은 당시 선풍적인 인기를 끌었고, 투자실패를 막아주는 시스템으로 환영받았다. 1987년 프로그램 매매와 연결된 포트폴리오 보험은 급속히 확산되어 900억 달러 규모에 달했다. 10월 대폭락이 발생하기까지 사흘 동안 40억 달러에 달하는 프로그램 매도 물량이 쏟아져 나왔고, 검은 월요일 시카고 상품거래소의 주가지수 선물 거래량 가운데 절반도 프로그램 매도에 따른 것이었다. 공격적인 트레이더들은 프로그램 매도가 쏟아질 것이라는 사실을 예견하고, 매도포지션을 취해 덤으로 수익을 올리기도 했다. 이날 장이 마감된 후 거래량의 40%에 달하는 40억 달러 규모의 프로그램 매도가 이뤄진 것으로 집계되었다.

검은 월요일 증시의 패닉현상은 과거 증시의 폭락사태와 너무나 비슷했다. 시카고 상품거래소의 한 트레이더는 자리를 버리고 은행으로 달려가 예금을 인출한 뒤 포르셰를 몰고 지평선 너머로 사라져버렸다.[42] 그리고 수많은 트레이더가 거래소의 좌석을 팔아치우는 바람에 그 값이 폭락하기도 했다. 백악관의 고위 보좌관 가운데는 "주가가 폭락하고 있다!"고 소리치며 회랑을 달려내리는 이도 있었다.[43] 또 1929년 주가표시기가 작동불능 상태에 빠진 것처럼 1987년 뉴욕 증시의 매매시스템이 멈추었다. 브로커들은 자신의 주문이 체결되었는지조차 확인하지 못하고 멍하니 앉아 있어야만 했다. 파생상품 시장의 사정도 나을 게 없었다. 주가지수 옵션가격을 산정할 수 없어 매매가 중단되었던 것이다.

---

42 Tim Metz, *Black Monday* (New York, 1988), p.134, 165.

43 Steven K. Breckner, *Back from the Brink: The Greenspan Years* (New York, 1997), p.50.

시장이 마감되자 지수들이 모든 것을 설명해주었다. 다우지수는 22.6%가 주저앉았고, S&P500지수는 20.5%가 폭락했으며, S&P 선물지수도 29%가 추락했다. 뉴욕 증권거래소의 거래량은 6억 1만 주를 넘어섰고, 거래대금도 210억 달러에 달했다. 이는 앞선 금요일에 이뤄졌던 거래량과 거래대금의 2배가 넘는 것이다. 선물시장에서도 사정은 마찬가지였다. E. F. 휴턴과 L. F 로스차일드 등 2개의 대형 증권사와 약 60개의 군소 증권사들이 주가폭락으로 큰 손실을 입고 문을 닫았다. 당시 많은 사람은 검은 월요일을 금융시스템의 공황으로 받아들였다. 심지어는 자본주의의 종말로 이어질 것이라고 인식하는 이도 있었다. 대폭락을 예상하고 그 직전에 보유자산을 처분했던 제임스 골드스미스 경은, "침몰할 타이타닉호 도박장에서 브리지 게임을 이긴 기분"이라고 당시 느낌을 털어놓았다.

골드스미스의 파국예상에는 과장된 측면이 있다. 화요일인 10월 20일 개장직후 급격한 지수추락이 발생했고, 시카고 상품거래소에서는 일시적인 선물거래 중단이 발생했지만, 시장이 평상을 되찾아 증시는 급격하게 반등하기 시작했다. 이 급격한 반등은 연방준비제도 이사회의 조치 때문이었다. 연방준비제도 이사회는 은행의 붕괴사태를 막기 위해 시장에 엄청난 규모의 유동성을 쏟아부었다. 주로 재무성 채권을 사들여 120억 달러의 자금이 시장으로 흘러들어가게 한 것이다. 이 때문에 재무성 채권 수익률은 0.75% 떨어졌지만, 은행들은 이 돈 가운데 70억 달러를 주식투자자들에게 대출할 수 있었다. 또한 백악관이 대기업 총수들에게 전화를 걸어 자사주를 매집하도록 촉구하자, 기업들의 자사주 매입선언이 줄을 이었다.

음모론자들은 주가를 끌어올리기 위해 선물거래를 중단시킨 정부당국에 의해 뉴욕 증시가 반등했다고 주장했다. 아무튼 결과는 증시공황이 끝났다는 것이다. 그리고 1987년 연말을 기준으로 투자자들은 역사상 가장 급격한 증시 대폭락을 경험하고도 소폭의 수익을 올릴 수 있었다.

1987년 미국 증시 대폭락으로 1조 달러에 가까운 돈이 공중으로 증발해버렸지만, 이해 공황은 1929년과는 달리 경제공황으로 이어지지는 않았다. 경제학자들의 분석에 따르면, 1987년의 호황은 소매시장에서 발생한 것이 아니라 증시에서만 발생했기 때문에, 증시 대폭락이 미국민의 신뢰와 소비에 미치는 영향은 아주 미미했다는 것이다. 그러나 영국의 경제학자 앤드루 스미서스는 좀 다른 설명을 내놓았다. 실제 주가가 고평가되지 않았기 때문에 1987년 증시 대폭락이 경기침체를 유발하지 않았다는 것이다. 그는 노벨상을 받은 미국의 경제학자 제임스 토빈이 고안한 Q(기업의 시장가치와 자산의 대체비용을 비교해 1보다 큰 기업이 추가투자의 욕구를 느낀다는 것)를 이용해 당시 주가를 분석했다. 이에 따르면 주가가 최정점에 도달했던 1987년 8월 종목별 주가수준은 장기 평균주가보다 약간 웃돌았을 뿐이다.[44]

이해 대폭락의 여파가 크지 않았다는 사실은 여전히 수수께끼로 남아 있지만, 효율적 시장론자들은 투기적 붐과 증시 대폭락이 경제 대공황을 유발하지 않는다는 점을 보여주는 증거로 1987년 증시 대폭락을 들고 있다.

---

44 Andrew Smithers & Co., "The Economic Threat Posed by the US Asset Buble," Report No.92, July 1996, p.8.

● 부패와 대부조합 사태 ●

차입매수 붐은 레이건 행정부의 뿌리깊은 자유방임주의 때문이었다. 레이건 행정부는 연방준비제도 이사회가 차입매수를 제한하려하자 극력 반대하고 나섰다. 이처럼 자유방임주의가 당시 미국의 경제원칙이 되자, 사적 이익추구가 미국인들의 대표적인 가치관으로 자리잡았다. 그리고 사적 이익추구는 한 걸음 더 나아가 부정으로 이어졌다. 레이건의 집권이 계속되자 부패의 안개가 워싱턴을 뒤덮었다. 마치 1870년대의 금권정치시대와 1920년대의 하딩 행정부 시절을 떠올리게 했다. 1987년 봄까지 레이건 행정부가 지명한 1,000명 이상의 관료들이 부패혐의로 기소되었고,[45] 상당수의 정치인들도 선거자금을 모금하기 위해 자신의 권한을 적절하게 팔아먹을 준비가 되어 있었다. 1986년 〈워싱턴포스트〉와의 인터뷰에서 밀켄이 "하이일드 증권을 사려는 힘은 모든 법과 규정을 능가하고 있다"고 공개적으로 털어놓을 정도였다.[46] 이해 드렉셀 번햄 램버트는 상원의 증권·은행소위원회 위원장이면서, 적대적 인수합병을 제한하려했던 알폰스 다마토 상원의원의 선거캠페인을 위해 50만 달러를 모금해 전달했다. 이후 알폰스 의원이 정크본드에 대해 갖고 있던 생각이 '크게 변했다'고 한다.

이러한 정경유착과 도그마적인 규제완화 그리고 투기적 낙관론이, 1980년대 후반 폭발적으로 발생한 '대부조합 스캔들'의 중요한 원인이었다. 근검절약의 동의어였으며 S&L로 불린 대부조합은 미국

---

45 Lapham, *Money and Class*, p.106.

46 Bruck, *Predators' Ball*, p.266.

일반 가정을 상대로 담보대출을 해주는 곳이었다. 주로 서민층이 '내 집마련'을 위해 이 금융회사의 돈을 사용했다. 대부조합은 프랭크 카 프라(Frank Capra)가 만든 영화 〈원더풀 라이프〉(It's Wonderful Life) 에서 제임스 스튜어트가 성실하고 믿을 만한 S&L의 매니저로 등장 할 정도로 미국인들의 신뢰를 받았던 금융회사 연합체였다.

하지만 1980년대 초반부터 이 금융회사들은 어려움을 겪기 시 작했다. 특히 레이건 행정부가 이자율에 대한 규제를 완화하자, 시중 은행들이 앞다투어 고금리를 제시하기 시작했고, 이에 따라 S&L도 단기예금을 유치하기 위해 고금리 경쟁에 휘말려들게 된 것이다. 하 지만 S&L은 이미 장기 저리대출을 해준 상태여서 예대 역마진이 발 생했다. 이런 현상은 폴 볼커가 인플레이션 억제를 위한 고금리 정책 을 유지하는 동안 더욱 심해졌다.

시들해진 S&L에 대한 레이건 행정부의 처방은 아주 고단위 규 제 완화였다. 모든 S&L이 지역주민들을 상대로 한 여수신업무의 한 계를 벗어나, 월스트리트에서도 자금조달을 할 수 있도록 규제를 풀 어 버린 것이다. 대신 연방 예금보험공사가 개별 S&L 예금에 대한 보 장을 10만 달러까지 확대했다. 또 지역주민들뿐만 아니라 기업들에 게도 대출할 수 있도록 대출대상을 넓혀주었다. 1982년 '간-생 저메 인 법'(Garn-St Germain Bill)이 의회를 통과하자, S&L은 투자은행과 마찬가지로 정크본드와 부동산 등 다양한 자산에 돈을 투자할 수 있 게 되었다. 이 법안에 서명하면서 레이건은 "홈런을 친 기분인데!"라 고 코멘트했다.

S&L의 회계규정도 크게 변했다. 대손충당금(금융회사들이 되받지 못하는 대출금의 일정부분만큼을 순이익에서 덜어내는 것-역자주)을 쌓지 않

고도 부실채권을 팔아치울 수 있게 된 것이다. 반면 확정되지 않은 부동산투자 수익을 장부에 올려 순이익을 늘릴 수 있도록 했고, 부동산 담보대출을 할 경우 담보가치의 100%까지 대출해줄 수도 있었다. 과거 S&L의 신뢰성을 담보해준 각종 회계규정이 모두 제거된 셈이다. 연방정부가 예금보호를 하지 않았다면 아마도 예금자들은 자신의 돈을 인출해 안전한 은행으로 옮길 정도로, 각종 안전판을 제거해버린 것이다. 예금보호를 받을 수 있다는 사실에 안심한 예금자들은 더 높은 이자를 지급해주겠다는 S&L을 찾아 돈을 맡겼지만, 한 금융전문가는 당시 정부조치에 대해 "미국 금융에서 코카인 마약과 같은 강력한 조치"라고 비꼬았다.[47]

미국 서민들이 안락함에 빠져 있는 동안 S&L의 매니저들은 변화된 환경에 신속하게 적응하기 시작했다. 운신의 폭이 좁은 '지역호수'를 벗어나, 일확천금을 쫓아 급격한 소용돌이가 치고 있던 '금융바다'로 S&L을 몰고 나간 것이다. 캘리포니아에서는 '규제완화 환경을 이용해 어떻게 빠르게 자산을 늘릴 것인가'를 주제로 S&L 매니저들의 세미나가 열릴 정도였다.[48]

한때 견실했던 S&L 매니저들도 순식간에 투기꾼으로 변모하기 시작했다. 위험을 알리는 경고들이 나오기 시작하자, "헤지는 계집애같은 아이들이나 하는 짓"이라고 응수하는 매니저도 있었다. 상당수의 S&L이 정크본드에 투자했다. 캘리포니아에서 S&L을 운영하기도 했고 당시에는 콜롬비아 S&L을 보유하고 있던 토머스 스피겔은 밀켄

---

47 Martin Mayer, *The Greatest-Ever Bank Robbery* (New York, 1992), p.20.

48 앞의 책, p.118.

과 친분이 돈독한 것으로 유명하다. 정크본드 시장이 형성되자 스피겔은 1982년 4억 달러에서 1987년 130억 달러까지 자신의 S&L자산을 늘려나갔고, 이 가운데 3분의 1 정도를 정크본드에 투자했다. 드렉셀 번햄 램버트 채권 파트 사무실과 가까운 비버리힐스 아파트에 사무실을 갖고 있던 스피겔은 밀켄이 꾸민 초대형 적대적 인수합병 작전에도 참여한다. 물론 그는 한때 엄청난 수익을 올리며 유능한 S&L 매니저로 명성을 날렸다. 2대의 자가용 비행기를 보유하고 있었으며, 1985년 그의 수입은 900만 달러에 달했다.

정크본드에 손을 댔던 또 다른 S&L의 매니저는 데이비드 폴이다. 전직 주택건설업자였던 그는 마이애미에서 센트러스트 S&L을 운영하고 있었다. 그는 한때 센트러스트를 인수하는 데 필요한 자금을 지원해준 드렉셀 번햄 램버트로부터 신용등급조차 매길 수 없는 14억 달러어치의 정크본드를 인수했다. 물론 그도 잘나가던 시기가 있었다. 1,600만 달러를 들여 뉴욕 맨해튼의 칼릴리 호텔의 초호화 아파트를 구입하기도 했고, 전용 비행기 경비로 연간 140만 달러의 회사돈을 쓰기도 했다. 또 1,300만 달러의 최고급 그림을 사들였고 800만 달러짜리 요트를 구입해 인생을 즐겼다. 물론 최고급 그림과 요트는 그가 운영하고 있던 S&L의 회계장부에 자산으로 올라 있었고, 그가 회사자금으로 투자했던 정크본드는 누락되어 있었다.

텍사스 주 S&L 매니저들의 자금운용은 더 방만했다. 매년 1,200%씩 대출을 늘려나갔고, 이 늘어난 대출은 대부분 투기적 자산거래에 투자되었다. 이렇게 해서 벌어들인 돈으로 그들은 건전함과는 너무나 거리가 먼 사치를 일삼았다. 버논 S&L의 레이 딕슨은 자신의 부인을 제트기와 롤스로이스에 태워 프랑스의 별 세 개짜리 레스토랑에서 최고급요리를 감상하게 해줬다. 물론 여행의 목적은 '시장조사'였기 때문에 공금으로 모든 경비가 충당되었다. 그녀는 '환상적인 여행'이라는 제목이 붙은 보고서를 회사에 제출했다. 딕슨 또한 무더기로 전용기를 구입했고, 자신이 타고 다니던 요트 루스벨트호가 외롭다며 자매요트 한 척을 더 구입하기도 했다. 물론 모든 경비는 회사자금으로 결제했다.

또 다른 방탕한 S&L의 매니저로, '초고속 성장 에디'라는 닉네임을 갖고 있는 에드윈 맥버니를 들 수 있다. 그는 선벨트 S&L을 운영하면서 손님들을 댈러스 북쪽에 있는 자신의 저택에 초대해 사자와 영양 요리를 대접하기도 했고, 자신이 개최한 축제에서는 헨리 8세의 복장을 입고 드라이아이스 연기를 뿌린 무대에 등장하기도 했다. 더욱이 라스베이거스의 한 펜트하우스에서 연 파티에는 '열정적인 레즈비언'을 동원해 은행 고객들에게 성적 향응을 베풀었다고 한다. 또 단골손님들을 위해서는 창녀들을 동원해 오럴섹스 향연을 열어주기도 했다.[49]

S&L과 밀켄의 유착관계는 아주 복잡했다. 드렉셀을 통해 정크본드를 발행하고, 부동산 투기자금을 조달하기 위해 휴스턴에 있던 산자크인토 S&L을 인수했던 사우스마크 코퍼레이션도 밀켄의 클라이언트였다. 사우스마크는 또 실버라도 S&L을 소유하고 있으면서, 드렉셀의 정크본드를 인수했던 덴버의 지주회사 MDC와도 유착관계에 있었다. 선벨트 S&L의 맥버니가 보유하고 있던 정크본드 포트폴리오에는 사우스마크와 MDC의 채권도 포함되어 있었다.

---

49 James Ring Adams, *The Big Fix: Inside the S&L Scandal* (New York, 1991), p.224.

밀켄과 S&L의 유착관계 가운데 최악의 케이스는 캘리포니아 이블린의 링컨 S&L의 소유주 찰스 키팅과의 유착이다. 수영선수 출신인 키팅은 재벌이면서 기업사냥꾼이었던 칼 린드너(Carl Lindner)의 변호사로 활동하기도 했다. 1978년 그는 린드너한테서 대형 건설회사를 인수해 이름을 아메리칸 콘티넨탈로 바꿨고, 5년 뒤에는 드렉셀 번햄 램버트를 통해 이 회사의 정크본드와 우선주를 발행했다. 그는 이 가운데 10%만을 아메리칸 콘티넨탈에 남겨두고 모두 팔아치워 엄청난 자금을 조달한 다음, 링컨 S&L을 인수한다. 그리고 자산운용에 보수적인 기존 매니저를 해고하고, 월스트리트에서 대규모 자금을 끌어들여 급속하게 자산규모를 늘렸다. 그리고 주식과 채권, 부동산 등 위험한 자산에 투기를 시작했다.

키팅은 부스키가 운영하고 있던 차익거래 투자조합에 1억 달러를 들고 가입했다. 1985년 봄에는 제임스 골드스미스가 크라운 젤러바크를 적대적으로 인수하기 위해 벌인 차입매수 작전에도 참여했다. 또 사우스마크 코퍼레이션과 에드윈 맥버니와 함께 텍사스와 애리조나 주에서 부동산투기를 벌이기도 했다. 한편 월스트리트와의 거래에서는 외환거래를 통해 막대한 손실을 입기도 했고, 드렉셀 번햄 램버트가 발행한 최악의 정크본드를 무더기로 인수하기도 했다. 또 살로먼 브라더스가 개발한 프로그램 매매를 통해 옵션과 주식거래를 벌여, 수백만 달러의 손실을 당했다.

키팅은 레이건 시대의 규제완화 바람과 느슨해진 금융감독을 이용해, 손실을 은폐하기 위해 분식회계를 일삼았다. 1986년 그는 아메리칸 콘티넨탈의 무보증 채권을 링컨 S&L의 고객들을 상대로 매각하기도 했다. 당시 이 불량채권을 인수했던 상당수의 고객들은 연방정부가 지급보증을 했다고 믿었다. 레이건 행정부의 S&L 예금에 대한 보장한도 확대조치에 투자자들이 속아넘어간 것이다.

거침없이 투기를 일삼던 키팅도 정치인과 감독당국자들을 매수하는 데는 세심한 주의를 기울였다. 9명의 상원의원과 다수의 하원의원들을 위해 선거자금을 지원했고, 링컨 S&L을 담당했던 감독당국 직원과 회계사들에게 높은 수입을 보장하는 일자리를 마련해주기도 했다. 한때는 링컨 S&L에서 엄청난 돈을 빌려쓴 인물을 은행감독원의 커미셔너로 영전시키는 데 성공하기도 했다. 만약 채용이나 뇌물로 매수되지 않는 은행감독 공무원에 대해서는 개인적으로 소송을 걸겠다고 협박했다.

심지어 나중에 연방준비제도 이사회 의장이 되는 앨런 그린스펀을 고용해 링컨 S&L의 전체 자산 10% 한도를 넘는 직접투자를 벌이는 데 자문역으로 활용하기도 했다. 그린스펀은 "링컨 S&L의 자산운용은 아주 적절하고 건전하며… 수익성 높은 직접투자를 통해 장기적으로 안정적인 수익을 올릴 수 있다"는 보고서를 캘리포니아 은행감독 당국에 보내기도 했다. 또 은행감독 당국이 키팅이 손실을 은폐하고 직접투자 한도를 초과했다는 사실을 적발하자, 그는 '5명의 키팅 배후세력'으로 불린 상원의원들에게 편지를 써 은행감독 당국에 압력을 행사하도록 했다.

키팅은 2년 넘는 기간 동안 은행감독 당국의 눈길을 피하는 데 성공했다. 하지만 1989년 봄 링컨 S&L이 은행감독 당국이 집중적인 조사를 받게 되자, 키팅은 기자회견을 열고 자신의 돈을 받은 정치인들을 공개적으로 협박했다. "최근 나와 링컨 S&L에 대해 제기되고 있는 의문 가운데 하나는, 내 목적을 위해 유력한 정치인들을 동원해 압력을 행사했는지 여부이다. 단호하게 나는 그것을 희망한다고 말할 수 있다."[50]

다른 S&L의 소유자들도 비슷한 형태로 정치인들을 동원했다. 버논 S&L의 딕슨은 민주당 하원 대변인인 짐 라이트 등 유력한 하원 의원들의 선거자금을 마련해주기 위해 호화 요트파티를 열기도 했다. 텍사스 S&L을 위해 일했던 한 로비스트에 따르면, "황금률이라는 것은 금을 보유한 자가 규칙을 만든다는 의미"라는 것이다.[51] 그러나 그 금이 연방정부의 지급보증을 이용해 빌려온 것이라는 사실은 어느 누구도 신경쓰지 않았다.

1980년대 말 눈부신 성장을 거둔 S&L 뒤에는 엄청난 규모의 투자 손실이 쌓여 있었다. 실버라도 S&L을 구제하기 위해 연방정부가 들인 돈만도 10억 달러가 넘을 정도였다. 700개가 넘는 S&L들이 불법투자로 무너졌고, 미국민들은 2,000억 달러에 달하는 부담을 짊어져야 했다. S&L의 소유주와 매니저들이 방만한 자산운용을 하는 데 뒷배가 되었던 예금보험제도가 없었다면, S&L의 붕괴사태가 은행으로 번져 1930년대와 같은 금융공황이 발생했을 것이다.

● 1980년대의 끝 ●

정크본드 투기 붐은 1988년까지 계속되었다. 앨리드 스토어스를

---

50 Mayer, *Bank Robbery*, p.221.

51 Adams, *Big Fix*, p.228.

인수하는 데 성공한 직후 플로리다에서 휴가를 즐기고 있던 캠푸는 블루밍데일의 한 체인점에 들러 팔을 벌리며 "이는 내가 차지했어야 했던 가게다"라고 외쳤다.[52] 그리고 1988년 1월 블루밍데일의 적대적 인수합병을 위한 작전을 개시했고, 격전이 벌어졌지만 캠푸가 인수자금을 동원하는 데는 한계가 없었다. 마침내 그는 110억 달러를 들여 블루밍데일을 차지했다. 하지만 그가 조달한 돈은 2억 달러도 되지 않았고, 나머지 자금을 댔던 투자은행가들에게 돌아간 돈은 블루밍데일의 연간매출보다 많았다. 이 체인점을 인수한 직후 캠푸는 빌딩과 체인점들의 사진을 담은 책을 펴냈다. 가죽으로 고급스럽게 꾸민 이 책 서문에서 미국 최대 백화점을 소유한 캠푸는 '개똥철학'을 늘어놓는다. "인간은 마음먹은 것보다 큰일을 할 수 없기 때문에, 우리는 현재 할 수 있는 최고의 것보다 큰 것을 염원한다"고 거들먹거린 것이다.[53]

피인수 기업의 연간 매출액이 정크본드 이자보다 월등히 높지 않으면 정크본드의 가치는 떨어진다. 따라서 차입매수된 기업의 매출액이 약간만 줄어들어도 정크본드의 가격은 급격하게 하락하고, 심지어 디폴트 상태가 되어 기업이 파산하는 사태까지 발생한다. 드렉셀 번햄 램버트와 다른 투자은행들은 이런 약점을 감추기 위해 기업 어음으로 이자를 지급하는 등 채권을 발행해 자금을 조달했고, 이로써 차입매수 직후 피인수 기업의 이자부담 폭증 때문에 현금흐름이 악화되는 것을 예방할 수 있었다. 차입매수에 투자된 자기자본 규모도

---

52 Rothchild, *Going for Broke*, p.137.

53 앞의 책, p.211.

줄어들기 시작했다. 제임스 그랜트는 1987년과 1988년 투자액 가운데 차입매수에 대한 투자비율이 4% 이하라고 밝혔다.[54]

한편 닥터 펩퍼(Dr. Pepper)를 차입매수하기 위한 작전이 수 차례 되풀이되면서, 이 회사의 인수가격은 크게 높아졌다. 이런 차입매수 비용상승은 광범위하게 발생했다. 이에 워렌 버펫은, "어떻게 이 빚을 갚아야 할지는 나도 모른다"고 배짱을 부리는 〈뉴요커〉(New Yorker)의 풍자만화를 인용해, 기하급수적으로 늘어나는 차입매수 채권을 경고했다. 이어 그는 비관적인 어조로 투자자들에게 다음과 같이 경고했다. "연금술은 그 대상이 쇠든 돈이든 모두 실패했다. 어떤 기업의 기본적인 영업이 회계나 금융구조를 변경시킨다고 해서 황금알을 낳는 사업으로 바뀌는 게 아니다."[55]

정크본드 시장은 마이클 밀켄이라는 투기꾼의 신뢰성에 의존하고 있었다. 불행하게도 이 수석 연금술사는 시장이 가장 필요로 하는 시점에 무대에 등장하지 못했다. 이반 부스키가 체포된 직후 자신의 죄를 조금이나마 덜어보기 위해 밀켄을 물고 들어갔기 때문이다. 1988년 9월 밀켄과 드렉셀은 횡령과 시세조종, 내부자거래 등의 혐의로 기소되었다.

그들은 특히 탈세를 위해 허위거래를 일으키는 방법으로 주식을 은닉했다. 드렉셀은 처음에는 완강히 혐의를 부인했지만 곧 혐의를 인정하고, 6억 5,000만 달러의 벌금을 물고 밀켄을 해고했다. 밀켄도 처음에는 드렉셀보다 더 완강하게 혐의를 부인했다. 하지만 1989년

---

54 Grant, *Money of the Mind*, p.426.

55 Berkshire Hathaway, Annual Report, 1989. pp.16~20.

봄 선고공판에서 그는 동생 로웰을 비롯해 드렉셀의 협조자들과 함께 98개 사항에 대한 혐의로 기소되었다. 이는 법정 최고형인 500년 징역형과 무제한 벌금형이 선고될 수 있는 혐의내용이었다.

기소 직후 밀켄은 동생에 대한 기소유예를 조건으로 몇 가지 사소한 혐의에 대해 유죄를 인정하게 된다. 만약 기소한 내용을 모두 심리했다면, 밀켄이 정크본드 투기 등으로 저지른 죄가 만천하에 드러날 수 있었다. 하지만 유죄를 인정하는 선에서 타협함으로써 그의 죄상은 제대로 밝혀지지 않았다. 1991년 11월 21일 그는 10년 징역형을 선고받고 감옥에 갇혔다. 그리고 6억 달러에 달하는 벌금을 물어야 했다.

아무튼 선고공판을 통해 밀켄의 범죄행각의 일부는 공개되었다. 그는 1985~1987년 사이에 12억 달러에 달하는 이익을 부당하게 취한 것으로 드러났다. 언론은 당시 '돈에 미친 밀켄'이라는 제목으로 풍자만화를 그리기도 했다. 다수는 10년형이 '10년간의 탐욕'에 대한 응징으로서 적합한 수준이라고 여겼다. 물론 밀켄의 변호사는 너무 지나친 엄벌이라고 불만을 터트렸다. 변호사 아서 리먼은 검사의 논고가 끝난 뒤 다음과 같이 선언했다. "사회에는 몇몇의 악마가 필요하다고 믿는다. … 이번 재판은 마녀재판과 같다. … (밀켄은) 시대의 상징이었다. 이는 어떤 통제도 뛰어넘는 것이다."

밀켄이 사소한 혐의를 인정하고 상대적으로 가벼운 형을 받았다는 것은 사실이다. 시민들의 법감정과는 다르게 그가 불법으로 축적한 재산의 규모를 낮게 평가해 벌금액수를 줄였다는 것도 사실이다. 하지만 그는 변호사와 광고대행사들이 주장하는 것처럼 선량한 희생양은 아니었다. 그는 수백만 달러를 들여 자신이 억울하다는 내용의 광고를 냈지만, 정크본드 시장에 대한 그의 장악력은 자신과 동료 트레이더들을 백만장자와 허풍선이로 만들어놓았다. 그들은 수익을 높이기 위해 각종 증권을 매집했고, 돈과 권력에 대한 그들의 탐욕은 스스로 흥분을 유발하는 집단적 아드레날린 도취현상을 낳았다. 1720년 사우스 시의 대표였던 존 블런트처럼 밀켄은 너무나 높은 자리까지 상승했고 스스로 몰락의 길을 택한 것이다.

이후 벌어지는 정크본드 파국을 통해 밀켄은 정확하게 평가된다. 콜버그 크래비스가 식품과 담배회사를 거느리고 있는 RJR 나비스코를 적대적으로 인수하기 위해 260억 달러를 동원했던 1989년 초, 차입매수 붐은 절정에 달했다. 금융저널리스트 앤터니 비안코(Anthony Bianco)는 이 사건에 대해 "멜 부르크(Mel Brook) 감독이 강철 눈을 가진 갱으로 분장한 난쟁이들을 대거 출현시켜 만든 영화 〈니벨룽겐의 반지〉(Der Ring des Nibelungen)와 닮았다"고 분석했다.[56] 또 시사주간지 〈타임〉은 이를 '탐욕의 게임'이라고 선언했다. 하지만 나비스코에 대한 차입매수 작전이 있은 지 얼마 안 돼 정크본드 시장은 붕괴하기 시작했다. 1989년 4월 찰스 키팅의 아메리칸 콘티넨탈이 법원에 파산신청을 내고, 밀켄이 체포되었던 6월 15일에는 드렉셀의 클라이언트였던 인터그레이티드 리소스가 파산한다. 당시 언론은 이를 가리켜 "연합체가 해체되었다"고 전했다.

또 7월에는 의회가 S&L이 보유한 정크본드를 청산하도록 강제하는 법안을 통과시켰고, 두 달 뒤인 9월에는 캠푸 코퍼레이션이 더 이상 이자를 지급할 수 없다고 선언했다. 금융 저널리스트인 제임스 스

---

56 Bianco, *Mad Dog*, p.428.

튜어트는 당시 상황을 다음과 같이 전했다. "미국의 전 투자자가 10년 동안 지속된 긴 꿈에서 깨어나고, 위험을 수반하지 않는 고수익은 없다는 사실을 마침내 깨닫는 순간이었다."[57]

1989년 10월 유나이티드 에어라인에 대한 공개적인 차입매수가 실패로 끝나자 정크본드 시장은 마침내 붕괴했고, 다우지수는 6% 폭락했다. 두 달 뒤에는 캠푸 코퍼레이션과 인터그레이티드 리소스가 짐 월터 코퍼레이션과 함께 법정관리에 들어갔다. 드렉셀 번햄 램버트가 단기채무의 상환연장에 어려움을 겪고 있을 때, 이 회사의 재무제표는 정크본드로 가득 차 있었다. 드렉셀의 적대적 인수합병 과정에서 원수가 되었던 수많은 월스트리트의 자본가들은, 부실한 재무제표를 근거로 자금지원을 거부하는 방법으로 묵은 감정풀이를 했다.

1990년 2월 13일 마침내 1980년대를 상징했던 드렉셀 번햄 램버트는 파산한다. 그리고 1년도 채 안 돼 밀켄의 정크본드 고객이었던 보험사 한 개와 토머스 스피겔의 콜롬비아 S&L이 차례로 무너졌다. 이는 피어폰트 모건의 후계자로서 추앙받았던 한 인간의 왕국이 무너져내리는 비참한 스토리였다.

기업 약탈자들은 피인수 기업의 '기존 경영진들이 회사를 운영하면서 한푼도 투자하지 않는다'고 불평을 늘어놓으며 공격하는 데 상당한 쾌감을 느꼈다. 하지만 그들의 인수자금 역시 대부분 차입금이었고, 이 차입금은 노동자들을 해고해 얻은 임금지출과 운영자금의 삭감, 투자계획의 취소 등의 방법으로 피인수 기업에서 쥐어짜낸 돈으로 상환되었다. 물론 그들은 비용절감으로 방만했던 기업경영을 슬

57 Stewart, *Den of Thieves*, p.428.

림화했다. 하지만 RJR 나비스코의 사례처럼 피인수 기업의 경쟁력을 급격하게 떨어트렸다. 타이밍이 잘 맞아떨어진다면 레브론을 인수한 펄먼과 비트리스를 인수한 크래비스처럼, 약탈자들은 엄청난 수익을 올릴 수 있었다. 하지만 타이밍 등이 맞지 않을 경우 캠푸가 백화점을 인수할 때 발생한 손실처럼 채권자들은 엄청난 손실을 입을 수밖에 없었다.

정크본드 혁명은 위험과 보상 사이의 심각한 비대칭성을 바탕으로 이뤄졌다. 정크본드의 인수자는 엄청난 위험을 떠안아야 하지만, 약탈자들은 약간의 위험만 무릅쓰면 떼돈을 거머쥘 수 있었다. 사실 차입매수는 마진론의 수익을 뒷구멍을 통해 챙기는 것과 같았다. 로버트 캠푸는 단 2억 달러의 자금으로 100억 달러에 가까운 자금을 동원해 차입매수에 성공했다. 그는 피인수 기업의 시가총액과 맞먹는 돈을 빌렸기 때문에 그때 마진론의 비율은 100%에 가까운 것이었다. 캠푸는 차입매수로 엄청난 돈을 벌었지만 마진론으로 조달한 자금에 대한 비용보다는 적은 액수였다.

같은 맥락에서 콜버그 크래비스의 차입매수 사례를 살펴보면, 투자자들이 얻은 수익은 신통치 않은 것이었다. 골드만 삭스의 파트너 리언 쿠퍼맨이 조사한 바에 따르면, 증시호황기인 1980년대 85%의 마진율을 적용해 주식을 담보로 돈을 빌려줄 경우 연간 수익률이 75%에 이른다. 콜버그도 차입매수 자체보다는 마진론 방식으로 돈을 굴린 결과 투자자들에게 연 60%의 수익을 되돌려줄 수 있었다.[58] 그리고 이 수익률은 개인적인 부를 쌓는 데는 충분한 것으로

---

58 Anders, *Merchants of Debt*, p.58.

도 볼 수 있다.

하지만 각종 기록을 엄밀히 분석하면, 정크본드가 고수익을 보장한다고 한 밀켄의 주장은 사실이 아닌 것으로 드러난다. 투자적격 채권에 대한 투자보다도 나을 게 없기 때문이다. 수익률이 밀켄의 주장보다 낮았을 뿐만 아니라 위험이 너무나 높았기 때문에 정크본드는 황금알을 낳는 거위라고 할 수 없었다. 1990년대 초반 정크본드의 디폴트비율은 9%까지 올랐다. 이는 과거 역사적 평균치보다 4배 이상 높은 것이다. 1980년대 정크본드 수익률은 145%였다. 이는 투자적격등급 채권수익률이 202%였고, 주식수익률이 207%였다는 사실과 비교할 때 한참 낮은 것이다. 또 1990년까지 드렉셀이 발행한 정크본드 가운데 55억 달러가 디폴트되었다. 디폴트비율의 변화는 조지 소로스가 금융시장의 '재귀적 성격'이라고 부른 현상과 맞아떨어진다. 즉 투자자들이 밀켄의 주장에 공감하면서 '높은 사기'를 보이면, 정크본드의 수익률은 높지만 이 채권의 상대적인 질은 최악의 수준까지 떨어지고 투기적 성격으로 변한다는 것이다. 또 밀켄의 정크본드 투자논리는 1920년대 E. L. 스미스의 자산투자 논리와 비슷하다. 두 사람 모두 역사적 통계를 동원해 타당한 결론을 도출했지만, 그들이 내린 결론은 뒤이은 투기에 의해 타당성을 잃었다. 밀켄이 역사적인 통계를 활용해 정크본드의 우수성을 주장하자 워렌 버펫은, "역사책이 부자가 되는 열쇠라면, 〈포브스〉가 뽑은 400대 부자들은 모두 도서관 사서들일 것"이라고 반박했다.[59]

마이클 밀켄이 유죄선고를 받던 그날 우연히도 영국의 대처는 권

---

59 Berkshire Hathaway, Annual Report, 1990, p.18.

좌에서 물러났다. 그리고 1920년대 이후 투기열풍이 사그라졌듯이 1980년대 투기도 시간이 가면서 없어질 것이라고 많은 사람은 예상했다. 하지만 되짚어보면, 1987년의 대폭락은 1929년의 경우와 아주 다른 메시지를 투자자들에게 남겼다. 1987년 대폭락 이후 시장이 빠르게 회복되자 투자자들은 '바이 앤 홀드' 전략이 유효한 것이라는 결론을 내리게 되었다. 또 주식시장의 폭락이 경제공황으로 이어지지 않을 수 있다는 믿음을 갖게 되었다. 대신 '골이 깊을 때 주식을 매수해' 차익을 남길 수 있다는 기대를 낳았다. 또 달리는 증시가 고속으로 충동할 때 연방준비제도 이사회가 혼란을 수습하기 위해 출동할 것이라고 예상하게 되었다. 은행이 혼란에 빠졌을 때는 연방예금보험공사가 예금을 보호해줄 것이고, 이후에는 납세자들이 알아서 부담해줄 것이라는 기대도 갖게 되었다.

효율적 시장론자들은 1987년 대폭락이 발생하자 고개를 떨구어야했지만 이도 잠시뿐이었다. 몇 년 뒤 1987년의 대폭락은 사자의 머리와 염소의 몸, 뱀의 꼬리를 한 키메라가 탄생하는 것만큼이나 가능성이 낮은 사건이라는 주장이 나왔다. 수학적으로 단순화시킨 재발 가능성은 '10^{-160}분의 1'이라는 것이다. 다시 말해 이는 "한 인간이 200억 년 동안 살아야만 경험해볼 수 있는 사건이고, 이미 한번 경험했기 때문에 재발할 가능성은 0"이라는 것이다. 두고 볼 일이다.

9장

가미가제 자본주의[*]

일본의 버블경제

*   '가미가제 자본주의'는 마이클 루이스가 〈스펙테이터〉(1990년 6월 2일)에서 일본의 버블
    경제를 묘사하기 위해 처음 사용했다.

실례지만, 기수 피스털군… 운명의 여신은 머플러로 눈을 가린 것으로 그려져 있단 말씀이야. 그것은 이 여신이 앞 못 보는 장님임을 표시하기 위한 거야. 그리고 이 여신은 수레바퀴에 올라앉아 있는 걸로 그려져 있는데, 이것 역시 의미가 있단 말씀이야. 즉 이 여신이 변덕스럽고 줏대 없고 변하기 쉽다는 것이지. 글쎄 이 여신의 발은 둥그런 돌 위에 걸쳐져 있는데, 그 돌은 뒹굴뒹굴 굴러내려가고 있단 말씀이야. 사실 시인은 굉장히 적절한 표현을 하신단 말씀이야. 운명의 여신은 참으로 적절한 교훈이란 거지.

— 셰익스피어의 『헨리 5세』 3막 6장에서

'일본은 독특하다'—이것이 『일본론』의 핵심이다. 일본정부는 미국과 유럽국가들의 상품 수입을 억제하기 위해 '일본은 독특하다'는 논리를 이용하곤 했다. 예를 들면, 일본인의 장은 서양인의 장과 다르기 때문에 외국 소고기와 쌀은 일본인들에게 맞지 않는다는 것이다. 또 미국산 스키도 일본의 눈과 맞지 않기 때문에 수입할 수 없다고 주장하기도 했다.

이 논리는 일본의 문화적 민족주의와 인종차별주의를 극명하게 보여주기도 한다. 이에 따르면 일본인들의 뇌구조는 자연의 음을 이해하는 데 아주 탁월하고, 사회적 관계를 세심하게 인식할 수 있다는 것이다. 일본인들은 서양의 합리주의가 일본 사회의 '화'(和)를 해칠 수 있다는 이유로 좋아하지 않는다. 그들은 '혼네'(본심-역자주)와 '다테마에'(대의명분-역자주)의 차이를 인정하고, 둘 다 중요한 것으로 여기고 있다고 한다. 그리고 자신들의 사고방식은 쌀밥만큼이나 습하고 차지다는 것이다. 그래서 '건조한' 서양인들의 사고방식과 개인주의와는 근본적으로 다르다고 주장한다.

윤리적인 측면에서도 일본인들은 다르다고 한다. 자신의 잘못이 공개되지만 않는다면 그들은 죄의식을 느끼지 않는다. 실재적인 것이든 허상이든 이런 차이의 근저에는 서구사회의 개인주의에 대한 뿌리깊은 불신이 자리잡고 있다. 따라서 공동체에 대한 강한 복속의식과 권위에 대한 순종을 인정하는 일본들의 사고방식과 서구의 개인주의는 어울리지 않는 것이다.

서구 자본주의의 바탕은 개인주의이며, 시장경제를 유지하는 '보이지 않는 손'의 뿌리는 개인의 이윤추구다. 개인의 이익의 권위에 의해 침해받을 수 없기 때문에 애덤 스미스는 시장경제체제가 시민사회의 자유를 보장하는 데 가장 적합한 시스템이라고 주장했다. 이에 따르면 개인의 이익을 최우선시하는 방향으로 모든 경제정책이 수립되고 집행된다. 또 경제영역에 대한 정부의 간섭을 최소화하고, 독점과 카르텔을 혐오한다. 상인이나 기업가, 자본가, 소비자 등 다양한 성격의 개인을 보호하는 게 정부정책의 최우선 과제이다. 자유방임주의도 시장이 자연스런 균형을 찾아가도록 내버려둬야 한다는 전제 아래 성립된다. 따라서 비교우위 법칙에 따라 정부는 자국의 산업을 보호하기 위해 외국 기업들을 차별화해서는 안 된다.

하지만 일본의 자본주의는 여러 면에서 서구 자본주의와 정반대의 성격을 갖고 있다. 19세기 중반까지 일본은 봉건사회에 머물러 있었고, 서구사회와는 거의 교류가 없었다. 또 개인의 권리를 보호하는 전통도 없었다. 19세기 중엽 미국의 페리 선장의 공격을 받고 일본

권력자들이 개항과 함께 근대화를 추진할 때, 일본은 선별적으로 서구제도를 도입했다. 따라서 봉건시대의 위계질서가 사회 곳곳에 남아 있다. 마치 농경사회에 단순히 자본주의적 산업시설만을 옮겨놓은 것과 같다. 봉건영주에 충성을 다했던 농민들은 이제 기업주들에게 충성을 다한다. 심지어 2차대전 이후에도 노동자들을 회사 이름으로 부르는 전통이 남아 있어, 일본 최대 자동차 메이커인 도요타에서 일하고 있는 노동자는 친구들 사이에서 '도요타상'으로 불렸다. 노동자들은 사가를 불러야 했고, 심지어 회사 창립자의 빈소에 참배를 해야 했다. 이런 희생과 헌신의 대가로 일본 노동자들은 회사로부터 종신고용과 근무연수에 따른 진급을 보장받았다.

정부당국 역시 기업의 우월성을 인정했다. 과거 일본정부는 기업들의 문어발식 확장을 독려했고, 자이바츠(재벌-역자주)의 출현을 도왔다. 2차대전이 끝난 뒤 군정책임자였던 맥아더가 재벌을 부분적으로 해체했지만, 일본 기업들은 상호출자를 통해 소유권을 제한하는 비공식적인 연결고리인 게이레츠(계열-역자주)로 묶여 여전히 힘을 발휘하고 있다.

경제영역에서 구체적으로 명문화되지 않은 일본 관료들의 역할은 아주 폭넓다. 대장성 등의 경제부처 소속 공무원들은 기업들을 상대로 행정지도를 벌인다. 관료들은 인허가권과 세금감면, 정부조달 계약의 배분 등을 무기로 기업들에게 정부의 정책을 설득하거나 윽박질러 따르도록 한다. 대장성은 금융계를 장악하고 있으면서, 근검절약하는 일본인들의 저축으로 조성된 자본을 만성적인 자금난과 높은 부채비율에 시달리는 기업들에게 저리로 공급해줬다. 정부가 이자율을 인위적으로 낮게 유지했기 때문에 기업들의 배당금과 투자자들의 수익률은 낮았다. 엄밀히 말해, 자본이 일본 경제를 형성하는 데 별다른 영향을 미치지 않았기 때문에 일본 경제시스템을 '일본 자본주의'라고 부르는 것은 타당하지 않다. 정부가 여러 가지 장치로 수입을 제한하는 바람에 일본 소비자들은 손해를 봐야만 했다. 일본 기업들의 상품가격이 도쿄보다 뉴욕이 싸기 때문이다.

일본인들은 자신들의 경제시스템이 서구 자본주의보다 덜 이기적이고 더 안정적이라고 자랑했다. 또 서구인들이 단기수익을 쫓는 반면 자신들은 장기수익을 노린다고 거들먹거렸다. 일본 기업들은 수익성보다는 시장점유율에 더 관심을 뒀으며, 정부의 가이드라인과 게이레츠의 회장들에 대한 의무를 더 중요시했다. 이런 상황에서 시장의 기능은 극도로 제한될 수밖에 없었다. 한 서구 경제학자는, "일본은 애덤 스미스가 말한 자본주의를 한번도 경험해보지 못했기 때문에 '보이지 않는 손'의 존재를 인정하지 않는다"고 분석했다.[1] 일본인들에게 개인적 이익추구는 개탄할 만한 일이었고, 상인을 천시하는 문화가 장기간 유지되었다. 정치에서는 돈이 힘의 원천으로 인식되었지만 한편에서는 사무라이 전통이 근검절약을 강조했다. 2차대전 전에는 신흥부자들을 '나리킨'(졸부-역자주)으로 천시하기도 했다. 위계서열도 체제의 기본으로 유지되어 노동자들은 소속기업의 위계서열 가운데 일정한 자리에 배치되었고, 기업들은 계열군 안에서 서열화되었다. 또 계열군은 전국 경제인단체인 '게이단렌'(경단련-역자주)의 엄격한 서열 속에 배치되었다.

---

1   Richard Dore in *Flexible Rigidities*, 재인용: John Dower, *Japan in War and Peace* (London, 1995), p.307.

투기는 일본과 같은 국가주도 경제시스템과는 어울리지 않는 현상이다. 일본인들은 자신들이 말하듯이 장기적인 이익을 추구하는데, 투기는 단기수익을 노리기 때문이다. 일본인들의 경제적 목표는 이윤추구가 아니라 산업발전이다. 또 투기는 위험을 전가할 수 있어야 발생할 수 있지만, 1920년대와 1930년대 초반 증시가 무너지고 수많은 은행이 파산할 때, 일본정부는 이 같은 실패는 더 이상 용인하지 않을 것이라고 선언했다. 결과적으로 일본에서 위험의 사회화는 서구경제보다 심화되었다. 그럼에도 불구하고 1980년대 일본에 투기 열풍이 불어닥쳤다. 투기는 일본 경제시스템의 뿌리를 흔들어놓았기 때문에 투기가 끝났을 때 경제시스템은 황폐해졌다. 관료들이 옛 체제의 조각들을 긁어모아 다시 복원하려고 했지만 실패로 끝났다. 이것이 바로 버블경제의 유산이었다.

● 일본의 오만 ●

투기적 광기는 오만의 상징이다. 대규모 투기는 경제적 힘의 균형이 한 나라에서 다른 나라로 이동할 때 발생한다. 암스테르담이 17세기 세계 경제의 중심이 되는 경제적 기적이 발생하자 네덜란드에서는 튤립투기가 발생했고, 20세기 초 미국이 영국에 이어 세계 경제의 패자로 등장할 때 뉴욕 증시의 버블이 부풀어올랐다.[2] 20세기 70여

---

2 1980년대 일본 버블경제와 20세기 초반 미국 경제의 버블에 관한 많은 통계들이 있다. 1980년대 일본처럼 20세기 초 미국은 엄청난 무역흑자를 누렸다. 1900년 5억 달러의 흑자를 기록한 것이다. 1980년대 도쿄가 세계 금융중심지로 부상했듯이, 20세기

년 동안 유지해온 미국의 경제패권이 1980년대 중반 일본의 경제력에 의해 위협을 받기 시작했다. 일본 상품의 세계시장 점유율이 10%를 넘었고, 무역수지 흑자 역시 대규모로 늘어났다. 일본의 자본수출은 19세기 영국에 비견될 만큼 활발했고, 일본의 1인당 국민소득이 조만간 미국을 능가할 것이라고 예상되었다. 전자제품 등 일본의 상품은 세계 시장을 석권했으며, 은행들은 자산규모와 시장가치 면에서 세계 정상급으로 성장했다.

미국이 흔들렸다. 일본이 엄청난 무역수지 흑자 때문에 즐거운 비명을 지르고 있는 동안, 미국의 무역수지 적자는 눈덩이처럼 불어났다. 레이건 행정부 아래에서도 미국 연방정부의 재정적자는 계속되었고, 이를 메우기 위해 발행한 재무성 채권은 무역수지 흑자폭을 줄이려는 일본만이 매입해줄 수 있었다. 디트로이트에서는 성난 자동차 노동자들이 수입에 반대하며 일본 차를 파괴하는 시위를 벌였다. 〈뉴욕타임스〉는 "제2차 세계대전이 끝난 지 40여 년이 지난 현재 일본이 역사상 가장 성공적인 경제적 공격을 퍼부어 미국의 경제를 흔들어놓고 있다"고 경고했다.[3] 단기수익만을 쫓고 개인의 이익을 최우선하기 때문에 미국 경제가 흔들리고 있다는 비난까지 받은 미국인들은 자신감을 잃어버렸다. 심지어 미국이 경제적으로 '진주만 공격'을 받고 있다는 주장까지

초 미국인들은 '새시대' 미국 경제의 위대함을 자랑했다. 또 두 시대 미국인과 일본인들은 해외 자산투자에 열을 올렸다. 20세기 초 미국인들은 주로 영국의 대형 선박회사 주식을 중심으로 1억 달러를 투자했고, 1980년대 일본인들은 미국을 상징하는 대규모 빌딩들을 사들였다. 또 미국인들이 영국인들의 분노와 경계심을 일으켰듯이, 일본인들도 미국인들의 경계심과 분노를 샀다.

3   재인용 : "Adam Smith," *Roaring 80s*, p.136.

제기되었다.[4] 이와 더불어 『일본 : 넘버원』이라는 책이 태평양을 사이에 둔 일본과 미국에서 동시에 베스트셀러가 되었다.[5]

일본은 주체할 수 없는 무역수지 흑자를 해소하기 위해 미국 재무성 채권뿐만 아니라 미국 내 각종 자산에 돈을 쏟아붓기 시작했다. 특히 미국의 부동산을 선호했는데, 1986년 미쓰이 물산은 6억 1,000만 달러라는 기록적인 가격으로 뉴욕 맨해튼에 있는 엑손빌딩을 사들였다. 당시 미쓰이 회장은 기네스북에 자신의 이름을 올리기 위해 애초 엑손 쪽에서 부르는 값보다 2억 6,000만 달러를 더 지불했다고 전해졌다.[6] 이후 일본인들의 과시적인 해외자산 취득에 비춰볼 때 이 소문의 개연성은 아주 높다. 시간이 흐르자 일본은 미국 자본주의의 상징들을 하나씩 차지하기 시작했다. 극적인 예가 뉴욕 록펠러센터와 헐리우드의 콜럼비아 영화사의 매입이다.

일본 자본의 홍수는 미국 내에서 인종주의를 부화시켰다. 미국인들은 과거 적이었던 일본에 대해 적대감을 감추지 않았으며, 황화(黃禍)에 대한 미국인들의 두려움이 다양한 책으로 나왔다. 수잔 톨친(Susan Tolchin)의 『미국 주식회사 인수』(Buying into America, 1988)와 다니엘 버스타인의 『엔화 : 일본의 신금융제국과 미국에 대한 위협』(Yen! Japan's New Financial Empire and Its Threat to America, 1989)이 대표적인 예이다. 마이클 크리천의 베스트셀러 소설 『떠오르

---

4 Dower, *War and Peace*, pp.292~293.

5 Ezra Vogel, *Japan as Number One* (New York, 1979).

6 article by Ted Rall, "A Sprocket in Santan's Bulldozer: Confessions of an Investment Banker," *Might* issue 6, October 1995.

는 태양』(Rising Sun)은 일본이 미국을 통째로 사들일 것이라는 위기감이 극에 달했을 때 출판되었다.[7] 그는 〈뉴욕타임스〉와의 인터뷰에서 "미국인들을 각성시키기 위해 이 책을 썼다"고 밝혔다.

미국인들의 두려움이 커지는 순간 일본인들의 자신감은 회복되었다. 당시 일본인들은 전쟁에 패한 굴욕을 되새기며 초토화된 국가를 재건하면서 상실한 자신감을 회복하고 있었고, 이는 정치인들의 발언에서 여실히 드러났다. 1986년 가을 새로 선출된 나카소네 야스히로 수상은 다양한 인종으로 뒤섞여 있는 미국 경제의 상대적 쇠락은 단일민족 경제의 우월성을 보여주는 것이라고 주장했다. 이는 2차대전중에 야마토 후손들의 우월성을 부르짖었던 전범들의 주장과 비슷한 것이다.[8] 일본의 정치인들이 2차대전 전범들이 묻혀 있는 야스쿠니 신사를 방문하는 동안, 나카소네는 "우리의 과거 치욕을 떨쳐버리고, 영광을 향해 움직여야 한다"고 목청을 돋우었다.

2차대전에서 미국에 굴복하고 대동아공영권 건설을 포기한 대가로 평화를 얻은 일본이 마침내 경제 초강국으로 등장한 것이다. 1980년대 후반 일본은 경제대국뿐만 아니라 채권대국, 자신대국, 금융대국 등으로도 불렸다. 이런 상황에서 오만은 불가피한 것일 수 있다.

---

7   Ian Buruma, *The Missionary and the Libertine* (London, 1996), pp.262~268.

8   Dower, *War and Peace*, p.284.

● 일본 기업의 투기 ●

일본도 1971년 미국이 달러의 금태환을 정지시킨 이후 불어닥친 금융혁명의 소용돌이에 휘말려들었다. 1980년 일본은 변동환율제를 채택했지만, 미국인들의 눈엔 일본의 개혁속도는 너무 완만한 것으로 비쳤다. 미국은 일본정부가 여전히 외환시장에 개입해 엔화가치를 인위적으로 낮게 유지·관리하며, 국제시장에서 일본 상품의 가격경쟁력을 유지하고 있다고 비난했다.

물론 일본 자본자유화는 미국의 압력에 따른 것만은 아니었다. 눈덩이처럼 불어나고 있는 무역수지 흑자와 높은 저축률 때문에 남아도는 자본을 해외에 투자할 수밖에 없었고, 따라서 자본자유화 조치를 취한 것이었다. 일본 관료들은 당시 상황에 떠밀려 금융개혁을 할 수밖에 없었지만, 이를 통해 도쿄가 런던과 뉴욕에 이어 세계 금융중심으로 부상할 수 있기를 희망했다.

1984년 봄 일본은 외국은행의 일본정부 채권의 거래와 자국 내 진출을 허용했다. 동시에 외환시장에 대한 각종 규제를 철폐했다. 이로써 일본 역사상 처음으로 일본 은행들은 장기예금의 이자율을 스스로 결정할 수 있게 되었다. 개혁의 결과, 일본 금융시장에서는 신종상품들이 속속 등장했다. 사무라이와 스시 본드를 비롯해, 제로쿠폰 본드, 유러-엔 본드, 하라-키리 스왑 등이 대표적인 예다.[9] 또 일본 국채와 주가지수 선물시장이 개설되자 각종 금융파생상품도 도쿄 금융시장에 등장하기 시작했다.

---

9   R. Taggart Murphy, *The Real Price of Japanese Money* (London, 1996), p.113.

1980년대 초반 일본 기업들은 '자이테크(재테크-역자주)'라는 다양한 자산운용으로 엄청난 영업외 수익을 벌어들였다. 1984년 대장성은 기업들이 '토오킨계정'(투금계정-역자주)을 두고 주식과 채권 등에 투자할 수 있도록 허용했다. 기업들은 자본이득세를 한푼도 부담하지 않고 각종 증권거래를 할 수 있게 된 것이다. 특히 일본정부는 기업들이 시장가격이나 장부가 가운데 하나를 택해 보유자산의 가치를 회계처리할 수 있도록 허용했다. 이후 일본 기업들은 이를 활용해 자이테크 손실을 합법적으로 은폐할 수 있었다.

　　증권사들도 기업들의 자금을 특별히 운용해주는 불법계정을 만들어 기업의 여유자금을 유치했다. 이 과정에서 증권사들은 시장수익률 이상의 수익을 보장하는 이면각서를 남발했으며, 대장성 관료들은 한쪽 눈을 감고 이를 묵인했다. 결과적으로 일본 기업들은 땅 짚고 헤엄치며 고수익을 올릴 수 있었다. 1985년 토오킨펀드의 규모는 9조 엔에 달했으며, 4년 뒤인 1989년에는 40조 엔(3,000억 달러)대로 팽창했다.

　　자이테크 투기가 본격화된 것은 일본 기업들이 역외시장인 런던의 유러본드 시장에 접근할 수 있게 되면서부터이다. 1981년 일본 대장성은 금융자유화 조치의 하나로 기업들이 유러본드 시장에서 신주인수권부 사채(BW)를 발행할 수 있도록 허용했다. 당시 일본 기업들은 자사주가가 오르면 오를수록 BW 값이 따라 올랐기 때문에 아주 낮은 이자율로 채권을 발행할 수 있었다. 이는 마치 1720년대 존 블런트 일당이 사우스 시 주가를 끌어올리면서 채권의 주식전환 작업을 벌인 것과 유사한 것이다. 하지만 기업들이 앞다투어 BW를 발행한 데에는 또 다른 이유가 있었다. 엔화상승이 지속되고 있는 점을 이용해 달러표시 BW를 발행한 뒤, 이 채무를 스왑 시장에서 엔화표시 채무로 스와핑해 엔화자금을 일본 내로 끌어들이겠다는 것이다. 이에 따라 가치가 하락하는 달러 대신 상승하는 엔화를 조달해 만기시점에서 환차익까지 덤으로 얻게 되었다. 결국 일본 기업들은 자금조달 과정에서 마이너스 이자를 지불했고, 더 나아가 조달한 자금을 곧바로 주식시장에 쏟아붓거나 연 8%를 보장하는 증권사 투금계정에 투자해 막대한 차익을 남겼다.

1980년대 후반 일본 기업들의 돈놀이 규모는 도쿄 증시의 활황과 맞물려 기하급수적으로 늘어났고, 이 때문에 도쿄 증시에서는 선순환이 발생했다. 자이테크는 수익을 창출했고 이는 주가상승으로 이어졌으며, 이로 인해 다시 자이테크의 수익성이 높아진 것이다. 1980년대 말 도쿄 증시의 상장기업 가운데 대부분이 자이테크를 벌인 것으로 나타났다. 당시 도요타와 닛산, 마쓰시타, 샤프 등 국제적인 지명도가 있는 기업들이 낸 순이익의 절반이 이 자이테크를 통해 달성된 것이었다. 도요타는 1986년 표면금리 2%를 지급하는 조건으로 전환사채를 발행해 2,000억 엔을 조달했고, 1987년에는 1조 7,000억 엔을 투자해 1,500억 엔의 수익을 올렸다. 이렇게 일본 기업들이 투금계정을 통해 벌어들인 수익총액이 1985년 3월 2,400억 엔(20억 달러)에서 2년 뒤인 1987년 3월 9,520억 엔(70억 달러)으로 폭증했다.

대부분의 사람은 이 기간 동안 일본 기업들의 영업이익이 감소했다는 사실에는 전혀 관심을 두지 않았다.[10] 심지어 어떤 기업은 기존의 비즈니스를 포기하고 자산운용에만 전력을 다한 경우도 있었다.

---

10   Robert Zielinski and Nigel Holloway, *Unequal Equities* (New York, 1991), pp.145~146.

'아시아의 땅귀신'이라고 불린 철강회사 한와는 자이테크를 통해 4조 엔(300억 달러)에 달하는 돈을 굴렸으며, 여기서 얻은 수익이 본업으로 얻은 이익의 20배를 넘기도 했다. 하지만 증시가 붕괴한 1990년 10월 한와는 200억 엔의 주식투자 손실을 입었고, 부채비율이 천문학적인 1,200%에 달했다.

1980년대 후반 일본 기업들이 조달한 자금이 모두 투기에 투입된 것은 아니었다. 신주인수권부 발행으로 조달된 자금이 생산설비 투자에도 흘러들어가, 세계 역사상 유례가 없는 최고 설립투자 붐이 불었다.[11] 이 시기 일본 기업들은 3조 5,000억 달러에 이르는 설비투자를 했다. 그리고 이때 일본이 달성한 경제성장의 3분의 2가 이 설비투자 덕분이었다. 특히 해외설비투자를 통해 엔화강세에 따른 수출난을 극복했다. 엄청난 설비투자 덕분에 일본 기업들은 엔화강세에 따른 가격경쟁력 약화와 자본수익률 하락을 딛고 성장할 수 있었던 것이다. 이 때문에 몇몇 경제학자들은 일본 대장성이 싼 자본을 끌어들여 경제를 버블화시킴으로써 엔화강세에 따른 위기를 돌파하려 했다고 주장하기도 했다.

이 시기 엄청난 자본투자는 일본 경제가 실질적인 활력을 잃은 뒤에도 고성장을 할 것이라는 환상을 낳았고, 비생산 분야에 과도한 자본이 흘러가도록 했다. 결국 투기를 경제정책 수단으로 활용하기 위해 대장성 관료들은 판도라의 상자를 연 셈이다.

---

11 Taggart Murphy, *Japanese Money*, p.168.

● 땅투기 ●

일본인들이 '바부르'라고 부르는 일본의 버블경제는 시종일관 부동산버블이었다. 일본에서 땅을 갖는다는 것은 특별한 의미로 해석될 수 있다. 봉건시대 이후 땅 소유는 특별한 사회적 지위를 의미했기 때문이다. 하지만 산이 많은 일본에서는 경작할 수 있는 땅이 상대적으로 적을 뿐만 아니라, 일본정부가 부동산 단기차익에 150%이상의 보복과세를 매겨 토지거래가 침체되었고 부동산의 유동성이 떨어졌다.

이런 두 가지 이유가 부동산가격의 상승을 부채질했다.[12] "부동산 가격이 너무 높아 일본인들이 '토끼장에 사는 일벌레'가 되었다"고 한 로이 던햄(Roy Denham) 같은 일부 서구 경제학자들은, 일본정부가 저축률을 높이기 위해 의도적으로 부동산가격의 폭등을 유발했다고 주장했다. 실제로 일본인들은 땅을 선호했지만 값이 폭등한 땅의 매입은 엄두도 내지 못하고 돈을 버는 대로 은행에 예치했으며, 일본정부는 이를 산업발전에 쏟아부어 경제발전을 이룩했다.

일본의 땅값은 1956~1986년 사이에 50배 이상 치솟았다. 반면 일본의 소비자물가는 단 두 배 뛰었을 뿐이다. 이 기간 동안 땅값이 하락한 때는 1974년뿐이었다. 따라서 일본인은 땅값은 절대 떨어지지 않는다고 믿게 되었고, 일본 은행들은 채무자의 현금수입보다는 땅을 담보로 대출을 해주었다. 1980년대 말에도 일본 은행들은 중소기업의 땅을 담보로 잡고 엄청난 대출을 했다. 한마디로 땅은 일본

---

12 Christopher Wood, *The Bubble Economy* (Tokyo, 1993), p.67.

에서 신용의 상징이었고,[13] 이 때문에 '토치홍이세이'(토지본위제-역자주) 시대가 도래한 것이다.

1987년 12월 스위스 바젤에서 일본을 포함해 각국 대표들이 참석한 가운데 국제결제은행 회의가 열렸다. 각국 대표들은 일본 은행들이 대장성의 비호 아래 서방 은행들보다 낮은 자본비율을 유지하며 세계 금융시장을 공격하고 있다고 불만을 표했다(서방 은행들이 자기 자본 비율이 하락해 도산하는 사태를 막기 위해 대출확대를 자제하는 동안, 일본 은행들은 대장성이 공적자금 등으로 도산을 막아주기 때문에 도산위험 없이 신용창출을 마구 늘려 시장을 잠식해 들어갔다-역자주).

그리고 자기자본 비율에 대한 국제기준을 설정해 일본 은행들에게 강제해야 한다고 목소리를 높였다. 서방국가들과 일본 대표는 격렬한 논쟁을 벌인 결과, 1993년까지 일본 은행들이 8%인 BIS 자기자본 비율에 맞춘다는 데 타협했다.

하지만 일본 은행들의 특수성을 감안해 중요한 예외규정을 두었다. 상호출자를 통해 여러 기업과 특수한 관계를 맺고 있다는 이유로, 일본 은행들이 보유한 지분의 미실현 이익 가운데 45%를 자본으로 계산한다는 것이다. 이에 따라 일본 은행들의 신용창출 능력은 도쿄 증시의 주가흐름에 따라 연동하게 되었다. 즉 다른 조건들이 같을 경우, 일본 은행이 대출을 늘려 땅과 주식값이 오르면 은행이 보

---

13 극성스런 부동산담보 대출은 1920년대 미국에서도 발생했다. 땅을 담보로 한 은행대출을 금지한 1927년 맥패든 법(McFadden Act)이 제정될 때까지 부동산담보 대출이 극성을 부린 것이다. 이후 은행들은 주식 등의 자산을 담보로 한 대출의 활로를 열었다. 미국 은행시스템 붕괴로 이어진 유나이티드 스테이츠 은행의 파산은 이런 주식담보대출 때문이었다.

유한 주식 등의 자산가치는 상승한다는 것이다. 이로써 은행 자본규모가 확대되고, 은행은 다시 이를 바탕으로 대출규모를 늘려 증시에서 주가를 치솟게 하는 선순환이 형성될 수 있었다. 당시 바젤에 모인 세계 중앙은행 대표들은 주가가 오르는 동안 일본 은행이 신용창출을 늘릴 수 있는 순환모델을 승인해준 셈이다. 그리고 이것이 일본 버블경제의 '치명적인 약점'이었다.[14]

● 플라자합의 ●

1980년대 중반 일본의 경제정책은 미국과 정반대였다. 일본정부가 재정긴축을 실시하고 느슨한 금융정책을 쓰고 있는 동안 미국정부는 반대로 느슨한 재정정책을 취하면서 금융정책 고삐를 강하게 쥐고 있었다. 인플레이션 사냥을 위해 미국의 연방준비제도 이사회가 고금리 정책을 펴자, 미국 달러가치가 오르고 미국 상품의 국제경쟁력은 떨어져 무역수지 적자가 눈덩이처럼 불어났다. 사정이 이쯤되자 미국 기업들은 정부를 상대로 아우성치기 시작했다. 이론적으론 엔화에 대한 달러가치가 상승하면, 변동환율 시스템이 작동해 엔

---

14 '치명적인 약점'이라는 개념은 크리스토퍼 우드가 바젤 합의를 분석하기 위해 도입한 것이다. 하지만 이런 약점은 17세기 토지은행 설립과정에서도 발견된다. 1695년 익명의 저자는 토지에 근거해 은행권을 발행하자는 토지은행 발기인들을 이 '치명적인 약점'이라는 개념을 동원해 공격했다. 그는 토지의 절대면적이 늘어나지 않는데 은행권 발행을 늘리면 땅값이 천정부지로 치솟는다는 것을 보여준다. 이런 '치명적인 약점'은 존 로의 미시시피 시스템에서도 발견된다. 한때 존 로가 토지은행 설립을 추진하자 미시시피 주가가 올랐고, 이것이 이 회사의 자산가치를 높였다. 결국 이를 근거로 추가 은행권 발행이 가능해졌고, 늘어난 은행권 때문에 다시 주가가 오르는 악순환이 계속된 것이다.

화가 상승해 미국 기업들의 수출 어려움이 해소되어야 했다. 하지만 일본정부가 개입해 엔화가치 상승을 억제했기 때문에, 실제 외환시장은 그렇지 못했다. 따라서 약간의 정부개입이 필요했다.

1985년 9월 미국의 재무장관 제임스 베이커는 뉴욕 맨해튼 플라자호텔로 각국 재무장관을 소집했다. 베이커의 압박에 각국 재무장관들은 달러가치, 특히 엔화에 대한 달러가치를 떨어트리기로 합의했다.[15] 이 합의에 따라 각국정부가 외환시장 개입에 나선 다섯 달 뒤인 1986년 1월, 1달러당 엔화 환율이 259엔에서 150엔으로 떨어졌다. 일본 엔화의 구매력은 40% 오르고, 달러로 표시되는 상품가격은 그만큼 하락했다. 엔화강세가 연출되자 일본인들은 싹쓸이 쇼핑을 시작했다. 이탈리아제 고급 핸드백 루이뷔통에서부터 고흐의 그림까지 마구 사들였던 것이다.

1949년 4월 미국 은행가 조지프 도지(Joseph Dodge)가 엔-달러 환율을 360에서 고정한 이후 엔화는 지속적으로 하락했다. 1970년대와 1980년대 초반에도 엔화가치는 실질적으로 평가절하되었다. 이런 엔화의 평가절하 추세는 일본 상품의 수출을 촉진했고, 수출증가는 일본 경제기적의 원동력이 되었다. 그러나 플라자합의 이후 상황은 역전되었다. 국제시장에서 일본의 상품값이 갑자기 2배 가까이 뛰어오른 것이다. 일본 기업들이 느끼는 위기의식은 상당했다. 1986년 초 일본의 경제성장률은 2.5% 이하로 떨어졌고, 엔화강세에 따른 불황이 덮쳤다. 1986년 일본 경제성장률이 마이너스 0.5%를 기록했고, 일본 기업들이 산업시설을 앞다투어 외국으로 옮기는 바람에 일

---

15 Taggart Murphy, *Japanese Money*, p.139.

본 산업이 공동화될 가능성마저 높아졌다.

사정이 이쯤 되자 일본 기업들은 전지전능한 대장성을 바라보며, 특단의 대책을 내놓으라고 요구했다. 다급해진 대장성은 이자율을 낮추라고 중앙은행인 일본은행을 마구 옥박질러, 1986년 한 해 동안 일본은행은 네 차례에 걸쳐 재할인율을 인하해 3%에 이르게 했다. 국제 원유가가 하락하고 있었고 엔화강세로 수입품값이 떨어졌기 때문에, 매년 10%에 달하는 총통화 증가가 소비재 가격상승으로는 이어지지 않았다. 대신 주식과 부동산 등 자산가치가 급격하게 오르기 시작했다. 1986년 8월 도쿄 증시의 닛케이지수는 이해 초를 기준으로 40% 가까이 올라 1만 8,000에 달했다. 닛케이지수의 급격한 상승은 그 동안 주식에 관심이 없었던 일본인들을 주식시장으로 끌어들였고, 〈니혼게이자이〉가 경제상식을 다룬 만화를 펴내자 불티나게 팔려나갔다. 이해 말 〈파이스턴 이코노믹 리뷰〉도 "주식이 모든 사회계층의 화제가 되고 있다"고 전했다.

증시가 이렇게 활황을 보이자, 일본정부는 오랜 기간 준비해온 NTT(Nippon Telephone & Telegraph)의 민영화를 위해 보유주식을 매각하기로 결정한다. 1986년 10월 1차 주식매각을 실시해 20만 주를 공모형태로 대중들에게 매각하기로 한 것이다. 물론 이때 외국인들은 NTT 주식을 보유할 수 없었다. 두 달 동안 1,000만 명의 일본인들이 공모가가 발표되지도 않았는데도 주식을 청약했다. 수요가 너무나 컸기 때문에 주식배정은 추첨을 통해 이루어질 수밖에 없었다. 1987년 2월 2일 NTT 주식은 도쿄 증시에서 주당 120만 엔에 첫 거래되었다. 그리고 단 이틀 만에 주가는 25% 상승했다.

2월 말 G7 재무장관들이 파리 루브르에서 만났다. 이 모임에서 각국 재무장관들은 엔-달러 환율이 더 이상 떨어지지 않도록 협조하기로 합의했다. 이 합의에 이어 일본은행은 전후 최저수준인 2.5%로 재할인율을 낮추었고, 이 재할인율은 1989년 5월까지 유지되었다. 재할인율 인하조치는 NTT 주가 상승에 날개를 달아주었고, 단 2~3주 만에 주가는 320만 엔으로 치솟았다. 이는 주가수익률의 200배가 넘는 수준이었고, 이로써 이 회사의 시가총액은 50조 엔(3,760억 달러)까지 솟구쳤다. 이는 독일과 홍콩의 전체 상장기업의 시가총액을 합한 것보다 큰 것이었다. 자사주에 대한 광적인 열기를 지켜보던 신토 히사시 NTT 회장은, 기자들에게 "머니게임에 뛰어든 사람들은 어느 날 신의 분노를 사게 될 것"이라고 조심스럽게 말했다.

NTT의 민영화는 1720년대 사우스 시 버블을 연상시킨다. NTT와 사우스 시 모두 정부가 재정조달을 위해 민영화 조치를 취했다. 일본이 공기업을 민영화했다면 영국정부는 국채를 민영화했지만, 양쪽 모두 채권의 주식전환 비율이나 공모가를 발표하기 앞서 청약을 받았다. 또 두 회사 모두 주가가 합리적인 수준을 넘어 치솟았다. 하지만 가장 두드러진 공통점은 1720년과 1987년의 투기꾼들이 모두 '정부가 주가하락을 막아줄 것'이라고 믿었다는 점이다. 1987년 11월 정부가 제2차 NTT 주식을 매각하자, 〈재팬 이코노믹저널〉은 다음과 같이 전했다.

'정부가 국민들을 상대로 주식을 매각하기 때문에 주가하락에 따른 국민들의 손해를 방관하지 않을 것'이라는 믿음이 광범위하게 퍼져 NTT 주가가 치솟았다. … 개인투자자들은 NTT 주식을 사면서 일본 자체를 산다고 믿었다. 따라서 아무런 두려움 없이 NTT 주식에 엄청 난 돈을 쏟아부었다.

1987년 10월 주가 대폭락 이후 도쿄 증시가 하락하기 시작하자, 투자자들은 정부가 NTT 주가만이 아니라 증시 자체를 보호해줄 것이라고도 믿었다.

● 돈의 정치학 ●

일본 정치인들이 공적인 의무감 때문에 추락하는 증시를 부양한 것은 아니었다. 주가가 지속적으로 상승해야 개인적인 이익을 챙길 수 있었기 때문이었다. 일본에서 정치를 하는 데는 많은 비용이 들었다. 일본 의회에서 의석을 유지하는 데 드는 비용은 연간 4억 엔(300만 달러) 수준인 것으로 알려졌다.[16] 따라서 현금은 정치권력의 원천이었다. 돈이 있어야 파벌을 유지할 수 있었고 행정부 각료자리를 살 수 있었다. 또 돈으로 각종 특혜와 표를 살 수 있었다.

1870년대 미국 금권정치시대의 태머니 파처럼, 일본 정치인들은 증시를 이용해 자신들의 금고를 채웠다. 특히 버블기간 동안 정치인들은 주식을 자금조달의 보조적인 수단으로 이용했다. 선거기간 동

---

16   Karel Van Wolferen, *The Enigma of Japanese Power* (London, 1989), p.134.

안 정치인들은 밀실에서 '세이지 카부'(정치주식, 주식을 통한 정치헌금-역자주)를 받았고, 이 주식을 처분해 과거 투자했던 돈을 회수할 수 있었으며, 선거비용을 뺀 이익을 남길 수 있었다. 그리고 선거가 끝나면 주가가 떨어지도록 방치했다.[17] 일본의 정치가 이런 메커니즘을 갖고 있었기 때문에 투자자들은 정치인들이 궁극적으로는 주가하락을 내버려둘 것이라고 보지 않았다.

정치와 주식의 커넥션은 '리쿠르트 코스모스 스캔들'로 공개되었다. 1988년 6월 가와사키의 하급 공무원 한 명이 내부정보를 활용해 리쿠르트 코스모스 주식을 사 이익을 챙겼다고 시인하고 사임한 것이다. 리쿠르트 회장인 에조에 히로마사는 야심만만한 인물이었다. 자사관련 입법과정에서 유리한 고지를 선점하기 위해 정치인들과 비즈니스맨, 관료들에게 대량의 주식을 선물로 뿌렸다. 이해 12월 말 신임 법무부 장관 하세가와 다카시시가 이에 연루되어 소환되었다. 조사결과 그가 주식을 받은 것으로 드러나자, 그는 임명된 지 나흘 만에 법무부 장관직을 사임할 수밖에 없었다. 대장성 장관도 물러났고, 몇 달 뒤에는 당시 수상이었던 다케시타 수상도 리크루트 주식으로 1억 5,000만 엔의 부당이익을 챙겼다는 사실이 드러났다. 수상을 대신해 현금을 받은 비서는 스스로 목을 매 숨을 끊었다.

리쿠르트 리스트에 대한 수사는 확대되었고, 전 수상 나카소네를 비롯해 NTT 회장 그리고 니혼게이자이의 회장까지 주식을 받아챙긴 것으로 드러났다. 1989년 여름이 되자 약 50명의 정치인과 공무원, 기업인, 언론인들이 스캔들에 연루된 것으로 밝혀졌다. 이 사건

---

17 Brian Reading, *Japan: The Coming Collapse* (London, 1993).

을 계기로 서방 언론은 '연줄 자본주의'라는 말이 일본 시스템을 표현하는 데 적절하지 않을 수 있다고 전했다. 리쿠르트 스캔들로 일본의 정치가 금권정치라는 사실이 드러났기 때문이다.

리쿠르트 스캔들은 전후 일본 최대의 정치 부패사건이었고, 버블 경제의 폐해를 보여주는 단적인 예였다. 당시 도쿄 증시의 호황은 일본 경제의 힘을 반영한 것이었다. 증시호황으로 일본인들이 품게 된 자신감은 민족주의적 목적을 위해 정치적으로 이용되었다. 그리고 관료들은 기업들이 싼 자금을 조달하여 엔고 현상과 맞물려 빚어진 경제적 난국을 돌파할 수 있도록 하기 위해, 대중들의 투기를 부추겼다. 또 정부는 버블 열풍에 휘말린 순진한 대중들을 이용해 NTT 주식을 비싼 값에 팔아 재정적 어려움을 덜 수 있었다. 그리고 이런 배경에는 부패한 일본 금권정치가 자리잡고 있었다. 이 부패정치인들은 정치자금을 마련하기 위해 투기를 적절하게 이용했다. 따라서 권력자들 가운데 어느 한 사람도 투기를 조절하려고 하지 않았고, 이 때문에 투기는 정신착란을 일으킨 사람처럼 발광했다.

'경제적 진주만 공격'이라고 한 미국인들의 주장에는 일면 타당성이 있다. 태평양전쟁을 도발한 일본 군부의 오만이, 1980년대 버블경제를 배경으로 일었던 경제적 오만과 비슷했기 때문이다. 역사가 되풀이된 셈이다. 단지 전쟁의 비극이 증시의 코미디로 바뀌어 되풀이되었을 뿐이다.

● 도쿄 증시의 가치기준 ●

1980년대 후반 도쿄 증시의 주가는 자이테크 수익이 포함된 기업 수익보다 3배 이상 빠르게 급등했다. 섬유업종의 주가수익배율은 평균 103배에 달했고, 서비스 주들은 112배, 해상운송 주들은 176배, 어업관련 종목들은 319배까지 뛰었다.[18] 또 당시 민영화 과정을 밟고 있었던 JAL의 주식은 주가수익배율 400배 수준에서 매각되었다. 일본 증시의 주가가 터무니없는 수준까지 올랐다고 믿었던 서방 투자자들은 1980년대 중반 이후 계속 보유주식을 처분했다. 이는 도쿄 증시가 더 이상 '서구의 합리주의'나, 미래의 현금을 현재가치로 할인하고 냉정한 신용조사를 통해 판단하는 '건조한' 계산법에 의해 리드되는 시장이 아님을 보여주는 단초였다. 반면 권위에 의해 설정된 전망을 쉽게 받아들이는 일본인들은 증권사 등의 정당화 논리를 의심 없이 받아들였다.

당시 일본에서는 주가의 고공행진을 정당화하는 각종 현란한 논리들이 만들어졌다. 일본인들의 회계 관행은 기업의 순이익을 그다지 높게 평가하지 않고 있으며, 상호출자가 주가수익률을 높인다는 등의 잡다한 논리들이 만들어진 것이다. 또 '일본 경제가 세계 경제성장의 견인차 역할을 할 것'이라는 주장이나, 증시호황에 따라 수요가 폭증할 것이라는 주장 등을 믿지 않았던 보수적인 애널리스트들조차도, 증시 주변의 풍부한 자금 때문에 주가가 더 오를 것이라고 내다보았다.

한편 '유동성장세 논리'에 따르면, 이자율이 낮게 유지되고 엔화

---

18 Zielinski and Holloway, *Unequal Equities*, p.85.

강세로 자금의 해외유출이 차단되어 있기 때문에, 일본인들은 도쿄 증시에 돈을 투자하는 것 외에는 대안이 없었다. 이런 주장은 1988년 일본정부가 우체국 예금에 대한 면세조치를 폐지하면서 더욱 강화되었다. 면세조치가 폐지되자 300조 엔의 자금이 우체국을 빠져나와 증시로 몰려들었고, 이런 증시자금 유입은 상호지분 확대에 따른 주식의 공급물량 감소와 맞물려 주가를 성층권까지 치솟게 만들었다.

기업의 펀더멘탈을 무시하는 갖가지 현상들이 벌어졌다. 동일 업종 내 주가는 개별기업의 순이익 등 재무상황이나 사업전망과 관련 없이 비슷한 추세를 보였다. 심지어 수백만 엔대를 호가하는 NTT 주식보다 저평가되었다는 이유 하나 때문에 치솟는 종목도 있었고, 주가가 낮은 종목은 언젠가 한번은 뜰 것이라는 예상 때문에 치솟았다.[19] 또 신주발행 소식이 전해지자 주가가 들썩거렸고, 회사가 실제 가치를 창출하지도 않고 액면분할만을 발표할 경우에도 주가는 하늘을 때렸다. 수출이 줄어들고 기업들이 생산시설을 해외로 이전해 산업공동화가 진행되는 과정에서도 주가는 치솟았다. 심지어 히로히토 천황이 숨진 1989년 1월에도 주가는 올랐고, 6개월 뒤 도쿄에서 지진이 발생할 때도 올랐다.

성층권을 날고 있는 주가는 부동산버블로 합리화되었다. 풍부한 유동성에 힘입어 각종 자산가치가 상승했고, 1990년 3월까지 5년 동안 은행의 대출규모도 96조 엔까지 늘어났다. 그리고 이 가운데 절반 이상이 부동산투기에 혈안이 된 소기업들에게 흘러들었다. 금융감독 당국의 느슨한 감독을 받고 있던 비은행 금융회사들의 부동

---

19 앞의 책, p.91.

산 담보대출은 1985년 22조 엔에서 1989년 말 80조 엔으로 4배 가까이 폭증했고, 심지어 담보부동산 가치의 2배 이상 대출이 이뤄진 경우도 있었다. 또 부동산 값이 너무 올라 월급쟁이들은 도쿄에서 작은 평수의 아파트조차도 대를 이어 100년 이상 분할상환하는 조건으로 살 수밖에 없었다.

1990년 일본 전체 부동산 가치는 2,000조 엔이 넘는 것으로 평가되었다. 이는 미국 전체 땅값의 4배에 달하는 것이다. 심지어 도쿄 왕궁터의 가치가 캘리포니아나 캐나다 전체 땅값보다 높은 것으로 나타났다. 또 외국 금융회사들이 몰려들어 사무실 임대에 나서자 도쿄에는 빌딩투기 붐이 불어닥쳤다. NTT가 도쿄 중심부에 완공한 최첨단 빌딩의 1평방미터당 가격이 3,000달러를 호가했는데도 외국 금융회사들은 기꺼이 입주했고, 이 때문에 NTT 빌딩은 '버블타워'로 불렸다. 한편 도쿄의 긴자 구역 땅값이 1평방미터당 5,000만 엔까지 치솟자, 일본정부는 지하 100미터 아래에 도시를 건설하는 계획을 검토하기도 했다.[20]

부동산버블은 증시에 직접적인 영향을 끼쳤다. 일본 증권사 애널리스트들은 기업들의 '숨겨진 자산'을 찾는 데 혈안이 되었다. 어떤 기업이 땅을 소유하고 있거나, 부동산소유 기업의 지분을 보유하고 있을 경우 이 회사의 주가는 하루아침에 껑충 뛰어올랐다. 사정이 이쯤 되자 도쿄 대학 경제학자들은 토빈의 Q를 부활시켰다. 이는 어떤 기업의 주가수준과 자산가치를 비교해 자산가치가 높을 경우 주가 상승 여력이 남아 있다고 평가하는 것인데, 이것으로 당시 일본 기업

---

20 *Japan Economic Journal*, June 1988, 재인용: Grant, *Mr. Market*, p.172.

을 분석한 결과, 저평가되어 있는 것으로 나타났다. 1988년 현재 기업들의 자본이득과 '숨겨진 자산가치'를 계산해보니, 장부상 가치보다 434조 엔이 높은 것으로 나타났던 것이다.[21]

일반적인 투기열풍과는 달리 1980년대 일본 투기열풍은 첨단기술의 가치보다 부동산의 가치를 높이 평가했다. 예를 들어, NTT는 보유하고 있는 통신기술보다는 보유부동산 가치로 평가된 것이다. 당시 일본 증권사 애널리스트들은 이를 '랜드플레이'(land play, 부동산주 테마–역자주)라고 불렀다. 이에 따라 엄청난 부동산을 보유하고 있는 도쿄전기의 1986년 시가총액은 홍콩 증시에 상장된 기업들의 전체 시가총액보다 커졌고, 또 다른 랜드플레이인 전 일본항공의 주가수익배율은 1,200배까지 날아올랐다.

당시 일본 기업들이 보유하고 있는 부동산 가운데 4분의 3이 업무용이 아니라 자본이득을 얻기 위한 것이었다. 또 상호출자와 '숨겨진 자산'으로 일본 기업들은 투자회사와 부동산회사가 결합한 형태를 띠게 되었다. 사정이 이쯤 되자 정상적인 기업활동은 무시되거나 주가상승을 가로막는 행위로 취급되었다.

● 주가조작 ●

조지 소로스가 1987년 10월 14일자 〈파이낸셜 타임스〉와의 인

---

21 Shigeto Tsuru, *Japanese Capitalism: Creative Defeat and Beyond* (Cambridge, 1993), p.162.

터뷰에서 도쿄 증시의 추락을 예고하는 등 수많은 금융전문가가 도쿄 증시의 몰락을 전망했다. 하지만 도쿄 증시는 세계 증시 가운데 이해 10월 19일 '검은 월요일' 사태를 가장 잘 헤쳐나갔다. 뉴욕 증시가 검은 월요일에 31% 폭락한 반면 도쿄 증시는 19% 하락하는 데 그쳤던 것이다. 하지만 그 배후에는 일본정부의 원시적인 주가부양이 있었다. 대폭락이 발생한 직후 일본의 '빅4' 증권사인 노무라, 다이와, 야마이치, 니코 증권사 대표들은 대장성으로 소환되어, NTT 주가를 부양하고 닛케이지수를 2만 1,000선에서 방어하도록 명령받았다.

일본 증시역사에서 대장성의 노골적인 증시부양은 이때가 처음은 아니었다. 1931년과 1950년, 1965년에도 대장성이 나서서 추락하는 주가를 떠받쳤다. 대장성의 명령을 받은 증권사들은 큰손들에게 손실보장을 해주는 등 수단과 방법을 가리지 않고 주식매수에 나섰다. 이런 노골적인 증시부양 조치로 도쿄 증시 닛케이지수는 2~3개월 뒤 폭락 이전 수준을 회복하고 새로운 고점을 기록했다. 대장성의 한 관료는 사석에서 주가를 끌어올리는 것은 외환시장 개입보다 쉬운 일이라고 너스레를 떨었다.

빅4가 차지하는 비중은 도쿄 증시의 하루 거래량 기준으로 볼 때 절반 이상이었다. 이 가운데 가장 큰 증권사는 노무라증권이었다. 이 회사는 버블시기에 일본 증권사 가운데 가장 수익성이 높았고, 4,000억 달러에 이르는 유동성을 보유하고 있었다. 노무라의 고객은 500만 명에 달했고, 대부분이 아줌마부대였다. 그들은 노무라증권을 통해 자신들의 예금자산을 주식시장에 쏟아부었고, 노무라가 제공하는 컴퓨터 증권거래 프로그램을 통해 주식게임을 즐겼으며 노무라가 내놓는 정보에 충실히 따랐다. 노무라는 '매도' 의견을 내지 않는 것으로 유명했지만, 충성스런 노무라의 고객들은 매주 수천 명의 노무라증권 직원들에게 돈을 맡겼다. 노무라 직원들은 매월 한차례 약정을 할당받았고, 아침마다 어떤 종목을 띄울 것인지 지시 받았다.

1980년대 후반 도쿄 증시에는 800만 명의 새로운 투자자들이 유입되었다. 증권투자 인구가 2,200만 명으로 늘어난 것이다. 기업들이 보유하고 있는 상호출자 지분을 뺀 나머지 주식만이 시장에서 거래되었지만, 개인투자자들의 연간 거래량은 1,000억 주가 넘었다. 그리고 개인투자자의 3분의 1이 증권사 직원들의 부추김을 받아 마진론을 끌어다 썼다.

전통적으로 도박을 '중국인들의 악덕'이라고 부르며 두려워한 일본인들이 증시의 유혹에 넘어간 것은 두 가지 국민성 때문이다. 첫째, 일이든 놀이든 일본인들은 집단적인 성향을 보인다는 것이다. 이는 노동집약적인 쌀농사의 전통에서 기인한 것으로 풀이된다. 과거 전쟁기간 동안 일본정부는 "1억 명의 심장이 하나처럼 뛴다"고 이를 선전한 적이 있다. 10월 대폭락이 발생한 뒤 한 증권사 대표도 "일본은 하나의 컨센서스를 갖고 있어 한 방향으로 움직이기 때문에 주가 급변기를 극복했다"고 자랑했다.

둘째, 일본인들은 감정변화에 민감하다. 흥분과 낙담 사이를 급격하게 오간다는 것이다. 이런 일본인들의 심리는 증권사 브로커들에 의해 가차없이 이용되었다. 그들은 주기적으로 증시 테마를 발표했고, 투기열풍에 휘말린 일본 개인투자자들은 증권사들이 발표한 아카초칭(선술집을 알리는 빨간등. 이 등이 켜져 있으면 술집임을 알고 확인 없이 들어가는 행태를 빌어 표현한 것이다-역자주)에 따라 맹목적으로 주식을 사고 팔았다.

일본 버블시기에 가장 두드러진 투기적 테마는 동경만 재개발 관련종목들이었다. 당시 동경만 재개발이 발표되자 증권사들이 앞다투어 관련종목을 테마주로 발표했고, 개인투자자들은 이 종목을 사들였다. 또 아직 실험단계에 있는 신기술 테마주들이 떠오르기도 했다. 리니어 모터카와 초전도체, 상온 핵융합기술, 기적과 같은 암치료제 테마주들이 급격하게 상승했다 곤두박질친 것이다.

또한 1987년 고베의 한 창녀가 에이즈로 죽은 뒤 도쿄 증시에서는 콘돔회사 주식이 급격하게 상승했다. 일본 성인 가운데 3분의 2가 이미 콘돔을 사용하고 있어 시장이 포화상태인데도 사가미 고무의 주가는 4배 이상 뛰어올랐다. 또 닭의 쓸개즙에서 항에이즈 물질이 추출되었다는 소문이 돌자 일본 포장육의 주식이 로켓처럼 치솟았다. 심지어 사람들이 안전한 섹스를 위한 대체 도구를 찾을 것이라는 이유로 포르노비디오를 만들어내는 회사의 주가가 뜨기도 했다. 『테마 따라잡기』(Theme Chasing : The Engine of the Tokyo Stock Market)라는 책을 통해 미국 투자은행은 고객들에게 "유동성 장세에서는 집단심리를 따르는 것이 가장 안전한 투자방법"이라고 소개했다.[22]

한편 빅4 증권사들은 보유하고 있는 언론사 주식을 지렛대 삼아 언론사를 동원한 작전을 벌일 수 있었다. 이들의 눈에는 〈니혼게이자이〉가 엄격한 정보를 전하는 매체가 아니라 '비즈니스 도구' 쯤으로 비쳤다. 빅4는 주례회동을 통해 어떤 종목을 끌어올릴 것인지에 대해 의견을 교환하기도 했다. 주식시장에서 각종 루머와 정보가 판을 쳤기 때문에 증권사들은 고객이 작전에 쉽게 말려든다는 사실을

---

22 재인용 : Grant, *Mr. Market*, p.169.

잘 알고 있었다. 〈파이스턴 이코노믹 리뷰〉는 "도쿄 증시가 세계 증시 가운데 가장 냉소적이고 투기적이며, 작전이 쉽게 일어나는 곳"이라고 평가했다.[23]

주가가 터무니없이 올랐는데도 일본 개인투자자들의 수익은 신통치 않았다. 그들은 아웃사이더였고, 기관투자가와 큰손들의 '밥'이었다. 노무라증권의 직원들에게는 '개인투자자의 계좌는 멋대로 하라'는 구두지시가 내려오기도 했다고 한다. 상당수의 개인투자들은 대형 증권사들이 거느리고 있는 투신사를 통해 간접투자를 하고 있었다. 그런데 투신사들이 증권사의 거래수수료 수입을 늘려주기 위해 과도하게 주식을 사고 파는 바람에, 매년 20%의 주가상승률을 기록한 1980년대 후반 개인의 수익률은 4%에도 못 미쳤다.[24]

버블시기에 가장 믿을 만한 투자방법은 내부거래였다. 은행가와 관료, 정치인, 큰손, 야쿠자 등 증권사들이 특별히 관리하는 투자자들은 증권사가 주가를 끌어올리기로 한 종목에 대한 정보를 미리 귀띔받았다. 심지어 증권사들은 수익률을 보장했고 손실이 날 경우 보상해주었으며, 대량손실을 입은 투자자들에게는 '대박주'를 배정해 손실을 벌충할 수 있도록 했다. 증권사들이 유상증자에 앞서 습관적으로 주가를 끌어올리기 때문에 '어떤 회사가 증시를 통해 자금 조달에 나설 것'이라는 정보는 돈을 벌 수 있는 면허증과 같았다. 물론 일본에도 내부자거래를 금지하는 법이 있었지만, 아무도 개의치 않았다.

---

23 *Far Eastern Economic Review*, 7 August 1986.

24 Al Alletzhauser, *House of Nomura* (London, 1990), p.193; Zielinski and Holloway, *Unequal Equities*, p.48.

• 투기 네트워크 •

일본 경제시스템은 흔히 '네트워크 자본주의'라고 불린다. 정치인과 관료, 기업인들이 '철의 삼각동맹'을 맺고 있기 때문이다. 그리고 1980년대 일본의 버블경제는 또 다른 네트워크를 만들어냈다. 투기꾼과 야쿠자, 은행, 증권사, 정치인들이 공동의 목적인 투기적 수익을 올리기 위해 네트워크를 구축한 것이다. 기업과 은행이 상호출자를 통해 주식의 대부분을 장기간 보유하고 있어 시장의 유통주식수는 상대적으로 적었다. 따라서 마음만 먹으면 매집 등을 통해 주가조작을 쉽게 벌일 수 있었다. 도쿄 증시 보고서에 따르면, 1987년 4월~1989년 3월 사이에 상장종목 10개 가운데 1개꼴로 매집을 통한 주가조작이 발생했고, 그린메일(greenmail, 경영권을 위협할 정도의 지분을 웃돈을 얹어주고 사는 것-역자주)은 시간이 흐를수록 일상화되었다.

알카포네 같은 미국 갱들은 온갖 협잡과 불법이 난무하다는 이유로 증시를 피했다. 그런데 일본의 폭력조직인 야쿠자는 1980년대 알카포네만큼 까다롭지 않았다. 일본 야쿠자 '넘버투'인 이나가와 가이 파의 보스 이시이 스스무는 세로줄무늬 양복을 입고 대형 미제차를 몰고 다녔으며, 무례하기 짝이 없는 다른 야쿠자와는 달랐다. 오히려 늘씬하고 잘생긴 외모와 지적이고 세련된 매너로 유명했다. 당시 불법 도박혐의로 6년형을 마치고 갓 풀려난 뒤 마약과 빠찡코, 매춘업 등 야쿠자의 전통적인 수입원에 대한 의존도를 줄일 수 있는 방법을 찾고 있던 그에게 '완벽한 대안'이 눈에 띄었다. 그것은 바로 폭등하는 도쿄 증시였다.

1985년 초 이시이는 후쿠소 상교라는 부동산회사를 설립한다.

이 회사는 일본 정치의 대부로 통하는 가네마루 신과 유착된 트럭운송 회사로부터 돈과 지급보증을 받아 설립된 것이다. 자금과 정치적 우산을 얻은 이시이는 후쿠소 상교를 이용해 공격적인 투기를 시작했다. 1,700억 엔을 증시에 쏟아부은 것이다. 그는 도쿄가스와 니혼스틸, 노무라증권 등의 주식을 집중적으로 매집해 상당지분을 확보했다. 그리고 1987년 120억 엔이 넘는 수익을 올렸다. 이는 1986년보다 50배 늘어난 수익이었다. 그는 평방미터당 1,500만 엔짜리 사무실을 열면서 르누아르와 샤갈, 모네 등 100억 엔에 달하는 유명화가들의 작품으로 사무실을 치장했다.

이시이는 1989년 봄 대형호텔과 철도를 운영하는 도큐의 주식 매집에 착수한다. 이 과정에서 그는 이미 보유중인 도큐 주식을 담보로 빅4 가운데 노무라와 니코로부터 360억 엔의 자금을 지원받았다. 도큐가 자신의 고객이었다는 사실은 노무라가 이시이의 주식매집을 돕는 데 아무런 장애가 되지 않았다. 이시이는 1989년 4~11월 사이에 도큐 주식 2,900만 주를 매집하는 데 성공했다. 이 주식의 3분의 2는 노무라와 니코 증권사가 넘긴 것이고, 나머지 3분의 1은 일본 최대 야쿠자조직인 야마구치 구미 파와 커넥션을 갖고 있는 한 한국계 악덕기업인한테서 넘겨받은 것이다.

이시이는 1980년대 '기업형 범죄조직' 또는 '경제 야쿠자'의 전형이었다. 공개적인 대항이 금기시되어 있는 사회에서, 야쿠자 조직은 버블경제의 구석구석에서 협박과 위협으로 자신들의 권력을 행사했다. 주로 비은행 금융회사들에서 자금을 조달한 그들은 상습적으로 주식매집과 그린메일링을 벌였고, 다른 투기꾼들에게는 자금청구 역할을 담당하기도 했다. 그들은 부동산시장에서도 활발한 '활동'을 벌였는데, 화염병 공격 등을 통해 집주인을 협박해 부동산을 헐값에 강탈하는 수법을 주로 활용했다. 1985년 생명공학 주에 투자했다가 큰 손실을 입은 야쿠자가 주식을 추천했던 증권사 직원을 마구 때려 숨지게 한 사건이 발생했다.[25] 또 3년 뒤인 1988년에는 야쿠자들이 유명한 투기꾼이면서 그린메일꾼이었던 코스모 증권사 회장을 살해한 뒤 콘크리트를 부어 매장해버린 사건이 발생한다.

도쿄 증시에서는 야쿠자 외에도 40개의 투기그룹이 활동한 것으로 알려졌다. 그들은 200여 개 종목을 상대로 투기를 벌였다. '시테스시'(큰손-역자주)로 불리는 6개의 대형 투기그룹이 운용하는 자금 규모는 50억 달러에 달한 것으로 알려졌다. 이들 가운데 호텔과 골프장을 운영하면서 고신 투기단을 이끌고 있는 고타니 미스히로가 가장 유명하다. 1980년대 말 고타니는 몇 건의 주가조작과 투매, 매집, 그린메일링을 주도했다. 세이비 투기단을 이끌고 있는 가토 아키라와 유기적인 협조를 통해, 그는 정치인과 기업임원들, 야쿠자, 은행간부들을 자신의 투기 네트워크에 끌어들였다.

고타니의 수법은 내부정보를 주고받아 시세차익을 올리는 것이었다. 그는 자노메 미싱의 주식을 상대로 주가조작을 벌이면서, 자민당 중진의원이면서 환경청장을 지낸 이와무라 도시유키를 매수할 목적으로 그에게 정보를 제공했으며, 150억 엔을 대출 받는 조건으로 미쓰이 투신사 직원과 이 회사 고객들에게도 정보를 흘렸다. 또한 항공관측회사인 고쿠사이 고교의 주식을 공격하면서 이 회사의 임원들에게 미리 주식매수 대금을 빌려주어 은밀한 협조를 받았다. 이뿐

---

25 앞의 책. p.206.

만이 아니었다. 1억 엔을 빌리는 조건으로 치산그룹 총수인 다케이 히로토모와 요미우리신문 전 사주에게 자신이 벌이려는 작전의 정보를 건네주기도 했다. 나카소네 야스히로도 그의 네트워크에 참여한 것으로 드러났다. 고타니는 이어 스미모토은행 지점장을 매수했다. 이 지점장은 자신의 고객들을 설득해 자금을 끌어들여 그에게 200억 엔이 넘는 돈을 빌려주기도 했다. 물론 빌려준 사람들에게는 높은 이자가 지급되었고, 이를 중개한 스미모토 지점장에게는 후한 사례금이 돌아갔다.

고쿠사이 고교 주식을 충분히 매집하는 데 성공했지만, 고타니는 자신이 엄청난 빚더미에 눌려 있다는 사실을 알아차렸다. 그래서 그는 후지타여행사의 주가를 조작해 자신의 부채를 해결하기로 하고, 이를 위해 자신이 이사로 있는 자노메 미싱으로부터 300억 엔을 빌리기로 마음먹는다. 하지만 자노메 미싱 회장이 불만을 표시하자, 그는 야쿠자의 본성을 드러내며 만약 돈을 빌려주지 않을 경우를 대비해 2명의 살인청부업자를 고용해뒀다고 협박한다. 그리고 회장이 보유하고 있는 지분까지 자신의 조직에 넘기라고 강요했다. 결국 자노메 미싱의 회장은 협박에 굴복하고, 300억 엔을 빌려주고 고타니가 짊어지고 있는 빚 1억 8,700만 엔을 떠안기로 했다.

실탄 마련에 성공한 그는 자노메 미싱의 이사회의실에서 후지타여행사의 주식을 매집했을 뿐만 아니라, 이 회사 간부들에게 주식심부름을 시키기도 했다. 그의 작전으로 1990년 4월 후지타여행사의 주가는 3,700엔에서 5,200엔으로 뛰어올랐다. 물론 이 과정에서 그는 후지타여행사의 직원을 매수해, 이 기업의 내부정보를 얻어냈다. 또 2개의 건설회사를 끌어들였고, 이 가운데 하나는 주가가 고점에 이르렀을 때 고타니가 던진 주식을 사주기로 약속했다. 이는 일본의 전통적인 네트워크가 얼마나 용이하게 투기를 위해 전용되었는지를 단적으로 보여주는 것이다.

● 버블 레이디 ●

투기는 기존 체제를 흔들어놓는다. 따라서 남성이 지배하는 사회에서 거물투기꾼이 여성이라는 것은 자연스런 투기현상이다. 1930년 가난한 집에서 태어난 오노우에 누이는 오사카의 한 레스토랑에서 웨이트리스로 사회에 첫발을 내디뎠다. 그후 그녀는 건설회사 간부의 정부가 되었고, 그의 도움으로 1960년대 2개의 레스토랑을 경영할 수 있었다. 이후 20년 동안 레스토랑 여사장으로 조용히 지낸 그녀는 1987년 봄 인생의 중대변화를 겪게 된다.

일본 산업은행 오사카 지점에서 10억 엔어치의 채권을 구매한 것을 계기로 증권에 손을 대기 시작한 것이다. 이후 그녀는 자신이 경영하고 있는 레스토랑 가치의 1,500배가 넘는 3조 엔 가까운 돈을 빌려 주식을 사들였다. 투기대상은 일본 산업은행과 다이치 강교 은행 등이었다. 또 그녀는 스미모토와 다이와 은행, NTT 등에도 상당한 돈을 투자했다. 그녀가 자금을 조달하는 방법은 기존 주식을 은행에 담보로 맡기고 대출을 받는 것이었다.

은행과 증권사는 이 버블 레이디를 사이에 두고 있었다. 비록 그녀가 '부라쿠민'(부락민, 천민계급-역자주) 출신이고, 야쿠자와 관련되어 있다는 루머가 증권판에 파다했지만, 그녀가 운영하는 레스토랑에는 일본 산업은행 총재 등 내로라 하는 금융계인사들이 자주 드나들었다. 심지어 야마이치 증권사는 그녀의 레스토랑에 상주직원을 두고 있을 정도였다. 따라서 그녀는 자연스럽게 관심의 초점이 되었다. 그녀는 유명한 사람들의 이름을 들먹거리며 자신이 그들과 돈독한 친분관계를 유지하고 있다는 사실을 떠벌리고 다녔다. 심지어 은행 고위간부를 자신의 집사쯤으로 부려먹었고, 심야에 전화해 자신의 일을 처리해달라고 지시할 정도였다.

'오사카의 흑녀'로 통한 오노우에는 지독하게 미신을 신봉했다. 매주 자신의 레스토랑에서 밤샘 강령회를 열고 자신의 투기성공을 빌기도 했다. 증권사 직원들은 이 자리에도 참석해야만 했고, 그렇지 않을 경우 그녀는 거래를 중단하기도 했다. 새벽이 되면 그녀는 신들이 알려준 종목이름들을 증권사 직원들에게 읊조렸고, 증권사 직원들은 이 종목들을 중심으로 주식을 매수할 정도로 그녀를 맹신했다. 또한 1조 엔에 가까운 재산을 갖고 있는 것으로 알려진 그녀는 "돈이면 뭐든지 다 된다"고 거들먹거렸다.

● 새로운 황금시대 ●

경제가 버블화되자 일본인들은 전후 유지해온 근검절약 정신을 버리고 사치를 일삼기 시작했다. 경제학적으로 '부의 효과'라고 부르는 자산가치 상승과 엔고현상, 소득세 감면에 따른 가처분소득 증가현상이 발생하자, 일본인들은 외국사치품 수입에 열을 올렸다. 또 대출이자율이 떨어지자 부동산을 담보로 엄청난 은행돈을 끌어다 썼다. 신용카드 사용액은 3배 이상 늘었고, 1인당 부채규모가 1980년 미국 수준까지 치솟았다.

일본인들은 버블시기에 소비를 즐기는 사람들을 '신진루이'(신인류-역자주)라고 불렀다. 이들은 힘들게 일하고 자린고비처럼 돈을 아끼는 부류와는 다른 사람들이었다. 이들이 도쿄에서 유행한 '구루메 부우무'(미식을 쫓는 유행-역자주)에 따라 촌스러운 전통음식을 기피하자, 신진루이들의 취향을 쫓아 거위간 요리 등 값비싼 프랑스 요리를 파는 레스토랑들이 우후죽순처럼 생겨났다. 1920년대 미국 여성들 사이에 섹시한 옷차림이 유행했듯이, 1980년대 일본 여성들 사이에서도 미니스커트나 '보디콘'(body conscious의 일본식 표현. 몸매가 그대로 드러나는 옷을 가리킨다-역자주)을 입는 게 유행이 되었다.

일본 여성들은 모스크바산 칵테일을 즐기며, 샐러리맨들을 '다사이'(촌놈-역자주)라고 부르며 무시했다. 나이트클럽에서 밤새워 술을 마시기도 하고, 심지어 코카인과 같은 마약을 복용하기도 했다. 당시 도쿄에 근무하던 영국계 증권사 임원은 "긴자거리 나이트클럽에서 한 잔에 300달러씩 하는 위스키향 생수를 마시는 일본인들은, 주가가 너무 고평가되어 곧 추락할 것이라는 사실을 깨닫지 못하고 있다"고 탄식했다.

일본 최대 부동산재벌 총수의 동생인 츠츠미 세이지가 소유한 세이부 사이손 백화점은 '신진루이'들의 메카였다. 버블이 발생하기 오래 전부터 일본인들의 취향이 바뀔 것을 예상하고 '오이시이 세이카츠'(호화생활)라는 신조어를 만들어낸 츠츠미 세이지는 1984년 가을 긴자거리에 백화점을 세운 뒤 이브생로랑 등 최고급 외국 브랜드만을 전문적으로 수입해 판매했다. 그녀는 또한 돈 있는 고객들을 위해 이 백화점 8층에 전문매장을 열어 보석뿐만 아니라 주식과 부동산 거래를 할 수 있도록 했다. 그러자 다른 백화점들도 세이부를 벤치마킹하기 시작했다. 츠츠미는 또 긴자 1번지에 벼락부자들의 취향에 맞는 기괴한 호화장식으로 가득 찬 호텔을 세웠다. 프랑스 여배우 까뜨린느 드네브의 침실을 옮겨놓은 듯한 이 호텔 최고급 스위트룸에는 은빛 여우가죽으로 휘장을 친 침대를 들여놓았고, 투숙객들은 인조진주 베개 등 7가지 베개 중 하나를 고를 수 있었다. 그뿐만아니라 이 호텔은 도쿄 최고의 프랑스 식당 주방장을 스카웃했고, 지하창고를 최고급 프랑스 포도주로 가득 채웠다.[26]

● 예술품투기 ●

1980년대 지구촌 예술계는 점점 더 투기적인 경매하우스에 예속되어갔다. 새 경영진들이 들어선 1983년 소더비 경매하우스는 예술품의 수요를 증진시키기 위해 온갖 노력을 경주했다. 잠재고객들이 소더비가 우송한 각종 경매잡지에 파묻힐 지경이었다. 또 돈 꽤나 있는 사람들이 모인 파티장에서는 어김없이 예술품 경매가 열렸다. 소더비는 심지어 사는 사람에게 돈을 꿔주기도 했고, 상당수 그림을 미리 사두기도 했다. 한 걸음 더 나아가 예술품의 자산가치를 강조하며, 다양한 분야의 예술품들의 가격변동을 지수화한 시장지수를 개발해 공표하기도 했다. 로버트 휴즈에 따르면, 1980년대의 '예술품도

---

26 Lesley Downer, *The Brothers* (London, 1994), pp.357~362.

투자할 만한 자산이라는 믿음'은 "20세기 후반 인위적으로 만들어진 것"이다.[27]

사실 투자대상으로서 예술을 보는 시각은 새로울 게 없었다. 19세기가 끝나갈 무렵 미국 철강재벌이면서 예술품 수집가였던 헨리 프릭은 "그림은 보유하고 있는 것만으로도 우량주보다도 수백 배, 수천 배 많은 수익을 올릴 수 있다"고 말했다.[28] 하지만 주식과는 달리 예술품은 객관적 가치를 매길 수 없다. 현금흐름이 있는 것도 아니고 배당수익률을 계산할 수 있는 것도 아니며, 신중한 투자인지 아니면 성급한 투기인지를 구분해주는 주가수익률도 없다. 일단 한 예술가의 작품이 경매에서 가격이 결정되면, 이 가격은 이후 가격결정에 벤치마크 노릇을 한다.

휴즈가 말했듯이, 예술품의 가치는 실질적인 또는 가공된 희소성과 비합리적인 욕망 등에 의해 결정된다. 그런데 욕망만큼 조작 가능한 것은 없다.[29] 1980년대 야심적이고 예술작품의 시장가치를 높일 줄 아는 서구 예술품 경매업자와 경제의 버블로 지갑이 두둑해진 일본 투기꾼들의 만남은, 세계 역사상 가장 과시적인 허영을 만족시키기 위한 예술품 시장을 만들어냈다.

세계 예술품시장에서 일본인들의 주요 구매세력으로 떠오른 것은 플라자합의 직후이다. 1986년 일본인들이 사들인 예술품의 규모는 전년도보다 4배 이상 늘어났다. 야스다 화재해상보험이 반 고흐

---

27 Robert Hughes, *Nothing If Not Critical* (London, 1990), p.396.

28 Josephson, *Robber Barons*, p.343.

29 Hughes, *Nothing If Not Critical*, p.396.

의 작품 〈해바라기〉를 약 4,000만 달러를 주고 사들이자, 신문은 이를 대서특필했다. 그리고 1987년 세계 증시가 대폭락하자 예술품의 수요는 더 커졌다. 일본 투기꾼들이 위험한 주식 대신 예술품 투기를 앞다투어 벌였기 때문이다. 이해 증시대폭락 일주일 뒤 세계에서 가장 비싼 다이아몬드가 640만 달러에 경매되었다. 또 가장 비싼 인쇄본 책인 구텐베르크의 성경이 590만 달러에 팔려나갔다. 물론 이 둘을 사들인 사람들은 모두 일본인이었다.

1988년 10월~1990년 1월까지 세계 예술품 시장은 나날이 뜨겁게 달아올랐다. 예술평론가들은 이 시기를 '역사상 가장 선풍적인 시기'라고 명명했다. 많은 명품이 높은 가격을 제시한 일본인들에게 넘어갔고, 이 가운데 가장 유명한 작품이 피카소의 미완성 그림인 〈작은 돌의 결혼식〉(Les Noces de Pierrette)이었다. 5,140만 달러를 선뜻 내놓고 이 작품을 사들인 사람은 일본인 쓰무마키 도모모리였다. 그는 이 작품을 낙찰을 받은 뒤 기념으로 경매사에게 1만 달러를 팁으로 주기도 했다. 1989년 12월 소더비가 발표한 '100만 달러 이상의 작품명단'에는 작품당 500만 달러가 넘은 60개의 작품과 100만 달러가 넘는 300여 폭의 그림들이 포함되어 있었다. 이 작품들은 이해 11월에 경매를 통해 팔려나간 것들이다. 세계 예술계 인사들은 '10억 달러의 흥청거림'이라고 이를 비꼬았다.

이로부터 몇 달 뒤 일본의 제지회사 주인인 사이토 료에이는 8,250만 달러를 들여 고흐의 〈가셰 박사의 초상〉(Portrait of Dr. Gachet)을 사들였고, 또 르누아르의 〈갈레트의 풍차에서〉(Au Moulin de la Gallette)를 위해 7,800만 달러를 선뜻 내놓았으며, 르누아르의 조각품을 사들이기 위해 160만 달러를 썼다. 그는 이 조각품을 산

이유를 '뒤뜰에 놓기 위해서'라고 했다. 1980년대 말까지 15년 동안 프랑스 인상파 화가들의 작품값이 모두 20배 이상 솟구친 것으로 계산되었다. 반면 같은 기간 동안 다우지수의 상승폭은 2배가 채 안되었다.[30] 헨리 프릭이 예술품을 매집하면서 했던 말이 사실임이 입증된 셈이다.

일본인들의 예술품투기는 정교하게 이뤄진 것은 아니다. 그림은 소유자에게 부와 배타성을 가져다줘야 한다. 그리고 무엇보다도 누구나 그림의 가치를 인식할 수 있어야 한다. 일본의 신진루이들이 베르사체와 알마니 등과 같은 외국 유명 브랜드에 빠져 있는 동안, 일본의 예술품 투기꾼들은 대부분 프랑스 인상파와 후기 인상파들의 작품 수집에 열을 올렸다. 왜 19세기 후반 프랑스 인상파 작가들의 작품에 3,000만 달러라는 거액을 쏟아붓느냐고 묻자, '살모사'로 알려진 고리대금업자 모리시타 야스미치는 "인상파들의 작품이 현대장식과 잘 어울리기 때문"이라고 '무식하게' 대답했다.[31]

누구나 쉽게 감상할 수 있다는 점 때문에 예술의 가치를 아는 진정한 수요자들은 조각품을 사려고 하지 않았다. 대신 예술을 제대로 감상할 줄 모르는 사람들이 조각품 시장에 뛰어들었다. 이에 따라 조각품에 대한 투기열풍이 불어닥쳤고, 유명작가들의 작품 가격이 하늘 높이 치솟았다. 자동차 판매업자에서 갤러리 소장으로 변신한 사와다 마사히코는 예술전문 잡지와의 인터뷰에서, "나는 르누아르의 작품 가격을 좌지우지할 수 있다"고 거들먹거리기도 했다.

---

30 Peter Watson, *From Manet to Manhattan* (London, 1992), p.427.

31 *Far Eastern Economic Review*, 18 January 1990.

한편 금융회사들은 대출자가 예술품을 담보로 내놓을 경우 그 예술품 가치의 50%까지 대출을 해주었고, 일본인들은 이렇게 조달한 돈으로 주식과 부동산투기를 벌였다. 또 부동산회사인 마루코는 1,200만 달러짜리 모딜리아니의 〈라쥐브〉(La Juive)를 사들이기 위해 10만 달러짜리 증권을 발행해 매각했고, 피카소와 샤갈, 르누아르 등 거장들의 작품을 사기 위해 증권을 매각해 50억 엔을 조달하기도 했다. 이 회사 대변인의 말은 당시 예술품투기의 실상을 잘 보여준다. "투기꾼들은 어떤 작가의 작품을 살 것인지에 대해서는 전혀 관심이 없다. 대신 자신들이 투자한 돈으로 사들인 작품들의 값이 상승해 자본이득을 얼마나 얻게 될 것인가에만 관심을 갖고 있다."[32] 버블시대 다른 자산들과 마찬가지로 예술품은 자이테크의 대상일 뿐이었다.

● 골프회원권투기 ●

　　1980년대 예술품투기에서 볼 수 있었던 일본인들의 소비와 투자의 혼동은 골프회원권을 상대로 한 투기에서도 두드러지게 나타났다. 샐러리맨들의 3분의 1이 즐길 만큼 일본에서 골프는 대중화되었다. 샤인 료코(사원여행, 기업들이 노동자들을 위로하기 위해 매년 두 차례 정도 집단여행을 떠나는 것-역자주)를 떠난 노동자들마저 골프를 즐길 정도였다. 하지만 골프는 사회적 신분을 나타내는 상징이기도 했다. 어떤 골

---

32 *Japan Economic Journal*, 15 September 1990.

프장에서 공을 치느냐에 따라 사회적 신분이 드러나기 때문이다. 기업인들과 정치인, 관료들은 고급 골프장에서 만나 사회생활의 핵심인 진먀쿠(인맥-역자주)를 다지기도 했다.

1980년대 땅값이 하늘 높은 줄 모르고 치솟자 골프회원권이 매력적인 투자수단으로 각광받기 시작했다. 1982년 초 〈니혼게이자이〉는 500여 개의 골프장회원권 시세를 취합해 만든 '닛케이 골프지수'를 게재하기 시작했다. 100부터 시작된 이 골프지수는 1985년 160까지 올랐고, 1985년 플라자합의 이후에는 2배가 상승했다. 물론 1987년 2월 골프지수는 조정을 받기도 했지만, 곧 회복되어 1990년 봄 1,000포인트 가까이 치솟았다. 골프지수는 당시 유동성이 떨어지는 자산의 가치를 가늠해볼 수 있는 척도였다. 버블기간 동안 35살 이상 남자만이 출입할 수 있는 도쿄 고가네이 골프클럽 회원권 값은 1억 엔에서 4억 엔까지 올랐다. 회원권 값이 100만 달러가 넘은 골프장만도 20개가 넘었고, 일본의 전 골프회원권 값은 2,000억 달러에 이른 것으로 추정되었다.[33]

100여 개의 등록업체와 수백 개의 비등록업체가 골프회원권 매매를 중개해주며 2%의 거래 수수료를 받았다. 이들은 1980년대 건설 중인 1,000여 개의 신설 골프장회원권의 사전 청약을 받기도 했다. 은행들은 골프회원권을 담보로 잡고 시중가격의 90%까지 대출해주었다. 회원권 투기열풍은 해외 골프장회원권까지 번졌다. 일본 부동산업자들은 하와이 골프장을 사들여, 회원권 판매 등 다양한 마케팅을 펼쳤다. 1990년 9월 부동산 중개회사인 코스모월드는 8억

---

33 Wood, *Bubble Economy*, p.60.

3,100만 달러를 들여 캘리포니아 페블비치 휴양지의 호텔과 골프장을 사들였다. 이는 당시 일본인이 미국에서 매입한 부동산가격 가운데 최고가였다. 때문에 미국 언론들이 "일본이 미국을 통째로 사들이고 있다"고 대서특필했을 정도였다.

예술품과 골프회원권에 대한 투기와 브로커의 등장, 지수개발, 가격조정, 매집 등은 주가가 조작되어 고평가된 일본 증시를 패러디한 것이다. 예술품과 골프회원권에 대한 투기는 돈뿐만 아니라 사회적 지위를 얻기 위한 투기였다. 톨스타인 베블런이 말한 '과시적 소비의 트로피'로서 사회적 지위에 대한 욕망과 한몫 잡기 위한 광적인 욕망이 결합함에 따라, 일본인들은 17세기 네덜란드 튤립투기꾼들의 전철을 되밟았다. 일본인이 구입한 고흐의 〈해바라기〉는 현대적인 의미에서 '황제급 튤립'인 셈이다.

1980년대 말 거품이 극단적으로 커지자, 버블의 문제점을 알고 있는 몇몇 일본인들이 우려의 목소리를 내기 시작했다. 일본인들은 자신들의 나라가 '중산층이 두텁게 형성돼 빈부차가 적은 나라'라고 여겼다. 하지만 자산가치의 상승과 투기가 낳은 부의 불평등 배분으로 빈부의 격차가 심하게 벌어졌다. 전체 인구 가운데 상위 20%가 보유하고 있는 부가 버블기간 동안 4배 이상 늘어난 반면, 하위 20%의 부는 실질적으로 감소했다. 주식과 부동산으로 돈을 거머쥔 '뉴우 리치'(new rich의 일본식 발음으로 졸부를 뜻한다 - 역자주)의 반대편에는 '뉴우 푸아'(new poor의 일본식 발음으로, 저소득층으로 추락한 일본인을 가리킨다 - 역자주)가 있었다. 또한 버블의 수혜는 모두 인사이더들에게 돌아가고 손실은 아웃사이더들에게 돌아갔다. 따라서 '무계급 사회'라는 신화는 허구로 드러났다.

또 투기는 땀흘려 일해 돈을 벌겠다는 노동윤리를 붕괴시켰다. 호화사치 생활을 즐기는 신진루이들은 땀흘려 일했던 구세대들의 분노의 대상이 되었다. 일본의 한 사회연구소는 데카당스적인 서양인을 일컫는 말인 '쾌락주의적 이기주의자'라는 말로 신진루이들을 비판했다.[34]

신진루이들은 투기로 일본 사회의 기존 위계질서를 무너트렸다. 그들은 스스로 나리킨(졸부)임을 드러냈다. 마치 1690년대 영국의 자본가(moneyed men)들이 땅 소유를 기반으로 형성된 봉건 위계질서를 무너트린 것과 비슷한 것이었다. 이는 일본 관료들조차 예상치 못했던 부작용이었다. 그들은 이후 버블의 경제적 부작용보다는 버블로 무너진 사회적 기강을 바로잡기 위해 뒤늦게 투기억제에 뛰어든다. 신진루이들은 일본이라는 섬세한 시스템을 위협하기 때문에 끝내는 제거되어야만 하는 존재로 인식된 것이다.

● 버블의 종말 ●

1989년이 저물어갈 무렵 닛케이지수는 4만에 육박했다. 이는 이 해에만 27% 상승했고, 1980년대 들어 무려 5배 이상 솟구친 것이다. 평균주가도 액면가의 6배 수준까지 올랐다. 도쿄 증시의 평균주가수익배율도 80배를 넘어 1987년에는 90배까지 상승했다. 반면 배당수익률은 0.38%까지 하락했다. 1989년 한 해 동안 거래된 주식

---

34 Jon Woronoff, *The Japanese Economic Crisis* (London, 1993), p.163.

의 총가치는 386조 엔에 이르렀고, 하루 거래량은 10억 주에 달했다. 겉으로 드러난 마진론의 규모만도 1980년 이후 8배 이상 늘어나 1989년에는 9조 엔에 이르렀다. 1989년 일본인들은 엄청난 규모의 해외자산을 취득했다. 미쓰비시는 10억 달러를 들여 뉴욕 맨해튼에 있는 록펠러 센터를 사들였고, 소니는 34억 달러를 들여 콜롬비아 영화사를 사들인 것이다.

노무라증권은 닛케이지수가 1995년 8만에 이를 것이라고 전망했다. 가장 비관적인 전망을 내놓은 〈파이스턴 이코노믹 리뷰〉도 1990년에 닛케이지수가 최고점을 찍을 것이라고 예상했다.

이해 말 여러 차례 대장성의 꼭두각시 노릇을 했던 일본은행의 스미다 사토시 총재가 미에노 야스시로 교체되었다. 그는 주식을 한 주도 갖고 있지 않다고 자랑하곤 했던 인물이다. 미에노 총재의 미션은 버블을 치료하는 것이었다. 그는 이일을 착수하는 데 미적거리지 않았다. 크리스마스인 1989년 12월 25일 그는 전격적으로 재할인율을 인상시켰다. 물론 이때의 인상은 이해 5월에 이어 두 번째 이루어진 것이었다. 그리고 나흘 뒤인 12월 29일 닛케이지수는 역사상 최고기록을 갱신했다.

도쿄 증시는 갑작스런 폭락으로 붕괴되지 않았다. 1929년과 1987년 대폭락과 같은 사태는 발생하지 않았다는 것이다. 대신 고무풍선에서 서서히 빠지는 바람처럼, 크리스마스 파티의 여운이 남아 있던 1989년 말 서서히 가라앉기 시작했다. 1990년 1월 말까지 닛케이지수의 하락폭은 2,000에 이르렀다. 일본인들은 1989년 여름에 설립된 선물시장에서 외국인들이 맹목적으로 매도포지션을 취했기 때문에 주가가 하락하고 있다고 분통을 터트렸다. 하지만 실제 하락이유는 일본은행의 강력한 통화환수 조치 때문이었다. 미에노 총재는 '부동산 가치가 20%까지 하락하는 꼴을 보고 싶다'고 말할 정도로 통화환수 조치를 강하게 추진했다. 그는 1989년 12월 재할인율 인상에도 불구하고 부동산가격의 상승세가 멈추지 않자, 1990년 8월까지 다섯 차례에 걸쳐 6%까지 인상했다. 주식의 평균수익률이 0.5%선에서 머물고 있는 마당에 일본 장기국채 수익률이 7%까지 오른 것이다. 따라서 투자자들은 주식시장에서 돈을 빼내 은행이나 채권으로 달려가게 되었다.

주가가 계속 하락하자, 이번에는 대장성 관료들이 나섰다. 그들은 아무런 효과도 없는 주가부양 조치를 통해 주가의 하락세를 멈추려했다. 먼저 1990년 2월 초 마진론의 대출폭을 확대했다. 담보주식 가치의 30%만을 대출해주던 것을 50%까지 확대한 것이다. 하지만 이달 21일까지 닛케이지수의 하락폭은 1,200에 이르렀다. 이로부터 한 달 뒤에는 대장성의 지시에 따라 빅4 증권사의 대표들이 모여 주가가 안정될 때까지 유상증자나, 신주인수권부 사채를 발행하지 않겠다고 선언했다. 하지만 이 선언도 별 효과를 발휘하지 못했다. 이 선언이 나온 직후 닛케이지수는 3만 아래로 주저앉았고, 이는 1988년 이후 최저 수준이었다. 그리고 도쿄 증시의 시가총액도 뉴욕 증시 아래로 떨어졌다.

물론 관료들은 주가하락을 막기 위한 노력을 멈추지 않았다. 1990년 닛케이지수가 2만 아래로 떨어지자, 대장성은 증권사들에게 주식을 매수하라고 명령했다. 그리고 행정지도를 통해 보험회사들의 주식매도를 중지시켰다. 유상증자에 대한 금지기간도 연장되었다. 공공연금과 우체국 예금마저 주식매수에 돌려썼다. 심지어 회계규정까지 바꾸는 편법을 동원해 기관투자가들의 주식매도를 억제했다.

　증권 브로커들은 이를 '주가 부양작전'이라고 희화화했다. 주가가 '죽은 고양이의 순간적 발작'과 같은 단기적 반등을 보인 1990년 10월을 빼면, 주가 부양작전은 효과를 보지 못했다. 오히려 하락세가 지속되어 1992년 8월 닛케이지수는 최저점이 1만 4,309까지 밀려났다. 1989년 12월 최고점과 비교하면 60% 하락한 것이다. 이 과정에서 일본정부는 주식과 부동산 가격이 수요와 공급이 같아지는 선까지 자연스럽게 낙하하는 것을 억지로 막으려 했기 때문에, 슘페터가 '창조적 파괴'라고 부른 시장의 과잉해소 능력을 떨어트렸다. 버블이 낳은 고통을 완화시키려고 취했던 정부의 온갖 조치들이 반대로 버블 이후 발생하는 고통을 미리 불러오는 효과를 낸 것이다. 이는 마치 1930년대 초 미국의 후버 대통령이 취한 여러 조치들이 낳은 역효과와 비슷한 것이었다. 사태가 이 지경에 이르자 그동안 일본 경제 시스템과 전지전능한 대장성의 권한을 찬양했던 서구 경제학자들도 입을 다물었다.

　1990년 여름이 되자 그동안 속으로만 타오르던 부패가 일련의 금융 스캔들 형태로 불거지기 시작했다. 노무라와 니코 증권사가 버블기간 동안 불법적으로 수익률을 보장해주면서 기업들의 돈을 끌어들였던 투금계정이 주가하락으로 엄청난 적자를 보이자 보상문제에 봉착하게 되었다. 이 투금계정은 불법인데도 대장성이 눈을 감아주었던 부분이고, 내부자거래의 상징이기도 했다. 기업들이 증권사에 돈을 맡기고 자산운용을 의뢰할 경우, 증권사는 고급정보를 해당 기업에게 몰래 흘려주는 등 온갖 혜택을 부여했기 때문이다. 하지만 주가가 하락하자 상황은 급변했다.

다시 한 번 희생양이 필요한 시점이 된 것이다. 1990년 7월 노무라 증권 회장인 다부치 요시하라가 불법적으로 수익률을 보장해줬다는 이유로 사임을 요구받았다. 그의 사임은 분노한 일본 대중들을 회유하기 위한 일련의 사임사태의 시작을 알리는 것이기도 했다. 한 해 뒤, 다이와와 코스모 증권사 등 많은 증권사가 자신들의 손실을 고객들에게 떠넘기는 수법으로 손실을 은폐한 것으로 드러났고, 노무라의 경우와 마찬가지로 이들 증권사 회장들도 사표를 냈다.

1991년 여름 후지은행이 2,600억 엔에 이르는 CD를 위조한 사실이 들통났다. 또 미신을 독실하게 믿는 여성투기꾼 오노우에가 지방 중소은행인 오사카은행의 한 직원으로부터 3,420억 엔에 이르는 위조 CD를 건네받아, 이를 일본 산업은행에 맡기고 불법대출을 받은 혐의로 체포되었다. 이 때문에 이해 10월 말 일본 산업은행 총재가 사임해야 했고, 오노우에는 일본 최대 개인투자자에서 최대 개인 채무자로 전락했다.

수많은 다른 투기꾼들도 주가하락으로 줄줄이 파산했다. 1992년 고타니 미스히로가 2,500억 엔을 갚지 못해 파산선고를 받았다. 그는 이미 돈을 강탈했다는 이유로 자노메 미싱사로부터 고소를 당한 상태였다. 그리고 후지타 증권의 주가를 '노골적으로 조작했다'는 이유로 18개월의 집행유예를 선고받았다. 재판부는 이 증권사도 '부분적인 책임이 있다'고 판시했다. 고타니의 기소와 함께 그의 투기와 주가조작 네트워크도 부분적으로 드러나기 시작했다. 고위 정치인이 감옥신세를 지게 되었고, 2개의 대형은행 행장들이 사임해야 했으며, 기타 정치인과 야쿠자, 기업임원, 큰손들이 고타니가 주도한 범죄에 연루된 것으로 드러났다.

1980년대 가장 높은 수익을 올렸던 스미모토은행에도 비판의 화살이 날아들었다. 황제로 불릴 만큼 야심만만한 이소다 이치로 총재가 이끈 이 은행은 버블경제의 중심에서 온갖 금융 협잡을 서슴지 않았다. 과도한 부동산 대출을 일삼았으며, 기업들로부터 엄청난 규모의 투금펀드를 조성해 운용했다. 그리고 전직 스미모토 직원이 운영하는 이토만상사의 스캔들에도 연루되었다. 이토만상사는 가짜 그림을 판매하고 불법적인 주가조작에 참여했으며, 야쿠자가 연루된 부동산투기에 참여했다. 스미모토은행은 이 회사가 이런 짓을 벌이는 동안 지불보증 등의 방식으로 뒷배를 봐줘 결국 20억 달러의 손실을 입었다. 또 이 은행의 한 지점장은 야쿠자의 두목인 이시이 스스무가 도큐 주식을 대상으로 벌여 실패한 매집에 고객의 돈을 빌려 주었다.

1990년 이소다 총재는 일련의 금융 스캔들을 책임지고 사임했지만, 스미모토은행은 이후에도 고통스런 버블의 유산을 짊어져야 했다. 1994년에는 한 지점장이 약속한 수익을 올리지 못했다는 이유로 야쿠자에 의해 살해되었고, 버블 기간 동안 마구 일으킨 대출 가운데 상당부분에서 결손이 나는 바람에 1995년에는 2,800억 엔의 손실을 기록했다.

코스모월드가 이토만상사의 투자지원을 받아 인수한 페블비치 휴양지도 별다른 수익을 내지 못했다. 1992년 골프지수가 최고 50%까지 폭락하자 이 회사는 3억 달러가 넘는 손실을 보고 이 휴양지를 팔아야 했다. 또 수많은 골프 회원권 브로커가 파산을 선언했으며, 청약대금을 주식에 투자하다 돈이 궁해진 회원들이 회원권 청약을 취소하는 바람에, 10조 엔에 이르는 돈을 다시 지급해야 하는 골프 업체들도 상당수 파산했다. 심지어 이바라키 컨트리클럽은 법적으로 인가된 2,000명의 회원보다 30배가 넘는 6만 명에게 회원권을 팔아 경찰의 급습을 받아야 했다.[35] 1920년대 상류층 사회를 떠올리게 하는 갯츠비 골프클럽 역시 청약한도를 15배 이상 초과해 돈을 끌어들인 것으로 밝혀졌다. 또 야쿠자 이시이가 개인회원권을 팔지 않는 이와마 컨트리클럽의 가짜 회원권을 만들어 강매해 380억 엔을 조달한 것이 들통났다.

예술품 시장도 비슷한 전철을 밟았다. 수많은 예술품 딜러가 탈세와 각종 협잡을 한 혐의로 기소되었다. 1990년 이토만상사가 무너진 뒤 자회사인 부동산회사가 인증서 등을 위조한 수천 점의 그림을 매집한 것으로 드러났다. 이 그림들은 부동산회사에 대출한도를 피해 담보로 제공되었던 것들이다. 예술품투기는 최고 큰손도 비틀거렸다. 1992년 3월 르누아르 작품을 매집하려 했던 스와다 마사히코가 6억 달러가 넘는 빚을 갚지 못해 파산을 선언한 것이다. 모리시타 야스미치가 운영하는 갤러리와 아사카 인터내셔널도 1994년 문을 닫고, 이 갤러리들이 보유하고 있던 그림들은 채권자들에 의해 압류당했다. 이 그림들의 가치는 한때 300억 엔에 달했다. 한편 금융회사들은 보유 예술품을 헐값에 팔아 손실을 실현시키기를 원하지 않았기 때문에, 대중들의 눈에 띄지 않은 곳에 예술품들을 숨겨두었다. 따라서 수많은 유명 예술가의 작품들이 한순간에 사라졌다. 1997년 미국 워싱턴에 있는 내셔널 갤러리가 전시를 위해 피카소의 〈작은 돌의 결혼식〉를 빌리려 했으나, 그림과 소유자의 소재를 파악조차 할 수 없었다고 한다.

---

35 Wood, *Bubble Economy*, p.60.

● 은행시스템의 붕괴 ●

도쿄를 세계 금융의 중심지로 만들려 했던 일본인들의 꿈은 주가 하락과 함께 물거품이 되었다. 주가가 폭락하자 제너럴모터스 등 미국의 대기업들이 도쿄 증시 상장을 취하했다. 도쿄 증시의 거래량이 버블시기의 10분의 1수준까지 떨어지자, 수많은 외국 투자은행도 도쿄 증시의 회원권을 팔고 철수했다. 미쓰비시의 록펠러 센터 등 일본 기업들이 사들였던 수많은 해외 자산도 헐값에 되팔려 나갔다. 한때 버블 자만에 빠졌던 전 일본인들이 미몽에서 깨어나 반성하기 시작했다.

버블이 가시자 일본 경제는 침체의 늪으로 빠져들었다. 붐이 일었던 설비투자도 버블이 가라앉자 과잉투자로 드러나면서 극도로 위축되었다. 버블경제의 한 축이었던 소비지출 역시 '부의 효과'가 역전되자 줄어들었다. 일본정부는 경제와 증시부양책을 시리즈 형태로 발표했다. 1차 증시부양 방안은 1992년 3월에 발표되었다. 이어 1998년 11월까지 일본정부는 8조 5,000억 엔(6,400억 달러)을 증시부양에 쏟아부었다. 〈파이낸셜 타임스〉는 '일본이 증시부양 피로증후군'을 앓고 있다고 보도했다. 너무나 장기간 긴축상태였던 금융정책도 다시 완화되었다. 재할인율이 계속 인하되어 1995년 9월에는 일본 역사상 최저인 0.5%까지 떨어졌다. 이 재할인율은 1998년 9월까지 유지되다, 이때 다시 0.25%로 인하되었다. 재할인율이 이렇게 낮아지자, 외국은행들이 엔화 예금에 대해 마이너스 이자율을 적용하기 시작했다. 다시 말하면, 일본인들은 불안한 자국은행을 피해 외국은행에 돈을 맡길 경우 그 비용을 외국은행에 지불해야 했다. 하지만 이런 초

저율의 이자율 정책도 경기를 되살리지는 못했다. 일본 경제가 케인즈가 말한 '유동성 함정'에 빠져든 것이다.

1992년 말 도쿄 중심지의 부동산 가격은 최고점에서 60% 하락한 값에서 형성되었다. 과도한 부동산투자를 했던 은행들의 파산이 눈앞으로 다가온 것이다. 그리고 많은 경제학자가 일본 은행들이 짊어지고 있는 부실채권을 60조 엔으로 추정했다. 부동산 가격이 1990년대 내내 하락하자, 일본 경제가 1930년대 미국과 비슷한 신용경색 악순환에 빠져들고 있다는 불길한 전망들이 쏟아져 나오기 시작했다.

마침내 1995년 8월 일본인들은 2차대전 이후 처음으로 예금인출 사태를 경험했다. 600억 엔 규모의 예금이 도쿄신용조합과 코스모신요은행에서 빠져나갔다. 뒤이어 대형 금융회사인 오사카신용조합과 지진피해를 겪었던 고베 시에 있던 중소형 금융회사 효고은행에서도 예금인출사태가 발생했고, 이로써 이들 은행은 도산했다. 전후 일본역사에서 최초로 은행도산이라는 사건이 발생한 것이다. 또 1995년이 저물어갈 무렵 주택금융 신용조합인 '주센'들이 야쿠자들을 상대로 대출을 해주다 6조 4,000억 엔의 부실채권을 떠안고 줄줄이 도산해버렸다. 사정이 이쯤 되자 정부가 긴급구제에 나서 이들이 받은 모든 예금을 대지급해 주었다. 하지만 1996년 11월에는 한와은행도 파산했다.

1년 뒤인 1997년 10월 산요증권이 증권사로선 전후 최초로 파산했다. 뒤를 이어 10위 은행인 호카이도 다쿠쇼쿠은행이 1997년 11월 중순 거덜나 문을 닫았다. 11월 21일 미국 신용평가회사인 무디스가 빅4 증권사 가운데 하나인 야마이치 증권사의 신용등급을 강등했고, 이때 도쿄 증시 주변에는 야마이치가 해외에서 발생한 손실을 은폐했다는 소문이 퍼지기 시작했다. 시장의 신뢰가 무너지자 단기 채무를 연장할 수 없는 사태가 벌어졌다. 결국 정확하게 설립 100년째 되는 날인 11월 23일 야마이치는 파산을 선언하고 문을 닫았다. 이 증권사가 진 빚의 규모는 3조 2,000억 엔에 달했고, 이는 일본 역사를 통틀어 최대 금융회사의 파산으로 등재되었다. 며칠 뒤 한 증권브로커가 도쿄 한 빌딩 옥상에서 몸을 던져 스스로 목숨을 끊었다. 당시 일본 신문보도에 따르면 그는 야마이치 파산으로 짊어지게 된 부채를 도저히 감당할 수 없어 목숨을 끊었다는 것이다.

버블이 터진 지 9년이 지난 1998년 일본은 경제시스템 붕괴의 벼랑 끝까지 밀려났다. 은행들은 도저히 규모를 파악할 수 없는 부실채권을 짊어지고 신음하고 있고, 기업들은 사상 최고의 손실을 기록했으며, 소비자들은 불확실한 앞날을 대비해 허리띠를 과도하게 졸라맸다. 주가가 폭락하자 사슬과 같은 상호출자 지분가치가 폭락해 은행들의 수익이 극도로 악화되었다. 1980년대 '숨겨진 자산'으로 각광받던 출자지분이 1990년대에는 '숨은 손실'로 천대받게 되었다. 1998년 10월 닛케이지수가 1만 3,000을 기록하자, 상위 19개 은행들이 본 손실의 규모가 5조 엔에 달하는 것으로 평가되었다. 미국의 신용평가회사인 스탠더드 앤 푸어스(S&P)는 1998년 9월 일본 은행들의 부실채권이 정부의 지원을 받아 엄청난 규모를 덜어내고도 150조 엔선에 이른다고 밝혔다. 이 여파로 수많은 기업이 운영자금을 조달하지 못해 도산에 직면했다. 또 일본인들 사이에 주식 혐오증이 광범위하게 퍼져 이자율이 연 0.5%도 되지 않은 요구불예금에 돈을 맡기는 사태까지 발생했다.

● 일본 시스템의 붕괴 ●

일본의 버블경제는 튤립버블 등 과거 투기적 광기의 여러 모습들을 함축하고 있다. 예술품과 골프회원권에 대한 투기는 17세기 튤립버블을 연상시킨다. 1690년대 금융혁명이 영국에서 투기를 일으킨 것처럼, 1971년 브레턴우즈 체제의 붕괴로 발생한 현대 금융혁명이 일본에서 버블을 일으켰다. 다양한 자유화 움직임은 투기의 발생과 밀접한 관련이 있는 것으로 보인다.

일본 기업들이 앞다투어 발행했던 신주인수권부 사채는 1720년대 사우스 시의 채권의 주식전환을 떠올리게 했다. 양쪽 모두 선순환 작용에 따라 주가가 오르면 신주인수권의 가치가 오르고, 이는 다시 주식가치의 상승으로 이어졌다. 일본 증권사들이 앞다투어 만들어냈던 테마주도 사우스 시 버블 당시 테마였던 버블기업과 비슷한 현상이다. 또 일본 은행들이 보유하고 있는 출자지분을 자본으로 계상시켜, 주가가 오를 경우 신용창출 한도가 커지는 '증시-신용창출'의 연계도, 1720년 존 로를 파멸시킨 미시시피 버블 메커니즘과 흡사하다.

주가조작과 도쿄 증시의 느슨한 감독규정도 1870년대 금권정치 시대와 1920년대 미국 증시 모습과 닮은꼴이다. 일본 기업들의 해외 자산취득 바람도 미국 경제가 영국 경제를 추월하던 1901년 미국 기업들의 해외자산 취득 붐과 유사하다. 양쪽 모두 오만이 투기열풍을 일으킨 것이기도 하다. 일본 경제가 버블이 터진 뒤 경험한 각종 금융스캔들과 자산가치 폭락, 연이은 은행 파산, 장기간 계속되는 경제침체 등은 1930년대 미국 상황과 너무나 닮았다.

무엇보다도 투자자들이 주가가 폭락할 경우 자신이 아니라 정부가 손실을 짊어져줄 것이라고 믿을 때 위기가 발생한다는 사실을, 일본의 버블경제가 여실히 보여주었다. 경제학자들이 말하는 '도덕적 해이'를 일본 버블경제가 단적으로 드러낸 것이다. 1980년대 말 일본에서는 정부가 주가하락을 좌시하지 않을 것이며, 은행과 증권사들이 규모가 크기 때문에 망하지 않는다는 '대마불사'의 환상이 넓게 퍼져 있었다. 하지만 버블경제가 붕괴하자 이런 믿음은 허상으로 드러났다.

　　금융의 세계에서 도덕적 해이는 새로운 것이 아니다. 일본정부가 시도했던 주가부양정책의 유래는 1720년대까지 거슬러올라간다. 당시 영국 투자자들은 영국정부가 사우스 시 주가가 떨어지는 것을 막아줄 것이라고 믿었다. 최근 사례로는 1997년 불어닥친 '레드칩'(red chip) 열풍을 들 수 있다. 이때 투자자들은 홍콩 증시 상장기업 가운데 중국 본토로 진출한 회사들이 중국 고위관료들과 유착되어 있기 때문에, 홍콩이 반환된 뒤 중국정부가 주가하락을 좌시하지 않을 것이라고 믿고 레드칩을 마구 사들였다. 베이징 시정부와 특수한 관계를 맺고 있는 베이징 엔터프라이즈가 1997년 5월에 실시한 주식청약에는 수천 대 1의 경쟁률을 보였다. 이때 미리 납입된 주식대금은 홍콩의 1년 통화공급량보다 많았다고 한다. 하지만 몇 달 뒤 이 회사의 주가가 최고점 대비 60%까지 폭락하자, 레드칩 열풍은 순식간에 가라앉았다. 실로 '대마불사 논리'는 파국을 알리는 징조인 셈이다.

　　사회적 합의를 중요시하는 일본 경제시스템은 서구의 '제멋대로 자본주의'와는 다른 것으로 간주되었다. 1970년대 이후 불어닥친 금융혁명 열풍에도 불구하고 일본 기업들은 관료들의 간섭에 순응했고, 이런 경제시스템에서 발생한 일본의 버블경제는 투기가 얼마나 전염성이 강한지를 여실히 보여주었다. 일본처럼 경제가 강력한 규제 아래 있다 해도 자본시장에 조그마한 자유만 있어도 버블이 발생한 다는 것이다. 그리고 버블경제가 금융위기로 끝날 경우 경제가 버블 전 상태보다 악화된다는 것을 보여주었다. 버블이 터진 뒤 일본 경 제의 핵심인 정부의 계획경제와 종신고용, 행정지도, 단기수익보다는 장기수익을 중요시하는 전통 등이 사라질 위기에 직면하게 되었다. 버블이 낳은 금융위기를 다스리기 위해 일본정부는 일반 경제영역에 대한 규제완화와 금융산업에 대한 규제강화를 약속했다. 전통을 뒤 엎는 투기가 시장을 무정부 상태로 만들고, 강한 규제로 짜인 일본 경제시스템을 파괴한 것이다.

19세기 페리 제독이 이끄는 흑선이 쇄국정책을 쓰고 있던 일본 을 강제로 개항시켰듯이, 1980년대 투기열풍이 일본 경제시스템을 서구 경제모델로 변화시키고 있다. 앞으로는 일본에서도 '보이지 않 은 손'이 힘을 발휘할 것이다. 일본 경제시스템도 영미 자본주의와 별 반 다르지 않을 것이라는 말이다.

투기를 옹호하는 경제학자들

… 경제학자와 정치학자들의 사상은 사람들이 생각하는 것보다 큰 영향력을 갖고 있다. 물론 그들의 주장이 옳은지 틀린지는 중요하지 않다. 실로 별볼일 없는 인간들이 세상을 지배하고 있는 셈이다. 자신들의 생각이 어떤 사상이나 주장에 의해 영향받지 않았다고 믿는 현실적인 사람들도 죽은 경제학자들이 주장하는 사상의 노예들이다. 또한 권력에 미친 사람들도 3류 학자들이 몇 년 전에 읊조린 사상 가운데 사람들을 흥분시킬 만한 요소들만을 간추려 이용해먹는다.

– 케인즈의 『일반이론』에서

소련붕괴 이후 민영화와 주주 자본주의가 새로운 경제질서의 원칙으로 자리잡았다. 모스크바에서 몽골까지 증시의 확산과 자본이동의 자유화, 무제한적인 외환거래 등 1990년대 초반 세계 경제의 특징들은 서구 경제학자들과 정치인들이 적극적으로 옹호했던 것들이다. 수세기 동안의 격렬한 논쟁을 통해 투기가 마침내 정당성을 획득하게 된 것이다.

1991년 『월스트리트』를 쓴 월터 워너와 스티븐 스미스는 투기에 대한 시각의 변화를 다음과 같이 기술하고 있다.

초단기 시세차익을 노리는 사람들은 자신이 하고 있는 일에 대해 수치심을 느낄 필요가 없게 되었다. 물론 과거에는 이런 일을 한다는 것

> 이 불명예스러웠다. 하지만 투기는 수세기 동안 계속되어왔고, 이제
> 투기는 투자와 같은 것으로 취급되고 있다. 또 (사람들은) 투기를 증시
> 만큼이나 정당하고 필수적인 것으로 간주하고 있다.[1]

경제학 교과서들은 하나같이 투기는 해롭지 않다고 말하고 있다. 시장이 새로운 정보를 받아들여 효율적으로 작동할 수 있도록 도와준다는 것이다. 더욱이 현대 경제이론에 따르면, 투기꾼들은 금융시장에 풍부한 유동성을 공급해줘 경제의 생산력을 높이는 역할을 한다는 것이다. 그들의 기여는 국내 경제에 국한되지 않는다. 풍부한 자금력과 천부적인 재능으로 투기꾼들은 투자자들이 꺼려하는 개발도상국들에도 자본을 투자해 발전의 기회를 제공한다. 다시 말하면, 투기꾼들은 기업들에게 자본을 공급해줄 뿐만 아니라 전지구적인 차원에서 경제성장과 자원의 효율적 배분을 촉진하는 셈이다.[2] 자본주의 경제에서 위험은 피할 수 없기 때문에 투기꾼들은 정당한 존재들이라는 것이다.

미국 와튼 비즈니스스쿨의 교수였던 율리우스 그로딘스키는 1950년대 초에, "보통주 투자자들은… 기업의 미래를 아무도 확신할 수 없는 상황에서 위험을 감수하고 투자를 하는 사람들"이라고 주장

---

1   Walter Werner and Steven Smith, *Wall Street* (New York, 1991)

2   Geert Bekaert and Campbell Harvey, "Foreign Speculators and Emerging Equity Markets," NBER Working Paper No.6312, 1998.

했다.[3] 투기꾼들은 값이 빠르게 상승하는 주식을 선호하기 때문에, 기업들이 자본을 조달할 수 있고 새로 설립될 수 있다. IPO 자본주의 시대가 도래한 셈이다.

개별투기꾼들은 위험한 주식에 투기하다 손실을 입을 수 있다. 하지만 경제는 이들의 활동으로 성장하게 된다는 것이다. 노벨상을 수상한 경제학자 윌리엄 샤프(William Sharpe)는, "1990년대 미국인들이 주식시장의 위험을 감수하고 투자하려는 강한 의지를 갖고 있기 때문에, 미국 경제가 다이내믹한 성장을 했다"고 주장했다. 연방준비제도 이사회의 앨런 그린스펀도 이에 동의하고 있다. 1994년 11월 그는 이렇게 말했다. "위험을 감수하려는 태도가 자유시장 경제의 성장원동력이다. … 모든 국민이 저축만 하고 금융회사들이 안전한 자산에만 투자하려 한다면 경제의 성장잠재력은 현실화되지 못할 것이다."[4]

투기꾼들은 투자대상국의 경제정책이 자신들의 이익에 부합하는지를 꼼꼼하게 따진다. 심지어 투자대상국의 경제정책이 현명한지 여부도 판단한다. 또 그 나라의 정치인들이 국민들의 요구에 순응하도록 한다. 1997년 11월 중국의 반체제 인사인 우에 가이시는 〈파이낸셜 타임스〉와의 인터뷰에서, 중국에 증시가 개설되면 시민사회가 형성될 것이라고 주장했다. "증시는 국민들이 경제정책에 관심을 갖도록 하는 묘한 힘을 갖고 있다. … 일단 국민들이 자신들의 힘을 자각

---

3 재인용: Sobel, *Dangerous Dreamers*, p.27 (from Grodinsky's textbook, *Investments*, 1953, p.375).

4 재인용: Peter L. Bernstein, *Against the Gods : The Remarkable Story of Risk* (New York, 1996), p.328.

하면, 어느 누구도 쉽게 이를 억압할 수 없다"고 말한 것이다.[5]

1990년대 초반 영국 경제는 끝없는 불황의 늪에서 허덕이고 있었다. 영국의 권력자들이 파운드화를, 독일의 중앙은행인 도이체방크가 사실상 지배하고 있는 유럽 통화시스템에 묶어두었기 때문이었다. 독일 통일이 야기한 인플레이션 때문에 영국 중앙은행인 영란은행은 자국의 경제여건이 감당할 수 없는 수준까지 이자율을 인상시켜야 했다.

1992년 9월 16일 퀀텀펀드의 매니저 조지 소로스가 파운드화에 대한 맹공을 퍼붓기 시작했다. 파운드화 하락 압력에 맞서 영국정부가 대항에 나섰으나 역부족이었다. 결국 영국정부는 파운드화를 절하하고, 유럽 통화시스템에서 일시적으로 이탈할 수밖에 없었다. 이로써 영국경제는 통화긴축의 사슬에서 풀려날 수 있게 되었다. 결국 소로스가 영국 경제를 회생시킨 셈이다. 영국정부는 이날을 '검은 수요일'이라고 불렀지만, 영국 경제를 위해서는 기념할 만한 '화이트 수요일'이라고 불러야 할 성싶다.

투기꾼들은 이와 함께 기업 경영자들을 교육시켜 주주의 이익에 순응하도록 하는 구실도 한다. 뛰어난 경영실적을 올려 주가를 상승시킨 경영인들에게는 그에 상응하는 보상을 해주고, 반대로 형편없는 경영실적 때문에 주가가 떨어진 경우에는 응징하기 때문이다. 1990년대 경영자들의 평가기준이 되는 '주주가치'라는 말이 이로부터 나오게 되었다. 주가가 경영자들의 최고의 관심사가 된 것이다. 더욱이 경영자들이 스톡옵션으로 자신의 보수를 받게 됨에 따라, 투기꾼들이

---

5   *Financial Times*, 8 November 1997.

경영자에게 돌아갈 보수를 결정할 수 있는 권한을 쥐게 되었다.

● 모멘텀 투기 ●

시장은 본질적으로 효율적인 것이며, 투기꾼들의 행동도 동기면에서 합리적일 뿐만 아니라 결과도 시장을 안정시킨다는 가정 아래, 경제학자들은 투기를 옹호한다. 이들은 주가를 예측하는 것은 불가능에 가깝기 때문에 시장은 합리적이라고 주장한다. 주가는 본질적으로 일정시점의 모든 정보를 반영하고, 새로운 정보가 전달되어야 변동하지만, 정보 자체가 우연적인 것이기 때문에 주가를 예측할 수 없다는 말이다. 이미 살펴보았듯이 주가형성의 우연성은 버블과 어울릴 수 없는 것이다. 버블 시기에 투자자들은 기업의 장기전망에 대한 새로운 정보보다는 주가의 변동에 민감하게 반응하기 때문이다. 투자자들의 이런 행동을 '기술적 매매'(trend following trade)라고 한다. 기업의 장기전망보다는 컴퓨터상에 나타나는 주가 그래프가 변하는 순간 매매를 결정하는 것이다. 기술적 매매가 1990년대 주식시장의 기본적인 특성이라는 사실을 보여주는 사례는 많다.

최근 미국 증시에서 기술적 매매는 '모멘텀 투자'로 불리고 있다. 주식을 언제 팔고 언제 살 것인지를 설명해주는 수많은 투자이론서 때문에 이 말은 대중화되었다. 수많은 투자자가 모멘텀 투자기법을 활용하고 있고, 특히 최근 인터넷을 통한 주식거래를 하는 데이트레이더들이 이 투자기법을 적극적으로 활용하고 있어 개별종목들의 주가가 장중 급변동하는 사례가 늘고 있다. 특히 1990년대 첨단기술주들이 '미식 축구공'이라고 불리는 이유가, 바로 이 데이트레이더들 때문이다. 주가가 미식축구공처럼 어느 방향으로 튈지 알 수 없다는 말이다.

최근에는 외환시장에서도 모멘텀 매매가 판을 치고 있다. 프로딜러들은 각국 통화의 펀더멘탈은 전혀 고려하지 않고 순간적인 가격변동에 따라 외환의 매수와 매도를 결정한다. 이 때문에 시장 내부적인 요인으로 외환위기가 발생할 가능성이 높아졌다. 금융위기가 이머징마켓을 엄습했을 때 외환딜러들은 시험삼아 인근 국가의 통화를 공격해 안정성을 테스트하기도 했다. 이들은 외환시장의 신뢰를 잃은 나라는 반드시 이자율을 인상시켜 통화가치를 수호하려 한다는 사실을 잘 알고 있다. 하지만 이자율 인상을 통해 환율을 방어하는 나라는 경제위기를 자초한다. 이자율 인상으로 기업들의 금융조달 비용이 늘어나고 국내 자산가치가 하락해, 결국 자국내 은행과 기업들이 도산위기를 맞게 되기 때문이다. 은행과 기업들이 외국에서 많은 돈을 차입했다면 통화가치 하락은 본격적인 금융위기로 번지고, 경제와 국가의 신뢰도는 엄청난 손실을 입게 된다. 이런 과정을 잘 알고 있는 외환 트레이더들은 취약한 국가의 통화를 매입하려 들지 않는다. 그래서 이들은 건강하지 못한 나라의 통화를 투매하는 것을 일러 '노 브레이너'(no-brainer)라고 부른다.

모멘텀 투기꾼들은 1994년 말 멕시코 위기를 통해 외환위기를 예언할 수 있는 자신들의 능력을 만천하에 과시했다. '데킬라 효과'라고 불린 멕시코 사태여파는 미국과 IMF가 대규모 달러를 동원해 구제에 나섬으로써 진정되었다. 또 1997년 여름에 발생한 태국의 바트화 폭락사태는 동아시아 전역의 통화가치 폭락과 증시 붕괴를 불러왔다. 물론 몇몇 경제학자들은 한 나라의 신뢰성 상실은 경제적 펀더멘탈로 설명될 수 없다고 주장하고 있다. 최근 아시아의 외환위기는 채권자들이 이들 나라의 펀더멘탈을 믿지 않아서 발생한 것이 아니라, 다른 채권자들이 자금회수에 나설 것이라는 막연한 기대 때문에 발생한 것이라고 주장하기도 한다. 하지만 금융위기로 아시아 국가들은 이자율 상승과 파산, 실업 등 경제적 혼란을 겪고 난 뒤 경제시스템을 바꿨다. 결과적으로 경제위기를 불러온 요인이 시장에서의 신뢰성 상실 때문이라는 것을 정당화시켜준 셈이다. 또한 이는 투자자들의 주관적인 생각이 현실에 영향을 준다는 금융의 재귀적 성격(소로스의 주장처럼)을 그대로 보여주는 것이기도 하다.

효율적 시장론자들은 영국이 1992년 분수도 모르고 이자율을 올린 것과 러시아가 1998년 세금징수에 실패한 것 등과 같은 정부의 정책실패 때문에 외환위기가 발생한다고 주장한다. 특히 달러와 같은 특정통화에 자국환율을 묶어두는 나라는 투기꾼들의 좋은 표적이라고 한다. 하지만 특정통화에 자국의 환율을 묶어두는 나라만이 외환투기꾼들의 집단적 공격대상이 된 것은 아니다. MIT대학의 폴 크루그먼(Paul Krugman) 교수는 엔-달러 환율이 1993년 120엔에서 1995년 80엔까지 급락한 것과 1997년 120엔까지 급등한 것은, 환투기꾼들이 일본의 거시경제 상황보다는 환율변화의 모멘텀을 이용했기 때문이라고 분석했다. 엔화강세는 일본정부가 제대로 대처하지 못하는 바람에 일본 경제에 치명적인 상처를 안겼다.[6] 조지 소로스는 변동환율제 아래서는 투기꾼들이 힘이 갈수록 강해진다며, "투기

---

6   Paul Krugman, *The Accidental Theorist* (New York, 1998), p.158.

는 본질적으로 기술적 매매이기 때문에 환율의 변동폭을 확대하는 경향이 있다”고 인정했다.[7]

● 위험한 파생상품 ●

대부분의 금융학자들은 파생상품이 자본주의 시장경제에서 아주 중요한 기능을 수행한다고 주장한다. 브레턴우즈 체제가 붕괴된 이후 채택된 변동환율제 아래에서 기업이나 금융회사들은 파생상품을 통해 위험을 헤지하고 생산성을 높일 수 있었다. 노벨상을 받은 머턴 밀러는 열렬한 파생상품 옹호자이다. 그는 최근 “파생상품은 많은 사람이 생각하는 것과는 달리 시장을 더 안전하게 만들었다”고 주장했다.[8] 앨런 그린스펀도 제멋대로 성장하고 있는 파생상품 시장을 정력적으로 지원했다. 하지만 ‘파생상품은 위험관리 수단일 뿐’이라는 이들의 주장은 논리적으로 엄밀하지 못하다.

파생상품은 너무나 복잡해 조지 소로스조차도 “파생상품의 기능을 이해하지 못하기 때문에 거의 활용하지 않는다”고 실토할 정도다. 과거에는 누구나 쉽게 이해할 수 있었던 금융위기가 파생상품 출현으로 난해한 현상이 돼버렸다. 소로스 등 국제 금융시장의 큰손들도 파생상품이 투기를 조장한 것 외에는 별다른 기능을 하지 못하고 있다고 인정한다. 특히 펀드매니저들은 각종 규정을 피하기 위해 파

---

7 재인용: Robert Slater, *Soros* (New York, 1996), p.183.

8 *Merton Miller on Derivatives* (New York, 1997), p.ix.

생상품을 요긴하게 활용하고 있다. 대표적인 예가 1994년 편법으로 파생상품을 운용하다 17억 달러의 손실을 입고 파산한 캘리포니아 오렌지카운티 사건이다.

이 사건을 계기로 파생상품 기능에 대해 의문이 일기 시작했다. "리보금리 3배의 수익률을 보장하는 스왑거래로 어떤 종류의 위험을 헤지 할 수 있는가?"라고 많은 사람이 되물었다.[9] 특히 위험을 상쇄하기보다는 위험을 가중시키는 두 가지의 파생상품을 조합해 거래하는 '텍사스 스왑'을 위험관리 수단으로 볼 수 있을까?

장외거래 옵션도 이를 판매한 투자은행을 위험으로 몰아넣을 수 있다. 1996년 말을 기준으로 볼 때 미국의 10대 은행이 보유하고 있는 파생상품 규모는 16조 달러에 이른 것으로 집계되었다. '다이내믹' 또는 '델타' 헤지로 알려진 이런 거래를 하는 은행들은 가격이 하락할 때 파생상품의 바탕이 되는 기초자산을 매수해야 하고 값이 오를 때 팔아야 한다.

소로스는 시장이 공황에 빠졌을 때 델타헤지 거래를 할 경우, 금융혼란이 벌어질 수 있다고 경고했다. 델타헤지가 성공하기 위해서는 시장에 충분한 유동성이 있어야 한다. 하지만 1987년 대폭락에서 경험했듯이 유동성이 절실하게 필요한 시기에 시장에서 유동성은 자취를 감춰버린다. 경제학자 앤드루 스미서스는 "옵션거래가 잠재적인 유동성 부족을 무시하고 거래되기 때문에, 근본적으로 합리적인 가격에 거래된다고 볼 수 없다"고 했다. 따라서 시장이 붕괴될 경우 은행은 줄도산 사태에 휘말려들 수 있다는 것이다. 그는 금융당국자들

---

9   Partnoy, F. I. A. S. C. O., p.140.

을 '눈앞의 파멸을 볼 수 없는 근시환자'라고 공격했다.[10]

살로먼 브라더스의 전 수석연구원 헨리 카프먼은 1992년 5월 워싱턴에서 파생상품 시장의 급팽창에 대해 "전지구적인 재앙을 불러올 수 있는 그 어떤 것보다 위험한 사태가 벌어지고 있다"고 말했다.[11] 전 뉴욕 연방준비은행의 총재로 1987년 연방준비제도 이사회의 대폭락 구제작전을 지휘했던 제럴드 코리건은 1994년, "금융시장이 나날이 복잡해지고 있기 때문에 제대로 모니터하고 관리하기가 힘들다"고 토로했다. 또 1년 뒤 IMF 회의에서 행한 연설을 통해 그는 "1987년 대폭락과 같은 사태가 되풀이될 경우 더 이상 해결할 수 없을 것 같다"고 털어놓았다.[12] 또 『금융시장의 야수 ; 파생상품』 (Derivatives; The Wild Beast of Finance)의 저자인 알프레드 스타이너는 다음과 같이 말했다. "파생상품은 금융공황의 다이너마이트이고, 이 공황을 동시에 전세계로 전파시키는 도화선이다. 그런데 불행하게도 이 뇌관은 제대로 관리되지 않은 것으로 보인다." 하지만 연방준비제도 이사회 인물들은 다른 시각을 갖고 있어 장외시장 옵션상품을 노상방치하고 있다.

---

10 Andrew Smithers & Co., "Stock Options: An Example of Catastrophe Myopia?" Report No.110, October 1997.

11 Mayer, *Nightmare*, p.232.

12 재인용 : Richard Thomson, *Apocalypse Roulette* (London, 1998), p.256.

● 헤지펀드 매니아 ●

헤지펀드는 20세기 후반 금융상품 가운데 가장 투기적인 수단이다. 이 펀드의 매니저들은 외환시장을 비롯해 상품과 주식, 채권 등 다양한 자산을 세계시장에서 거래한다. 또 장기적인 관점에서 투자를 하는 게 아니라, 시장의 변화방향을 예측하고 이에 편승해 수익을 올리려 할 뿐이다. 그럼에도 효율적 시장론자들은 헤지펀드를 적극적으로 옹호하고 있다. 하지만 많은 사람은 헤지펀드 매니저들이 과도한 위험을 무릅쓰고 거래하고 있을 뿐만 아니라 금융거래시스템의 불안을 가중시킨다고 말하고 있다.

헤지펀드 매니저들은 통상 수익의 20%를 보수로 받고 있는 반면, 손실에 대해서는 아무런 책임도 지지 않는다. 이 때문에 그들은 위험이 높은 거래도 서슴지 않고 벌인다. 헤지펀드 매니저인 조지 소로스조차도 자신이 아무런 책임도 지지 않으면서 큰 보수를 받는 비대칭성을 인정할 정도다.

각국의 중앙은행도 대형 헤지펀드를 규제해야 한다고 목소리를 높이고 있었다. "감독 받지 않은 시장은 본질적으로 불안요인을 안고 있기 때문에 감독당국자들이 시장을 감독해야 한다"는 것이다.[13] 헨리 카프먼도 대형 헤지펀드들이 행하고 있는 건전하지 못한 거래들을 '금융시스템의 약점'이라고 말했다. 딘 위터 레이놀즈(Din Witter Reynolds)의 수석전략가인 윌리엄 다지는 1994년 4월 헤지펀드들의 개별 거래내역에 대한 정보부족을 우려했다. "헤지펀드의 투자규모가 너무 크기

---

13 Slater, *Soros*, p.232.

때문에 실패할 경우 은행시스템에 엄청난 위험을 안겨줄 것이고, 한 사회의 금융구조를 위험에 빠트릴 수 있다"고 말한 것이다.[14]

1994년 미국 하원의 금융소위원회에서 소로스는 규제의 필요성을 강조했다. 하지만 이해 말, 헤지펀드 매니저들한테서 거액의 선거자금을 얻어 쓴 공화당이 규제의 노력에 딴죽을 걸었다. 연방준비제도 이사회 의장인 앨런 그린스펀도 헤지펀드 규제에 반대했는데, 이유는 헤지펀드들이 규제를 피하기 위해 역외로 빠져나간다는 것이었다. 하지만 그가 이런 주장을 펴고 있던 당시 대부분의 헤지펀드들은 미국정부의 규제와 세금부과를 피하기 위해 이미 역외에 설립되어 있었다. 아무튼 1996년 연방준비제도 이사회의 규정은 더 느슨해졌다. 개별 헤지펀드의 투자자 한도가 100명에서 500명으로 확대되었고, 심지어 헤지펀드들은 규정의 허점을 이용해 부유층이 아닌 일반 투자자들을 자신들의 게임에 끌어들였다.

규제강화 움직임을 좌절시킨 헤지펀드들은 1990년 약 200개에서 1998년 1,200개로 대폭 증가했고, 같은 기간 동안 펀드규모도 200억 달러에서 1,200달러로 부풀어올랐다. 하지만 이 숫자는 축소된 것이다. 대부분의 헤지펀드들은 엄청난 차입금을 동원하고 있어, 실제 운용자산은 이보다 아주 클 것으로 알려졌다. 여기에다 각종 파생상품을 통해 자본금보다 몇 곱절 많은 돈을 위험에 노출시키고 있다. 증시가 호황일 때 헤지펀드들은 엄청난 차입금을 동원해 큰 규모의 자금을 굴려, 뉴욕 파크애비뉴에 주로 몰려 있는 점성술펀드보다도 높은 수익을 올렸다.

---

14 앞의 책, p.233.

● 경종 ●

헤지펀드에 대한 비판이 1997년 아시아 금융위기 이후 비등해졌다. 수많은 헤지펀드가 이 지역 증시와 외환시장을 붕괴시키는 데 앞장섰다는 이유로 국제사회로부터 강한 비판을 받은 것이다. 말레이시아 수상 모하마드 마하티르는 헤지펀드 매니저들을 '국제 경제의 노상강도'라고 혹독하게 비판했다. 조지 소로스가 "아시아 외환위기를 이용해 돈 한푼 벌지 않았다"며 마하티르의 비판을 무시했지만, 헤지펀드가 아시아지역 외환시장을 붕괴시켰다는 주장은 가라앉지 않았다. 홍콩정부는 1998년 여름 홍콩 증시가 헤지펀드의 조직적인 공격을 받고 있다고 주장했다. 그리고 증시에서 공매도를 금지하는 한편 선물시장을 규제하기 시작했다.

무역과 재정의 쌍둥이 적자를 견디지 못한 러시아가 1998년 8월 단행한 루블화 평가절하는 헤지펀드 매니저들을 궁지로 몰아넣었다. 그들은 서방국가들이 러시아라는 '대마'가 망하는 것을 가만 보고 있지 않을 것이라고 믿고 러시아 채권에 엄청난 돈을 투자해놓고 있었다. 하지만 러시아 채권이 휴지조각으로 변하자, 채권자들은 헤지펀드 매니저에게 꿔준 마진론을 회수하기 시작했다. 궁지에 몰린 헤지펀드들은 앞다투어 각국 증시에서 사들였던 자산을 처분하기 시작했고, 이에 따라 러시아 채권의 디폴트 여파가 전세계로 파급되었다. 각국 증시들이 헤지펀드의 물량공세로 급격하게 추락하기 시작한 것이다. 그리고 한때 러시아라는 '대마'가 망하지 않을 것이라고 믿었던 투자자들은 상대적으로 안전한 미국과 독일의 채권에 자금을 피난시키기 시작했다.

1998년 8월 러시아 디폴트 사태로 대부분의 헤지펀드 매니저들은 심각한 손실을 보았다. 특히 고위험·고수익을 자랑하던 허브펀드(hub fund)는 청산되었다. 대규모 손실을 입은 대표적인 헤지펀드는 소로스의 퀀텀펀드였는데, 이때 이 펀드는 20억 달러의 손실을 입었다. 살로먼 브라더스의 전 부회장이었던 존 메리웨더가 러시아 사태 직전에 설립했던 롱텀캐피털도 미국 국민들에게 엄청난 부담을 안기고 청산되었다. 메리웨더는 자신이 거느리고 있던 채권 트레이더가 미국 채권시장에서 협잡질을 하다 들통난 직후인 1991년 살로먼 브라더스를 떠나 뉴욕 인근 코네티컷 그린위치에 롱텀캐피털을 설립했었다. 그린위치는 투기꾼들이 사는 곳으로 유명해, 지역 주민들이 투기꾼들이 독점하고 있는 해안도로를 '헤지거리'라고 불렀다.

메리웨더의 동업자 가운데는 노벨상을 수상한 경제학자 두 명이 포함되어 있었다. 그들은 마이런 숄즈와 로버트 머턴이다. 이들은 1997년 10월 파생상품 시장의 발전에 기여한 공로로 노벨상을 받았다. 이때 〈이코노미스트〉는 "두 사람이 주먹구구 도박과 같은 파생상품 시장을 과학으로 승화시켰다"고 그들을 추켜세웠다.

하지만 다른 전문가들은 〈이코노미스트〉만큼 열렬하게 그들을 추켜세우지 않았다. 아벨슨(Abelson)은 다음과 같은 말로 신랄하게 그들을 비판했다. "두 사람은 옵션가치를 측정하는 수단을 발명했다는 이유로 명예와 이에 따르는 상당한 보수를 챙겼다. 하지만 그들은 동시에 옵션의 투기적 성장과 대량파괴의 수단을 만들어낸 것이다. … 결국 1987년 대폭락과 같은 공황을 유발하는 엄청난 욕망을 부추긴 셈이다. 축하할 일이다."

하지만 유수한 매니저들과 당대 최고의 석학들로 무장한 롱텀캐피털은 투자자들 사이에서 선풍적인 인기를 모아 수많은 돈을 끌어들였다. 이들 가운데는 122명의 투자파트너들과 함께, 2,200만 달러를 투자했던 메릴린치의 대표 데이비드 코만스키를 비롯해 페인웨버의 도널드 매런과, 베어 스턴스의 제임스 케인 등이 포함되어 있었다. 또 차이나은행과 스위스의 시중은행인 율리우스 바에르, 전직 할리우드 에이전트인 마이클 오비츠, 그리고 컨설팅 회사인 맥킨지의 여러 파트너들도 롱텀캐피털에 돈을 맡겼다. 이처럼 화려한 투자자들 때문에 롱텀캐피털은 '헤지펀드의 롤스로이스'라고 불릴 정도였다.

이 펀드는 1994년 초에 영업을 개시한다. 숄즈와 머턴이 개척한 수학적 투자이론을 이용한 '토털 리턴 스왑'(total return swap)이라는 채권 파생상품을 거래하고, 또 장단기 채권의 값이 궁극적으로 수렴할 것이라는 기대 아래 벌이는 이른바 '수렴투자'(convergence plays)를 하기도 했다. 또 이반 부스키가 고안한 '위험 차익거래'도 활발하게 벌였다. 이론적으로 롱텀캐피털의 자산은 추락하는 어떤 시장에서도 손실을 보지 않도록 구성되었다. 처음에는 이 투자전략이 잘 들어맞아, 1995년과 1996년 각각 59%와 44%의 수익률을 기록했다. 또한 1997년 투자자들은 원금 50억 달러는 그대로 맡겨둔 채 수익 27억 달러를 나눠가질 수 있었다. 심지어 원금 50억 달러를 모두 상환한 뒤에도 롱텀캐피털은 차익금을 끌어들여 이 액수만큼을 투기에 묶어둔 것으로 밝혀졌다.

하지만 롱텀캐피털의 전성기는 1998년 9월 갑작스럽게 끝난다. 메리웨더가 이해 8월 총자본의 절반에 가까운 20억 달러의 손실을 입었다고 전격적으로 발표한 것이다. 이 와중에도 그는 허세를 부리며, "회사의 전망은 아주 밝다"며 더 많은 돈을 맡기라고 투자자들을 부추겼다. 하지만 투자자들은 그의 말을 믿지 않았다. 그리고 3주 뒤 뉴욕 연방준비은행은 코만스키의 메릴린치와 매런의 페인웨버 등의 은행이 참가한 컨소시엄을 구성해 34억 달러를 롱텀캐피털에 쏟아부었다. 투자자들은 이 긴급자금으로 원금의 90%를 돌려받을 수 있었다. 그런데 이 펀드는 겨우 10억밖에 남지 않은 자본금을 담보로 2,000억 달러에 달하는 차입금을 끌어다 쓴 것이다. 상당수의 미국 투자은행들이 롱텀캐피털이 제공한 담보가치를 100% 인정하고 돈을 꿔준 것으로 밝혀졌다. 특히 투자은행들은 메리웨더와 그의 동업자들이 자신들의 경쟁 은행으로부터도 수많은 돈을 끌어들였다는 사실에도 전혀 개의치 않고 대출해주었다.

롱텀캐피털은 모두 1조 4,000억 달러에 달하는 자금을 운용했다. 차입금으로 시장에서 엄청난 세력으로 성장한 것이다. 구제금융 직후 몇몇 투자은행들은 헤지펀드와 거래하는 자산에 대해 대손충당금을 높이기 시작했다. 메리웨더 파트너에게 위험헤지를 전혀 하지 않은 증권스왑을 통해 6억 8,600만 달러를 꿔준 뒤 전액 손해를 본, 유럽 최대은행 UBS(Union Bank of Switzerland)가 그 대표적인 예이다.

롱텀캐피털이 파생상품 투자 등으로 미국 증시에서 운용했던 5억 4,100만 달러 가운데, 1,800만 달러가 베어 스턴스의 주식을 사들이는 데 쓰였다. 앞서 소개했듯이 이 증권사의 최고 경영자는 1,000만 달러를 롱텀캐피털에 투자하고 있었다. 이처럼 이 헤지펀드에 개인적으로 투자했던 월스트리트 금융회사 보스들은 자신들의 고객 자산을 아무런 보장장치 없이 이 펀드에 특혜 대출해주었다. 게다가 롱텀캐피털이 부도난 뒤에도 고객의 돈인 은행자금으로 구제금융을 제공해 개인적인 투자분의 90%를 되돌려 받았다는 사실은,

1920년대 온갖 협잡을 일삼았던 찰스 미첼과 당시 수많은 은행이 남긴 투기의 에피소드들을 떠올리게 한다.

물론 월스트리트 금융회사들만이 보스의 투자손실을 막기 위해 구제금융을 제공했다고 단정하면 큰 오산이다. 당시 상황은 아주 심각했다. 롱텀캐피털의 강제청산으로 발생한 손실규모는 14조 달러에 이른 것으로 알려졌다.[15] 이 손실로 전세계 금융시장이 붕괴되고, 이 펀드에 돈을 빌려준 은행들의 줄도산이 발생할 위기에 몰려 있었다. 한마디로 너무나 손실이 컸기 때문에 서둘러 구제계획이 수립된 것이다. 그러나 자신의 잘못을 책임지고 물러난 UBS 회장 외에는 월스트리트의 어떤 금융회사 보스도 롱텀캐피털 사태로 사임하지 않았다. 하지만 투자은행에 대한 투자자들의 신뢰는 무너졌고, 이들 주가는 이해 여름과 가을에 폭락해 시가총액이 50% 가까이 줄어들었다. 이 때문에 헤지펀드가 다른 제도적 투자방법보다 안전하다는 보고서를 냈던 골드만 삭스가 상장을 연기해야만 했다. 그리고 메릴린치는 3,000명의 고용자들을 해고한다는 발표를 내놓았다.

롱텀캐피털이 저지른 협잡 가운데 가장 흥미로운 것은, 이탈리아 중앙은행이 롱텀캐피털에 투자했을 뿐만 아니라 상당한 규모의 대출도 해주었다는 점이다. 이는 메리웨더가 고용한 이탈리아계 경제학자 알베르토 조바니니(Alberto Giovannini)의 중개플레이 때문인 것으로 밝혀졌다. 그는 미국으로 건너오기 전에 이탈리아 재무성에서 외채관리에 대한 자문관으로 일한 적이 있었다. 이탈리아 경제관료들과 친분이 두터운 조바니니의 중개로 메리웨더는 이탈리아 중앙은행

---

15   Figure 재인용: *Economist*, 3 October 1998.

의 투자와 대출을 끌어들인 대신 500억 달러 상당의 이탈리아 채권을 매입했다. 이런 유착관계 때문에 이탈리아 중앙은행이 롱텀캐피털에 내부정보를 전달했을 것이라는 의혹이 일기도 했다.

투기를 일삼으면서 금융시장 안정을 유지하는 본연의 임무를 저버린 것은 이탈리아 중앙은행뿐만이 아니었다. 1990년대 초 말레이시아 중앙은행인 네가라은행은 외환시장에서 유명한 투기세력이었다. 물론 네가라은행은 엄청난 손실을 입은 뒤 다시 본업으로 돌아갔다. 또 전세계 대부분의 중앙은행들은 1990년대 가치가 퇴색하고 있는 금을 대량 투매하고, 각광받는 미국 재무성 채권을 매집하는 등 다양한 형태로 투기를 벌였다. 이는 헤지펀드들이 하는 일과 같기 때문에 중앙은행이 롱텀캐피털을 지원했다는 사실은 놀랄 만한 사건이 아니다. 1999년 초 외환위기에 빠진 브라질은 조지 소로스와 함께 일했던 헤지펀드 매니저를 중앙은행 총재로 임명할 정도였다.

미국의 연방준비제도 이사회의 입지도 롱텀캐피털 사태로 타격을 받았다. 메리웨더의 파트너 가운데는 연방준비제도 이사회 부의장을 지낸 데이비드 멀린스도 끼어 있었다. 메리웨더가 살로먼 브라더스에서 쫓겨난 계기가 된 채권 스캔들을 조사하는 책임자였던 그는, 과거 조사대상이었던 메리웨더가 제안한 자리를 받아들이는 데 갈등하지 않은 것으로 추정된다. 일본에서는 이와 같은 경우가 비일비재하다. 일본 관료들이 자신이 담당했던 기업체에 채용되는 것을 가르키는 표현(아마쿠다리. 하늘에서 땅으로 하강한다는 뜻이다)이 따로 있을 정도다.

멀린스의 친구이면서 옛 동료였던 앨런 그린스펀도 롱텀캐피털 사태로 당혹스럽기는 마찬가지였다. 이 사건이 발생하기까지 오랫동안 파생상품과 헤지펀드에 대한 규제를 반대했기 때문이다. 롱텀캐피털에 대한 구제금융을 지원하기 2주 전 그는 의회에서 이렇게 증언했다. "헤지펀드는 투자자와 채권자들에 의해 철저하게 관리되고 있기 때문에, 정부의 규제가 필요없다." 하지만 롱텀캐피털의 차입투자는 그린스펀의 말이 틀렸음을 분명히 보여주었다.

미국 증시가 호황을 누리는 동안 그린스펀은 불투명하고 애매모호한 발언을 계속해왔다. 투기의 위험성을 경고하는가 하면 미국 경제의 부활을 적극 예찬하기도 했다. 그러나 롱텀캐피털 사태 이후 많은 사람이 그린스펀을 비난하기 시작했다. 그들은 그린스펀이 과도한 통화증발 때문에 발생한 미국 증시의 버블을 억제하거나 관리하지 않았다고 비판했다. 롱텀캐피털 사태가 발생하기 직전 의회가 '미국의 국보'라고 극찬했던 그린스펀의 명성도 증시만큼이나 쉽게 무너져 내린 셈이다.

롱텀캐피털에 대한 구제금융이 제공된 직후 연방준비제도 이사회의 전 의장이었던 폴 볼커가 "왜 개인투자자들에게 연방정부가 구제금융을 조달해줘야 하는가?"라는 의문을 제기했다. 그러나 "연방정부가 한푼도 쓰지 않았기 때문에 기술적으로 구제금융은 존재하지 않았다"는 그린스펀과 제임스 루빈 재무장관의 궁색한 변명 외에는 이에 대한 아무런 답변도 나오지 않았다. 이보다 몇 년 전 5,000명을 고용하고 있던 드렉셀 번햄 램버트가 자금난에 시달려 자금을 요청했으나 월스트리트의 경쟁자들이 외면하는 바람에 부도가 났을 때, 연방준비제도 이사회는 구경만 했다. 반면 설립된 지 4년밖에 안되고 200명만을 고용하고 있었지만, 내로라 하는 경제학자들을 고용하고 있고 월스트리트 거물들이 개인적으로 투자하고 있던 롱텀캐피털에는 '대마가 죽어서는 안 된다'는 논리로 구제금융이 제공되었다.

1920년대 월스트리트를 '수익은 내가 갖고, 손실은 당신이 책임지는 곳'이라고 비판했던 페코라의 말을 인용해, 미네소타 출신 민주당 의원인 부루스 벤토는 다음과 같은 말로 그린스펀을 거세게 공격했다. "그린스펀은 두 개의 잣대를 갖고 있다. 하나는 월스트리트용이고, 다른 하나는 메인스트리트용이다." 또 연방준비제도 이사회가 롱텀캐피털에 구제금융을 지원한 것은 미국이 그토록 비판했던 아시아의 '연줄 자본주의'와 같은 것이었다. 따라서 세계 금융위기 순간에 미국이 갖고 있었던 도덕적 우위와 경제정책의 교과서라는 명예는 심각하게 훼손되었다.

롱텀캐피털 사태에도 불구하고 헤지펀드들은 전혀 겁을 먹지 않았다. 옹호자들의 주장대로 헤지펀드는 위험을 분산시키는 비즈니스였다. 하지만 메리웨더와 그의 파트너들은 1980년대 증권인수회사 로이드 코퍼레이션의 수법과 비슷한 방법으로 위험을 가중시켰다. 사실 '투기꾼들은 시장에서 생명보험과 같다'는 논리는 많은 결점을 안고 있다. 생명보험회사들은 서서히 생존율을 높여가는 정확한 생명표에 의존해 자산을 운용하지만, 투기꾼들은 생명표와 같은 정교한 통계장치를 갖고 있지 못하다. 게다가 수많은 투기꾼은 인위적으로 시장의 상황을 변화시켜 나간다. 결국 롱텀캐피털과 함께 자신들의 위험을 헤지 했던 수많은 투자은행은 자신들의 생존을 위해 고객들을 희생시켜야 했다.

자유주의 경제학자들은 헤지펀드가 세계 금융시장에 풍부한 유동성을 공급한다고 주장했다. 하지만 롱텀캐피털이 붕괴의 벼랑에서 비틀거리고 있는 동안, 롱텀캐피털이 시장에서 운용했던 하이일드펀드와 이머징마켓 채권, 전환사채, 각종 담보부증권 등은 휴지조각이 되었다. 이 때문에 기업들의 금융비용이 상승했고, 심지어 구제 금융으로 롱텀캐피털이 정리된 뒤에도 금융시장의 소용돌이는 진정되지 않았다. 수많은 투자자가 안전한 곳을 찾아 자금을 이동시켰기 때문이다. 장기적으로 투자했던 돈을 철수해 현금으로 보유하기 시작한 것이다.

이 때문에 세계 주식과 채권 시장은 소용돌이쳤다. 당시 수많은 헤지펀드는 이자율이 낮은 일본 금융시장에서 엄청난 규모의 차입금을 조달했다. 하지만 롱텀캐피털 사태 이후 일본의 채권자들은 자금회수에 들어갔고, 이 때문에 엔-달러 환율이 1998년 10월 일주일 동안 20% 이상 떨어졌다. 일찍이 세계 주요 외환시장에서 이런 급등락은 경험하지 못했던 사건이었다. 이 즈음 주요 헤지펀드 매니저들이 버뮤다에서 회합을 가졌는데, 애초 이 심포지엄의 주제는 '밀려들어오는 유동성을 어떻게 관리할 것인가'였지만, 롱텀캐피털 사태로 '위기와 조정이 헤지펀드에 던지는 의미는 무엇인가?'로 변경되었다. 그리고 세계 최대 헤지펀드인 타이거펀드의 매니저 줄리안 로버트슨도 소로스와 함께 헤지펀드의 규제를 부르짖었다.[16]

롱텀캐피털 사태를 계기로 빠르게 성장하고 있는 파생상품 시장에 대해서도 의문이 제기되었다. 이미 살펴보았듯이 상당수의 금융학자들은 파생상품이 위험회피 수단이지 투기의 수단은 아니라고 주장했다. 하지만 세계 최정상급 '위험관리 전문가'들에 의해 운영되었던 롱텀캐피털조차 파생상품으로 사상 유례가 없는 엄청난 규모의 차입금을 조달했다. 롱텀캐피털의 차입금 비율은 자본대비 1만 %를

---

16 *Economist*, 17 October 1998

넘은 것으로 집계되었다. 그리고 투자자들이 맡긴 돈이 차입금을 조달하는 데 담보로 제공되었다.

롱텀캐피털의 사태는 한마디로 이 펀드가 딛고 서 있는 논리의 파산을 의미한다. 롱텀캐피털의 투자전략은 다양한 자산의 과거 가격변동이 미래에도 계속될 것이라는 가정 아래 수립되었다. 롱텀캐피털은 이 논리를 확고하게 믿었기 때문에 컴퓨터가 사소한 편차를 무시하고 내놓은 결과에 엄청난 돈을 걸었다. 현대 파생상품 시장의 핵심 논리인 숄즈와 머틴의 옵션가격 결정공식도, 과거의 가격변동이 미래에도 같은 파동을 그릴 것이라는 논리에 의존한 것이다. 이는 마치 백미러만 보고 오토바이를 몰고 질주하는 것과 비슷한 것이다.

효율적 시장가설에 근거해 만들어낸 여타 실무적인 아이디어와 금융이론이 시장에 적용될 때에는, 현실은 변하지 않는다는 전제를 깔고 있다. 이는 1987년 대폭락을 일으킨 프로그램 매매의 오류를 낳았고, 1990년대 후반 파생상품 시장의 혼란을 낳은 것이다. 시장이 효율적이지 않고 한번 발생한 혼란이 연쇄적으로 혼란을 낳는 곳이라면, 1990년대 모든 금융가설은 흔들리기 쉬운 기반 위에 구축된 논리인 것이다. 50조 달러라는 돈이 엄청난 위험에 노출되어 있다는 말이다.

파생상품 시장 이외에 적용된 효율적 시장가설도 설득력이 떨어진다. 주주가치의 스톡옵션, 기업의 자본조달 비용 등을 산출하는 각종 모델뿐만 아니라 주가지수옵션 등도, '주가는 시장의 효율성에 의해 결정된다'는 섬뜩한 공상에 근거해 만들어진 개념들이다. 주가를 내재가치 이상으로 솟구치게 하는 것만큼 이런 가설은 허구이기 때문에, 여기서 파생된 각종 금융제도들은 개혁되어야 한다. 제임스 부캔은 이렇게 단언했다. "(최근) 정치경제는 디스커버리 호의 발사 하루 전날과 같은 조건에 처해 있다. 디스커버리 호는 발사당일 폭발하고 만다."[17]

롱텀캐피털 사태는 현대 경제이론에 대한 효과적인 반론이 금융시스템의 붕괴에 의해서만 이뤄진다는 사실을 보여주었다. 한 헤지펀드 매니저가 〈뉴욕타임스〉와의 인터뷰에서 "롱텀캐피털 사태는 다가오고 있는 더 큰 파국을 알리는 경종"이라고 말했다. 아주 적절한 표현이라고 생각한다.

● 금융투기의 결과 ●

케인즈도 투기를 벌여 큰돈을 거머쥐었다. 하지만 그는 머턴과 숄즈와는 달리 시장은 본질적으로 비효율적이라는 결론을 내렸다. 저서 『일반이론』에서 그는 투기란 시장의 심리변화를 예측하는 것이라고 정의하며 퀴즈게임에 비유했다. 그리고 수백 장의 사진 가운데 가장 좋은 것을 고르는 신문들의 경쟁과 같다고 말했다.

신문편집장들은 자신이 보기에 가장 좋은 사진을 고르지 않는다. 경쟁자인 다른 신문편집장들이 가장 좋다고 생각할 만한 사진을 고른다. 모든 신문의 편집장들은 이런 방식으로 사진을 결정한다. … 우리는 일반시민들이 어떻게 생각하고 있는지를 예측하는 데 지정능력을

---

17 Buchan, *Frozen Desire*, p.182.

총동원해야 하는 '세 번째' 단계에 이르렀다.[18]

시장의 효율성을 주장하는 경제학자들은 투기가 자본주의에 해롭지 않을 뿐만 아니라 필수적인 요소라고 주장한다. 하지만 투기는 자본주의 시스템을 지배하고 있을 뿐만 아니라 해를 끼치는 단계에까지 이르렀다. 따라서 1930년대 케인즈의 경고를 다시 음미해볼 필요가 있다. "한 사회의 자본성장이 카지노의 부산물로 이뤄질 때, 이는 올바른 방향으로 발전하는 게 아니다"고 그는 말했다. 순간적인 주가변동에 일희일비하는 기술적 매매를 일삼는 투기꾼과, 과도한 차입금을 짊어지고 있는 헤지펀드들이 글로벌마켓에서 자원을 효율적으로 배분하고 있다고 볼 수는 없다. 한마디로 케인즈가 말한 '세 번째' 단계에 접어든 것이다.

고삐풀린 투기가 야기한 난제들을 해결해보려고 고민하는 정치인들과 경제학자들은 해묵은 딜레마에 빠져 있다. 풋내기 투기꾼의 장난으로 무너진 베어링 브러더스의 창립자 알렉산더 베어링이 1825년에 한 말은 그들의 딜레마를 잘 보여준다. "투기를 억제하려고 시도할 경우 반드시 역공을 받게 된다. … 관료들이 투기억제를 이유로 기업경영의 의욕을 꺾어놓는다면 '치료'는 '병'(투기)보다 더 해로운 결과를 낳는다."

투기수단을 불법화하는 방식으로 관료들은 수 차례 투기억제를

---

18 Keynes, *General Theory*, p.156.

시도했다. 하지만 투기꾼들은 규정의 허점을 발견해 이를 이용해왔다. 심지어 투기를 억제하는 각종 법제정을 정부가 궁지에 몰렸다는 신호로 받아들였다. 따라서 투기억제법이 제정될 때마다 그들은 투기의 강도를 강화시켜왔다. 이런 사실을 잘 알고 있는 케인즈는 국민들이 결혼처럼 일생동안 단 한 번의 투자를 하도록 한다면 투기는 억제될 것이라는 기상천외한 주장을 내놓은 적도 있다. 단 한 번의 투자 실패로 평생 고통을 받으며 살도록 하면 투기가 사라진다는 주장이다. 물론 이는 웃으려고 한 제안이다.

대신 케인즈는 주식의 단기매매로 차익을 얻은 사람들에게 자본이득세를 부과할 것을 제안했다. 하지만 1980년대 일본정부가 부동산투기를 억제하기 위해 자본이득세를 물렸지만, 기대한 것과는 달리 부동산투기를 더욱 조장하는 결과를 낳았다. 따라서 주식의 단기매매에 자본이득세를 부과해도 주가가 오르는 국면에서는 모든 사람이 주식을 보유하려고만 하기 때문에 투기가 지속된다고 볼 수 있다. 케인즈는 이와 함께 미국 증시에서 주식매매를 하는 사람들에게 증권매매세를 부과할 것을 제안하기도 했다.

많은 경제학자는 중앙은행이 물가상승 억제 목표를 세워놓고 소비자물가를 관리하듯이 자산가격도 관리해야 한다고 주장했다. 하지만 어느 누구도 주가상승이 해당기업의 장기전망 개선 때문이 아니라 투기열풍 때문에 발생했다고 정확하게 단언할 수 없다. 앨런 그린스펀은 1996년 "비합리적인 과잉수요가 자산가치를 상승시킨 사실을 어떻게 알 수 있는가?"라고 의문을 표했다. 단지 시간이 흐른 뒤에나 알 수 있다는 말이다.

게다가 중앙은행이 보유하고 있는 투기억제 수단은 이자율 인상

뿐이다. 하지만 투기꾼들은 장래 대박이 예상되면, 이자율이 오른다고 해서 투기를 중단하지 않는다. 케인즈도 1930년대 경험을 토대로 "이자율 인상이 끝내 경제 전체의 불황만을 야기할 뿐"이라며 이자율 인상을 통한 투기억제의 실효성에 의문을 던졌다. 결국 중앙은행이 할 수 있는 일은 투기꾼들에게 경고를 하는 것뿐이다. 1920년대 후버 대통령이 주로 사용했던 '도덕적 경고'가 대표적인 예이다. 이후 정부당국자들은 이 경고를 되풀이했다. 하지만 투기꾼들이 정부당국자의 경고에 귀를 기울인 사례는 발견하기 어렵다.

대공황시기 미국정부는 투기꾼들이 차입금을 조달하지 못하게 하는 것만이 최선의 투기억제책이라고 결론 내렸다. 그리고 담보로 제공된 주식가치의 50% 미만에서 마진론을 대출할 수 있도록 연방법에 규정했다. 하지만 투기꾼들은 파생상품을 활용해 이 제한규정을 유유히 피해갔다. 파생상품으로 엄청난 차입금을 동원했던 롱텀캐피털이 그 대표적인 예이다. 이에 따라 파생상품도 마진론 제한규정의 적용대상에 포함시키자는 제안이 최근에 나오고 있다. 투기꾼들이 파생상품을 이용해 무제한적인 차입금 조달을 못하도록 할 경우 금융시장의 위험을 경감시키는 효과를 볼 수 있다. 그리고 파생상품 시장에 대한 정보를 최대한 확보할 경우 롱텀캐피털과 같은 과도한 차입금 조달은 어느 정도 억제될 수 있다.

이머징마켓과 아무런 제한규정이 없는 외환시장에서의 투기문제도 정책결정자들을 괴롭히는 난제 가운데 하나이다. 정치인들과 중앙은행 관계자들은 경제성장에 필요한 유연성을 억제하지 않으면서 경제적 안정을 달성할 방법을 찾기 위해 고민하고 있다. 하지만 아직 성숙하지 못한 이머징마켓으로 투기자본이 흘러드는 것은 장기적인 관점에서 아무런 득이 되지 않는다. 심지어 투기자본이 자유로운 시장의 발전을 저해하고 있는 실정이다.

외환시장의 불안을 치유하기 위해서도 다양한 제안들이 나와 있다. 자본통제의 부활과 외채조달에 대한 규제, 회계기준의 개선, 이머징마켓의 연줄 자본주의 해소, 개발도상국에 유입되는 자본에 대한 과세, 외환거래에 대한 세금부과, IMF에 마지막 대부자의 권한부여, 세계 중앙은행 창설 등이다. 특히 세계 중앙은행 창설 아이디어는 외환위기를 겪어본 나라들의 정책당국자들이 강력하게 주장한 것이다. 프랑스 재무장관 도미니크 슈트라우스-칸(Dominique Strauss-Kahn)은 '새로운 브레턴우즈 체제의 구축'을 요구했다.

새로운 고정환율 시스템은 자본통제를 수반할 수밖에 없다. 하지만 고정환율제가 경제성장을 억제할 것이라고 단언할 수는 없다. 변동환율제가 채택된 1970년대에 서구 주요국가들의 경제성장률은 고정환율제였던 1960년대 이전보다 훨씬 낮았다. 고정환율제는 파생상품의 수요도 억제해, 파생상품이 더 이상 금융시스템을 위협하지 못하게 될 것이다. 대신 제한된 영역에서 활용될 수 있다. 유럽의 경제계 인사들은 유럽의 단일 통화체제를 강력히 지지하고 있다. 단일 통화체제가 달성되면 비용을 절감할 수 있을 뿐만 아니라 파생상품시장 거래가 가져다주는 불확실성도 낮춰줄 것이기 때문이다. 다른 나라에 투자하는 사람들은, 투자대상국의 경제상황이 투기꾼들의 통화공격으로 급작스럽게 악화되지 않을 것이라는 확신을 갖게 된다면, 단기적 투자철수에 대한 자본통제와 제한조치를 달게 받아들일 것이다. 고정환율제는 19세기 금본위제처럼 투기를 억제하는 구실을 하게 될 것이다.

역풍이 투기꾼들을 향해 일단 불기 시작하면 경제적 자유는 필연적으로 제한될 수밖에 없다. 오스트리아 경제학자 프레드리히 본 하이예크(Friedrich von Hayek)는 1949년에 처음 출판된『봉건제로의 회귀』(The Road to Serfdom)에서 "외환거래에 대한 규제는 반드시 전체주의와 개인의 자유에 대한 억압으로 이어진다"고 선언했다. 그리고 혼합경제는 사회주의로 변할 수밖에 없다고 주장했다. 하지만 역사는 하이예크의 주장이 틀렸음을 보여주고 있다. 그는 투기가 기존 질서를 정반대의 방향으로 움직이게 하는 힘을 갖고 있다는 사실을 간과했다. 이는 유사 사회주의 체제에서도 발견된다.

투기는 브레턴우즈 체제의 고정환율제를 붕괴시켜 변동환율제로 전환시켰고, 최근에는 일본과 한국 등 아시아국가들의 관료자본주의를 붕괴시켜 시장자본주의로 변화시켰다. 한편으로 무정부적인 파워로서 투기는 현재 지속적으로 정부의 규제를 요구하고 있다. 하지만 또다시 사슬을 끊고 정신착란을 일으킨 환자처럼 날뛸 것이다. 마치 진자처럼 경제적 자유와 규제 사이를 오간다는 말이다.

우리나라가 투기적 광기에 휘말려 있던 1999년 이후 역자는 〈한겨레신문〉 경제부에서 금융을 맡은데 이어 현재는 국제부에서 국제경제를 담당하고 있다. 당시 눈덩이처럼 불어나는 증시의 거품을 바라보면서 역자의 관심은 '언제쯤 저 거품이 파열할 것인가'에 쏠려 있었다. 역자는 외국인 투자자와 국내 기관투자가들의 파상적인 매수공세를, 국내 언론들이 '쌍끌이 장세'로 표현하면서 들떠 있던 분위기와는 다소 거리를 두고 있었던 축에 속했다. 당시 우연한 기회에 읽기 시작한 에드워드 챈슬러의 Devil Take the Hindmost에 빠져 있었기 때문이다.

17세기 네덜란드 튤립투기에서 20세기 인터넷 버블까지 인간이 자본주의라는 시스템을 알게 된 이후 일확천금을 뒤쫓았던 이야기를 생생하게 기록한 이 책은, 눈앞에서 벌어지고 있던 국내 증시의 버블과 투자자들의 투기행태를 한 걸음 떨어져 음미할 수 있는 여유를 갖게 했다.

이 책의 제목을 군이 우리말로 옮긴다면, 품위 있는 말은 아니지만 '동작 빠른 놈이 장땡' 정도가 될 것이다. 이는 인간이 자본주의와 증권시장이라는 메커니즘을 활용하게 된 이후 일확천금을 노리고 투기에 뛰어든 인간의 행태를 가장 적절하게 표현하는 말일 성싶다. 버블을 이용해 일확천금을 벌기 위해 모든 자산을 걸고 투기를 벌이는 인간들이 하나같이 품고 있는 착각, 즉 "우둔한 자들에게 (주식을) 팔아넘기고, 나는 버블이 파열하기 직전에 탈출할 수 있다"는 것을 표현하는 말이기 때문이다. 하지만 파국은 예상했던 것보다 빨리 도래해 극소수를 제외한 대부분의 인간을 파멸로 몰아넣는다.

1999년 4월 이후 우리나라 증시의 주가가 급등하자, 가정주부들은 한푼 두푼 아껴 불입한 적금을 해약했고, 대학생과 농민들은 각각 등록금과 영농자금을 들고, 이마저도 할 수 없었던 건달들은 카드빚을 내 증시에 뛰어들었다. 주가가 급등하자 일상적인 직장생활을 포기하고 수많은 젊은이가 전업 데이트레이더로 나서, 서울 여의도를 비롯해 전국에 오락실 수만큼의 트레이딩룸이 생겨났다.

그리고 이들의 활약에 힘입어 도입된 지 몇 년 안 된 사이버트레이딩 비율이 세계 최고가 되는 '명예'를 얻기도 했다. 수많은 젊은이가 '비전 없는 구시대 굴뚝기업'을 뛰쳐나와 '새시대 기업'들이 모여 있는 테헤란로를 향해 떠났고, 한평생 철강이나 섬유사업만 하던 기업인들은 줄지어 인터넷과 바이오산업으로의 진출을 선언했다. 또 서울 명동 등에서 세금을 피해 자금을 굴리던 사채업자들이 대거 벤처투자가로 변신하는 촌극이 벌어지기도 했다.

투기적 광기에 들뜬 투자자들 가운데 역자가 취재를 위해 만나본 사람들은 하나같이 "국내 주가가 버블이고, 자신들은 투기를 하고 있다"고 인정했다. 또한 언젠가는 버블이 파열해 주가가 폭락할 것이라는 데도 동의했다. 하지만 자신들은 "파국의 직전에 주식을 우둔한 투자자들에게 떠넘기고 일확천금을 챙겨 주식판을 떠날 수 있다"고 자신만만해 했다.

하지만 그들은 '동작 빠른 놈'이 되지 못했다. 2000년 초 고점을 기록한 국내 양대 증시인 증권거래소와 코스닥을 비롯해, 남들보다 빨리 주식을 매수해 더 큰 시세차익을 얻기 위해 뛰어들었던 장외 주식시장에는 그들의 예상보다 빨리 파국이 찾아왔다. 그리고 수많은 가정이 파산했고, 많은 투자자가 스스로 목숨을 끊었다.

특히 역자는 이 책을 통해 1990년대 후반 미국에서 시작되어 전세계를 뒤흔든 '신경제'(new economy) 패러다임의 허망함을 알게 되었다. 자본주의가 인터넷 혁명을 통해 숙명과 같은 '생산요소의 한계생산성 체감법칙'과 '경기변동'으로부터 자유로워졌다는 이 신경제 논리가, 새로운 커뮤니케이션 수단의 출현으로 투기적 광기가 기승을 부리는 시대에는 어김없이 출현했다는 사실을 알 수 있었기 때문이다.

자동차와 라디오의 등장으로 투기열풍이 불어닥친 1920년대 미국 경제학자들은 "자본주의가 영원한 번영을 구가하는 '신경제'의 시대에 들어섰다"고 목청을 돋우었다. 또한 철도투기 시대인 1840년대에도 당시 학자와 언론인들은 "철도가 인간 사이의 갈등을 해소해 '하나의 인류'로 통합시켜줄 것이기 때문에 시장이 무한정 확대될 것이고, 따라서 생산과 소비가 급증해 영원한 번영의 시대가 도래할 것"이라며, 동시대인들의 투기를 부추겼다.

하지만 두 시대의 종말은 비극적이었다. 1929년 자본주의 종말과 같은 대공황으로 재즈의 시대는 끝났고, 1840년대 철도투기는 무수한 영국 중산층들을 파산상태에 몰아넣는 것으로 막을 내렸다. 과거를 통해 현재를 이해하고, 미래를 예측할 수 있도록 해주는 역사서의 참맛을 느끼게 하는 대목이었다.

이 책의 저자는 금융투기를 분석하는 데 찰스 킨들버거(Charls Kindleberger)가 『투기적 광기와 공황』(Manias, Panics and Crashes)에서 제시한 '투기분석 모델'을 준용하고 있다. 새로운 산업의 태동이나 기존 산업의 수익률 변화, 새로운 기술의 출현 등 사회구성원들의 눈에 '새로운 것'이 출현하면 '투기적 광기(speculative mania)'가 발생한다는 것이다. 그리고 자산가치에 거품이 발생하고, 수많은 순진한 투자자가 일확천금을 위해 투기대열에 뛰어들고, 끝내는 버블과 투기의 희생자로 전락한다는 것이다.

다소 도식적인 면이 없진 않지만 이는 우리나라 경제상황에도 적용할 수 있다. 증시가 출범한 이후 1997년 외환위기와 IMF 관리체제를 거치면서 '한국적 자본주의'의 몰락을 경험했던 우리의 눈에 인터넷을 중심으로 한 정보통신 혁명은 '새로운 것'으로 비쳤다. 물론 새로운 것이 출현했다고 해서 바로 투기적 광기가 발생하는 것은 아니다. 하지만 IMF 관리체제를 겪으면서 평생을 바쳐 헌신했던 직장에서 쫓겨나고, 피땀 흘려 모아 마련한 아파트 등 자산가치가 폭락하는 초유의 경험을 했던 우리는, 폭락한 뒤 서서히 회복하는 주식시장과 새롭게 떠오르는 정보통신 벤처에서 과거의 손실을 단 한번에 만회할 수 있는 기회를 포착했다고 볼 수 있다.

저자는 기존 사회의 부와 명예에서 상대적으로 소외되어 있었지만 혜성처럼 등장해 사회의 구성원들을 투기적 광기로 이끌었던 사람들의 에피소드를 자세히 기술하고 있다. '투기의 전위대'로 불리는 이들 가운데 대표적인 인물들로는, 18세기 초 영국 사우스 시 버블 당시 존 블런트와 19세기 중반 '철도왕' 조지 허드슨, 1980년대 '정크본드의 황제' 마이클 밀켄 등이 있다. 이들은 선구자인 양 등장해 사회구성원들의 가슴에 투기의 불길을 당기고 불법행위를 일삼다, 투기가 비극으로 막을 내리는 시점에서는 한때 자신을 영웅시했던 사람들에 의해 철저하게 짓밟힌다.

'투기의 전위대'들은 1999년 이후 우리나라에서도 혜성처럼 출현해 명예롭지 못한 말로를 걸었다. 우선 이익치 전 현대증권 회장을 들 수 있다. IMF 구제금융 사태로 철저하게 짓밟힌 한국인들의 자존심을 "어찌 우리나라 증시의 시가총액이 일본 NNT 시가총액만도 못하다는 것입니까?"라는 말로 일깨운 뒤, "1999년 연말 종합주가지수가 1,600포인트까지 오를 수밖에 없고, 2000년 연말에는 2,000포인트를 넘어설 것"이라는 등의 웅변으로, 우리네 아줌마들을 증권시장으로 이끌어냈던 우리나라 증시의 메시아였다. 하지만 주가조작 등 불법행위가 드러나 '투명하지 못한 경영인'으로 공격받고 무대 뒤로 퇴장해야만 했다.

또 '벤처와 코스닥 열풍'을 일으켰던 골드뱅크의 김진호 전 사장을 비롯해 수많은 벤처기업도 꼽을 수 있다. 기존 우리 사회에서의 부와 명예와는 거리가 멀었던 하급공무원 출신인 김진호는 '광고를 보면 돈을 드립니다'라는 아이디어 하나로 닷컴기업인 '골드뱅크 커뮤니케이션스'(골드뱅크)를 설립한 뒤, '성공한 벤처기업인'으로, '벤처시대의 선두주자' 등으로 불리며 세인의 관심을 한몸에 받았다. 하지만 그는 다른 벤처기업들보다 빨리 경영권을 내놓고 퇴장해야 했다. 그리고 이후 수많은 벤처기업인도 '투기의 전위대' 역할을 했다고 볼 수 있다. 이들 모두 코스닥 붕괴 이후 생존을 걱정해야하는 처지에 놓였고, 정현준과 진승현 등은 금융스캔들로 감옥 신세를 지고 있다.

저자는 금융투기의 역사를 기술하면서 당대 최고 권력자와 고위공직자들이 투기시기에 했던 역할에도 주목하고 있다. 사우스 시 버블 당시 투기에 앞장섰던 영국왕 조지 1세를 비롯해 이후 투기시대의 정치인과 관료들을 상세하게 다루고 있다.

1999년 이후 당선자 시절부터 벤처산업의 중요성을 여러 차례 강조한 김대중 대통령을 비롯해 앞다투어 벤처산업 육성방안을 내놓았던 고위관료들, '새시대의 기수' 벤처기업인들과의 친분관계를 과시하며 벤처기업 육성을 지지했던 수많은 정치인이 '한국의 조지 1세'라고 할 수 있다.

이 책의 저자 에드워드 챈슬러는 투기를 도덕적으로 비판하지 않는다. 초과수익이 예상되는 '새로운 것'이 출현하면 언제든지 투기가 출현할 수밖에 없는 자본주의 속성을 냉정하게 관조하고 있다. 그리고 철도주식 투기 이후 영국의 철도산업이 발전했고, 자동차주식투기 이후 미국의 자동차산업이 발전한 역사적 사실을 지적하며, 투기가 새로운 산업을 한 사회의 주력산업으로 성장시키는 기능을 했음도 밝혔다. 또한 투기는 새로운 주력산업의 성장과 함께 부의 질서도 재편한다는 점도 놓치지 않았다.

하지만 저자는 규제를 혐오하는 시대적 분위기에서 싹튼 투기적 광기가 한 시대를 휩쓸고 지나간 뒤에는 반드시 정부의 시장개입을 정당화하는 시대적 분위기가 형성됐다는 점에 관심을 두고 있다. 그래서 최근 세계 경제 흐름에서 주류를 형성하고 있는 신자유주의가 인터넷 버블과 투기를 거치면서 역사의 뒤안길로 퇴장하고 케인즈적 패러다임이 부활할 것이라고 조심스럽게 점치고 있다.

역자는 경제분야에서 아마추어라는 사실을 고백해야 할 성싶다. 그저 직업상 필요와 지적 호기심 때문에 금융투기의 역사를 공부하기 시작한 아마추어이다. 그래서 이 책을 번역하는 동안 '혹시 내가 오역을 하고 있지 않나' 하는 두려움에 끊임없이 시달렸다. 초벌 번역부터 모든 과정을 직접 했기 때문에, 이 책에서 발견되는 번역상의 오류는 모두 역자의 책임이라는 점을 밝힌다.

그리고 아마추어의 번역을 흔쾌히 출판하겠다고 해준 국일증권 경제연구소 관계자들에게 역자가 품고 있는 고마움을 길게 표현할 수 없다는 게 아쉽다. 그리고 난삽한 원고를 꼼꼼하게 교열해준 편집부 여러분에게도 사의를 표한다.

2001년 5월
강 남 규
kang@hani.co.kr

| 참고 문헌 |
(인용되지 않은 문헌들)

M. Abolafia and M. Kilduff, "Enacting Market Crisis : The Social Construction of a Speculative Bubble," *Administrative Science Quaterly*, vol.33, No. 2 (June 1988).

Gordon Allport and Leo Postman, *The Psychology of Rumor* (New York, 1947).

W. Brian Arthur, "Positive Feedbacks in the Economy," *Scientific American*, February 1990.

Fischer Black, "Noise," *Journal of Finance*, XLI, No.3 (July 1986).

Shaheen Borna and James Lowry, "Gambling and Speculation," *Journal of Business Ethics*, vol. 6 (1987).

Reuven Brenner, *Gambling and Speculation: A Theory, a History, and a Future of Some Human Decisions* (Cambridge, 1990).

David Carrier, "Will Chaos Kill the Auctioneer." *Review of Political Economy*, vol.5, issue 3 (1993)

Barry Eichengreen, *Globalizing Capital: A History of the International Monetary System* (Princeton, 1996).

Bill Emmott, *The Sun Also Sets: The Limits to Japan's Economic Power* (New York, 1989).

Eugene F. Fama, "Perspective on October 1987," in Robert W. Kamphuis, ed., *Black Monday and the Future of Financial Markets* (Chicago, 1989).

Stephen Fay, *The Collapse of Barings* (London, 1996).

Leon Festinger, *A Theory of Cognitive Dissonance* (Stanford, 1957).

Benjamin Graham and David Dodd, *Security Analysis* (New York, 1934).

Bob Haq, ed., *The Tobin Tax* (Oxford, 1996).

Henry Howard Harper, *The Psychology of Speculation* (New York, 1926).

Bernard Hart, "The Psychology of Rumour," *Proceedings of the Royal Society of Medicine*, vol.9 (March 28, 1916).

Robert A. Haugen, *The New Finance: The Case Against Efficient Markets* (Englewood, N.J., 1995).

Nicholas Kaldor, "Speculation and Economic Stability," *Review of Economic Studies*, vol.VIII (1939~1940).

Georgy Katona, "The Relationship Between Psychology and Economics," in S. Koch, ed., *Psychology: A Study of a Science*, vol.6 (New York, 1959).

D. Kelsey, "The Economics of Chaos," *Oxford Economics Papers*, vol.40,

No.1(March, 1988).

J. M. Keynes, *Collected Writings* (Economic Articles and Correspondence: Investment and Editorial), vol.VII (London and Cambridge, 1983).

Charles P. Kindleberger, *World Economic Primacy: 1500~1900* (Oxford, 1996).

——, "Asset Inflation and Monetary Policy," Banco Nazionale del Lavoro, *Quarterly Review*, March 1995.

——, "Economic and Financial Crises and Transformations in Sixteenth-Century Europe," *Essays in International Finance*, No.208, (June 1998, Princeton).

Michael Syron Lawlor, "On the Historical Origins of Keynes's Financial Market Views," in Supplement 26 to *History of Political Economy* (1994).

Edwin Lefèvre, *Reminiscences of a Stock Operator* (New York, 1923).

Roger Lowenstein, *Buffett: The Making of an American Capitalist* (New York, 1996).

Robert K. Merton, "Self-fulfilling Prophecies," *Antioch Review*, vol.8(1949).

David Parker and Ralph Stacey, Chaos, *Management and Economics: The Implications of Non-Linear Thinking* (London, 1994).

Anna Pavord, *The Tulip* (London, 1999).

Edgar E. Peters, *Chaos and Order in the Capital Markets: A New View of Cycles, Prices, and Market Volatility* (New York, 1991).

Cliff Pratten, *The Stock Market* (Cambridge, 1993).

Charles Raw et al., *Do you sincerely want to be rich? Bernard Cornfeld and IOS: An International Swindle* (London, 1971).

David Roberts, *$1000 Billion a Day: Inside the Foreign Exchange Markets* (London, 1995).

Arnold Rose, "Rumor in the Stock Market," *Public Opinion Quarterly*, No.15 (1951).

Robert J. Schiller, *Market Volatility* (Cambridge, Mass., 1989).

————, "Stock Prices and Social Dynamics," *Brookings Papers on Economic Activity*, 2 (1984).

————, "Speculative Prices and Popular Models," *Journal of Economic Perspectives*, vol.4, No.2 (Spring 1990).

Eric Schubert, "Innovations, Debts, and Bubbles: International Integration of Financial Markets in Western Europe, 1688~1720," *Journal of Economic History*, vol.48, No.2 (June 1988)

S. M. Sheffrin, *Rational Expectations* (Cambridge, 1996).

William A. Sherden, *The Fortune Sellers* (New York, 1997).

Peter Tasker, *Inside Japan: Wealth, Work and Power in the New Japanese*

Empire (London, 1987).

Jean Tirole, "On the Possibility of Speculation Under Rational Expectations," *Econometrica*, vol.50, No.5 (September 1982).

John Train, *The Dance of the Honey Bees* (New York, 1974)

Paul Volcker and Toyoo Gyohten, *Changing Fortunes: The World's Money and the Threat to American Leadership* (New York, 1992).

M. Mitchell Waldrop, *Complexity* (New York, 1992).

W. A. Weisskopf, *The Psychology of Economics* (London, 1955).

ㄹ

ㅁ